无论你想成为律师、法官还是学者，

无论你现在是本科生还是研究生，

本书的新法学思维，帮助贯通法学的"任督二脉"

Economic Analysis of Law
A Methodological Primer

Yun-chien Chang

法经济分析
方法论20讲

张永健 著

图书在版编目(CIP)数据

法经济分析:方法论 20 讲/张永健著.—北京:北京大学出版社,2023.7
ISBN 978-7-301-33959-6

Ⅰ.①法… Ⅱ.①张… Ⅲ.①法学—经济学 Ⅳ.①D90-059

中国国家版本馆 CIP 数据核字(2023)第 109647 号

书　　　名	法经济分析:方法论 20 讲 FAJINGJI FENXI:FANGFALUN 20 JIANG
著作责任者	张永健　著
策 划 编 辑	郭薇薇
责 任 编 辑	邓丽华
标 准 书 号	ISBN 978-7-301-33959-6
出 版 发 行	北京大学出版社
地　　　址	北京市海淀区成府路 205 号　100871
网　　　址	http://www.pup.cn
电 子 信 箱	law@pup.pku.edu.cn
新 浪 微 博	@北京大学出版社　@北大出版社法律图书
电　　　话	邮购部 010-62752015　发行部 010-62750672 编辑部 010-62752027
印 刷 者	北京中科印刷有限公司
经 销 者	新华书店
	880 毫米×1230 毫米　A5　16.25 印张　408 千字 2023 年 7 月第 1 版　2023 年 7 月第 1 次印刷
定　　　价	98.00 元

未经许可,不得以任何方式复制或抄袭本书之部分或全部内容。
版权所有,侵权必究
举报电话:010-62752024　电子信箱:fd@pup.pku.edu.cn
图书如有印装质量问题,请与出版部联系,电话:010-62756370

| 题 献 |

谨将本书献给熊秉元教授,
我的法经济分析启蒙老师。

序

这是一本专为中国读者写的方法导论。书中的**所有法律实例都源自《民法典》《刑法》《公司法》和其他民商法律**①，也补充了若干有意思的法院判决。使用这些令读者感到亲近的法律材料，是希望降低进入法经济分析的门槛，并凸显法经济分析方法在大陆法系、在中国的实用价值。

本书 20 讲分为三大部分：入门、进阶总论、进阶各论。没有任何基础的法律本科生，应该也能自行阅读而理解入门部分。进阶总论中的数讲，处理法经济学方法论的基本问题。无论读者感兴趣的部门法为何，总论中探讨的效率概念、经济分析的本质，都能派上用场。进阶各论则关注民商法，并更细致地定义概念，一步一步解析法经济分析的思考步骤。

本书之写作目的不在取代美国法经济学教科书的中译本。尤其在本科三、四年级或研究生的法经济学课程中，本书更适合指定为开课前自行阅读的材料，并由授课教师在前几周课程中补充说明。有了本书的铺垫，再引导学生选读美国法经济学教科书的

---

① 本书涉及的法律，除明确标注国别的以外，均指中华人民共和国法律，如《民法典》指《中华人民共和国民法典》。

法经济分析：方法论20讲

中译本的部分章节，效果更佳。

本书没有任何数学，甚至没有任何经济学图表，所以数学不好不是障碍。透过各种中国法问题的扼要经济分析，本书展现经济分析的洞见。如果读者对法律规范的大千世界有浓厚兴趣，本书帮你培养法经济分析的视角。原本若雾里看花，读完本书后应可洞若观火。本书仍然大量援引美国法经济分析学者的理论，但即使没有任何美国法背景知识的读者都能看明白。

本书和所有欧美学者所撰的法经济学教科书的另一不同处是：**本书有一个明确的对话对象：法教义学**。本书许多讲阐释了法教义学的内涵，论证为何（德国式）法教义学不足以帮助法律人完成所有的应然论证任务。但是，本书的目的不在于打倒法教义学。反之，本书以浅白的法理学分析，说明为何法教义学必须结合经济分析，成为社科法学，以及如何结合。

本书和其他法经济学教材的再一不同处是：本书引用外国学说时，穿插了超过30则与学说倡议者有关的**小故事**。我在成年后才赴美取经，但有幸和法经济学第一代掌门人（Coase、Calabresi、Manne、Posner）以降的好几代学者学习、从游、共进于道。在小故事的栏位中，我回忆法经济学大师写过的宏论、他们个人的小故事、他们（不经意）教导我的做学问应有的态度。这是本书最柔软的一块。这些一流法学家做学问的态度与方法，或许说破了不值一文钱，但至少对我个人而言，直到大师点醒，我才从迷惘中脱困。

这本书不是我一人之力所能写成。这并不是客气。第2、10、11、12讲改写自我和王鹏翔合写的《论经济分析在法学方法之运用》（载《台大法学论丛》2019年第3期，第791—871页）。第

序

5讲取材自我和王鹏翔合写的《经验面向的规范意义——论实证研究在法学中的角色》(载《"中研院"法学期刊》2015年第17期,第205—294页)。第13讲改写自我和戴昕合写的《比例原则还是成本收益分析？——法学方法的批判性重构》(载《中外法学》2018年第6期,第1519—1545页)。第20讲改写自张永健:《新私法学》(载李建良编:《研之得法》,"中研院"法律所2021年版)。其他讲则大幅改写自两本繁体书:《法经济分析:方法论与物权法应用》,元照出版公司2021年版;《社科民法释义学》,新学林出版股份有限公司2020年版。而在写作这些篇章的过程中,又受过无数人的批评指教,尤其贺剑和艾佳慧对我的方法论批判,让我受益最多,特别再次感谢。

由于本书的导论性质,在将上述文论打散、重组、改写为体系书的过程中,略去了许多外文文献的注释,以便控制本书的篇幅。我的删减原则是,每一讲第一次引用该外文文献时,不删减;后续引用时尽量不再注明。如此,读者仍可知道每一讲的思想来源,但不会被过多的脚注弄得分心。此外,本书旨在让学子明了法经济分析与法教义学的结合方式。因此,不属于法经济分析、中国法的法教义学文献,尽量略去,以省篇幅。一些延伸、补充内文论述的英文法经济分析文献,略去;已经成为法经济学常识的说法,不加注。详细的文献引注都可以从笔者过去曾发表的上述文论中查得。

会写这本书,源自北京大学出版社郭薇薇老师的发想与提案。郭老师比我年轻,这么说失之不恭——但她真的是本书的"媒人兼产婆"。本书审校阶段,由邓丽华老师接手;邓老师认真负责,让本书更加完善。在思考本书大纲时,戴昕、刘庄、蒋侃学、黄种甲、陈冠廷、许菁芳、张凯评提供了非常宝贵的建议,他们已

法经济分析：方法论20讲

经或即将成为比我更好的社科法学学者。陈弘儒提醒我要严谨界定法经济分析的范畴与许多关键名词。成书过程中，钟诏安搜寻最新判决、文献，陈冠廷反复阅读初稿，提供宝贵建议，居功厥伟。朱明希、欧苡均、黄鹏哲、韩馨仪、朱一宸、张哲伟、杨智文阅读全文，提供修改意见。

张永健（签名）

2023 年 3 月

Economic Analysis of Law:
A Methodological Primer

法经济分析：
方法论20讲

目录/CONTENTS

入　门

| 第 1 讲 |
法经济分析概览

1.1　像法经济学家一样思考　/006
1.2　什么是法经济分析？　/008
1.3　法律人的法经济分析，经济人的法经济学　/016
1.4　核心主张：法教义学必须结合社会科学方法　/017

法经济分析：方法论20讲

1.5 法经济分析＝经济方法＋法律主题　/018
1.6 法经济分析≠量化法实证研究　/020
1.7 如何使用本书　/021

Ⅰ 第 **2** 讲 Ⅰ

何谓法教义学？

▽
▽

2.1 法教义学的范围与特性　/029
2.2 为什么法学需要一套方法？　/032
2.3 传统法律解释方法概要　/036
2.4 法律解释方法的问题　/045
2.5 法律续造　/048

Ⅰ 第 **3** 讲 Ⅰ

法教义学的短板之一：事前观点

▽
▽

3.1 事前观点与事后观点：定义　/060

| 目 录 |

- *3.2* 事前观点的进一步界定 /063
- *3.3* 事前观点的关怀范畴 /065
- *3.4* 凭什么向前看？ /067
- *3.5* 一般规范 vs. 后设规范 /070
- *3.6* 事前观点为主、事后观点为辅 /076
- *3.7* 法官避免事后观点无效率，却不避免事前观点无效率 /078
- *3.8* 事前观点：事后观点＝经济价值：市场价值 /081

| 第 4 讲 |

法教义学的短板之二：行为理论

- *4.1* 影响行为的五种力量：法律、市场、社会规范、技术架构、文化 /091
- *4.2* 广义法经济分析的流派：关键就在行为理论 /095
- *4.3* 每个部门法都需要行为理论 /103
- *4.4* 实践是检验真理的唯一标准 /105

| 第 5 讲 |
效率作为实然与应然标准

5.1 经济分析是实然方法 /113
5.2 法经济分析可以自给自足提出应然论证 /118

| 第 6 讲 |
告别"有学说而无理论"的思维方式

6.1 补偿与赔偿:什么是刚刚好的金额? /128
6.2 附合:送你一条经济公式,好不好? /131
6.3 继承客体:哪些身外之物,可以留给子孙? /131
6.4 动产所有权善意取得:凭什么遗失物所有权人特别受呵护? /133
6.5 电商平台标错价:保护哪一群消费者? /133
6.6 重复保险:人身无价? /136
6.7 不履行合同义务:为何损失范围以能预见为限? /137

| 目　录 |

总　论

| 第 7 讲 |

法经济分析是什么

7.1　五种实然主张　/147
7.2　三种应然主张　/152

| 第 8 讲 |

法经济分析不是什么

8.1　不是无视权利的效用主义　/159
8.2　不主张只追求效率　/162
8.3　不是只追求可量化的价值　/163
8.4　不是只对研究美国法有用　/164
8.5　不是立法者的专利、司法者的禁地　/169
8.6　不但不伤害，反而促进法治　/170

第 9 讲

效率：经济分析的实然标准

9.1　帕累托标准、卡尔多-希克斯标准　/179
9.2　效率标准的两个使用层次　/182
9.3　操作成本收益分析，隐含卡尔多-希克斯效率标准　/184

第 10 讲

经济分析的应然价值

10.1　效率作为一阶价值　/199
10.2　福利作为二阶价值　/201
10.3　一阶、二阶，何者争议较大？　/211
10.4　为何要区分一阶与二阶？　/212
10.5　为何民商法可以只关注效率？　/215

| 目 录 |

第 11 讲

法经济教义学

▽
▽

11.1 文义解释与经济分析 /223
11.2 历史解释与经济分析 /227
11.3 目的解释与经济分析 /228
11.4 体系解释与经济分析 /241
11.5 经济分析作为后设方法 /248

第 12 讲

经济分析作为立法论方法

▽
▽

12.1 效率作为立法价值 /267
12.2 建立行为理论以选择规制手段 /269

第 13 讲

成本收益分析 PK 比例原则：为何社科方法更胜一筹？

13.1 什么是"成比例"：理念与方法 /284
13.2 比例原则合理吗？ /291
13.3 Alexy 学说及其悖谬 /301
13.4 比例原则隐含的认知偏误 /307
13.5 比例原则在公法中的合理定位 /309
13.6 比例原则在民法中没有容身之地 /313

民商法各论

第 14 讲

效率：以物权法为例

14.1 配置效益：越大越好 /337

| 目 录 |

14.2　制度成本：越小越好　/339
14.3　成本收益：综合判断步骤　/339
14.4　两个物权法例子　/341

| 第 15 讲 |
制度成本

▽
▽

15.1　定义　/354
15.2　第三人信息成本是财益法的核心议题　/356
15.3　高交易成本是侵权法、合同法、公司法、民事诉讼法的关键前提，侵权法则不同　/361
15.4　制度成本如何形塑我们熟知的法律世界　/362

| 第 16 讲 |
科斯定理

▽
▽

16.1　零交易成本与单一主人　/392

16.2 外部性与内部化 /393
16.3 科斯定理的使用时机 /397
16.4 一招半式闯天下：科斯定理的应用 /399

| 第 17 讲 |

排他的光谱

17.1 共用：竭泽而渔的缘由 /405
17.2 共决：门可罗雀 vs. 门庭若市的关键 /409
17.3 悲剧或喜剧？ /413
17.4 半共用：中世纪农民的聪明方案 /414
17.5 举例：如何终结按份共有才有效率 /416

| 目 录 |

第 18 讲

财产规则与补偿规则

18.1　Calabresi & Melamed 奠基　/427

18.2　百家争鸣　/431

18.3　Ian Ayres 集大成　/437

18.4　激进市场：财产权是法定垄断？　/439

18.5　物权法与合同法的根本不同　/446

第 19 讲

代理人问题

19.1　本人—代理人关系在民商法无处不在　/457

19.2　公司治理情境中的代理人问题　/460

第 20 讲
经济分析是新私法学的中坚力量

20.1 新私法学的三个核心特征 /474
20.2 旧私法学是什么? /475
20.3 怎么写作新私法学 /476
20.4 临别赠言:经济分析并非万能,但没有更好的替代方法 /480

方法论附录　社科法学的方法坐标 /485

后记 /497

入 门

Economic Analysis of Law

| 第 1 讲 |
法经济分析概览

| 第 2 讲 |
何谓法教义学?

| 第 1 讲 |

法经济分析概览

1.1 像法经济学家一样思考

1.2 什么是法经济分析?

    1.2.1 从抽象到具体的一贯理论

    1.2.2 成本收益分析:必然包括两种以上方案的比较

    1.2.3 条件式论述

    1.2.4 以激励为中心的思维模式

1.3 法律人的法经济分析,经济人的法经济学

1.4 核心主张:法教义学必须结合社会科学方法

1.5 法经济分析 = 经济方法 + 法律主题

1.6 法经济分析 ≠ 量化法实证研究

1.7 如何使用本书

打开这本书,无论是否熟悉法经济分析,读者应该急着想知道:法经济分析是什么?如果这是一首徐志摩的诗,我应该要说:答案很长,我要用一辈子来回答你。但读者应该没有和我牵扯一辈子的闲工夫,甚至也要以这一讲是否有干货来决定是否继续往下读。

因此,开宗明义,第一节分享法经济分析学者的思考术,让读者轻松"伪装"为饱读诗书的法律人。如果你是争取保研的本科生,准备律师考试的研究生,千万不能错过此节。

本讲的第二节,由四个面向扼要说明法经济分析作为法学方法,特征何在。

法经济分析的方法论毫无疑问源自经济学,但微观经济学者和法学者,从不同立足点出发,共同创造了法经济分析这个交叉学科。两者视角有何不同,是第三节的话题。

作为法学领域内的方法论教材,本书的核心主张是源自德国的法教义学方法,**必须**结合社会科学方法,而经济学是其中发展最成熟,与法学结合(纠缠?)最久的方法。正因为如此,每位法律人都应该要熟悉法经济分析方法。(即使是立志要打倒法经济分析的人,也应该知己知彼。)第四节尝试说服读者此项核心主张。

第五节与第六节说明社科法学与法教义学在知识谱系上的位置。法经济分析与量化法律实证研究,是社科法学的两大支柱。本书专注于介绍前者。各大高校近年来纷纷成立的大数据法律中心、人工智能法律中心,核心工作都是大量运算。在国外,非常多法经济分析学者,也做量化法律实证研究。第六节梳理法经济分析与量化法律实证研究的异同。

第七节说明读者使用本书的方式。本书的循环写作方式,围绕着法经济分析的重要主题,由浅入深介绍理论工具,并以大量的实际法律问题举例。

1.1 像法经济学家一样思考

法经济分析思维,对于答考试、写论文、撰诉状、下判决,都有神效。

要像法经济学家一样思考,首先要"心中无法条"。法律条文是立法者为了解决问题而设。有些问题,答案是什么不重要,重点是必须有一个方案可以一体遵行。例如残障人士专属停车位,可以用蓝色线、橘色线,或任何其他与一般标线不同的颜色,只要定于一尊就好。而有更多的问题,源自人追求私利、甚至不惜伤害他人(利益),所以法律条文是为了制造激励、改变人的行为。即使是禁止做某事(否则施以刑罚、罚款、损害赔偿责任)之规范,仍是激励的不同面貌。

像法经济学家一样思考[1],就是在研读甚至背诵法条之前,先思考法律问题的本质:这部法典、此一条文,是在解决什么问题?还有哪些条文、哪些部门法,同样也有助于(或有害于)解决此问题?如果你是立法者,你会采取何种政策?设计好你的方案后,与现行法比较;若有不同,思考为何立法者采取的方案与你不同?现行法与你的方案的各自优缺点何在?立法选择只是因为着重的

第 1 讲　法经济分析概览

价值不同，还是对事实判断有异？

如果你已经知道法条内容，则思考：如果没有这一条，会产生何种后果？有没有成本更低的替代手段，可以达到同样效果？有没有辅助措施，可以让既有的规制方式，更有效果？

而在回答以上问题时，都必须自问：立法者追求的价值是什么？是否还有别的价值值得追求？（第 5 讲、第 10 讲有更多说明）你对成本、收益、后果的判断，奠基于何种对人性的判断？（第 4 讲称之为"行为理论"。）

以上的立法论提问，看似与教义学无关，实则不然。理想上，法经济学家是在"无知之幕"后思考，知道问题本质，但不知道立法者已经提出的方案，所以能独立思考。若经比较现行法与自己思考得出的方案，有自信后者较佳，法经济学家会**思考如何能用法教义学接受的解释方法，得出最有效率的方案**。有时，主流的法律解释方法，足以用法律解释、法的续造得出最有效率的方案，那就皆大欢喜。但是，如果不先在无知之幕后思考，解释法律者就可能过度受到既有学说的牵制，忽略了其他更好的解释方案。

而如果用法教义学的解释方法，无法得出解释者心目中最有效率的方案，就需要思考如何能达到虽非最有效率，但仍较有效率的方案。较有效率的方案不一定存在，折中说不一定比主流解释好。因此，此种情形下的最佳做法，难以一概而论。但至少对学者而言，在解释完现行法后，阐释为何现行法不是最佳方案，并铺陈最佳方案的内容，应该是天职。

最后，对考生而言，许多法律考试要求应试者针对某个法律问题，正反并陈。但吾生也有涯，知也无涯，怎么可能每个法律问题都背诵过学说实务见解？法经济分析的条件式思考和理论思维，帮助考生当场发明新学说。一个法律问题会成为考题，大略就是没有明显最优的解决方案。不同方案各有利弊，而甲说乙说各有其主，大体是因为着重不同的利，或看到不同的弊。考生可以扎一个稻草人，然后用经济分析的行为理论凸显其缺点；可以画一个箭靶，然后用社会规范理论指陈其非。可以剖析甲说忽略的弊，乙说没看到的利。经济学家最喜欢说的 on the one hand、on the other hand，就是金庸小说中左右手互搏的老顽童周伯通的招式。左手知道右手的招式，右手知道左手的死穴，没有一手赢得了另一手。但对于应试而言，只要能完整剖析各家学说长短，就多半能从改卷老师手上拿到高分了。

1.2 什么是法经济分析？

这一节的四个小节，说明法经济分析异于法教义学的四个面向：使用经济学发展出的理论工具，兼有应然价值与实然分析工具；无时无刻不在强调成本与收益的权衡，而且是以两种以上的法律解释、政策的比较，凸显成本与收益的内涵；经济分析的条件式论述是在特定实然条件下展开应然论述；影响人在未来的行为是经济分析思维的重中之重。

1.2.1 从抽象到具体的一贯理论

经济分析当然不是唯一的法学"理论"，女性主义、酷儿理论、法社会学、法人类学、法哲学领域中都有各种大理论、小理论。经济分析的优势在于，可以从大理论一路推衍到几乎所有的

第1讲 法经济分析概览

民商法问题。换言之,端出任何民商法问题,经济分析都可以从其核心价值推演出一套论据,而且理论基础清楚、一致。或许其他理论也有此应用可能性,但至少在中文文献中,似乎没有看到如此大规模、长时间的理论展现。

> 本书依循法经济学开山鼻祖 Ronald Coase 的见解,将理论界定为"思考之基础"(a base for thinking)。See Ronald H. Coase, *Essays on Economics and Economists* 16 (1994)。一个大理论(如 Judge Posner 宣称"普通法皆倾向于有效率")或小理论(如 Ian Ayres & Robert Gertner 指出"合同法之任意规定在减低交易成本")皆有助于思考"理论射程范围内"之问题,也可以作为思考"理论射程范围外"之问题的起始点。若论述只能让读者知道作者的见解为何,却不知道作者如何得出此种见解;或读者找不到作者个人见解,则此种论述并非理论。理论可以是应然的,也可以是实然的。只有实然的且"可被证伪"(falsifiable)的理论,才是 Karl Popper 所界定的科学。
>
> Milton Friedman 在其经典论文"The Methodology of Positive Economics"中,则指出(经济学)理论重在"预测能力"(prediction)。上佳的理论,既可以准确预测,又可以作为思考之基础。

在各种私法的论著中,常有以"公平"或"正义"为价值判准者。过去百年以来的法哲学、政治哲学高手无数,John Rawls、Ronald Dworkin、Jeremy Waldron 等各领风骚数十年,也都留下了自己的公平或正义论述架构。试问：各说的公平正义到底是哪家哪派、何种定义的公平正义理论？许多学说中的公平、正义，像是拍脑袋的应然宣称。若问甲说何以比乙说更公平、更合乎正义，吾人不知道要拿哪一种理论工具来衡量是非。若没有一以贯之的理论，对具体问题之分析，就往往以偏概全、前后矛盾。

学习、掌握、运用经济分析，可以让法律人提升其论述品质。经济分析当然也有不同流派，内部龃龉大概再过一百年也不会平息。但经济分析各家共同采用的"条件式论述"、核心关怀（效率），使得经济分析所提出的甲说、乙说，更有对话可能，也能在同一尺度上评价。以经济分析看待法律问题，是兵来将挡，水来还是将挡——用一贯的眼光看待法律争议。至少，贯彻经济分析可以提升判决、解释的内在一致性，并使得具体问题的说理更明确。[2]

1.2.2　成本收益分析：必然包括两种以上方案的比较

关于什么是成本收益分析，第13讲会借由与比例原则对比，凸显其强项与优势。用白话来说，成本收益分析就是素朴地比较两种以上方案的好处与坏处。[3] 一个人决定要单身还是结婚，生一个还是两个娃儿，留在农村还是到城市，都可以借由把两种选项的优劣一一列出，权衡利弊后作成决定。

法律人都很熟悉比例原则，但各位读者扪心自问：在你学习法律前，你的人生决定（读北大、清华还是人大？）是否是用成本收益分析的方式作决定？（如果不是，你是怎么作决定的？）你是否曾经使用过比例原则作决定？学习法律后，在探讨法律以外的问题时，你会使用比例原则决策，还是使用比较优劣的成本收

| 第1讲 | 法经济分析概览

益分析？有些论者只在"干预行政"此种行政规制类型中才使用比例原则，但也有论者将比例原则高举为法学的一般原则。法律人的专业学习中，可能只深刻学过比例原则此种衡量利弊的工具，但切勿认为比例原则是唯一或最好的工具。

第9讲、第13讲会探讨关于经济分析、成本收益分析能否量化生命、量化基本人权这种高大上的问题。[4]但请读者回到上本科前的初心。赴京上大学，还是留在省内读本科，当然也涉及很多难以量化的因素。所有的人生决策都是如此，充满不容易量化的因素。但读者你不也作了一个又一个的决定？有时决定错了，是因为事前缺乏信息，低估或高估了利或弊，或者漏未考虑某些优点或缺点。但读者应该不曾自暴自弃，在一次错误决策后就彻底放弃比较良莠。因此，**难以量化，并不会使决策者不用衡量利弊得失。每个人的生活经验中，也都作过这种决策。而这就是成本收益分析**。

经济分析说白了，也就是在信息局限下尝试作出利弊相消之后，净值最高的成本收益决策。

再者，难以量化，不表示不可能量化。作决策时，若能逼迫自己依据某种估计、某种证据量化，更能提升决策品质，避免偏见。假设，读者你有一天成为国家主管环境保护的一把手。有各种法律规定要求保护水质、降低 PM 2.5、减少核能发电的危害。你控制不少国家预算，而且在各种环境保护目标中可以自由选择政策的优先顺序。假设没有政策压力，你要怎么决策？保护水质让海豚优游，难以量化。降低 PM 2.5 使老百姓肺病罹患率降低，难以量化。减少核能、转为绿能，减少核灾死亡率，难以量化。难道，作为一把手，就因此手足无措，不花钱了？还是蒙着眼随便花?又或者,你必须知道每一种环境保护所要花的预算(成本),要求手下的科学专家,估算可能的核灾概率(可能是百万分之一到千万分之一),估算若花 1000 万元预算能把每日平均 PM 2.5 的值降低多少,又能减少多少肺病。更困难,但不是毫无社科研究的,是一条命、一个健康的生活,该值多少钱?如果认为生命比健康重要,人命比海豚命重要,难道就不用作困难的量化尝试,直接拍板让所有预算多花在核灾防免?读者可以深思,一个好的决策方式,是否应该将假设情境中的三种政策逐一列出其成本与收益,且对于难以量化的因素,还是要以科学证据尽量量化?!量化不表示把所有价值都化约成**一个数值**。量化可以化约成一个**数值范围**。甚至,如果真的有不可能量化的因素,也可以变成一个黑盒子代数 X。在其他因素都尽量量化之后,决策者可以扪心自问,如果 X 大于某数值,就应该作这个决策;但若 X 小于该数值,则作另一个决策。

1.2.3 条件式论述

"条件式论述"就是应然论述以特定实然状态为前提。以电商标错价为例[5],应然结论——电商的下单机制定性为要约邀请(《民法典》第 473 条),不违反《消费者权益保护法》第 24 条,因为此种约定并未"对消费者不公平、不合理"——是以某种电商科技水准为前提条件。当人工智能的发展使网站标错价可以用极为低廉的成本防范,要约邀请说就没有这么公平、合理。换言之,从经济分析角度,采取特定的合同定性(或其他法律解释),都是奠基在特定事实条件之上。事实变了(这包括人心变了,科技水准变了,市场价格变了……),法律解释就可能该随之调整。

第 1 讲　法经济分析概览

不变的，是经济分析框架。

另一个条件式论述的好例子，是德国联邦最高法院作出的 Daktari 案判决（BGH MDR (1979), 730）。该案中一方（中间商）用一般价格购买了关于野生动物的电视节目的海外播放权，但向海外电视台以高价成交。德国联邦最高法院认定，中间商必须向卖方披露节目的价值。这个应然结论，如果限定在本案当事人的情境（双方有长久的生意往来，甚至有私谊），或可赞同。但若扩大到所有交易中，买方都要向卖方披露关键价格信息，则无效率——中间商没有意愿投资于获得信息（哪个电视台想播动物节目），再白白送给卖方；而卖方的专业是制作节目，而不是行销。结果会是卖方失去了以一般价格卖给更多人的机会，中间商无法"搬有运无"创造价值，被授权方也看不到心仪的电视节目。[6]

> Hans-Bernd Schäfer 是德国第一代的法经济分析学者，在汉堡大学任教 30 余年，创立了该校的法经济分析中心，并长期主编 International Review of Law and Economics，其共同主编的棒子，辗转传到我的手上。Daktari 案的详细分析，可见于他和比较法大师 Hein Kötz 合著的书 Judex oeconomicus: 12 höchstrichterliche Entscheidungen kommentiert aus ökonomischer Sicht (2003 Mohr Siebeck)。此书探讨了德国法院的 12 个经典私法案例，并以经济分析观点断其是非。笔者德文能力不佳，但曾听 Schäfer 的英语演讲中举过其中几个例子，觉得非常精彩。通德文，又懂一点经济分析的年轻学子，应该翻译这本书！

1.2.4 以激励为中心的思维模式

传统的新古典法经济分析强调人的理性自利面，并认为人会对法律规范作出反应（law as price）[7]，因此强调激励（incentive）[8]。强调激励，是明白将法律看作改变人行为的工具。了解到激励的重要，故老子《道德经》曰："民不畏死，奈何以死惧之？"因为死刑不再是有效的激励。了解到激励的重要，以及信息成本不容轻忽，故汉高祖刘邦入关中，只与父老约法三章：杀人者死，伤人及盗抵罪。秦朝法令苛细，动辄砍手砍脚砍头，使许多人铤而走险。约法三章的激励思维，还包括"边际吓阻"（marginal deterrence）：伤人、偷盗，罪不至死。所以，已经犯下伤害罪者，不会为了湮灭罪证而杀人灭口，因为伤人和杀人的罪刑不同。这就是以法律改变人的行为。即使有人基于道德理由不愿意将法律看作手段，也不应该忽视了实际上法律就是会改变（部分）人的行为。本书以下会有更多例证，这里先举两个例子。

例如，德国民法经济分析的领导学者 Gerhard Wagner 教授，指出了德国联邦宪法法院的判决造成的不良激励。该判决认为，房屋租赁合同解除后，若承租人拒绝搬迁，并声称会自杀，则法院必须考虑自杀风险是否确实存在，必要时必须停止强制执行，以免侵害承租人的生命权、健康权。这当然就给不愿搬迁的承租人开了方便法门：演一场宣称自杀的戏，不费一文钱！而法院要如何判断承租人是真心寻死还是假意上吊？而有的案件中的出租人一看苗头不对，也宣称如果承租人不搬，他要自杀。法院因此必须衡量哪一方的自杀风险高。[9] 合同纠纷就上纲上线成为自杀比赛。

第1讲 法经济分析概览

我认识的好几位德国法经济学者告诉我,大家都公认 Gerhard Wagner 是德国现役私法经济分析学者中最有创意者,而且扣合法教义学方法,因此在整个私法圈内都有影响力。高圣平、熊丙万教授翻译的他的大作《当代侵权法比较研究》,值得参阅。2020年1月,我在柏林自由大学客座,有幸与他在洪堡大学附近共进午餐,席间颇多辩论。我告诉他,20年前我刚接触经济分析时,写了一篇债务不履行的论文,Richard Posner 的论点没有说服我,而 Wagner 教授的不同看法深得我心。

又如,《民法典》第314条以下的拾得遗失物与发现埋藏物规范,是以公法规范方式,诫命人民应该如何做,但不是从激励设计的角度,思考如何能增加遗失物寻回率、埋藏物申报率。从传统的法经济分析理论出发,当其他条件一致,受领权人的报酬请求权越高,遗失物寻回率越高。受领权人衡量的是独吞遗失物的完整利益、被抓而遭侵占遗失物罪起诉的概率与刑度、报酬请求权高低、被表扬为"拾金不昧"的道德光环、当事人亲自道谢带来的愉悦感,等等。立法者唯一能改变的只有报酬请求权的高低与条件。但《民法典》仅在权利人悬赏时,要求其履行承诺。如此,是否能提升遗失物寻回率,恐怕不太乐观。

而关于埋藏物发现,《民法典》第319条的参照适用规定,使发现者毫无激励向国家申报(几乎不会有人悬赏发现埋藏物,而埋藏物也很可能无人认领,因而归于国家)。如同学者多年前所言,"认为一律使埋藏物归由国家所有,夸大了现实条件下人的思想意识的觉悟程度,过度高估人的自觉性,并对人的行为提出不适当的要求"。[10]

1.3 法律人的法经济分析，经济人的法经济学

在法学与经济学的交叉领域中，有两种研究典范，一种是法经济学（law and economics），另一种是法经济分析（economic analysis of law）。[11] 法经济学主要是经济学家从事，对此种研究典范而言，法律规范被假定为不会改变[12]；其研究方法是经济学，研究主题（subject matter）是经济活动，但侧重于既定法律规范对经济活动的影响。至于法经济分析，则是法学家出身者所侧重。对法律人而言，法律规范可以修改也可能改变，经济分析的要义在于推断、解释法律规范变化的后果。[13] 法经济分析的研究主题是法，研究方法是经济学。

对（法）经济学者而言，因为法律规范是外生给定，所以 A 法到 B 法的转换，不是他们的研究题目。也因此，张五常作为（法）经济学者，才会主张："如果所有局限条件都放进分析，帕累托条件或至善点一定获得满足。……无效率的出现永远是源于有不需要指定的局限被漠视了。"[14] 找出局限条件，以解释为何"看起来"无效率的现象其实已经是局限下最大化的结果，是经济学家的当行本色。但法律经济分析学者，则在思索如何改变法律（解释）以提升效率。

两者的研究方法虽同为经济学，但对于是否将法律作为不可更动的局限条件，看法不同。因此，如果直接套用通行的微观经济学教材的效率定义，就会不自觉地落入（法）经济学的研究典范。这当然合理正当，但本书内容为法经济分析，所以不能停留

第1讲 法经济分析概览

在微观经济学教材的定义。

法与经济的交叉领域中风行多年的 Cooter & Ulen 教科书, 也是从微观经济学的典范取经, 将配置效率(allocative efficiency)和帕累托(Pareto)效率标准同视[15]——因为帕累托效率标准关心物的配置。但是, 一个独夫拥有所有资源, 而苍苍蒸民一无所有的社会中, 帕累托意义的配置效率也成立。若只在此种意义下使用效率一词, 效率将是无用的概念。本书以卡尔多-希克斯(Kaldor-Hicks)标准理解效率, 第9讲将展开此论点。

> Bob Cooter 和 Tom Ulen 的教科书风行世界, 对推广法经济学贡献卓著。笔者和两位前辈见过数次。Cooter 教授是新加坡管理大学张巍教授(笔名清澄君)的座师, 每次看到我总不忘大力称赞他。张巍教授所著《资本的规则》两册, 文笔流畅、深入浅出, 是本书读者很好的课外读物。

1.4 核心主张: 法教义学必须结合社会科学方法

法教义学必须结合社科吗?笔者认为, 应该区分不同社会科学方法而论述。笔者的社会科学研究取径有不应用数据的非数理模型的法经济学理论, 也有应用数据的实证法经济学和实证法学。**法教义学必须结合法实证研究**, 因为法教义学以"目的论证"或"结果论证"提出应然论据时, 在其逻辑三段论的大前提或小前提必须作目的与手段关系的因果推论(causal inference)。而法教义学虽然有判断相当因果关系的"因果筛选方法"(causal selection)[16]，但没有判断条件因果关系的因果推论方法[17]，而必须求诸实证研究方法。[18]法教义学的使用者固然可以使用理论以推断因果关系是否可能存在，但最终要盖棺论定，仍必须仰赖质性或量化的实证研究以拍板。就此而言，法教义学必须结合社科！

但**法教义学必须结合经济分析吗？本书认为应该，但理论上确实存有不结合的空间**。如本书详论，若同意效率是法律解释应该追求的一阶价值之一，则不结合经济分析，难以完善达成此目的；但有论者会反对追求效率。若认为法教义学的使用者必须推断制定或解释法律的可能结果，则在无资料可稽时，必须仰赖理论推断。但有包含行为理论的社会科学方法，不止经济分析一端；论者也可以认为其他社会科学方法的行为理论预测能力更强。准此，唯有采取特定应然立场者——本书将证立此种立场——会认为法教义学必须结合经济分析。**但只要认为法教义学必须在乎制定或解释法律的结果，则法教义学必须结合某种社会科学。综上，法教义学必须结合社科，理论与实证都要！**

1.5 法经济分析 = 经济方法 + 法律主题

本书认为法学的范畴是以"主题"（subject matter）而非"分析方法"（analytical method）来界定。[19]换言之，凡是以"法"为对象、与"法"相关的研究，都是法学研究，无论采取的研究方法是质性、量化、数理模型、酷儿理论，等等。是故，经济分析当然可以是一种法学方法。

表 1-1 将法学及相近的社会科学[20]，依照研究主题和分析方法的不同[21]，分成四大区块。[22]在研究主题维度上，区分"法"和

| 第 1 讲 | 法经济分析概览

"其他社会领域"(比如经济、政治、社会、人口,等等)。在分析方法维度上,区分应然分析和实然分析。如此,就形成了四大类的研究典范:对法的应然分析、对法的实然分析以及对其他社会现象的应然分析与实然分析——毫无疑问,这种划分以法学为中心。

表 1-1 社会学科的研究范式

		分析方法	
		应然分析	实然分析
研究主题	法	法教义学……(1)	定量法律实证研究、法经济分析……(2)
	其他社会领域	福利经济学、Rawls 的正义论……(3)	社会科学……(4)

根据表 1-1,法学研究有对法的应然分析,及对法的实然分析。法的应然分析,最具有代表性的是法教义学。[23] 但法教义学不是从事应然分析的唯一论述框架,美国的法学研究也强调应然分析,但没有套用德国式法教义学论述框架。

法的实然分析一栏中,表 1-1 列举了两种类型,即法律实证研究和法经济分析——社科法学的两大要角。本书的主角法经济分析是一种"非实证的实然社科法学";亦即不使用资料,而使用源自社会科学的实然理论,推测人的行为,分析法律问题。

笔者采取法律应该追求效率、追求社会福利的应然立场,所以也在进行实然分析之后,以法教义学框架提出法律解释或政策建议。此种论述取径,是将**表 1-1 中第 (1) 格的法教义学,结合第 (2) 格中社会科学,称为"社科法教义学"**。

1.6 法经济分析 ≠ 量化法实证研究

笔者兼治法经济分析与量化法实证研究，但两者有清楚界分。[24] 法经济分析的基底是非常多的量化实证研究，这些实证研究尝试否证或支持经济学理论。经济学的结晶为少许大理论（例如需求定律），与许多中层、下层理论。这些理论归纳出人的行为规律，帮助使用者在做法律解释或立法时，可以**预测未来**。而量化法实证研究必须使用数据，数据是对已经发生的事件的量度，所以量化法实证研究的核心必然是**分析过去**。

> 无论上层、中层、下层经济理论，都可能是数理经济学模型（economic model），但也不当然必须是数理经济学模型。知名法经济学者熊秉元教授尝谓：经济学对法学的贡献在于洞见，而非技术。以中文法学的现况，尽量避免使用数理经济学模型，应该是较符合"性价比"的选择。[25] 本书因此完全不用数理经济学模型，要用白话让读者明白！

做量化法实证研究，而不做法经济分析者，例如：白建军、左卫民、程金华。做法经济分析，而不做量化法实证研究者，例如：简资修、桑本谦、艾佳慧、戴昕、许可。和笔者一样跨足两边者，例如：刘庄、张湖月、熊丙万。读者可以比较他（她）们的文章风格差异。

| 第 1 讲 | 法经济分析概览

1.7 如何使用本书

本书前六讲是法经济分析的入门,快速巡礼了通行的法教义学,指出其缺陷;并介绍社会科学可以协助法学论证的关键。本科二年级前后,对法教义学有了初步认识者,就可以阅读。若认为入门六讲所言有理,应该立即下决心去修习微观经济学。

第 7 讲到第 13 讲是总论,其内容适用于所有部门法。这七讲更严谨地界定法经济分析方法,并说明如何在法教义学的框架内,使用经济分析。即使是研究所层级的微观经济学,都不一定会涵盖这七讲的内容,因为法经济学不只是经济学,而是结合了关心应然问题的法学后产生的交叉学科。因此,即使有很强经济学底气的读者,都能有收获。只有学习过法学的读者,可能看过、读过、想过法学文论对经济学方法的质疑;这七讲将破除常见的迷思。

第 14 讲到第 19 讲是民商法各论。对于(有志于)专攻民法、商法、公司法、经济法、金融法、民事程序法者,这六讲具体阐释在这些民商法领域中使用经济分析的方式,并举各种例证。这六讲的内容并非和刑法、公法无关,只是着重点不同,一些分析框架也要经过调整才能套用。不过,已经读了前十三讲的读者,若想要从具体问题中理解经济分析的威力与魅力,不能错过这六讲。

第 20 讲的重点在于踩刹车。有兴致从头读到最后一讲的读者,或许会过度兴奋,"十年磨一剑,霜刃未曾试",因此可能乱

法经济分析：方法论20讲

砍一气。经济分析是不可或缺的法学方法，但不是唯一的法学方法。

本书的方法论附录，延伸1.5和1.6的方法论讨论，适合读者在通览全书后，再进一步思辨。

喜欢看视频学习的读者，可以参见元照法律网上，我和苏永钦老师的对话《从法教义学到社科法学》。戴昕教授在北大"法学阶梯"进阶讲座系列之二十五的《法律经济学的核心思维方法》，我完全赞成，也请读者务必阅读。

本讲参考文献

1 类似看法，参见张淞纶：《作为教学方法的法教义学：反思与扬弃——以案例教学和请求权基础理论为对象》，载《法学评论（双月刊）》2018年第6期；纪海龙：《法教义学：力量与弱点》，载《交大法学》2015年第2期。

2 当然，以上所说的内在一致性，不是只有法经济分析具备。凡是以严谨理论一贯推衍的学派，都可以一贯。就此而言，法经济分析自身的内在一致性，并不比其他理论学派的内在一致性优越。

3 戴昕称之为广义的成本收益分析，请读者务必参阅。戴昕：《法学需要什么样的理论?》，载苏永钦教授七秩祝寿论文集编辑委员会：《法学的想象（第四卷）：社科法学——苏永钦教授七秩华诞祝寿论文集》，元照出版公司2022年版，第334—351页。

4 第9讲引用的学说，严格界定成本收益分析必须将优缺点都转换为以金钱为尺度。这里是以更具一般性的方式适用成本收益分析。

| 第1讲 | 法经济分析概览

5 本书第6讲。完整论述请见：张永健：《社科民法释义学》，新学林出版公司2020年版，第373—403页。

6 See Hans-Bernd Schäfer and Claus Ott, *The Economic Analysis of Civil Law*, Edward Elgar 2004, p. 392. 本书在2022年推出英文第二版。

7 See Nicholas Mercuro & Steven G. Medema, *Economics and The Law: From Posner to Post-Modernism*, Princeton University Press 2006, p. 104.

8 See Richard A. Posner, *The Economics of Justice*, Harvard University Press 1983, p. 75.

9 Wagner, "Zivilrechtswissenschaft heute", in: Dreier (Hrsg.), *Rechtswisssschaft als Beruf*, S. 91 f. 转引自卜元石：《法教义学的显性化与作为方法的法教义学》，载《南大法学》2020年第1期。

10 陈华彬：《埋藏物发现的若干问题》，载《法学研究》1995年第3期。陈华彬教授批判的是《民法通则》第79条第1项，而该条至少还有给予发现人"物质奖励"的规定，但《民法典》对发现人奖励未置一语。另参见熊丙万：《中国财产法的经济分析》，载《人大法律评论》2017年第1期。

11 Guido Calabresi, *The Future of Law and Economics: Essays in Reform and Recollection*, Yale University Press 2016, pp. 2-3. Calabresi还有其他区分两者的标准（如该书第7章关于是否考虑道德成本与道德偏好），请读者自行参照。

12 Pierre Schlag, "Coase Minus the Coase Theorem: Some Problems with Chicago Transaction Cost Analysis", *Iowa L. Rev.* 99 (2013).

13 Alain Marciano, "Economic Analysis of Law", in Alain Marciano and Giovanni Battista Ramello, *Encyclopedia of Law and Economics*, Springer 2019, pp. 630-632.

14 张五常：《经济解释卷四：制度的选择》，中信出版社2014年版，第28页。

15 See Robert Cooter and Thomas Ulen, *Law and Economics*, Pearson

法经济分析：方法论20讲

2012, p. 14.

16 因果筛选包含了应然论述。参见王鹏翔、王一奇：《寄生的反事实依赖与典型因果关系》，载《政治大学哲学学报》2021年第45期；王鹏翔：《不作为因果判断中的假设性思考问题》，载《欧美研究》2019年第3期。

17 例如刑法教科书中所举的某甲和某乙先后在某丙的咖啡中下毒，而某丙在一小时后暴毙。咖啡中含有毒药使某丙暴毙，是因果推论；而法学并没有包括毒药学的内容，自然无法凭借任何法学方法说明某丙死于中毒。
在刑法、侵权法案件中所需要的因果关系，是具体情形中特定人某甲是否对特定人某乙造成某种影响。此处所需的条件因果关系，绝大多数情形源自自然科学、医学。而社会科学、法实证研究所探讨的因果推论，适用于大范围的现象：特定法律A是否会使甲乙丙丁等人更倾向于作出某种行为。但法实证研究无法告诉法官，A是否使某甲确实作出该种行为。此种大范围现象的因果推论，对于立法者、正在解释法律的法官极有用处，但对于正在判断事实的法官没有帮助。对前者而言，法教义学没有提供资源。

18 量化实证研究对于用何种研究设计可以得出因果推论（causal inference），有很严格的定义。法律人必须明了作因果推论的高标准在哪里，才能在作出应然推论时保持该有的"谦卑"。法律人工作的本质使然，不能逃避作出应然论据（例如作出判决）；而应然论据常常必须以实然的因果关系的存在为前提。若法律人只知道相关性（correlation），而不知道有因果关系（causation），则其应然论证不应该斩钉截铁，而必须承认其应然论据的实证基础尚不坚实。更多说明，参见张永健：《比较法作为双重因果推理——以修正民事诉讼法影响和解率的实证研究为例》，载《"中研院"法学期刊》2024年第34期。

19 请读者参照比较苏永钦：《法学为体，社科为用——大陆法系国家需要的社科法学》，载《中国法律评论》2021年第4期。

20 德国学说习惯将法学称为法律科学，本书也暂且将法学纳入广义社会科学的一环。狭义的社会科学，则只有表1-1右下角。

21 两者的区分，参见熊秉元：《罪与罚之外：经济学家对法学的20个提问》

第1讲 法经济分析概览

(第2版),天下文化出版公司2019年版,第208—209页。

22 以下的社科法学分类,首先提出于张永健、程金华:《法律实证研究的方法坐标》,载《中国法律评论》2018年第6期。

23 也请注意,法教义学不纯然是应然分析,也有概念分析(conceptual analysis),研究法律专有名词的定义与体系关联。概念分析本身不带有价值判断,所以不是应然分析;概念体系的逻辑是推演(deduction)而来,不涉及手段的效果与后果,所以不是实然分析或手段分析。关于法教义学的基本立场,参见许德风:《法教义学的应用》,载《中外法学》2013年第5期;许德风:《论法教义学与价值判断》,载《中外法学》2008年第2期;雷磊:《法教义学的基本立场》,载《中外法学》2015年第1期;黄卉:《法学通说与法学方法——基于法条主义的立场》,中国法制出版社2015年版,第1—235页;贺剑:《法教义学的巅峰——德国法律评注文化及其中国前景考察》,载《中外法学》2017年第2期。

24 在本书方法论附录的附表2中,法经济分析在第V格,量化法实证研究则是第III和VI格。

25 桑本谦等:《中国需要什么样的法理学》,载《中国法律评论》2016年第3期;熊丙万:《中国民法学的效率意识》,载《中国法学》2018年第5期。

Economic Analysis of Law

| 第 2 讲 |

何谓法教义学?

| 第 3 讲 |
法教义学的短板之一:事前观点

第 2 讲

何谓法教义学?

2.1 法教义学的范围与特性

2.2 为什么法学需要一套方法?

2.3 传统法律解释方法概要

  2.3.1 文义解释

  2.3.2 历史解释

  2.3.3 体系解释

  2.3.4 目的解释

2.4 法律解释方法的问题

2.5 法律续造

在讨论经济分析是否以及如何能够作为一种法学方法之前，须先回答第一个大哉问：何谓"法学"与"法学方法"？

所谓"法学"有广义、狭义两种理解方式。广义的法学，泛指一切以"法"（不论是法律制度、规范、行动或其他相关现象）为研究对象的学科。[1] 各人文、社会学科——例如哲学、社会学、人类学、经济学，等等——都能从各自的角度去研究法律，从而法哲学、法社会学、法人类学、法经济学等交叉学科，皆属广义的法学。按照广义的理解，只要研究的主题与法律相关，则各个学科所使用的方法均可称为"法学方法"，如此一来，经济分析无疑也属于广义的法学方法之一（第1讲）。不过，广义的法学方法显然不是法律人或法学者向来所理解的"法学方法"，为了区别起见，或许可将广义的法学方法称为"法学研究方法"（methods of legal research）。

2.1 法教义学的范围与特性

狭义的法学即通常所称"法教义学"（Rechtsdogmatik；the doctrinal study of law），狭义的法学方法，则是法教义学在处理法律问题时所使用的方法。[2] 不过，何谓"法教义学"，迄今仍没有一个广为接受的清楚定义。[3] 德国法学方法论巨擘 Karl Larenz 在其巨著《法学方法论》中，将法教义学界定为：

法经济分析：方法论20讲

主要从规范性角度来研究法律并以此探讨规范之"意义"的学科。它涉及实证法规范的规范效力及其意义内容，同时也包括了法院判决所内含的裁判准则。[4]

Larenz 这段话短短数言，内涵却十分庞杂，下文关于法教义学的工作及性质的概述，可视为对这段话的补充阐述。

另一位德国法理学大家 Robert Alexy，在与两位同样知名的法理学家 Aleksander Peczenik 和 Aulis Aarnio 所合著的经典论文 *The Foundation of Legal Reasoning* 中，则将法教义学的工作简明界定为：（1）探究法律秩序的内容，以及（2）法律概念与法律规范的体系化。他们认为，这两项任务是彼此关联的，法秩序的内容无法独立于体系化的方法，反之亦然。[5]

根据以上的看法，法教义学的工作大致包含三个部分：（1）法源论：认识哪些规范属于有效的法律。（2）解释论：探求法律规范的意义内容。（3）体系化：形成法律概念之间的位阶次序、发现及具体化一般法律原则。简言之，法教义学的主要工作可界定为：有效法律的解释与体系化（the interpretation and systematization of valid laws）。一般所谓的"法学方法"也就是法律解释与体系化的方法。[6]

法学方法有别于其他法学研究方法（广义的法学方法）之处，在于法学所具有的重要特质[7]：法教义学**主要**是一门具有规范性与实践性的学科（a normative and practical discipline）。[8]

法教义学工作的主要任务是解决规范问题，即一个人应该（被允许、要求或禁止）采取何种行动，或者享有何种权利或负

第 2 讲 何谓法教义学？

有何种义务的问题。然而，有别于其他同样处理规范问题的规范性学科（例如伦理学或神学），法教义学是在既定的法律秩序的框架下来解决规范问题。[9] 换言之，法学所要问答的规范问题是："按照某个法律秩序，法律所要求、允许、禁止者为何？某个人是否有做（或不做）某件事的法律权利或义务？"

本讲将"法律要求/禁止/允许做某件事情 A"或者"X 有做 A 的权利/义务"这种形式的陈述，称为"法律命题"（propositions of law）。法律命题可以是一般性的，例如"法律允许人民在电视台刊播药物广告"，也可以相当具体，例如"袋地承租人张三有权利通过李四所有的邻地"。法学作为一门规范性学科，其最重要的任务就是判断或决定法律命题是否成立，而对于有效法律规范的解释与体系化，最终目的也是为了完成此项任务。

法学作为规范性学科的特性之一在于，法学工作乃是以说理论证的方式，来判断或决定法律命题的成立与否。当法律人或法学家主张某个法律命题时，都必须提出理由来支持、证立为何其所主张的法律命题成立。尤其当一项法律命题无法直接从明文的法律规定所推衍而出时，说理论证的工作更具有关键的重要性。[10] 何种理由与论证形式可以用来证立法律命题，乃是法学方法论的核心议题，本讲稍后会再详加说明。

法学的另一个重要特性在于，它是一门实践导向的学科。传统的法教义学主要是从法官观点来处理法律上的规范问题。法官的判决结果通常是一个具体的法律命题（例如："某甲应处三年以下有期徒刑""张三应给付李四价金若干"），亦即在个案中法律所要求、禁止或允许者为何。[11] 由于司法判决原则上要受到法律拘束，因此法官主要是通过适用及解释法律（主要是制定法），来得出并证立在个案中的判决。[12] 法学工作的另一个重要任务，即在于提供协助法官裁判的准则，将解释与体系化的成果运用于法律适用过程，以证成具体的法律命题。[13] 相应地，传统的法学方法也就大多聚焦于法律适用与法律解释的方法；因此，在传统方法论中，立法论的议题往往居于次要地位，但这并不表示，立法论就应完全被排除在法学之外。[14] 第12讲还会探讨立法论何以应该成为法学方法的一部分。

2.2 为什么法学需要一套方法？

在简要介绍法学（法教义学）的基本特征之后，要回答的第二个大哉问是："为什么法学需要一套方法？"

某种工作的"方法"，非常抽象简略地说，乃是为了达成此一工作的目标、解决其所要处理的问题，所采取的程序、方式或步骤。[15] 如前所述，法学工作的目标在于判断或决定究竟什么是法律所要求、禁止或允许者；而从法官的观点来看，法学所要处理的主要问题，则是"如何借由法律的适用以证成具体个案的法律命题"。因此，笔者可从法律适用的论证结构切入，来了解为什么法学需要一套方法。

法律适用基本上包括以下的工作：认定事实、找出可资适用的法律规范，再透过一定的论证步骤得到具体个案的法律效果。法律适用最简单的论证方式，就是众所周知的"法学三段论"（juristischer Syllosimus，legal syllogism）：法律规范作为大前提，案件事实为小前提，结论则是具体的法律效果。例如"驾驶汽车闯红灯者，应处以若干罚款（大前提）；某甲开车闯红灯（小前

| 第 2 讲 | 何谓法教义学？

提）；因此，某甲应处以若干罚款（结论）。"

不过，这种简单的法律适用方式，在现实案例中少之又少。在大部分的法律案件中，案件事实的描述与法律规范的构成要件之间，往往并不完全吻合，从而无法单凭法学三段论得出具体个案的法律效果。

例如，假设案件事实为某甲在电视台刊播药物广告，当笔者要判断他是否有这么做的权利（法律是否允许某甲在电视台刊播药物广告，或者说，法律是否禁止国家干预他这么做）时，可资适用的法律规范是《宪法》第35条保障言论自由的规定。然而，光从"宪法保障人民的言论自由"和"某甲在电视台刊播药物广告"这两个前提，笔者仍无法推论出解决个案的具体法律命题"宪法保障某甲在电视台刊播药物广告的自由"。这是因为，作为小前提的案件事实描述（在电视台刊播药物广告），和作为大前提的法律规范所使用的概念（言论）之间存有裂缝（Kluft），因此无法确定，究竟在电视台刊播药物广告是否属于《宪法》第35条所保障的"言论"。

在这个案例中，要推论出具体的法律效果，还必须加入一些额外的前提，来弥补案件事实和法律规范之间的裂缝。例如，加入以下（2）和（3）这两个前提之后，完整无跳跃的推论可表述为：

（1）《宪法》保障人民发表言论的自由。

（2）商业上之意见表达属于《宪法》所保障之言论。

（3）在电视台刊播药物广告属于商业上之意见表达。

（4）甲在电视台刊播药物广告。

因此，(5)《宪法》保障某甲在电视台刊播药物广告的自由。

弥补案件事实与法律规范之间的裂缝，以推论出具体法律效果的论证过程，就是所谓的"涵摄"（Subsumtion）。

在上述论证的前提中，(1) 是明文的法律规定，(4) 是案件事实的描述，(2) 和 (3) 则是解释法律的主张（解释何谓宪法所保障的"言论"），可称之为"法律解释"（Auslegungen des Gesetzes）。[16] 从 (1) 再加上 (2) 与 (3)，可以导出"宪法保障人民商业上意见表达的自由"或"宪法保障刊播药物广告的自由"等抽象程度较低的一般性法律命题，它们可直接适用至系争个案，而得到"宪法保障某甲在电视台刊播药物广告的自由"的具体结论，倘若没有加入这些法律解释作为额外的前提，就导不出这个结论。

以上显示，在案件事实与法律规范之间存在裂缝时，进行解释的必要性。但法律解释 (2) 和 (3) 既不是案件事实的描述，也不是明文的法律规定，由此就遇到"为什么法学需要一套方法"的问题：**要如何（=用什么样的方法）得到这些法律解释？什么样的理由可以用来支持一个法律解释？为此，法学需要一套帮助解释者得到并证成法律解释的方法**。[17]

进一步而言，案件事实与法律规范之间的裂缝，往往不止一种填补方式。亦即同一条法律规范，可能存有多个不同的法律解释。在上述的例子，可以对 (1) 采取另外一种解释来填补裂缝：

(2*) 只有与公意形成、信仰表达或追求真理有关的意见才属于宪法所保障的言论。

第 2 讲 何谓法教义学？

（3*）在电视台刊播药物广告与公意形成、信仰表达或追求真理皆无关

（2*）与（3*）同样是额外的前提，它们既非法律明文规定，亦非案件事实的描述。但由（2*）与（3*）表述的法律解释，所证立的是完全相反的法律效果："甲在电视台刊播药物广告的自由并不受宪法所保障。"

由此指向了另一个问题：**当不同的法律解释并存时，解释者要如何决定采取哪一个解释？什么样的理由可以用来证立其中一种解释可能，而不采取其他可能的解释？为此，法学也需要一套在不同的解释可能性之间作出选择的方法。**[18]

在传统方法论中，法律解释的对象主要（但不限于）包括《宪法》在内的制定法。更棘手的状况是，某些案件可能欠缺可资适用的法律（制定法）规范，但法官仍必须作出决定。例如，假设出卖人故意向买受人宣称买卖标的物具有实际上不存在之优点，惟出卖人对此一谎称之优点亦无保证之意思。此种案例无法适用《民法典》第 618 条后半的规定，来得出"买受人有权向出卖人请求不履行之损害赔偿"的法律效果，因为"故意宣称标的物具有实际上不存在之优点"显然并非"故意或重大过失不告知物之瑕疵"。

在这样的情况下，有两种可能的解决方式。一种方式是通过反面推论（*argumentatum e contrario*），主张系争案例无法被涵摄至《民法典》第 618 条规定的构成要件之下，从而也无法得出该规定的法律效果。另一种方式则是认为，虽然《民法典》第 618 条的规定无法适用，但这乃是"法律（制定法）漏洞"，为了填补这

个漏洞，必须创造出一个新的大前提："出卖人故意宣称标的物具有实际上不存在之优点者，买受人亦得请求不履行之损害赔偿"，将其适用至系争案例，亦可得到与《民法典》第618条相同的法律效果。第二种解决方式即传统法学方法论所称之"法律续造"（Rechtsfortbildung）的一种：类推适用。

但法律解释的方法问题也出现在法律续造当中。在上述案例中，填补漏洞的法律命题（"出卖人故意宣称标的物具有实际上不存在之优点者，买受人亦得请求不履行之损害赔偿"）既非明文的法律规定，也无法借由解释明文的法律规定（《民法典》第618条）所得出。那么，解释者要用什么样的方法得出这个法律命题？什么样的理由可以用来证成它？换言之，**在欠缺可资适用的法律规范时，法学还需要一套方法，来帮助解释者得到并证成那些填补漏洞的法律命题**。[19]

针对上述为何需要一套法学方法的问题，经济分析其实都能有所贡献。本书第11讲将指出，经济分析不仅能被运用至传统的法律解释方法以证成法律解释，效率原则更可成为采取或选择特定法律解释的理由，甚至可以用来证成法律续造。但在此之前，本讲先简要介绍传统的法律解释方法。

2.3 传统法律解释方法概要

德国传统的法学方法论，通常包括以下几个部分：法律规范的种类、法律适用的结构、法律解释、法律续造以及体系建构。如前所述，这套方法论主要是一套关于法律适用的方法论，由于法律的适用很少不涉及解释的问题，法律解释的方法也就成了传

第 2 讲 何谓法教义学？

统法学方法论的核心议题。

法律解释的方法又称为法律解释的准则、判准或要素。[20] 尽管解释方法是传统法学方法论的重心，但关于法律解释方法的数量、种类及运用顺序等问题，方法论学者仍未获得共识。[21] 不过，向来公认的解释方法大致都会包括以下四种：文义、历史、体系、目的。[22]

解释和论证之间具有密切的关系。如前所述，法律解释的主要工作，即在于提出理由来支持（或反对）采取某个解释法律的主张。准此，传统的法律解释方法，可被视为用来支持（或反对）采取某个法律解释的论证形式（Argumentformen）[23]：这些解释方法告诉笔者，如何得出法律解释，以及哪些素材（文义、历史、体系、目的）可以作为解释依据。

然而，法律解释方法并没有说明：为什么这些素材可以作为解释的依据？在具体个案中，为什么要采取某个解释方法，而不是采取别种论证形式去支持其他可能的解释？各种解释方法背后隐含的考量，及其运用方式与顺序问题，容后再述。以下四小节先依序介绍上述四种典型的解释方法：

2.3.1 文义解释

文义解释乃是一种语意论证（semantische Argumente），亦即以法律概念的意义或使用方式，来支持或反对某个解释的论证形式。[24] 它包括了概念在日常语言或专业语言的意义，但这两者时有出入；例如，《民法典》的"风险"，和一般日常用语的"风险"，两者意思即不相同；《刑法》所称的"重伤"也不完全等于通常所称之"重伤",而必须依《刑法》第 95 条的定义去理解。

此外必须强调,有些法律专业概念,其文义仍须诉诸或参酌其他专业知识来确定。例如,砍断他人一手之拇指、食指与中指是否属于《刑法》第 234 条第 2 款所称之"致人重伤"(《刑法》第 95 条第 1 项"使人肢体残废或者毁人容貌的"属于重伤),需要医学或生理学的知识。而民法中更有不少需要借助经济分析工具(如成本收益考量)才能确定其意义的概念,例如《德国民法典》第 948 条之混合问题所称之"分离需费过巨";《民法典》第 322 条"因加工、附合、混合而产生的物的归属,有约定的,按照约定;没有约定或者约定不明确的,依照法律规定;法律没有规定的,按照充分发挥物的效用以及保护无过错的当事人的原则确定。因一方当事人的过错或者确定物的归属给另一方当事人造成损失的,应当给予赔偿或者补偿"之"充分发挥物的效用"。

语意论证有三种可能结果:第一种,基于概念的文义,系争的案件事实可被涵摄至某条法律规范 N 之下,亦即 N 可适用至该案件;或者,第二种,基于概念的文义,系争的案件事实无法被涵摄至 N 之下,亦即 N 不能适用。[25] 例如,根据《民法典》第 1045 条,"近亲属"包括"配偶、父母、子女、兄弟姐妹、祖父母、外祖父母、孙子女、外孙子女",而再根据《民法典》第 1181 条:"被侵权人死亡的,其近亲属有权请求侵权人承担侵权责任。"根据此定义,被害人之同居人或未婚妻则不属于"近亲属",因而不具备前述请求权。[26] 在上述两种情况,文义解释都足以确定具体的法律效果。如果此时仍要作出偏离语意论证的判决(例如,赋予被害人之同居人或未婚妻前述请求权),即不再属于

第 2 讲 何谓法教义学?

法律解释,而进入狭义的法律续造的范畴了。

不过,在大部分的情况下,语意论证所能得到的往往是第三种结果:基于概念的文义,系争案件事实可能被涵摄至某条法律规范 N 之下,也可能无法被涵摄至 N 之下。[27] 这种情况多出现于,所要解释的法律概念其意义模糊、歧义或具不确定性,从而容许多种解释的可能。例如《民法典》第 604 条之"交付",其文义可能涵盖包括指示交付和占有改定在内的所有交付形态,也可能只指现实交付和简易交付。

在第三种情况下,文义解释本身并不足以确定具体的法律效果,而只能指出,在文义范围内存在数个可能解释,至于要采取哪一个解释,则非语意论据所能决定,必须引入其他种类的论证形式后进行抉择。[28] 第 11 讲将会指出,在这种情况下,经济分析可以作为在不同解释间如何取舍评价的论证工具。

在此暂且将文义解释的功能归纳为以下两点:首先,文义解释画定了法律解释的界限,逾越或违反文义,即非属法律解释而是(狭义的)法律续造。[29] 其次,文义解释经常只是法律解释的出发点,如果文义范围内有多种解释可能,就必须通过其他解释方法才能得到法律解释的结果。

2.3.2 历史解释

历史解释是以当初制定法律之立法者的意思为根据的解释方法。历史解释乃是一种起源式的论证(genetische Argumente),它包括以下两种论证形式:第一种方式是主张,对于法律规范 N 采取某个解释 I,才符合立法者的意思,因此应该采取 I 这个解释。

第二种方式则是指出：立法者制定 N 所要追求的目的为 Z；若不对 N 采取某个解释 I，就无法达到 Z 这个目的；因此，应该采取 I 这个解释。[30] 后面这种论证方式是一种目的论证（teleologische Argumente），以立法者的目的为依据的历史解释，也可被视为目的解释的一种类型，即所谓"主观目的解释"。

立法者的意思或目的通常是借助立法理由、立法草案、立法史与制定经过等文献资料来探知。历史解释常面临的问题是，历史资料未必总是能明确呈现立法者的意思或其所欲追求的目的[31]；再者，社会变迁也会产生不少立法者当时所无法预见的案件（例如打印遗嘱是否算是《继承法》第 17 条的"自书"遗嘱，要到《民法典》第 1136 条规范了打印遗嘱才解决争论），若立法者已经作古，也难以推测其对这些案件会有何想法。而立法者是一群人而非一个人[32]，从会议记录中固然可以大略探知有发言之立法者之立场，但若条文是在闭门协商后变动，又与任何原始提案条文不同，则难以事后推测立法者之意旨。

2.3.3 体系解释

体系解释乃是以维持法律体系的一致性与融贯性作为依据的解释方法。抽象而言，它包括两种论证方式。第一种是避免矛盾：如果对某条法律规范 N1 采取解释 I，会导致与另一条法律规范 N2 相冲突，就不应该采取 I 这个解释。第二种是追求融贯：如果法律规范 N1 容许有多种解释可能，即应该尽可能采取和法律体系中其他规范相互一致或相互支持的解释。[33]

体系解释包含许多下位类型。例如，在解释个别法律规范时，必须注意它在法律体系中的地位以及与其他规范之间的关联（脉

| 第2讲 | 何谓法教义学?

络关联性的论据);相同的法律概念必须尽可能采取相同的解释方式(概念一致性的论据);在解释下位规范时,必须采取符合或实现上位规范的解释,避免产生抵触上位规范的结果(法秩序统一性的论据)。

体系解释的方法与体系的概念密切相关。德国传统的法学方法论将体系区分为两类:内部体系(das innere System)与外部体系(das äußere System)。[34] 外部体系乃是由法律概念的抽象程度位阶所形成的体系,简言之,外部体系是概念的体系。德国民法由"抽象到具体""一般到特别"的五编制体例,基本上就是根据概念位阶的体系编纂方式。外部体系的解释方法,着重于所要解释的概念在法条编制体例中的前后关联,以及其在概念体系中的分类次序(例如属于权利概念中的物权或债权、法律行为中的负担行为或处分行为);上述脉络关联性与概念一致性的论据,即属于外部体系的解释方法。

内部体系则认为:法律体系不只是由实证法规范所组成,还包括实证法背后所立基的价值、原则或目的。所谓"内部体系",乃是取向于法律体系内在的价值判断与一般原则所形成的价值目的体系(axiologisch-teleologisches System),简言之,内部体系是原则的体系。[35] 内部体系的解释方法,系诉诸这些价值或原则作为法律解释的依据,亦即采取某个解释作为实现法律规范背后之价值或原则的手段,故可称为"原则论据"(Prinzipienargument);其基本形式也是一种目的论证,因此亦可归类至目的解释之中。[36]

内部体系与外部体系的解释方法,可能会导致不同结果。传统法学方法论在两者出现解释分歧时,往往会诉诸内部体系的原则来修正外部体系的解释(不要过分执着于概念问题)。例如前述《民法典》第604条之"交付",应如何解释的问题,就外部体系而言,物权法上的交付概念包括占有改定与指示交付(《民法典》第226条、第227条);但从内部体系来看,以交付作为危险负担移转之时点,所要贯彻的乃是"利益之所在,危险之所归"以及"只有对物有事实上管领力者,始应令其负担危险"等一般原则,如此一来,"交付"即应解释为仅包括现实交付和简易交付。

本书第11讲还会再运用经济分析方法,探究《民法典》第604条之"交付"如何解释的问题。在此只需先指出,传统法学方法论可能会从体系的观点,质疑经济分析与既有的民法编制内部体系不相容,或质疑效率是否为法律体系所内含的价值判断原则,进而否定经济分析进入体系解释的可能。

2.3.4 目的解释

目的解释乃是以法律的规范目的为依据的解释方法。例如,若法律规定动物"占有人"对动物造成的损害必须负损害赔偿责任,此处"占有人"之文义可能涵盖直接占有人、间接占有人,甚至占有辅助人。但考虑到其规范目的在于让事实上能够控制、防止动物造成损害之人负责,为了达到这个目的,就必须将该条之"占有人"解释为"对动物具有事实上管领力之人",亦即直接占有人与占有辅助人,但不包括间接占有人。而这和学说上一般对占有人包含直接占有人和间接占有人的定义不同。[37]

目的解释的基本论证形式如下[38]:

第 2 讲　何谓法教义学?

(1) 目的 Z 应该被实现。

(2) 对法律规范 N 采取解释 I，有助于实现 Z

(或者：如果不采取解释 I，将无法实现 Z)。

因此，(3) 应该采取 I 这个解释。

目的论证之前提（1）是规范性的前提，Z 代表某个价值、原则、政策目标，或值得实现的状态。（2）则表述了采取解释 I 所带来的结果：它能够实现 Z 这个目的。这是一个经验性的前提，采取 I 这个解释究竟是否有助于达成 Z，需要经验论证的检验。[39] 因此，目的论证本身就包含了结果考量与经验面向，要用目的论证来支援某个解释，就必须指出（或预测）手段和目的之间的因果关联：采取这个解释将能导致某个结果，而这个结果正是所欲追求的目的。

目的解释的结果考量面向，正是法律解释方法与经济分析思维之间的衔接点，容后详述。在此先简单指出目的解释的几个问题。

首先是目的本身的多样性。如果 Z 是立法者当初制定规范 N 时想要追求的目的，即属历史解释的一种，亦即所谓"主观目的解释"；立法者的主观目的为何，基本上是立法资料探求的经验问题。但法学方法论中的目的解释，通常是所谓"客观目的的解释"，亦即诉诸法律规范背后立基之原则或目的。要探求这些原则或目的，解释者必须理解并合理说明，作为解释对象的规范所要保护的利益或要贯彻的价值判断为何。[40]

法律的客观规范目的，可以是个别规定的具体目的，例如从

法经济分析：方法论20讲

表见代理（《民法典》第172条）、善意取得（《民法典》第311条）、债权之表见让与[41]等制度，可以归纳出维护交易安全之信赖保护原则。抽象程度更高之客观规范目的，甚至还包括了某个部门法、法律制度或整体法律秩序所要追求的一般目标，例如法律的社会作用、经济效率与公平正义，等等。[42]

但问题在于：要如何得到并证成那些作为解释依据的客观规范目的？强调内部体系的传统方法论学者多半认为，这些规范目的乃是隐含在法律体系的内在价值秩序当中的一般法律原则，同时也提供了一些发现或得出法律原则的方法，例如运用类型、个案归纳、上位价值具体化等。[43]

然而，即便能够通过这些方法获得解释所需要之目的或原则，也不保证目的论证之前提（1）就因此能被证成。换言之，这些方法仍然没有回答"为什么某个原则或目的应该获得实现"。要回答这个问题，不可避免地要诉诸某些实质论据，来证成解释所要实现之规范目的或原则（例如上述关于标的物风险负担分配的一般原则）的合理性或正确性。下文将会指出，经济分析的效率论据正可视为这类论据的一种。

目的解释之另一个问题在于，同一个（或一组）法律规范 N 企图实现或可被赋予之目的可能不止一个，而是多个：$Z_1 \cdots Z_n$；而这些目的可能各自要求对 N 作出不同的解释，甚至可能彼此互相冲突。[44]

以电台刊播药物广告是否受言论自由保障为例。如果认为保障言论自由之目的在于追求真理或健全民主程序，就会对《宪法》第35条之"言论"采取上述第二种解释（仅包含与公意形成或追求真理相关的意见表达），而将商业广告剔除在外；反之，

| 第 2 讲 | 何谓法教义学？

如果认为保障言论自由之目的在于保障个人独立自主的自我表现，而与言论本身的价值无关，就可能采取将商业上意见表达包含在内的第一种解释。

例如，学说认为动产所有权善意取得的规范目的有二：所有权保障与维护交易安全，因此在解释善意取得的规定时，扩张或缩减受让人即时取得所有权之范围，都必须考量这两项原则之间如何权衡的问题。民事诉讼中，迅速而经济的裁判和充分的程序保障是往往冲突的两项原则，同样需要在具体问题中权衡。

当数个目的各自支持不同的解释，彼此竞合或相互冲突时，就无法单凭目的论证来决定应该采取哪一种解释，而必须进一步在这些相关的目的、利益或原则之间取舍衡量。本书第 11 讲有更进一步说明。

2.4 法律解释方法的问题

运用不同的解释方法（或论证形式），可能会得到不同的解释结果，从而对同一个法律问题也会有不同的答案。各种解释方法之间是否有一定的优先顺序以及顺序为何，传统法学方法论迄今仍未有定论。目前比较广为接受的看法是，各种解释方法之间并没有一成不变的绝对位阶顺序，而只有初步的（prima facie）或可推翻的（defeasible）优先顺序。[45]

然而，各种解释方法之间的初步优先顺序为何，解释方法本身无法提供答案。[46] 为什么要采取某种解释方法以及解释方法之间的顺序问题，可称为"后设方法论（meta-methodology）的问题"。

如前所述，解释方法作为论证形式，并没有告诉笔者采取特定论证形式背后的理由是什么，但每一种论证形式之所以能被用来支持或反对一个法律解释，其实都是基于某些价值或原则的考量。解释方法之间的顺序关系，也就取决于这些价值或原则之间的相对比重关系。

例如，采取文义解释与历史解释的理由之一，是为了确保法官受立法者拘束——它表现在不得任意偏离制定法文义与尊重立法者意思；而这个拘束的正当性来自民主原则与权力分立原则。体系解释则企图满足一致性与融贯性等基本的理性要求，同时也是为了符合禁止恣意的平等原则。至于为什么应该采取客观目的解释，则来自规范目的本身的实质正确性；特别是当这些目的是关于利益、负担与资源如何公平分配或有效运用的一般原则时，目的论证的说服力即来自解释的结果有助于达成某种公平或有效率的状态。[47]

由此可见，为什么要采取某种解释方法，归根究底仍是为了实现某些高阶的目的、价值或原则，这也是一种目的或结果论证，可称之为"**关于法律解释方法的后设目的或结果论证**"（meta-teleological or meta-consequential argument about the methods of legal interpretation）。正如同目的论证中数个目的之间的竞合或冲突必须透过衡量来解决，解释方法的顺序问题，同样也取决于上述那些高阶价值或原则之间如何取舍衡量。

例如，一种可能的初步优先顺序是基于以下的考量：在其他条件相同（other things being equal）的情况下，比起公平或效率等实质原则，权力分立与民主原则被推定为具有更高的重要性；亦即确保法官受到制定法拘束，基本上优先于作出公平、正确或有

第 2 讲 何谓法教义学?

效率的判决,因此,文义解释与历史解释相对于客观目的解释,具有初步的优先性。再者,相较于立法者的意思,语意论据具有更高的公开性与知悉可能性,基于法安定性与可预测性,文义解释相对于历史解释应该具有初步的优先性。体系解释则可视为一种中间类型,追求形式上一致无矛盾的外部体系解释,旨在维持制定法的一贯性,其位阶大致相当于文义或历史解释;实现法律内含之原则或价值的内部体系解释,则为目的解释之一种。[48]

然而,以上只是初步而非绝对不变的顺序。在某些情况下,实现公平或效率的决定,可能会比死守法律拘束来得重要,如果有强有力的理由支持目的论证应该优先于语意或历史论证,则上述的优先顺序仍可能被推翻。但究竟在什么样的状况下存在这种强有力的理由,亦即在何种条件下,公平或效率等实质原则会反过来凌驾权力分立与民主原则,解释方法的初步优先顺序无法提供答案,还是必须要再次诉诸价值或原则衡量。[49]

事实上,即便能够排定解释方法之间的优先顺序(不论是初步或绝对的),依然无法排除各种解释方法本身的不确定性。[50] 如前所述,即便文义解释具有初步的优先性,语意论据往往也只能指出在文义范围内有多种可能解释。历史解释所依据的历史资料,可能包含分歧不一的立法意思;体系解释的内部体系解释与外部解释,也可能导致不同的解释结果;目的解释更可能由于客观规范目的之多样性,而使得同一条法律规范有不同的解释方式。

因此,真正的关键问题或许不在于排定解释方法的优先顺序,而是**在数个可能的法律解释之间要如何选择或决定采取哪一个**。传统法学方法论认为,在进行这种选择或决定时,不可避免地要涉及评价的问题,亦即必须判断相竞逐的解释方案孰优孰劣。但

· 047 ·

关于评价的标准与方式，乃至于此种价值判断是否有理性证成的可能，方法论学者仍然莫衷一是。[51] 本书第 10 讲将指出，面对法律解释的选择评价问题，经济分析可以提供一套明确的评价标准与决定方法，以作为法律解释涉及之价值判断的部分理性基础。

2.5 法律续造

除了法律解释，传统法学方法论关注的另一个重点是法律续造。广义的法律续造包含法律解释：解释法律的工作形塑或改变了法律的内容，每个法律解释的结果，都会产生一条实证法所未明文规定的规范，因此也都属于法律续造。[52] 例如，关于《民法典》第 604 条采取内部体系的解释，将得到"买卖标的物之利益及危险，除合同另有订定外，自现实交付或简易交付时起，均由买受人承受负担"这条规范。

一般认为，广义与狭义法律续造的区别在于：后者逾越或违反了法律文义。[53] 当某条法律规范依其文义无法适用于某个案型，却仍要将其法律效果扩张到这个案型之上（例如前述将《民法典》第 618 条类推适用至出卖人故意宣称标的物具有实际上不存在之优点的情况）；或者当某条法律规范依其文义虽可适用至系争案例，却仍不予适用以避免其法律效果出现（例如将使本人纯获法律上利益的自己代理排除于《民法典》第 168 条禁止自己代理的适用范围之外），此时即非属法律解释而是狭义的法律续造。

狭义的法律续造已经超越文义的可能界限，因此显然不能诉诸语意论据，而必须以其他种类的论据证成。法律续造中最常运用的是目的论证（包括主观与客观目的论证）。例如，将《民法

| 第 2 讲 | 何谓法教义学？

典》第 618 条类推适用至出卖人故意夸大品质之案例，是为了实现该条规定保护买受人之目的，亦即避免出卖人利用买受人对标的物品质效用的认知错误，来误导买受人缔结合同，这乃是一种"目的性扩张"（teleologische Extension）。又如，限缩《民法典》第 168 条使其适用范围不及于使本人纯获法律上利益之自己代理，则是为了贯彻该条规定保护本人利益之立法意旨，此即所谓"目的性限缩"（teleologische Reduktion）。

由于狭义的法律续造偏离或违背了文义解释，法官进行法律续造的许可性也就取决于语意论据和其他论据之间的优先顺序，亦即在何种条件下可以运用尤其是目的论据来推翻语意论据所确定的结果。如同解释方法的顺序问题，这涉及了支持语意论据之民主、权力分立、法安定性等原则，和法律续造背后所要实现的融贯性与内容正确性等原则，两者之间如何取舍衡量。[54]

本讲参考文献

1 传统方法论学者多半也同样肯认法学有广狭两义之分，如 Larenz, Methodenlehre der Rechtswissenschaft, 6. Aufl., 1991, S. 190 ff.; Bydlinski, Juristische Methodenlehre und Rechtsbegriff, 2. Aufl., 1991, S. 8 ff.

2 对"将法学直接化约为法教义学，且不接受广义法学方法"此种立场之批判，参见凌斌：《什么是法教义学——一个法哲学追问》，载《中外法学》2015 年第 1 期。

3 雷磊指出，法教义学可分为"法教义学方法"与"法教义学知识"，法教义学包括但不限于法解释学。本书探讨法学方法,因此使用法教义学一词指涉"法教义学方法",而且主要是雷磊所说的"一般性"的"法学方法论"。雷磊:《法教义学:关于十组问题的思考》,载《社会科学研究》2021 年第 2 期。

4　Larenz, Methodenlehre der Rechtswissenschaft, 6. Aufl., 1991, S. 195.

5　*See* Aulis Aarnio, Robert Alexy and Aleksander Peczenik. "The Foundation of Legal Reasoning III", *Rechtstheorie* 12 (1981). Alexy 自己则在其《法律论证理论》一书中,将法教义学的工作分成三个面向:描述现行有效的法律,并对其进行概念与体系分析,以及对疑难法律案件提出解决建议,参见 Robert Alexy, Theorie der juristischen Argumentation, 3. Aufl., 1996, S. 308 f.

6　关于法源论、法律解释与体系化作为法教义学的主要工作,*see* Aulis Aarnio, *Reason and Authority: A Treatise on the Dynamic Paradigm of Legal Dogmatics*, Dartmouth Publish 1997, pp. 131-185; Aleksander Peczenik, *Scientia Juris: Legal Doctrine as Knowledge of Law and as A Source of Law*, Springer 2005, pp. 14-30. 德国传统的法学方法论代表作的重点也都在于法律解释与体系形成,例如 Larenz, Methodenlehre der Rechtswissenschaft, 6. Aufl., 1991, S. 190 ff.

7　如果没有特别指明,以下的"法学"指的都是狭义的法学,即法教义学。

8　之所以加上"主要"两字,是要强调法学并不只有规范面向,还具有分析与经验的面向。关于法学的三个面向,参见 Robert Alexy, Theorie der juristischen Argumentation, 3. Aufl., 1996, S. 308. 关于经验面向的深入论述,参见王鹏翔、张永健:《经验面向的规范意义——论实证研究在法学中的角色》,载《北航法律评论》2016 年第 1 期。

9　Larenz, Methodenlehre der Rechtswissenschaft, 6. Aufl., 1991, S. 193; Bydlinski, Juristische Methodenlehre und Rechtsbegriff, 2. Aufl., 1991, S. 9.

10　Robert Alexy, Theorie der juristischen Argumentation, 3. Aufl., 1996, S.

| 第 2 讲 | 何谓法教义学?

17-31.

11 Alexy 借用 Karl Engisch 的术语,将个案判决表述的规范命题称为"具体的法律应然命题"(konkrete rechtliche Sollensurteile),参见 Robert Alexy, Juristische Interpretation, in: Alexy, Recht, Vernunft, Diskurs, 1995, S. 71 (79).

12 关于法律拘束,参考 Hans-Joachim Koch/Helmut Rüßmann, Juristische Begründungslehre, 1982, S. 69f., 112ff., 175ff.; Helmut Rüßmann, Möglichkeit und Grenzen der Gesetzesbindung, in: Alexy/Koch/Kuhlen/Rüßmann, Elemente einer juristischen Begründungslehre, 2003, S. 135 (135-154).

13 Robert Alexy, Theorie der juristischen Argumentation, 3. Aufl., 1996, S. 311.

14 早逝的德国法律逻辑学者 Jürgen Rödig 在 20 世纪 70 年代初即已从法理论与法政策的观点批评传统法学方法论在此方面之不足,并大力倡议立法学方法之研究,见 Jürgen Rödig, Schriften zur juristischen Logik, 1980, S. 295 ff.; 同时期强调将法学方法论拓展至立法论的代表见解亦可见 Ota Weinberger, Norm und Institution: Eine Einführung in die Theorie des Rechts, 1988, S. 208 ff.。传统方法论著作中少数讨论法学方法论于立法论之运用,可见 Bydlinski, Juristische Methodenlehre und Rechtsbegriff, 2. Aufl., 1991, S. 609 ff.

15 参见 Jürgen Rödig, Die Theorie des gerichtlichen Erkenntnisverfahrens, S. 6 f; Ota Weinberger, Norm und Institution: Eine Einführung in die Theorie des Rechts, 1988, S. 169。有趣的是,绝大多数传统法学方法论著作都没有说明何谓一套"方法"。

16 Robert Alexy, Juristische Interpretation, in: Alexy, Recht, Vernunft, Diskurs, 1995, S. 80; Hans-Joachim Koch/Helmut Rüßmann, Juristische Begründungslehre, 1982, S. 22 ff.

17 Robert Alexy, Juristische Interpretation, in: Alexy, Recht, Vernunft, Diskurs, 1995, S. 77 ff.; Robert Alexy, Theorie der juristischen

Argumentation, 3. Aufl., 1996, S. 288 ff.; Hans-Joachim Koch/Helmut Rüßmann, Juristische Begründungslehre, 1982, S. 119 ff.

18 Robert Alexy, Juristische Interpretation, in: Alexy, Recht, Vernunft, Diskurs, 1995, S. 78；关于解释的选择作为法学的重要问题之一，参见 Aulis Aarnio, Denkweise der Rechtswissenschaft, 1979, S. 95 ff.

19 Robert Alexy, Juristische Interpretation, in: Alexy, Recht, Vernunft, Diskurs, 1995, S. 91 f.; Hans-Joachim Koch/Helmut Rüßmann, Juristische Begründungslehre, 1982, S. 257 ff.

20 Robert Alexy, Juristische Interpretation, in: Alexy, Recht, Vernunft, Diskurs, 1995, S. 83.

21 关于这些问题的概述，可见 Robert Alexy, Theorie der juristischen Argumentation, 3. Aufl., 1996, S. 19 ff.; Hans-Joachim Koch/Helmut Rüßmann, Juristische Begründungslehre, 1982, S. 166 ff.

22 传统方法论关于这几种解释方法的阐述，可见 Larenz, Methodenlehre der Rechtswissenschaft, 6. Aufl., 1991, S. 320 ff.; Bydlinski, Juristische Methodenlehre und Rechtsbegriff, 2. Aufl., 1991, S. 436 ff.。不过，在德国法学方法论未居绝对主流地位的中文法学界，仍不乏对传统法律解释方法的批判。解构四种传统解释方法，并主张扬弃此种解释架构，参见黄维幸：《法律解释所为何事？传统解释方法的批判》，载《月旦法学杂志》2016年第249期；桑本谦：《法律解释的困境》，载《法学研究》2004年第5期。

23 关于解释方法作为论证形式，参见 Robert Alexy, Theorie der juristischen Argumentation, 3. Aufl., 1996, S. 301; Robert Alexy, Juristische Interpretation, in: Alexy, Recht, Vernunft, Diskurs, 1995, S. 84.

24 Robert Alexy, Theorie der juristischen Argumentation, 3. Aufl., 1996, S. 289 ff.; Robert Alexy, Juristische Interpretation, in: Alexy, Recht, Vernunft, Diskurs, 1995, S. 86; Hans-Joachim Koch/Helmut Rüßmann, Juristische Begründungslehre, 1982, S. 188 ff.

25 Robert Alexy, Theorie der juristischen Argumentation, 3. Aufl., 1996, S.

| 第 2 讲 | 何谓法教义学?

    290; Robert Alexy, Juristische Interpretation, in: Alexy, Recht, Vernunft, Diskurs, 1995, S. 86; Hans-Joachim Koch/Helmut Rüßmann, Juristische Begründungslehre, 1982, S. 195 ff.

26 类似例子参见王泽鉴:《民法总则》（增订新版），自刊 2014 年版，第 165—170 页; 王泽鉴:《法律思维与民法实例》，自刊 2011 年版，第 293—294 页。

27 Robert Alexy, Juristische Interpretation, in: Alexy, Recht, Vernunft, Diskurs, 1995, S. 86; Hans-Joachim Koch/Helmut Rüßmann, Juristische Begründungslehre, 1982, S. 194 ff.

28 Robert Alexy, Theorie der juristischen Argumentation, 3. Aufl., 1996, S. 290 f.; Robert Alexy, Juristische Interpretation, in: Alexy, Recht, Vernunft, Diskurs, 1995, S. 86.

29 Larenz, Methodenlehre der Rechtswissenschaft, 6. Aufl., 1991, S. 323 f. 但必须注意: 由于文义的范围并不总是百分之百明确，因此法律解释与法律续造之间的界限也未必总是能够截然划分。

30 Robert Alexy, Theorie der juristischen Argumentation, 3. Aufl., 1996, S. 291 ff.; Robert Alexy, Juristische Interpretation, in: Alexy, Recht, Vernunft, Diskurs, 1995, S. 86.

31 关于历史解释的问题，可见 Robert Alexy, Theorie der juristischen Argumentation, 3. Aufl., 1996, S. 293; Larenz, Methodenlehre der Rechtswissenschaft, 6. Aufl., 1991, S. 328 f.

32 苏力:《解释的难题——对几种法律文本解释方法的追问》，载《中国社会科学》1997 年第 4 期，指出使用历史解释的其他问题。

33 Robert Alexy, Juristische Interpretation, in: Alexy, Recht, Vernunft, Diskurs, 1995, S. 86 f.

34 关于外部体系与内部体系的体系解释，参见 Kramer, Juristische Methodenlehre, 3. Aufl., 2010, S. 89 ff.

35 Larenz/Canaris, Methodenlehre der Rechtswissenschaft, 3. Aufl., 1995, S. 263 ff., 298 ff. 关于传统方法论的体系概念，可参考两本代表

著作：Claus-Wilhelm Canaris, Systemdenken und Systembegriff in der Jurisprudenz, 2. Aufl., 1983; Franz Bydlinski, System und Prinzipien des Privatrechts, 1996.

36 Robert Alexy, Theorie der juristischen Argumentation, 3. Aufl., 1996, S. 295.

37 王泽鉴：《侵权行为法》，自刊2009年版，第592—598页。

38 Robert Alexy, Theorie der juristischen Argumentation, 3. Aufl., 1996, S. 297.

39 Ibid.; Hans-Joachim Koch/Helmut Rüßmann, Juristische Begründungslehre, 1982, S. 217 ff.

40 Robert Alexy, Theorie der juristischen Argumentation, 3. Aufl., 1996, S. 296; Larenz, Methodenlehre der Rechtswissenschaft, 6. Aufl., 1991, S. 333 ff.

41 参见广东省中山市中级人民法院（2018）粤20民终4474号判决。

42 Robert Alexy and Ralf Dreier, "Statutory Interpretation in the Federal Republic of Germany", in Neil MacCormick and Robert Summers, Interpreting Statutes: A Comparative Study, Routledge 1991, p. 88.

43 Larenz/Canaris, Methodenlehre der Rechtswissenschaft, 3. Aufl., 1995, S. 290 ff.

44 Robert Alexy, Theorie der juristischen Argumentation, 3. Aufl., 1996, S. 298 f.; Larenz, Methodenlehre der Rechtswissenschaft, 6. Aufl., 1991, S. 336 ff.

45 关于解释方法的顺序问题：Robert Alexy, Theorie der juristischen Argumentation, 3. Aufl., 1996, S. 303 ff.; Robert Alexy, Juristische Interpretation, in: Alexy, Recht, Vernunft, Diskurs, 1995, S. 89; Hans-Joachim Koch/Helmut Rüßmann, Juristische Begründungslehre, 1982, S. 176 ff.; Larenz, Methodenlehre der Rechtswissenschaft, 6. Aufl., 1991, S. 343 ff.

46 桑本谦：《理论法学的迷雾——以轰动案例为素材》（增订版），法律出版

| 第 2 讲 | 何谓法教义学?

社 2015 年版,第 61—65 页。
47 Robert Alexy, Juristische Interpretation, in: Alexy, Recht, Vernunft, Diskurs, 1995, S. 90 f.; Hans-Joachim Koch/Helmut Rüßmann, Juristische Begründungslehre, 1982, S. 179 ff.
48 Robert Alexy, Theorie der juristischen Argumentation, 3. Aufl., 1996, S. 305; Robert Alexy, Juristische Interpretation, in: Alexy, Recht, Vernunft, Diskurs, 1995, S. 90; Hans-Joachim Koch/Helmut Rüßmann, Juristische Begründungslehre, 1982, S. 182 ff.
49 Robert Alexy, Theorie der juristischen Argumentation, 3. Aufl., 1996, S. 306 f.; Larenz, Methodenlehre der Rechtswissenschaft, 6. Aufl., 1991, S. 346.
50 关于解释方法的不确定性问题,可见 Robert Alexy, Theorie der juristischen Argumentation, 3. Aufl., 1996, S. 20 ff.; Hans-Joachim Koch/Helmut Rüßmann, Juristische Begründungslehre, 1982, S. 166 ff.
51 Robert Alexy, Theorie der juristischen Argumentation, 3. Aufl., 1996, S. 23 ff.
52 Robert Alexy, Juristische Interpretation, in: Alexy, Recht, Vernunft, Diskurs, 1995, S. 91.
53 Robert Alexy, Juristische Interpretation, in: Alexy, Recht, Vernunft, Diskurs, 1995, S. 91; Larenz, Methodenlehre der Rechtswissenschaft, 6. Aufl., 1991, S. 366 ff.
54 Robert Alexy, Juristische Interpretation, in: Alexy, Recht, Vernunft, Diskurs, 1995, S. 91 f.; Hans-Joachim Koch/Helmut Rüßmann, Juristische Begründungslehre, 1982, S. 253 ff.

Economic Analysis of Law

| 第 3 讲 |
法教义学的短板之一:事前观点

| 第 4 讲 |
法教义学的短板之二:行为理论

第3讲

法教义学的短板之一：事前观点

- 3.1 事前观点与事后观点：定义
- 3.2 事前观点的进一步界定
- 3.3 事前观点的关怀范畴
- 3.4 凭什么向前看？
- 3.5 一般规范 vs. 后设规范
- 3.6 事前观点为主、事后观点为辅
- 3.7 法官避免事后观点无效率，却不避免事前观点无效率
- 3.8 事前观点：事后观点＝经济价值：市场价值

本讲指出法教义学[1]方法的"漏洞"是：没有系统地采用事前观点（ex ante viewpoint）。所谓**事前观点，是指考虑法规范如何影响未来的、不特定的受拘束者**。事前观点相对于事后观点（ex post viewpoint），后者是指考虑法规范对眼下特定人的影响。

本讲尤其着重在反省法院解释法律而作个案审判，以及学者作判决评释或直接作法律解释时采用的纯事后观点法教义学。[2]当立法者制定法律、行政部门制定行政命令时，往往眼前没有个案、更没有个案当事人与事实——或者个案是一整个新兴产业，像是"专车"或 airbnb；或者有非常多个案被一齐考量——所以或许比较不会偏向事后观点。但如果立法者采用事前观点，但缺乏行为理论，仍然难以精确推断规则的效果；而无法推断法律规则的效果，意味着即使立法者有清楚的立法目标，也不见得知道达成目标的最佳方案，甚至产生南辕北辙的结果。由于法院的法律解释往往同时欠缺事前观点与行为理论（第 4 讲），而且法院判决又是法教义学研究的重心，本讲关注判决及判决研究所采用的法教义学方法的缺环。简言之，本书认为**此种法教义学方法的缺陷是，没有系统反省事前观点与事后观点的差异，以及没有采取以事前观点为主、事后观点为辅的应然立场**。

不同部门法接受事前观点与行为理论的程度有异。本讲论述虽然有一般性的法学意义，但笔者的观察对象和举例，主要都还是以私法为主。

法教义学作为论证框架，并非不能有事前观点。立法者很可能在乎立法实践结果,历史解释因而应该采取事前观点,以确保立法意图能被最大程度实现。外在体系解释所重视的公平、正义、效率也可能是结果取向(consequentialistic),客观目的解释因此必须重视结果。若制定、修改、解释法律者在乎结果,就应该全面关照法律对所有受拘束者的影响——也就是必须采取事前观点。

事前观点是在事情尚未发生时,设想何种规则对大部分人提供最好的激励;即使一般性规范在少数个案产生令人同情的后果,也不会扭曲**一般性的、普遍对不特定人适用的法律规范(简称"一般规范")**,而是作个案救济——以免为了少数极端事例,扭曲未来大多数人的激励(参见第五、六节举例)。许多法学论著,隐然采取事后观点,关注法院裁决如何在当事人之间获致公平或正义。关注个案事实、个案正义,往往只看到特殊、不典型的案例。看着例外来解释或制定法律,会使得不典型的案例(不当地)影响到大多数的典型案例。[3] **采取事后观点的决定,如果透过改变一般规范(的解释)之方式为之,通常会有事前效果**,而制造更大的恶。(请参照第五节所举的租赁法解释之例。)

本书主张应该采用事前观点决定一般规范的内容,并且当一般规范在少数个案产生不良结果时,依据事后观点,使用"后设规范"(如诚实信用原则、避免权利滥用原则,等等)救济之。因此,整体法律体系应以事前观点的一般规范为主,事后观点的后设规范为辅,两者各司其职、相辅相成。以下有更多论证。

3.1 事前观点与事后观点:定义

法学分析可以区别为"事前观点"与"事后观点"。所谓事

第 3 讲 法教义学的短板之一:事前观点

前观点,是指法院解释法条、立法者制定法律、学者提倡修法,着重于**诱使"未来"之行为人,可以选择更"好"之行为**[4];而非着眼于解决眼前孤立的个案。(什么是"好",取决于决策者选择的价值。)例如:自愿交易比附合更能促使物之最佳利用,所以法律之解释或修改,要能促使行为人尽量利用自愿交易,而不是径自附合。着眼于事前观点,就是重视"激励"(incentive),亦即通过法律规定促使受拘束者自动践行立法者之期待。

所谓的**事后观点,则是在某事已经发生之前提下**(如:两物已经附合或混合),**解释、修改、制定法律,使得善后工作能在局限下最"好"**。法律人常讲的个案正义,就是一种事后观点。例如:小产权房明显违背法律,但数量太多,一时间无法全部拆除(本书第14讲)。在拆除之前,如何善后,也是事后观点问题。各地方政府制定违章建筑的查缉、列管、拆除规定,就是以修改或制定法律或命令的方式,做事后观点的善后工作。

> 事后观点的典型例子是,深圳政府多年来一直思考如何解决小产权房泛滥之问题,但担心拆除小产权房导致有人流离失所,也损毁了资源。See Shitong Qiao, "Small Property, Adverse Possession, and Optional Law", in Yun-chien Chang, *Law and Economics of Possession*, Cambridge University Press 2015, p.290. 但只向后看的结果是,深圳的开发商或城中村的农民都知道,只要房子盖好了就不会被拆,因此有激励要早点盖、盖快一点,小产权房就越来越多,而且品质不佳。事前观点的政策,就是考虑到未来开发商的行为反应,而采取一律拆除新盖的小产权房的手段。

私法规范就特定议题，往往兼采事前与事后观点。例如，就越界建筑，事前观点是贯彻拆除越界建筑，容许被越界者行使物上请求权；事后观点是容许越界房屋被有条件保存——建筑已越界，一律拆除未免可惜，故交由法院个案思考如何善后最能增加效率。但法院在明知越界时，应该回到事前观点——逼使明知疆界何在之建筑者，一定要和邻地所有权人事前商量越界土地使用方式。[5]

> 北京市第一中级人民法院（2016）京01民终4843号："对于梁宏太等人的越界建筑是否应予拆除的问题，本院认为，综合衡量本案情况，梁宏太等人与梁春亮的宅基地之间存在历史纠纷，双方均提出一些证据证明自己的主张成立。双方争议的围地基的归属以及梁宏太等人是否越界问题亦是在纠纷产生之后通过政府确权的方式确认，因而，**现有证据不足以证明梁宏太等人以非法侵占他人宅基地为目的，存在明知越界而强行占用的主观恶意。同时，梁宏太等人的建筑越界部分较少，并没有导致严重的侵占发生**。依据法律规定，当事人承担侵权责任的方式有停止侵害、恢复原状、赔偿损失等多种。尽管当事人可以自由选择，**但事实上，在建筑已经完成后，如果拆除无疑将导致更大的成本产生**。正如上述，梁宏太等人并不存在明知而恶意侵占的事实，且越界的部分较少，因此，一审法院认为不宜拆除的观点具有合理性。梁春亮可通过损害赔偿等方式主张。应该说明的是，不予拆除并不是纵容加害人的违法行为，而是在**兼顾社会成本和当事人的主观恶意的前提下，选择另外一种更为经济的处理方法而已**。"

| 第 3 讲 | 法教义学的短板之一：事前观点

事前观点不但要看短期，还要看长期之效果。政府部门企图借由宣示对违法房屋的强硬态度（一律拆除！不许登记！）压制民间法外开工的风潮。可以想见，政策甫出台时，会有短期遏止违建的效果；但长期来看，由于各种现实条件的拘束，政府无法贯彻其政策宣示，使得长期而言小产权房还是存在，而不许小产权房登记，反而制造私人交易间无穷的纷争。

*3.*2 事前观点的进一步界定

事前、事后观点这组词汇已有法经济分析学者撰文讨论，尤其着重于如何翻译英文名词为中文。讨论内容显示了学者对此组概念似乎有不同的理解。以下由这些学者的讨论出发，逐步阐释笔者看法。

戴昕教授认为，ex ante 与 ex post 两个名词最好不要直译，而依其意义改称为"向前看"（forward-looking）和"向后看"（backward-looking）。[6] 笔者也赞同向前看、向后看的译法，因此会交替使用事前观点与向前看、事后观点与向后看。

贺剑教授则认为应该更强调事前观点重视全局，事后观点重视个案[7]，而前者包括后者的内容，而非与个案无关。由贺剑之观点，则 ex ante viewpoint 或许应该翻译成"全局观点"，ex post viewpoint 或许应该翻译成"个案观点"。贺剑的建议，会改变本书定义的事前观点和事后观点的范畴。事前观点只考虑可以改变的、必然是未来的行为，而事后观点是思索在某些行为已经发生、覆水难收时，如何处理善后；两者可以并存，但不互相包含。全局观点包括个案观点，故全局观点广于事前观点。因此，不宜将法

法经济分析：方法论20讲

经济分析文献中的 ex ante perspective 翻译成全局观点。而个案观点一词，可能也过于狭窄，因为与特定个案有类似事实者很多，事后观点不当然只看个案，而是在全部有特定事实的案件中，均（只）考量如何善后。因此，事后观点一词的指涉又广于个案观点。

事前观点着重于改变可改变的行为，也就是未发生的行为。已经发生的行为，若无可挽回或逆转，则不在事前观点的考量范围内。主流的侵权法经济分析，主张损害赔偿的功能在于吓阻，是因为侵权行为已经牺牲的生命、伤害的身体，都不能回复。在刑罚理论中，事前观点对应了一般预防理论（或称一般吓阻理论），而事后观点对应了报应理论。不应该把事前观点理解为全局观点，然后主张全局就包括个案；就如同一般预防理论并不考虑报应在当事人之间的效果，除非报应之举增强了刑罚的吓阻。一再申明事前观点不考虑个案当事人已经覆水难收的行为，不是只在"切割"事后观点。在完整的福利分析中，事前观点与事后观点必然都占有一席之地，但概念上必须厘清两种观点的不同角色。

此外，许多法学分析，只使用事后观点，完全不考虑诉讼双方的行为激励，而只关注权利在双方间的分配结果。此种事后观点的最大缺陷，是过度关注非典型的事件或结果，忽略了诉讼案件只是纠纷的冰山一角。为了妥适处理诉讼案件当事人的特殊、罕见遭遇，而调整法律规范或改变法律解释，就忽略全局，忘记了法律规范或法律解释对其他人的影响。

第3讲 法教义学的短板之一:事前观点

向前看与向后看的差异,或许还可以用一则历史故事说明。宋·朱熹《五朝名臣言行录·卷七·七之二·参政范文正公》中的范仲淹采取的是向前看的观点:"宋范仲淹为相,锐意改革吏治。公取班簿,视不才监司,每见一人姓名,一笔勾之,以次更易。富公(弼)素以丈事公,谓公曰:'十二丈则是一笔,焉知一家哭矣?'公曰:'一家哭何如一路哭耶!'遂悉罢之。"

3.3 事前观点的关怀范畴

使用事前观点,是指在制定或解释法律时,考量人对法律内容的行为反应。换言之,在上位制定政策者,要能推断下头的对策为何;若判断对策对社会有害,就要改采其他政策,以杜绝不良对策,或导正行为人的对策。**法经济分析追求效率,亦即极大化总体社会利益与社会成本之差**,所以主张以事前观点制定达成**效率的一般规范**。[8]因此,经济分析式的事前观点,推断在法律改变了行为的"代价"(例如乱世用了重典,或者某种侵权行为改成严格责任)后,行为人的反应为何,是否整体而言增加社会财富。

以最高人民法院在2015年和2020年推翻了又重新建立了的"四倍利率规则"为例[9],法院在2020年四倍利率规则起死回生时,是否推断过这对民间放贷人、借款人的行为影响?规定利率上限,借款人就没有资金需求了吗?显然不是。

法经济分析：方法论20讲

规定利率上限，放贷人就会不顾无担保借款人的风险，乖乖接受外加的利率上限吗？殊难想象。四倍利率规则，肯定增加交易成本，使部分借贷转入灰色市场；或使借款合同之记载与实情不符（例如合同上写借100万元，实际上借款人拿到80万元）。或许有某些借款人因此免于被"剥削"，但事前观点正是在提醒法院，所有未来借款人、放款人的行为都要纳入考量，其福祉都应受到重视。

法律改变行为并非只能通过金钱成本、效益，或刑罚。法律也有"表意"（expressive）功能（参见本书第4讲介绍的行为理论）。即使法律只有宣示禁止的立场，但没有很强或有效的制裁，都可以借由改变"社会规范"（social norm）、法律的社会意义、道德规范，从而改变人的行为。《物权法之经济分析》（2019年北京大学出版社）于北京大学所举办的新书沙龙中，彭錞教授认为，《民法典》不规定盗赃物如同遗失物一样可以善意取得，并且在公有制下不规定时效取得制度，都是怕"误导人民的思想观念"——也是基于对法律表意效果的论理。[10]

彭錞教授另外指出，中国的法院被要求要注意法律效果、政治效果、社会效果的统一[11]；而至少政治效果与社会效果——在影响未来其他人的行为的限度内——就属于事前观点。当然，应然面上，法院是否应该注意政治效果，必须严肃探讨。但至少以中国的司法实践而言，事前观点已经是法官工作不可忽略的一环。但如果没有好的社会科学视角，因而忽略了法律解释的完整效果，也会造成另一种扭曲——例如新书沙龙中，戴昕教授指出，注意政治效果会使法院担忧如果不以某种特定方式判决，会有一群人

| 第3讲 | 法教义学的短板之一：事前观点

来法院"闹"，无法"案结事了"；但从完整的事前观点分析，可能会发现此种判决方式，会使另一群、更大一群人去法院"闹"或去北京上访，或者作减少社会财富的策略行为。

而一旦事前观点的考察，从受法律（解释）影响的人民，在法条规制目的下的行为转变，扩展到人民的政治活动（例如是否"上访"，或是否去法院抬棺抗议），则分析者除了使用古典的个体经济学，还需要公共选择理论（public choice theory）、政治经济学（political economy）等分析工具协力。[12] 换言之，采取事前观点的分析者，提出法律制定或解释方案时，是否要考虑法院贪腐、官员收贿、执法者无能？这些多重角度的事前观点分析，自然会使分析更为完整但复杂。本书的内容暂且将分析视角局限在人民在法条规制目的下的行为转变。

3.4 凭什么向前看？

或许有人会质疑：法官解释法律、判决个案时，凭什么采取事前观点，担心对未来行为人的影响？

第一种回应是，法院判决所作的法律解释，现实中就会有长远的影响。说法官不需要管法律解释的后果，就好像说，公安执法时只需要在乎是否可以用优势武力当场制伏在逃凶手，不用在乎流弹是否波及无辜民众。在前述北京大学新书沙龙中，朱岩教授所举的"见义不勇为"实例更是深刻彰显了何以应然的价值主张，不能证立法律解释者的鸵鸟心态：长江湖北一带有一区域特别危险。渔民知道这里会死很多人，都在岸边等。看到有人游泳被漩涡卷进去了，不救。因为救人没钱拿，只是见义勇为；渔民

法经济分析：方法论20讲

等着捞尸体，一具尸体得3万元。从道德观点，见死不救固不可取，但此例正显示了事前观点的重要。如果立法者或法律解释者希望不要有泳者枉死，除了诉诸社会善良风俗，就必须设想到见义勇为的光环往往不足以要人冒着自己的生命危险救人，而捞尸体的金钱报酬甚至使人愿意"守株待兔"，并且连提醒一下水深危险都不愿意。法律的激励设计不良，则再多事后的道德谴责，也唤不回无辜波臣的性命。如果立法者虑及此，将此种救人（甚至警告人不要下水）的无因管理，解释为法定的有偿委任，且金额高于捞尸体的悬赏金额，则枉死者或许会减少很多。

第二种回应是，如果法官采取事前观点，是为了追求更大程度地达成立法目的，这难道不正是法官职责所在？

第三种回应是，质疑者的核心挑战，其实是：法律解释者是否能以自己信守的价值观，通过目的解释途径，纳入事前观点的考量？此项挑战背后的预设是，追求事后观点（或只追求立法目的），就可以排除法律解释者自己的价值观，而只忠实反映立法者所追求之目的。此种预设确实是许多法律人的信条，此处难以详论。[13]但若法官考量事前观点可以更好地追求立法目的，则法律解释者难谓不应采取事前观点。

第四种回应是，一种流行的说法是，司法者负责个案判断，制定一般规范是立法者的工作。如果要求法院在作法律解释时，必须以一般规范的方式思考，则不啻要求法院制定一般规范——要求法院立法。然而，此种说法不够细致。本书第2讲指出：解释法律就是形塑或改变法律的内容。每个法律解释的结果，都会产生实定法所未明文规定的一般规范；例如："砍断他人左手拇指、食指与中指者，为重伤""买卖危险负担移转之交付，只包

┃第3讲┃ 法教义学的短板之一：事前观点

括现实交付和简易交付"。法律解释与立法论之间具有连贯性，无法截然二分。[14] 正是在此意义上，本书主张法院在作法律解释时，必须审慎考虑要以一般规范填补实定法和个案事实间的规范缝隙，还是以后设规范填补规范缝隙。以一般规范的形式出现的法律解释，应该要能引导未来行为人作出应然评价为好的行为；以后设规范的形式出现的法律解释，必须清楚宣示只有个案效力，以免产生不好的行为激励。在中国语境下，最高人民法院制定抽象的司法解释已是常态，此种说法更无道理。

或有认为，法官通常缺乏事前观点训练，只有事后观点训练，所以法学不应该采用事前观点。但是，不应该因为法官目前缺乏训练，就反对事前观点的法律解释。关键仍是，应然面上，是否应该要法律制定者、法律解释者向前看。如果应该要，但法官缺乏相关训练，则学者应该展现此种方法，帮助法院裁判。

或有认为，法官欠缺作事前观点必要的信息，所以法学不应该采用事前观点。有几个层次的回应方式：第一，如果法官没有事前观点，自然不会想到要搜集某些信息（像是日本最高法院不去观察租赁市场的动态；详下）。第二，当事人主义下的民事诉讼法，可以由双方当事人与其诉讼代理人，搜集、整理、提供给法官信息，并辩论信息的价值。第三，有些信息确实难以搜集到，此时若有好的行为理论，至少可以确保方向正确。纵令法官有信息，但若没有好的行为理论框架，也不知道要如何判断信息的意义。[15]

3.5 一般规范 vs. 后设规范

目前为止，本讲区辨事前观点与事后观点的不同。但是，两者真的水火不容，无法在法体系中并存吗？不然。

Henry Smith 教授 2021 年的巨作 Equity as Meta-Law 一文[16]，提出衡平法作为"后设规范"（meta-law）的理论，就是一盏明灯。普通法（common law）作为一般规范，无论使用"一刀切规则"（rule）或"灵活标准"（standard），有时而穷，难以处理个案中发生的钻漏洞（opportunism）。此时，衡平法可以打破普通法的一般规范，以达个案中的正确结果。普通法与衡平法在英美法中原本由不同法院管辖，但现在至少在美国已经不存在普通法院与衡平法院的区别。不过，普通法与衡平法的功能仍然不同。大陆法系国家没有普通法与衡平法之区别，但通过不当得利制度、个别的衡平规范、帝王条款发挥作用，达到英美法上衡平法之功能。**衡平法可能难以提炼出具体的规则，因为衡平法作为后设规范，本来就是为了救济一般规范被绕过或滥用之处；也因为何谓钻漏洞高度依附于情境，法院适用衡平法的时机，也不容易萃取出行为规律。**

> "一刀切规则"（rule）或"灵活标准"（standard）的经典经济分析，see Louis Kaplow, "Rules Versus Standards: An Economic Analysis", *Duke L. J.* 42 (1992). 根据 Kaplow 的定义，"一刀切规则"和"灵活标准"的唯一差异在于"填充

| 第3讲 | 法教义学的短板之一：事前观点

法规范内容，是在受拘束者行动之前或之后"，行动前就有法规范内容，是一刀切规则；行动后才有法规范内容，是灵活标准。在 Kaplow 的定义下，一刀切规则在事前制定，灵活标准在事后制定。但这是指涉行为前后，不应与事前观点、事后观点混淆。一刀切规则的制定成本比较高，而灵活标准对执法单位、法院、律师的成本比较高。

Robert Sitkoff 在 fiduciary law（这是信托法、继承法、公司法、委任、代理等诸多涉及本人与代理人关系的上位概念、上位部门法）中强调，使用灵活标准可以降低当事人之间的交易成本，因为法院可以事后填充当事人之间的"不完全合同"（incomplete contract）。而 fiduciary law 以灵活标准如忠诚义务和注意义务（duties of loyalty and care）兜底，再加上许多一刀切规则，可以在提供当事人可预见性和防止规范过粗导致钻漏洞上保持平衡。*See* Robert H. Sitkoff, "An Economic Theory of Fiduciary Law", in Andrew S. Gold & Paul B. Miller, *Philosophical Foundations of Fiduciary Law*, Oxford University Press 2014, pp. 198-202.

一些中文文献按照英文原文，rule、standard 译为规则、标准。由于这些词汇在不同语境有不同定义，为了贴近 Kaplow 大作发表后，法经济分析学界的共识，并且使不熟悉背景的中文读者一目了然，本书依照戴昕教授的译法，将 rule、standard 译为一刀切规则、灵活标准。此种译法在笔者与戴昕教授合著的文章中，由戴昕教授提出。

法经济分析的事前观点，主要是通过一般规范发挥作用。结合了行为理论（本书第4讲），经济分析预测多数人在各种一般规范下的行为模式；其建议制定的一般规范，所诱发的行为，最能增加社会总财富。请注意，这是以实然理论，结合应然理论，作出政策建议；读者切勿误会为"实然导出应然"。采取事前观点，不代表必然要结合法经济分析。希冀大众采取道德行为者，同样可以采用事前观点，倡议最能达到大同世界的一般规范。倡议其他一阶价值（first-order value，本书第10、11讲）者，同样也可以采用事前观点。多种竞争的价值立场，可以同样采用事前观点，得出不同的政策建议。多元价值的分歧，要在二阶、后设层次融贯处理（本书第10、11讲）。

无论行为人是有意还是无意，最终并不是每个人都会如规范制定者所愿，作出应然评价为好的行为。如果某行为构成所谓"权利滥用"，就表示：权利是依据事前观点制定的一般规范，而规范制定者预期多数状况中，权利人行使权利是好事；但在权利滥用者手上，行使权利产生了规范制定者始料未及的恶果。

此时应该如何处理？如果是一般规范不够精准、细致，解释法律者或许可以用新方式解释一般规范，从而防杜权利滥用。但有时，一般规范在大多数情形是有效果的，但有时而穷，在特定个案被钻漏洞。而且，规范制定者无法在不剥夺一般规范对大多数人产生的善果的前提下，延伸、修改一般规范，补起漏洞，使少数的恶果不发生。此时，结合经济分析的后设规范理论，主张**使用后设规范以矫正事后观点下的无效率，并同时向未来潜在行为人传递讯息：不要钻一般规范的漏洞，因为后设规范仍然会进场，让钻漏洞者占不到便宜。因此，搭配使用事后观点、后设规范，更能达成事前观点、一般规范所要达成的效率目标**。也可以说，结合经济分析的后设规范理论，能够适时运用后设规范、事

第 3 讲 法教义学的短板之一：事前观点

后观点，以更好地达到一般规范、事前观点之目的。

> 2007 年，住在东莞的李女士与薛姓夫妇签订了"土地使用权转让协议书"，将位于东莞市黄江镇田美社区的一块宅基地（使用面积 101 平方米）以 28.3 万元的价格转让给薛先生夫妇，并已经收款。之后薛姓夫妇便在此盖房自住了十余年至今，直到最近被李女士告上法庭。根据《土地管理法》第 62 条第 1 款的规定，农村宅基地使用权应当由具有农村集体经济组织成员资格的村民享有。而由于薛姓夫妇非此成员，故不具资格。因此法院认为此一协议无效。
>
> 然而，法院在认定协议无效之后，却同时也否定了李女士"拆屋还地"的请求。法院认为原告李女士的行为不符合诚实守信、公平合理的原则。因此，对于原告要求返还宅基地使用权及腾退房屋的诉讼请求，并不予以支持。法院最后作出（2021）粤 1973 民初 7578 号判决，确认协议无效，驳回原告的其他诉讼请求，受理费由原告负担。

不结合经济分析的后设规范理论，则会强调采取事后观点，妥适达成个案正义。使用后设规范，而非一般规范，追求个案正义，是因为个案正义依其性质很难以一般规范形式实现。而即使常常要追求个案正义，也不应忽略一般规范所要达成的原则。否则，永远 case-by-case 的裁决，使"民无所措手足"。而若每个个案都有独特的个案正义必须追求，或者是因为一般规范没有妥善制定，或者忽略了追求 100 分正义所要耗费的巨大代价。[17]

以事后观点做成的判决，只是后设规范，不应影响一般规范。

未来的案件，原则上仍然应该适用一般规范，而非径行套用某个以事后观点作出的判决要旨。如果出现新的权利滥用案件类型，也要依据事实，而作出切合个案，也只适用于个案的处理。

错把后设当一般的惨痛例子，是日本最高法院对其民法租赁编的法律解释。日本最高法院根据事后观点的法律解释，极度偏袒个案中的承租人，但又没有以个案正义方式为之，而是以解释租赁编一般规范遂其所欲。其结果是，出租人担忧承租人赖着不走，所以将出租房分割为极为狭小的居住单元，承租人收入增加或成家立业就自愿搬迁。承租人虽然在诉讼时占了很大优势，但平常就只能忍受狭小的生活空间。如果日本最高法院有事前观点、有行为理论，就可能会预想到出租人必然会采取应对措施，或者至少采取此种见解的数十年间，了解租赁市场的运作实况，以矫正其偏误。

一般规范与后设规范相互分工的正面例子是请求权的时效。《民法典》第 188 条与《德国民法典》相同，兼采主观时效（知道或应当知道 3 年内）与客观时效（权利受损发生 20 年内）；而"有特殊情况的，人民法院可以根据权利人的申请决定延长"。在此种规范体系下，主、客观时效就是一般规范，可以在大多数案件敦促权利人尽早行使请求权，并且在 20 年后斩断救济，避免权利人借由其证据衰竭较慢的优势，策略性拖延请求时机[18]。后设规范则是人民法院在特殊情形延长时效期间的权力。后设规范适合在个案中由法院例外采用，而不是凡有请求都次次准许。

在此例中，一般规范的实施成本较低，因为请求权自何时发生，可以在诉讼中厘定，多数的请求权人自己也都会大略知道自己从何时起有请求权。因此，以客观的请求权发生时点，与请求

第 3 讲 法教义学的短板之一：事前观点

权人知道信息的时点为标准，计算时效，有降低制度成本并敦促请求权人尽早行使请求权的优点。[19] 相对地，特殊情形难以在法典内类型化，但在具体个案不开方便法门又可能损害公平、正义、效率，所以第 188 条明白地以灵活标准赋予法院调整时效的空间，作为例外，作为后设规范，就很恰当。试想，如果立法者为了少数可能被"一刀切"规则牺牲的请求权人，就把时效制度全部用灵活标准制定（"请求权是否罹于时效，由人民法院依据个案情状判断"），会造成何种后果？

> 最高人民法院（2019）最高民审申 5333 号民事裁定："《中华人民共和国民法总则》第一百八十八条第二款规定的能够引起最长诉讼时效期间延长的'**特殊情况**'，**是指权利人由于客观的障碍在法定诉讼时效期间内不能行使请求权**。搜索文化公司符合起诉条件的要件之一是有明确的被告，而非有被告的工商登记档案；故即便肉联厂、食品公司的工商登记档案缺失，也不属于搜索文化公司在法定期间内不能起诉的客观障碍。搜索文化公司的此项主张不能成立。"
>
> 襄阳市樊城区人民法院（2018）鄂 0606 民初 5537 号民事判决："《中华人民共和国民法通则》第一百三十七条规定的'有特殊情况的'应指权利人在知道自己的权利受侵害后，因客观原因，权利人不能行使诉讼权的情况，**比如因'战争''地震''人身自由受到限制''长期因病'等情况**，而不属于二原告申请的事由。其二，刑事案件发生后，二原告就知道了其权利受到了侵害，并且多次向国家多个部门反映情况。所以二原告在此 21 年内期间行使诉讼的权利没有受

到任何阻碍及障碍,其未及时地采取诉讼的方式向侵权人主张权利,是造成超过最长诉讼时效20年的主要原因,有过错;而且,最高人民法院在《〈中华人民共和国民法总则〉条文理解与适用》中亦认为**对诉讼时效的延长应严格考察权利人是否有过错,情况是否特殊,从严把握。**否则法院作出延长诉讼时效的决定,就等于权利人的'过错'由义务人来'买单',这显然有悖法律规定,有失公允。"

3.6 事前观点为主、事后观点为辅

使用经济分析式的事后观点,会注意不使事后观点分析造成事前观点下的无效率。诸如《德国民法典》第917条、第918条的袋地通行权,能使用事后观点容许袋地所有权人通行的原因,正在于袋地的构成要件已经排除了土地所有权人刻意造成的袋地。[20]

再以无权占有为例。比如某甲有多处房产,常常不住在A屋,某乙就占了A屋,作为唯一能遮风避雨的栖身之所。法官是否该认为,每天都长住的乙使用价值高,因此判决某乙无须返还A屋才增加配置效益?是否该认为,某甲也常不在,不如就让无权占有人某乙住,反正某甲有别处可以栖身,而少一个人流离失所比较好?不!不!从事前观点,最好的方式是建立制度,使得某甲、某乙或所有可能的潜在占有人都可以自由交易物权。[21]只要交易成本不太高,无论甲、乙间最终有无成功交易,都是有效率。在此教科书式的举例中,明白假设了乙的使用价值较高;但在现实世

第3讲 法教义学的短板之一：事前观点

界中，法官难以知晓哪一方的使用价值较高；唯有留待双方自行磋商，才能真正显示物权归属于谁较符合配置效益。而要让市场自愿交易可行、活跃，就必须禁止无权占有人借由占有本身获得权利。如果没房子住的人，都可以占有异乡游子留下的空屋，就给予无恒产者强烈偏好无权占有而非市场交易的激励。法官向后看只看到某甲跟某乙，但向前看则应该要想到千千万万潜在可能成为无权占有人以及异乡游子者的行为反应。因此，综观各国物权法，其所有物返还请求权，都没有主观要件要求（并非仅有无权占有人有故意、过失才需要返还），也没有规定要权衡哪一方在事后来看利用价值较高。这种无条件的请求权或许"简单粗暴"，但这确实是**间接增加**配置效益的重要手段。

最后，桑本谦教授以动产质权的实际案例，阐释事前观点的重要，值得摘述如下[22]：甲欠乙30万元，以一块玉石设质，乙不慎遗失玉石。问题是：乙应该赔偿甲多少钱？诉讼中，甲狮子大开口，声称玉石价值50万元；乙"蚂蚁小开口"，声称玉石价值1万元。双方均无坚实证据。按照诉讼法则，甲请求乙赔偿，应负担举证责任。从事前观点，为何如此呢？桑本谦分析：法院不能取双方声明的中间值，否则以后原告都狮子大开口。出质人是最低成本防免者，因为出质人比较了解玉石的价值，也可能留有当初购买的发票，得以证明价值。再者，如果因为出质人无法举证而判其败诉，则错判规模的最大值就是质物的价值。但如果要求质权人负担举证责任，并因而判其败诉，则错判规模的最大值没有边界（出质人可以声称玉石价值5000万元或更高）。复次，要求主张损害赔偿的出质人负担举证责任，会创造好的激励，使未来越来越多的出质人会事前保存质物的价值凭证，或事先与质权人约定质物价值，则此类疑难问题就会越来越少。因此，从事后观点,弄丢玉石的是质权人,竟然要出质人受质权人声称的玉石价值摆布,似乎让人"不太舒坦"。但若因此转换举证责任配置,使质权人负责举证,则上述事前观点分析,指出了种种弊病。

3.7 法官避免事后观点无效率,却不避免事前观点无效率

目前为止,本讲的应然主张是:制定与解释法律者,应该以事前观点为主、事后观点为辅;而且两种观点都应用以追求效率,但也可以追求其他一阶价值(本书第10讲)。因为使用事前观点,就必须以实然理论推断人的行为反应,效率分析也是实然的,所以本讲的应然主张包括"必须做实然研究"。不过,笔者是否有必要大声疾呼,取决于目前制定与解释法律者是否已经有意或无意地达成上述应然目标。本节以下论述则指出,本讲论述并非白费唇舌,因为实证证据显示,法官似乎没有系统地采用事前观点。

在先前发表的英文论著中,笔者提出一个法官行为的假设:法官会倾向避免事后观点无效率,却不会倾向避免事前观点无效率。[23] 原因是,事后观点的无效率,存在于诉讼当事人之间,蒙受损失的当事人有激励要陈报法院,法官也很容易想象无效率的存在。而事前观点的无效率,往往存在于未来行为人;这些人不会参加诉讼。当事人可能想不到,也没有激励要为素不相识者说项。因此,法官若没有自己想到未来的无效率,又认为防止此种事前观点无效率是法官的工作,就不会纳入判决考量。

该篇文章中,笔者引述了三则自己的实证研究,作为初步佐证。第一,在分割共有物判决中,若采原物分割会使应有部分最

| 第 3 讲 | 法教义学的短板之一：事前观点

小的共有人获得畸零地时，法院就会倾向采用变价分割。[24] 获得畸零地，使该共有人蒙受难以变现的损失，也使该地日后难以利用。这是法院完全可以想象，共有人也会再三提醒法官的情事。因此，法院判决倾向于避免此种事后观点的无效率——这并非事前观点无效率，因为在个案使用原物分割，不会使未来的其他土地共有人因此无法有效利用其土地。

第二，当建筑越界时，被越界者原则上可以请求越界者拆屋还地，但法院可考量双方利益与公共利益后，例外决定保存越界建筑。笔者的实证研究显示，影响法院最关键的因素，是越界建筑侵占邻地的面积。侵占面积越大，越可能拆除。[25] 这也是避免事后观点的无效率。

第三，有人无权占有他人土地时，许多大陆法系国家的法院容许土地所有权人向无权占有人主张"相当于租金之不当得利"。但笔者的实证研究发现，绝大多数判决中的不当得利，都低于市场租金。[26] 低廉的不当得利补偿金额，并不会造成事后无效率。因为无权占有人即将被赶走，所有权人可以开展其最有效的利用。而无论不当得利补偿数额是高是低，也不会影响过去无权占有人的使用方式。然而，低廉的不当得利补偿金额，会造成事前无效率。未来的行为人在选择是否通过市场自愿交易取得土地使用权时，可能受到魔鬼诱惑——直接无权占有可能不会被发现，就算被发现其补偿金额也低于市场租金。受不了诱惑者，就会直接无权占有。但无权占有人所为之利用，不当然是最大化社会财富的利用——什么是最大化社会财富的利用，学者的后见之明也往往难以确定。但只要双方是通过自愿交易为之，至少可以确定合法用益人的使用价值，超过土地所有权人在租赁或用益物权期间的使用价值。判决结果只有事前无效率，导致法院长期维持无效率见解。

为何法官避免事后观点无效率,却不避免事前观点无效率?这还需要更多研究。或许是行为理论的训练不足,使法官无法意识到判决的事前观点无效率。或许是法官的司法哲学就是完全不在乎任何当事人以外者的利益。

纵使许多论者抽象而言可以对大陆法系的法官采用事前观点有许多顾虑,但上述不当得利的例子,恰恰说明了这在许多情境或许是多虑了。民法的不当得利条文非常少,非常仰赖法院造法。"相当于租金之不当得利"就是法院造法的产物——法院不是只能被动适用法律而已;解释本身就是立法。从租金面来估算不当得利,是法院自己创造的公式。法院如果当初选择了"相当于'市场'租金"的规则,或者在计算不当得利数额时都使用土地市价,大概不会有人指责法院逾越了司法的本分。而法院若采取事前观点,就会义无反顾地使用市场租金作为标准。法院怎么会不能采取事前观点呢?

最后要注意,大陆法系法官采取事后观点时,可能局限于法学思维内的个案处理,例如重视公平、正义、权利滥用。另外可资对照者,是传统中国法在个案中聚焦在"寻求个案的情理之平",而非"发现该类案件应适用的一般规范"的事后观点。[27]传统中国法中的县太爷,既是父母官,又是判官,集行政、司法权柄于一身。县太爷寻求的个案情理之平,就是综合考量的情理之平,当然不会独尊(当时还不存在的)法学的思维。更有趣的对照,是处于政法体制下的当代中国法官。中国法院仍然是政治部门的一环。法院院长的任命仍然具有政治性,通常由行政部门或党的领导干部担任。法院院长更注重当地需求和政治问题,胜过

第 3 讲 法教义学的短板之一：事前观点

与其他法院保持一致法律解释或符合法律文本。法官根植于高度官僚化体系，经常屈服于法院院长带进法庭的政治需求，所以法律有时会被曲解，以适应当地的需求。[28] 此种歧义的法律解释，如果被作为一般规范而预计被反复引用，是事前观点；但至少在苏力教授探讨的几个知名事例中[29]，歧义的法律解释和法院使用的法律外（extra-legal）的解决手段，并没有被预期作为判决先例，因此是事后观点。

同样是事后观点，其他大陆法系法官，是法学思维；传统与当代中国的法官，则是多面向的，至少是法律与政治交融。

3.8 事前观点∶事后观点 = 经济价值∶市场价值

在物权法之讨论中，无可避免会遇到物之价值或价格之计算。当运用事前观点时，经济分析倾向采用物之"经济价值"（economic value），即物之市价加上所有权人自己之"主观价值"（subjective value）。[30] 当运用事后观点时，经济分析倾向采用物之"市价"（market value）。经济价值才是法经济分析真正重视者，但纯属主观，外人难以探知。[31] 而采用事前观点，较可能运用经济价值——采用事前观点之政策工具，促使行为人在决策前，自己比较其物之经济价值与外在之价格标准（如偿金、损害赔偿、罚款）。在采用事后观点时，往往是身为外人之法官必须判断物之价格，故以市价为标准才现实可行。

举例而言，两动产依《德国民法典》第 947 条附合为一物时，该条所谓"按其动产附合时之价值"，只能使用客观的市价，因为法官难以精确探知双方当事人之经济价值。但市价不当然反映双方当事人对系争物之成分之估价，故其仅为两害相权取其轻的选择。要避免在两害之中权衡，必须从事前观点，理解到应该防免有人恶意使其物与他人之物附合。因此，法律应该惩罚恶意附合者，使非恶意方取得合成物之完整所有权，并且无须补偿恶意附合者。如此，则行为人明知欲附合之资源不属于自己，就会与资源拥有者谈判交易，而不是径行附合。此外，附合后双方共有附合物，若使用笔者与 Fennell 教授倡议的新共有物分割方法，或使用"内部拍卖"，则可有效利用双方真实的经济价值，作为决定谁拿到部分或全部系争物所有权的标准。[32]

　　加工问题则可以使用当事人的经济价值。《德国民法典》第950条移转所有权的标准是"加工所增之价值显逾材料之价值"。加工后，加工物之市场价值对原所有权人与加工人都一样。若立法者只关心市场价值，没有道理再转换所有权给加工人。加工人有付出劳力等，并非充分理由，因为其劳力付出可以用不当得利法解决，不一定要通过所有权转换来定分止争。解释加工原则比较好的方式是：在大幅度加工过程中，原所有权人之主观价值很可能消灭，而加工人创造自己的主观价值，使得加工完毕后，加工人的经济价值高于原所有权人的经济价值。以上是事后观点。而加工原则的事前观点则是：究竟是加工前还是加工后的经济价值较高？加工后虽然市价上升，但不代表加工后加工人或原所有权人之经济价值一定会高于加工前原所有权人之经济价值。加工前的原始样貌，可能对原所有权人有特殊意义，而加工后的人工样貌，可能对双方都不甚特别。正因为加工不一定增加社会价值，所以应该处罚恶意加工，使明知的加工人有激励与原所有权人交涉，以探知加工是增值还是减值。而善意加工也不一定取得所有权之规定，使不确定标的物所有权归属之加工人，仍有激励花费

第 3 讲 法教义学的短板之一：事前观点

一定信息成本来确认所有权归属。[33]

由此可知，经济价值才是物权法的核心关怀，无论事前、事后，物权法应该尽量以经济价值为依归。但在事后分析时，经济价值有时会因为探知成本过高而被客观可观察之市价取代。这个选择本身，也是信息成本考量。

本讲参考文献

1. 界定法教义学的范畴，并澄清对法教义学的常见误解，参见 Peter A. Windel：《天啊，德国的法释义学！——德国法释义学有何之用》，载《月旦法学杂志》2019 年第 288 期；贺剑：《法教义学的巅峰——德国法律评注文化及其中国前景考察》，载《中外法学》2017 年第 2 期；许德风：《论法教义学与价值判断》，载《中外法学》2008 年第 2 期。
2. 法经济分析学者出身的美国联邦第七巡回法院法官 Frank Easterbrook 观察到，诉讼的本质容易使法官倾向于采取事后观点；但 Easterbrook 提醒，个案的裁判很容易影响其他人在未来的行为。See Frank H. Easterbrook, "Foreword: The Court and the Economic System", *Harv. L. Rev.* 98 (1984). 关于 Easterbrook 的观点，以及其批评者 Lawrence Tribe 看似不是经济分析，其实仍是经济分析的观点，参见熊秉元：《法学的经济思维》，华艺学术出版社 2013 年版，第 162—167 页。
3. See Louis Kaplow and Steven Shavell, *Fairness Versus Welfare*, Harvard University Press 2002, p. 437.
4. See Richard A. Posner, *Economic Analysis of Law*, Aspen Publishers 2011, p. 9.
5. 张永健：《法经济分析：方法论与物权法运用》，元照出版公司 2021 年版，第 323—367 页；宁红丽：《经济学视野中的越界建筑法律规则》，载

《法商研究》2005 年第 3 期。

6　戴昕:《好摘的桃子　难啃的骨头——评〈物权法之经济分析:所有权〉》,载苏力主编,李晟:《法律书评(第 13 辑)》,北京大学出版社 2020 年版,第 19—32 页。

7　贺剑:《物权法经济分析的方法论之路——评张永健〈物权法之经济分析——所有权〉及相关论文》,载《"中研院"法学期刊》2020 年第 27 期。

8　See Henry E. Smith, "*Law and Economics: Realism or Democracy?*", *Harv. J. L. & Pub. Pol'y* 32 (2009) ("Law and economics in particular is concerned with incentives for the future and is *ex ante* in this sense."); Richard R. W. Brooks and Warren F. Schwartz, "Legal Uncertainty, Economic Efficiency, and the Preliminary Injunction Doctrine", *Stan. L. Rev.* 58 (2005).

9　程金华:《四倍利率规则的司法实践与重构——利用实证研究解决规范问题的学术尝试》,载《中外法学》2015 年第 3 期。

10　陈若英教授指出,虽然事前观点是法律人陌生的名词,但与法律人会说的"法律的规范作用",其实道理相通。

11　在中国最高人民法院的政策文件中,随处可见对此"三效"的宣示。兹举几例,如:《努力实现办案法律、政治、社会效果有机统一——最高法三巡协调化解一起行政申诉案件》,http://www.court.gov.cn/zixun-xiangqing-160922.html(最后访问日期:2020 年 7 月 23 日);《胡云腾在家事裁判文书说理论坛发言时强调加强家事裁判文书说理研究 促进家事审判三个效果统一》,http://www.court.gov.cn/fabu-xiangqing-171752.html(最后访问日期:2020 年 7 月 23 日);《2019 年度人民法院十大关键词》,http://www.court.gov.cn/zixun-xiangqing-214361.html(最后访问日期:2020 年 7 月 23 日)。

12　北京大学新书沙龙中,凌斌教授指出,"界权成本"就是政治经济学与个体经济学的连接点。凌斌教授关于界权成本的精彩论述,参见凌斌:《法治的代价——法律经济学原理批判》,法律出版社 2012 年版,第 1—285 页。

第 3 讲 法教义学的短板之一：事前观点

13 实际上，法律解释者自己的价值观，何曾被法教义学框架所排除呢？这就像是在历史学中主张：历史就是客观事实的累积，历史学家的史观和视角既不应该、也没有影响其呈现的历史。

14 张永健：《社科民法释义学》，新学林出版股份有限公司 2020 年版，第 103 页。Alexy 认为："每一个解释都改变了法律，因此是广义的法律续造。" Robert Alexy, Juristische Interpretation, in: ders., Recht, Vernunft, Diskurs, 1995, S. 71 (91).

15 更多说明，参见纪海龙：《法教义学与后果取向》，载苏永钦教授七秩祝寿论文集编辑委员会：《法学的想象（第四卷）：社科法学》，元照出版公司 2022 年版，第 56—58 页。

16 See Henry E. Smith, "Equity as Meta-Law", *Yale L. J.* 130 (2021).

17 张永健，同注 14，第 373—403 页。

18 消灭时效的证据衰竭经济分析，参见简资修：《消灭时效的证据衰竭不等说》，载《"中研院"法学期刊》2010 年第 6 期。

19 不过，请求权人是否应当知道，仍比客观说的请求权发生时点，较难以证明。然而，请求权人是否应当知道，又相对于请求权人是否知道，有更多以经济分析方法认定时效的空间。

20 详细说明，参见张永健，同注 5，第 281—321 页。

21 或有认为，法官何以不能在此案例中使用事后观点，以下不为例的口吻，将 A 屋判给某乙？本书认为，经济分析式的事后观点、后设规范，是为了矫正诉讼一方投机取巧的行为，亦即滥用一般规范的规律性、可预见性而逆向操作的行为。即使用主流民法学的方法与术语，此处某甲没有违反诚信原则、滥用权利等情事，某乙的可怜，是整体社会财富分配不均所致，并非某甲个人的责任。法院自然不应以以判定某乙不用返还无权占有物的方式，让某甲一人承担社会的重任。再者，法院如果真的这样判决，就是司法部门主导的征收（judicial takings），一样也应该补偿某甲。

22 桑本谦等：《中国需要什么样的法理学》，载《中国法律评论》2016 年第 3 期；桑本谦：《法律简史》，上海三联书店 2022 年版，第 143—147 页。

23 See Yun-chien Chang, " Judges Avoid Ex Post but Not Ex Ante Inefficiency: Theory and Empirical Evidence from Taiwan", in Yun-chien

Chang, *Selection and Decision in Judicial Process around the World: Empirical Inquires*, Cambridge University Press 2020, p. 160.

24 张永健:《法实证研究——原理、方法与应用》,新学林出版股份有限公司 2019 年版,第 113—150 页。

25 张永健:《拆,还是不拆?——2009 至 2020 年越界建筑判决的实证研究》,载《裁判时报》2021 年第 103 期。

26 同注 23,第 307—366 页。

27 王泰升、曾文亮、吴俊莹:《论清朝地方衙门审案机制的运作——以〈淡新档案〉为中心》,载《研究院历史语言研究所集刊》2015 年第 2 期。

28 参见笔者的英文、中文论著: see Yun-chien Chang and Ke Xu, "Decentralized and Anomalous Interpretation of Chinese Private Law: Understanding a Bureaucratic and Political Judicial System", *Minn. L. Rev.* 102 (2018). 许可、张永健:《论民法典的统一实施:理论辩正与实证分析》,载《清华法学》2021 年第 5 期。并参见左卫民:《中国法官任用机制:基于理念的初步评析》,载《现代法学》2010 年第 5 期;刘忠:《政治性与司法技术之间:法院院长选任的复合二元结构》,载《法律科学》2015 年第 5 期。

29 苏力:《送法下乡:中国基层司法制度研究》(修订版),北京大学出版社 2011 年版,第 84—86 页。

30 关于经济价值、主观价值、市价之详细讨论,参见张永健:《土地征收与管制之补偿——理论与实务》,元照出版公司 2020 年版,第 20—27 页。

31 外人看来是破铜烂铁,所有权人却当成是传家宝的物品,一般认为是"无价之宝"或"没有价格"。用本书之语汇,就是市场价格甚低,但主观价值与经济价值甚高。要保存这些主观价值、经济价值,就必须采用经济分析之事前观点。

32 张永健,同注 5,第 369—402 页。

33 加工原则的经济分析, see Yun-chien Chang, "An Economic and Comparative Analysis of Specificatio (the Accession Doctrine)", *Eur. J. L. & Econ.* 39 (2015).

Economic Analysis of Law

| 第 **4** 讲 |

法教义学的短板之二:行为理论

第4讲

法教义学的短板之二：行为理论

4.1 影响行为的五种力量：法律、市场、社会规范、技术架构、文化

4.2 广义法经济分析的流派：关键就在行为理论

    4.2.1 新古典法经济分析：完全理性与完整信息

    4.2.2 新制度法经济分析：有限理性与不完整信息

    4.2.3 行为法经济分析：偏误、捷思

4.3 每个部门法都需要行为理论

4.4 实践是检验真理的唯一标准

行为理论是一套方法，预测人在什么信息条件、什么制度下会采取何种作为（或不作为）。行为理论是预测一群人（而非特定个人）行为反应的工具。行为理论不是算命，社会科学家也没有量身定做的水晶球。行为理论是预测个体行为加总的效果。例如苹果涨价，A 的反应是照买；B 的反应是买少一点；C 的反应是完全不买。行为理论不能个别预测 ABC 的反应，但能够预测 ABC 总体而言购买量降低。经济学的行为理论把人的偏好当成给定（given）、不予解释，因此经济学无法解释为何 ABC 喜欢吃苹果。经济学只假设每个人都或多或少趋吉避凶、喜欢富有胜于贫穷、雅好自由胜于身陷囹圄。至于 ABC 对此种偏好的或多或少，经济学无法解释。正因为此种不完备的解释力，使得经济学不可能解释个别行为；但也正是因为不尝试解释所有人的所有行为，经济学才可能以简驭繁。所以可以称为"理论"的思维，也都在以简驭繁，否则无法达到简化思维负担的功能。因此不同行为理论间的选择，在于哪个行为理论的"繁/简"性价比高。一个极为简单的行为理论，若无法解释、预测人的行为，也没有用处。

若说 ABC 吃苹果会产生正效用（utility），只是套套逻辑（tautology），是理论假定推演而出，并非社会科学的行为理论。经济学的强项在于从外在局限条件的转变，推断 ABC 的行为有何转变。[1] 经济学关注的外在局限条件转变，可能是自然发生（例如苹果产地发生虫害），也可能是人为造成（有科学家宣称吃苹果可以治疗 COVID-19）。法经济分析关注的外在局限条件转变，则是由法律造成（例如政府对外国苹果课予高额关税，或者对吃苹果

法经济分析：方法论20讲

者课处罚金）。法经济分析中念兹在兹的激励，就是指通过法律改变外在局限条件，从而改变人的行为。

定量或定性的实证研究，是验证人采取何种（不）作为最好的证据。但在某种措施、规制实施前，并不总是能做实证研究。此时，实然但非实证的社科法学理论（本书第1讲），例如法经济分析，可以预测人的行为，从而推测法律制度实施的结果。因此，法经济分析帮助政策决定者，在还没搅乱世界这一池春水前，先预判可能结果，从而决定是否采取行动。不光是法经济分析需要行为理论，绝大部分自认为是纯粹教义学的论述，只要涉及考察后果，也需要行为理论，但往往避谈其行为理论之内容。

法教义学可以和社会科学结合，甚至必须和社会科学结合（本书第1讲）。但此种主张，可能郎有情、妹无意。法教义学是否答应这门"亲事"，也要看社会科学带来什么聘礼。**社会科学最有价值处，就是行为理论**，也就是预测人会在何种条件下作出何种行为的方法。只要法学在乎法律制定、解释的结果（哪怕结果只是法学的部分关怀），想要探知何种手段有助于达成所欲之目的，而且也不希望总是在法律制定、解释后，才发现结果不如人意，则法学就必须作因果推论——推论法律的转变会如何影响人的行为，而行为理论就是在实然层面作此种推论的思维工具。掌握了行为理论，使法律解释、制定者在衡量要采取何种法律（解释）时，可以预测各种可能选项的结果，从而"趋吉避凶"、预为之计。结合行为理论的法教义学，会有崭新的法律分析，如本书之后各章所展现。本讲第一节介绍数种行为理论的梗概。第二节以行为理论的差异，区分法经济分析的流派。第三节举例说明为何法教义学对行为理论有广泛的需求。第四节强调行为理论必

第4讲 法教义学的短板之二：行为理论

须得到大量实证研究的支撑。

法教义学的另一局限，是只关注法律。然而，人的行为不只受到法律此种"正式规范"（formal norm，即中央或地方制定的规范）或"正式制度"（formal institution）的影响，也受到"非正式规范"（informal norm）或"非正式制度"（informal institution）的影响。而法律对行为的影响，也不总是直接的，而可能是以法律改变了市场、社会规范，再通过新的市场均衡、新的社会规范改变行为。或者，法律规定会因为与文化、社会规范、技术架构、市场规律不协调而成效大减。因此，没有掌握整体规范体系的动态，就无法精准预测人的行为。以下介绍的行为理论，也因此不限于研究法律对行为的直接影响者。

4.1 影响行为的五种力量：法律、市场、社会规范、技术架构、文化

由此宏观面入手，就不能不以网络法的先驱与大家——Lawrence Lessig 教授提出的分析架构开场。Lessig 教授认为，**影响人的行为者，包括：法律、市场、社会规范、"技术架构"**（architecture，包括 code，有译为程式码或代码）。[2] 因为互联网法的特质，Lessig 着力最多、也最为原创者，是对技术架构的分析。例如法院在解释言论自由、隐私的法律时，就必须注意其法律解释在线上世界与线下世界的不同行为影响。在线下世界，匿名必须额外被创造；但在线上世界，匿名是预设。[3] 而技术架构可能随时间而改变：浏览器的无痕模式增加了匿名性，而实名制的各种规定又降低了匿名性。"区块链"（block chain）的兴起是另一种

技术架构的革命。若区块链能以够低成本实施,则可以改变不动产甚至动产的公示方式,储存所有的交易细节,防止变造,但人人可以取得信息——这使所有第三人变为知道或应该知道,使善意买受人绝迹。使用区块链技术的"智能合同"(smart contract),有机会使违约者无法赖掉损害赔偿责任,甚至使某些交易的拒绝给付绝迹。[4] 无论是合同法律制定、合同法律解释还是合同解释,都不能忽略传统合同与智能合同的不同技术架构,对行为人是否能策略性违约的不同局限。

人的生理构造也可以看成一种"技术架构":警察或许可以用强力逼迫妨碍名誉案件败诉者(造口业者)下跪,但警察无法使其真心诚意地道歉。如果真心诚意的道歉才能恢复名誉,以败诉者的银行存款代为登报道歉没用,则立法者是否应该制定强制道歉的法律,法院是否应该判决强制道歉,就要考虑真心诚意无法强求的技术架构局限。

笔者初出茅庐时,探讨药品、健康食品、食品之规制,在Lessig的框架上又提出**"文化"作为"第五元素"**。[5] 原因是,在华人圈里,中医"药食同源"的说法虽然不一定为人所知,但却是每个人隐隐接受的生活方式。例如人参是补品,也是食材。一般人日常会吃到当归、枸杞,但这也是中医开药常见的成分。这和西方世界里药锭、药丸、药片和食材不两立的现象截然不同。因此,即便一国的规制框架,从行政法总论到药品法各论,都继受了欧美法制(例如未经主管机关许可者,不得宣称医疗疗效),甚至加上严刑峻"罚",仍无法禁绝立法者不喜的广告(人参广告只要使用人参图片,搭配模糊的"强身""健体"字眼,就宣称了"疗效"),或改变华人的用药行为。[6] 原因就是,中医文化深深影响华人的思维方式,使其面对移植自西方的法律规制时,有

第 4 讲 法教义学的短板之二:行为理论

不同的处遇之道。如果一定要将中医药文化归入 Lessig 框架的其中一种,或许最接近的是技术架构。如同人写的程序码决定了人在网络上能做什么、不能做什么,人与人交往产生的共同认知——文化——也回过头局限了人认识世界的方式。文化,就是一副有色眼镜。但世界上的文化不同,一国一乡一村的文化也可能变迁,又和 Lessig 设想的典型技术架构不尽相同。

至此,前述 Lessig 提出的分析框架的四个元素,只剩社会规范尚未登场。2000 年前后红极一时的法与社会规范(law and social norm)理论,以非正式、非法律规范对行为的影响为研究核心。[7] **社会规范的定义是:基于特定原因的行为规律,而特定原因包括:(1) 在可能有多重均衡时,选择其他人预期会采取的选择,例如走路靠右**[8]**;(2) 避免社会的制裁,例如被邻里排挤、说闲话;(3) 已经内化、社会化了的行为义务,例如在公交车上看到老人会让座。**[9]

耶鲁法学院张泰苏教授的第一本法史专书[10],是以儒家思想(由家族辈分较高者,而非较有钱者,控制家族事务,并在地方事务上扮演要角)作为人的行为局限,并进一步解释为何明朝、清朝没有像英国一样发展出对有钱人有利的担保物权,反而是对贫困的借款者有利的典权大行其道。若将儒家礼教当成社会规范,则该书虽以"儒教的法律与经济"为题,实则更贴近法与社会规范理论。社会规范属于新制度经济学研究的非正式制度,在此意义上两个领域互相交错。法与社会规范理论对法教义学者的启示是:人的行为或多或少受到社会规范制约,不同群体中,可能有着各自不同的社会规范,甚至社会规范的制约力量可能甚于法律——某些群体中的社会规范,制约力量更甚于法律;甚至"反法律""反公权力"就是社会规范的内容(想想叛逆的青少年和黑帮)。法律解释的事前效果,不总是如"提高惩罚＝增加成本＝减少行为"这样的激励公式这般单纯。

社会规范与文化该如何区分?(若无法区分,两者就属于同一种行为理论;若可以区分,就必须说明如何界定)文化,至少相对于前述第(1)和(2)种的社会规范,差别在于社会规范是"外铄"的,是外在的行为激励,可以通过法律和"创新规范者"(norm entrepreneurs),也就是可以改变、创造社会规范者,例如德高望重的宗教领袖,有意识地建构社会规范;而文化是内在的约束,是人在社会中自然浸润而来。第(3)种社会规范,则是已由外而内,和文化非常接近。

> 儒家思想中探讨外铄、内在的论述,参见
>
> 《论语·为政》:子曰:"道之以政,齐之以刑,民免而无耻;道之以德,齐之以礼,有耻且格。"
>
> 《孟子·告子上》:孟子曰:"仁义礼智,非由外铄我也,我固有之也,弗思耳矣。"

以上介绍的五种力量,彼此影响,互相拮抗。法律、市场、社会规范、技术架构是外铄,文化则源于内在。内在力量可以不止文化一端,但移风易俗过于困难,通常不是法学者关心的话题,因此不多作阐释。法律、市场、社会规范、技术架构既然是外铄的力量,也就不可能"完整"解释每个人的每个行为。读者无须对行为理论有不切实际的想象。

| 第 4 讲 | 法教义学的短板之二：行为理论

4.2 广义法经济分析的流派：关键就在行为理论

由以上讨论可知，通过行为理论并不需要（也无法）去解释每个人的个别行为，而是做个体行为加总后的行为预测。**行为理论并非法经济分析之专利，而是社科法学的共同特征。**经济学之异于其他社会科学，除了研究主题不同，也往往就在行为理论内容不同。每一种流派的社会科学，自然选择了拥趸认为最能对其研究对象提出准确预测或解释的行为理论。行为理论有所偏重，自然使其预测或解释能力上下起伏。例如，研究社会规范者，遇上了一盘散沙、没有社会规范的民族，就无用武之地。

作为法学者或必须操作、使用、改善法律体系的法律人，可以不醉心于其中一种行为理论/社会科学流派，而是永远选择在特定情境中最好的行为理论，或者永远都并用所有已知的行为理论。这样的论述成本较高，但精确性也可能较高，或许可称为"不入虎穴，焉得虎子"的取径。

作为法经济分析的方法论书籍，本书无法深入展开五种力量对行为的影响，而集中介绍法经济分析的行为理论——其特色为：**以法律改变行为代价，从而改变行为**（如乱世用重典，希冀重典可以减少犯罪）；**或以法律改变"市场"，从而影响行为**（例如租金上限规制、最低工资规制）。法经济分析作为社科法学中最成功的一派，有人认为原因是其行为理论的强大预测力，以及跨越部门法与情境的一般性。但无论原因为何，读完本讲与本书，读者应该学到的是以不同的行为理论，预测人对不同法律规范的行为反应。

法经济分析：方法论20讲

本书并未宣称单凭法经济分析的行为理论，就可以**完整**解释**所有**行为反应。若碰上有论者举出一两个事例并宣称法经济分析的行为理论失败，读者应该小心。首先，这些所谓的失败，往往是"打击稻草人的谬误"，是批评者有意无意误用了法经济分析。好的法经济分析学者出手，可以得出有意思的分析。再者，任何理论都有时而穷，如果法经济分析的行为理论在5%的问题中毫无用处，但其他的行为理论（或根本没有行为理论）在30%的问题中毫无用处，则指出了法经济分析的少数失败并无法成为改宗的理由——在盲人的国度中，独眼龙就能称王。最后，在那5%的问题中，指出经济分析的局限，对分析该问题有意义；若能同时提出其他替代行为理论，才更有助于评估在何种情境下，哪一种行为理论较能预测或解释。

4.2.1　新古典法经济分析：完全理性与完整信息

传统新古典经济学为基础的法经济分析（neoclassical economic analysis of law），是以"人乃理性、自利"作为行为理论的"出发点"——有限理性、信息不对称等都是后续行为理论调整的一环。在新古典法经济学，行为理论的重中之重是探究法律对人产生的行为激励（incentive）[11]——处罚、偿金、赔偿等法律手段，增加作"恶"行为人的成本；补贴、免费或低价获得财产权等法律手段或效果，则是行为人追求的效益。**法律对未来行为人产生的成本与效益，就是行为激励。如果法律不产生激励，也就是不管法律制定什么，人的行为毫不受影响，那么经济分析在实然面和应然面毫无用处，但是法律也因此几无用处。**[12] Eric Posner 就指出，"**应然法经济分析**"（**normative law and economics**）可以说下了

| 第4讲 | 法教义学的短板之二：行为理论

一个重大赌注：人对激励有足够的反应。[13] 法经济分析认为，人或多或少会对法律规定作出反应，但人不总是明白法律。法经济分析学者不能总是假设，只要制定法律，人就会循规蹈矩。要借由降低信息成本，让更多人理解法律的规范内容，从而影响其行为。

Jennifer Arlen 教授大概是我听过最多次主题演讲的学者（至少三次），我自己就邀请她来"中研院"作了 2011 年法实证研究国际研讨会的主题演说人。她总是能恪遵主题演说的精神，给一个大的思维框架，而不是只在某个部门法中深耕。虽然我在纽约大学没有上过她的课，但因为承蒙她邀请我参加每一次的 NYU 内部法经济分析工作坊（2019 年时还邀请我报告），我有非常多听她评论讲者论文的机会。她说自己是严肃的人，每次发言都认真看待讲者的论点，给予到位的评论。（也因为她上课从不讲笑话，如果学生露出微笑，一定是因为上网偷看社群媒体的缘故！）

2009 年博士毕业前夕，我和她都在 NYU 经济系听课。我是个没有任何经济学位，努力跟上经济学发展的博士生。她是 NYU 经济学博士，法经济学界无人不知、无人不晓的大人物。她告诉我，很多人都觉得不可思议，以她的学历和地位，何必像个学生一样来听课。但她说："我心中雪亮。我拿经济学博士是将近 20 年前的往事，经济学早已一日千里。要跟上最新的发展，来听博士班课程还是有帮助。"诚哉斯言！要成为大学者，不可以、也不可能在思想上怠惰。每当我觉得自己赶不上经济分析和实证研究的最新发展时，就会想到她认真的表情……

＊　＊　＊

Eric Posner 是 Richard Posner 的儿子，本科时主修哲学，但和本科主修英文的父亲一样，终究走向了法经济学，也都到芝加哥大学法学院任教。Eric Posner 和他父亲一样都是量多质精的第一流学者，也都是各种领域都能有洞见的全才。我第一次遇见 Eric Posner 这位令人仰之弥高的巨人时（他身高应该在两米左右），我问他："为何你可以如此多产？"我当时是刚出道的学者，我的世界里只有刚写完的博士论文，根本不知道自己下一篇论文的题目在哪里。我想知道武学奇才的秘笈。他的答案出乎意料，但从我之后的人生经历，又觉得无比真实。Eric Posner 说："有些人拿到长聘后，爱上写小说，或者把喝各种红酒当成每天最重要的事。我没有别的嗜好，就是喜欢搞学术。读论文、写论文让我很快乐。如果你是这样的人，你就会多产。"

4.2.2　新制度法经济分析：有限理性与不完整信息

本书第 2 讲和第 15 讲引介、使用的"新制度经济学"，与传统新古典经济学为基础的法经济分析，仰赖的行为理论并无重大差异。两者的差异在于新制度经济学强调制度的角色（制定法、公司、财产权、开车靠右等都是制度），当然包括关注制度成本高低对行为的影响（例如若注册法人、公司的成本太高，是否导致许多非法人团体不愿意进入体制取得法人格）[14]；而新古典经济学主要仍是关注个人而非制度，往往仍（隐然）假设制度成本为

第4讲 法教义学的短板之二：行为理论

零，并倾向于假设行为人有完整信息与完全理性。Ménard & Shirley 认为，新古典经济学假设完全理性与完整信息，而新制度经济学假设有限理性与不完整信息；两者的共同前提是资源的稀缺与竞争的重要。[15] 若按照 Ménard & Shirley 的分类方式，则新古典经济学与新制度经济学的行为理论有重大差异——因为两者假设行为人面临的局限条件（constraint）不同——而**本书使用的为新制度经济学的行为理论，以及奠基在新制度经济学上的法经济分析，因为有限理性与信息不对称、不完整始终是本书不变的理论前提。**

4.2.3 行为法经济分析：偏误、捷思

新古典经济学最强劲的竞争对手是行为经济学（Behavioral Economics）。行为经济学的行为理论，则是以"人受的各种偏误（bias）、捷思（heuristics）"为刻画重心。奠基在行为经济学上的行为法经济学（Behavioral Law and Economics），以其洞悉的人性弱点，产生"推力"（nudge）以改变行为。虽然行为法经济学与新古典法经济学常被对举，并凸显两者不同，但两者竞争的是行为理论的内容，故都同样强调"法律解释必须具有行为理论"。

> 如果政策制定者过度执着于使用推力矫正人的偏误，忽略了其他行动者的理性与相关激励，也会造成反效果。例如 Bubb 和 Warren 指出，许多员工会因为懒惰与短视，不在到岗后提高薪资提拨退休金的比率，但有少数员工会事前比较退休福利。洞悉人性的公司因此推出"优惠配对方案"（matching contribution；例如员工存2%薪资，公司就加码发4%

薪资到退休金账户），搭配较低的默认提拨比率（default contribution rate；例如如果员工不做任何动作就只存0.1%）。如此，精明的员工仍会选择这家公司，因为可以将提拨比率设到最高；但这家公司不会因此付出更高总额的退休提拨，因为多数员工仍停留在最低的提拨比率。*See* Ryan Bubb & Patrick L. Warren, "An Equilibrium Theory of Retirement Plan Design", *Am. Econ. J.*: *Econ. Pol'y* 12（2020）。

  法经济分析的行为理论核心是激励，其他社科法学的行为理论则不当然如此。例如结合政治学与法学的"司法政治"（judicial politics）领域，承袭了政治学的学科关怀，关注的是"意识形态"（ideology）。读过美国主流司法政治文献者，应该都能强烈感受到法官是属意共和党，还是偏袒民主党，是政治学者用以预测、解释法官投票、撰写不同意见书等行为的关键变量。然而，司法政治领域中的行为理论，是预测**法官**的行为，而不是受一般法律规范的当事人的行为。因此，以襄助法教义学的功能而言，除了提醒法官不要受到自己意识形态所绑架外，司法政治的行为理论作用有限。[16]

  William Hubbard 教授用牛顿力学与量子力学的关联，比喻新古典法经济分析与行为法经济分析的关联——两者互补而非互斥。量子力学在刻画纳米尺度时有优势，但在描述较大尺度物理运动上与牛顿力学得出近似结论——因此，简单明了的牛顿力学仍然有用。行为法经济学针对个体作决策时犯的各种错误有精细的刻画，但新古典（法）经济分析之目标并非预测某个人的行为，而是个体行为加总后（成为市场、厂商、组织）的整体表现。[17]从另

| 第 4 讲 | 法教义学的短板之二：行为理论

一个角度看行为法经济学的贡献与局限则是：以后见之明，往往可以找出某种偏见或捷思，以解释为何人会选择并非最有利的方案。但行为法经济学往往难以在事前预测人会怎么犯错。**新古典经济学理论下的完全理性人，只会选择最佳方案；新制度经济学理论下的有限理性人，会在局限下选择最有利方案；但行为法经济学理论下的不理性人，可能笨拙地犯下各种可能错误——但事前难以预测是哪一种**。在行为（法）经济学理论的未来发展中，必须能找出人"可预测地不理性"（predictably irrational）[18]的够多规律，才能作为法教义学基础的行为理论。在经济学中，理论的功能在解释（Ronald Coase 如此主张）还是预测（Milton Friedman 如此主张），争论由来已久（参见本书第 1 讲）。但以作为与法教义学结合的行为理论而言，有预测能力的社会科学理论才有用。

William Hubbard 是芝加哥大学教授，长期主编法经济学的顶尖期刊 Journal of Legal Studies。他是任教于乔治梅森大学法学院的饶维嘉教授（清华大学法律本科毕业）的座师。圈内人得知自己的论文能由他负责点评，都要喜出望外。他会站在作者的角度思考，为什么作者会提出这个论证？如何能从作者的理论出发点和假设出发，给予作者实用的建议？这说起来容易，做起来难。多数人（包括笔者）习惯于使用点评人自己的角度思考，也不愿意或没能力从作者角度思考。Hubbard 教授能做到此点，显示他才高八斗，而且愿意帮助同行。2019 年，在芝加哥大学法学院和清华大学法学院在北京合办的青年学人法经济学工作坊上，戴昕教授报告了我和他合写的比例原则批判文章。在读我们的文章初稿前，Hubbard 教授没有听过"比例原则"，但他能够深思后提出我俩都没

法经济分析：方法论20讲

想到过的细致论证方式，不但让我俩拜服，而且让我们很容易可以在既定的论述脉络下大大提升论述精致度。

我有幸和 Hubbard 教授合写两篇论文，使用美国以外的民事诉讼数据，验证普适的法经济分析理论问题。Hubbard 教授的作品不多，但篇篇精品，不容错过。

以上介绍各种行为理论，狭义的法教义学却缺席了，因为法教义学没有内建行为理论。但是，这不代表期刊或专书中的法教义学作品当然没有运用行为理论，因为行为理论可以外挂在法教义学中。法学方法论书中的法教义学没有行为理论，有好有坏。坏处是，有些法教义学者就确实没有考虑人的行为反应，因而作出有反效果的法律解释。或者，法教义学分析碰到人的行为时，可能不自觉地采取相反或自相矛盾的行为理论（例如前一段暗暗假设人都是理性自利，下一段又隐然主张人都利他）。好处是，运用法教义学的学者，不会因为使用了法教义学而必然要采取特定一种行为理论。法教义学是开放的。从新古典法经济分析、新制度法经济分析、行为法经济分析、法与社会规范，乃至于社会学（Michel Foucault、Max Weber……）、人类学、政治学，等等，应有尽有、任君挑选。只要法教义学者在乎法律实施、法律解释的实效性，就必须采取某种行为理论，才能在事前推断后果。

当然，结合法教义学与特定行为理论者，必须证成或说明为何使用该种行为理论。本书选择行为理论的标准很简单，就是对人的行为的准确预测程度。[19]因此，本书选择了修正自新古典经济学的"新制度法经济分析"（New Institutional Economic Analysis of Law）为主要行为理论，并在其力有未逮处，辅以社会规范理论、

第 4 讲 法教义学的短板之二：行为理论

行为法经济分析。不同的部门法中所牵涉的行为不同，行为理论的准度也不同。其他部门法或许更适合其他的行为理论。"新制度法经济分析"作为中文专有名词，以及 New Institutional Economic Analysis of Law 作为英文专有名词，似乎都是笔者首倡，但其内容当然是由其他前贤提出。影响笔者最大的物权法学者是 Henry Smith 教授和 Thomas Merrill 教授，本书使用的行为理论、分析框架、研究取径，都受到两位教授，尤其前者，深远的影响。

4.3 每个部门法都需要行为理论

各种部门法都需要行为理论，因为上有政策、下有对策。大凡法律限制或禁止人们作特定行为，而作此行为对人们有利（例如寡头厂商联合定价），人们就可能会想方设法绕过法律的桎梏。立法者、法律解释者为达其目的，就必须反复与人们博弈。若立法者、法律解释者能先设想到受规制者的可能对策，就可以洞察先机、防患未然。若总是预测错误，或者不预测，则只能不断徒呼奈何。哪一种行为理论最能精确预测，尚未到盖棺论定时。或许行为理论各擅胜场，在不同部门法或不同情境中最能精确预测。或许"鸡尾酒"行为理论——同时考虑多种行为理论，以求掌握最大多数行为人的反应——更好。但无论如何，不考虑行为理论，不系统思考行为人的可能反应，是下下策。

经济分析的行为理论，用白话讲就是"多数人不是吃素的"。笔者听闻刘庄教授说过一个实际例子：政府为鼓励电动车发展，祭出高额奖励方案。因为种种原因，市场接受度不高；但因为奖励十分诱人，厂商仍然生产合规的电动车，但只用以申请奖励，

法经济分析：方法论20讲

并不积极行销。政府过一阵子发现了，就规定必须实际销售后才能申请奖励，于是厂商就作假买卖。政府过一阵子发现了，就规定必须行车里程到一定公里后才能申请奖励，于是厂商就雇喜欢飙车的年轻人，三更半夜在高速公路上来回折返，让里程数早日达标。(第19讲以公司法举例。)

不是只有民商法需要行为理论。再以刑法为例，认为刑罚之目的在于吓阻、一般预防者，要有行为理论，才能说明国家的潜在制裁何以打消潜在犯罪人干坏事的念头。奠基在犯罪人乃理性自利且熟悉刑法规定的假设上，刑法经济分析就会强调"边际吓阻"(marginal deterrence)。如果《刑法》第239条单纯绑架和绑架又杀死被害人都是唯一死刑，被绑架者生还率就会极低。[20] 即使是刑罚矫正论者，也必须认为在监狱中的教化有助于改变监禁者的未来行为（例如因为信仰宗教或学会一技之长，使犯罪的机会成本上升）。

其他公法领域也不例外。例如凡是使用比例原则的规范分析，都包括因果关系的实然宣称。而诸多与法律问题相关的因果推论，都脱离不了预测人的行为；例如规制言论内容是否会产生寒蝉效应，效应多强，就是公法规范论述的前提。美国联邦最高法院的释宪实务区分针对言论内容的规制和针对时间地点方式的规制，并对前者课予立法者更高的证立义务。此种区分的隐然前提就是，针对言论内容的规制，会产生较大的寒蝉效应，使人民不敢表达或无法表达。但是否所有针对时间地点方式的规制，寒蝉效应都不严重？这就是要使用行为理论探究之处。给予犯罪嫌疑人"缄默权"，在刑事诉讼程序中采取"毒树果实"理论，也会影响潜在犯罪人、无辜被起诉者、调查证据的公安人员、检察官的行为。其具体行为反应为何，有时取决于行为理论的内容。

| 第4讲 | 法教义学的短板之二：行为理论

4.4 实践是检验真理的唯一标准

本讲介绍了不同的行为理论，彼此竞争、补充。在社会科学发展过程中，大的范式变迁往往是围绕着对人的基本行为样态的不同理论刻画。每个学者都可以提出自己的行为理论，但好的行为理论是经过无数实证研究千锤百炼者。行为理论的预测能力、精确程度，只能由其在现实世界中的表现来决定。道德评价或话术包装，都与行为理论的好坏无关。量化实证研究是笔者另一个研究方法，而以法实证研究，检验法经济分析使用的行为理论，是笔者寻求学术突破的领域。

行为法经济学兴起之初被排挤、讪笑，但终究借由一连串难以挑剔的实验证据，先从心理学侵入经济学，成为"行为经济学"，再由行为经济学联结法学，成为"行为法经济学"。

每一种行为理论，解释力都不完备，主流新古典经济学也不例外。所以有社会规范理论、行为经济学、其他社会科学，尝试补其漏洞或取而代之。本书读者多半是法律人，对于采取何种行为理论作为自己观察社会、评估法律的工具，不用急着下决定，也可以永远采取"让证据说话"的态度，不信仰任何特定行为理论。但是，每个法律人都必须意识到预测行为的重要，也要意识到自己的预测是奠基于何种行为理论，才能有足够准确的预测能力，同时也提醒自己任何行为理论都有时而穷。

法经济分析：方法论20讲

本讲参考文献

1 张五常的《经济解释》，无论是哪一版，都不断强调这一点。张五常：《经济解释（卷一）：科学说需求》，中信出版社2019年版，第54—79页。

2 See Lawrence Lessig, "The New Chicago School", *J. Legal Stud.* 27 (1998); Lawrence Lessig, *Code and Other Laws of Cyberspace*, Basic Books 1999, p. 88. 戴昕：《重新发现社会规范——中国网络法的经济社会学视角》，载《学术月刊》2019年第2期。

3 See Lessig, supra note 2, p. 33.

4 但实际阅读虚拟货币的智能合同，发现许多"漏洞"的实证研究，*see* Shaanan Cohney et al., "Coin-Operated Capitalism", *Colum. L. Rev.* 119 (2019).

5 张永健：《论药品、健康食品、食品之管制》，2003年台湾大学法律学研究所硕士论文，第1—258页。

6 张永健：《论药品、健康食品、食品之广告管制》，载《法令月刊》2005年第5期。

7 中文文献中运用社会规范理论最精彩的莫过于戴昕教授，参见戴昕：《公众人物的隐私保护——一个框架性理论重述》，载《现代法学》2017年第2期，及本书所引其他戴昕文章。从产生机制与执行机制的"集中/专业化""分散/非专业化"差异，区分出"国家法""习惯法""礼""社会规范"的重要洞见，参见张维迎、邓峰：《国家的刑法与社会的民法——礼法分野的法律经济学解释》，载《中外法学》2020年第6期。

8 博弈论中的Nash均衡、焦点（focal point）都是在讨论此种原因。

9 See Emanuela Carbonara, "Law and Social Norms", in Francesco

第 4 讲 法教义学的短板之二：行为理论

  Parisi, *The Oxford Handbook of Law and Economics: Volume 1: Methodology and Concepts*, Oxford University Press 2017, pp. 468-469.

10 *See generally* Taisu Zhang, *The Laws and Economics of Confucianism*, Cambridge University Press 2017.

11 关于法经济分析的重心是激励，*see* Lee Anne Fennell, *Slices and Lumps: Division and Aggregation in Law and Life*, Chicago University Press 2019, p. 68.

12 但请注意，法律纵使不产生激励（例如所有禁止规定都没有规定法律效果），也可能产生"社会意义"（social meaning），从而发挥作用。参见戴昕：《"守法作为借口"：通过社会规范的法律干预》，载《法制与社会发展》2017 年第 6 期。探讨法律的社会意义究竟是否形塑、改变了受规制者的偏好，*see* Jennifer Arlen and Lewis A. Kornhauser, "Does the Law Change Preferences?", *Theoretical Inquiries L.* 22 (2021)（主张法律改变的不是偏好，而是人的信念——关于其选择的结果）。

13 *See* Eric A. Posner, "The Boundaries of Normative Law and Economics", *Yale J. Reg.* 38 (2021).

14 *See, e. g.*, Shinji Teraji, "Institutions and the Economics of Behavior I", in Shinji Teraji, *The Cognitive Basis of Institutions: A Synthesis of Behavioral and Institutional Economics*, Academic Press 2018, pp. 72-73; G. M. Hodgson, "Institutional Economic Thought", in Neil J. Smelser and Paul B. Baltes, *International Encyclopedia of the Social & Behavioral Sciences*, Elsevier Science 2001, pp. 7544-7546.

15 *See* Claude Ménard and Mary M. Shirley, "Introduction", *in* Claude Ménard & Mary M. Shirley, *Handbook of New Institutional Economics*, Springer 2005, pp. 1-2.

16 但并非只有针对一般人的行为理论重要。笔者曾提出政府官员的行为理论，其行为受（征收补偿）法律规范影响。张永健：《土地征收与管制之补偿——理论与实务》，元照出版公司 2020 年版，第 24 页。

17 *See* William H. J. Hubbard, "Quantum Economics, Newtonian

Economics, and Law", *Mich. St. L. Rev.* 2017 (2017).

18 See generally Dan Ariely, *Predictably Irrational: The Hidden Forces That Shape Our Decisions*, Harper Perennial 2008.
19 不同行为理论，对某法律解释可能产生的行为效果，可能有不同预测。本书认为预测准确度仍是最终的指标。当然，在法律（解释）落实前，恰恰不知道哪个理论预测比较准。一个可能的参考点是同一部门法、同一类型法律争议，过去哪一种行为理论的预测比较准确，就享有"推定"较准的待遇。
20 参见朱敬一、林全：《经济学的视野》，联经出版事业股份有限公司2002年版，第51—60页。

Economic Analysis of Law

第 5 讲
效率作为实然与应然标准

> 第 6 讲
> 告别"有学说而无理论"的思维方式

第 5 讲

效率作为实然与应然标准

5.1 经济分析是实然方法
    5.1.1 解释法律制度的样貌与内容
    5.1.2 预测人如何受法律影响而行动
5.2 法经济分析可以自给自足提出应然论证
    5.2.1 具有应然重要性的事实
    5.2.2 差异制造事实、背景条件
    5.2.3 因果说明

"应然"(normative)是关于行动者"应该"(should;*sollen*)如何行动的论述。有些文论会使用"规范"(例如规范面向、规范论据)来指涉 normative;许多法律人认知法律是"规范科学",或许最容易想到(且仅关注到)的是"法规范"。然而,除法律外,道德原则、社会惯习(convention)[1],甚或最一般的规则(rule)皆可能以规范性的形式对行动者给出要求或指引,而行动者亦可针对这些规范性论述提出理由(reason)予以支持或反对。规范性作为实践(practical)领域中最核心的语汇之一,在此不宜深论以免失焦;读者需留意本书的"规范性"一语大致指涉"应然",非单指涉法规范。

"实然"(positive)则是和应然相对的词,是指实际行动、实际现象的描述,外文以 is/*sein* 对比于 should/*sollen*。is/*sein* 就是指处理实然议题。法经济分析理论是实然之学,但并非实然之学的全部——第 1 讲中所提到的社会学、政治学、人类学也是实然之学;这些实然之学有以理论进行预测或分析,也有以实证(empirical)研究(定量或定性)发现实然,或检验实然理论。就此而论,实证的必然是实然的,但实然的不一定是实证的。

> 把 positive 和实然两个词语挂钩,是从经济学来的用语。大多数经济学家会认为其主要工作是描述并解释经济现象,也就是从事实然的研究。英文的经济学文献称之为 positive economics。诺贝尔经济学奖得主 Milton Friedman 的经典论文

法经济分析：方法论20讲

集就是一例：Milton Friedman, Essays In Positive Economics (1953)。法理学家则可能认为和 normative 相对的是 descriptive，而不是 positive。本书把描述性（descriptive）作为实证（empirical）的一种做法，原因是统计学分为描述统计和推论统计。若更广泛地使用描述一词，则所有的实然研究，包括理论推演的、定性的、定量的，都在描述。

经济分析所关注的"实然"，是以人可能进行的若干"选择"为起点，思考每个人在各式选择中的相关成本与收益。每个人计算自己决策的成本与收益，并具体决定自己的行动策略。使用法经济分析者，一方面据行为理论以预测个人的行动策略，另一方面将个人的行动加总后，计算社会成本（social cost）与社会收益（social benefit）。效率作为实然标准，就是法经济分析学者推论出社会成本与社会收益孰大。

有了实然标准，作了实然判断——有效率！无效率！——法学者就会问："然后呢?"本讲接续探讨，如何将实然判断接轨到应然判断中。实然理论解释现行法规定背后的经济道理。法律内容不同于理论预期时，论者便须寻找其他可能的经济或非经济解释；若其他经济解释无法适切证立现行规定，则应然理论即评价现行法为无效率。若有非经济解释可证立此一无效率的法律规定，则情有可原；若缺乏好的非经济论据，则应断定为立法错误。

第 5 讲 效率作为实然与应然标准

5.1 经济分析是实然方法

经济分析:往未来看,可以预测(predict)人会如何行动;往过去看,可以解释(explain)人过去的行为模式。好的经济理论,可以解释目前已观察到的人类行为,也能正确预测未来的人类行为。过去的行为模式,有时混杂在纷乱的事实中,让人看不清。好的理论帮助观察者剥除枝叶,看见主干。有的时候,解释既有的行为,像是看图说故事,够聪明的人都能说出一番道理。此时,能洞烛先机、神机妙算的理论,才是硬功夫。

> 爱因斯坦在1915年预测,当太阳挡住遥远的恒星时,经过太阳表面附近的星光,由于时空偏折光线,会有一部分射向地球,使地球人看到太阳背后的星光。这个奇思妙想在1919年日全食时,由其他科学家量度星光偏折而验证了爱因斯坦的相对论。

不少经济学者认为自己的志业是解释,不是预测——所以张五常的扛鼎之作名为《经济解释》——但如果只能向后解释,法律解释者永远只能在法律实施一段时间后,才能评估其优劣。能向前预测,才能避免立法者制定出不好的法律。所幸,解释和预测并不互斥,无论是解释或预测,都是推论因果。从解释到预测,需要的是对过去事件发生原因的完整评估,确定在特定背景条件下,刺激(stimulus/treatment)的有无是否导出结果;并分析当背景条件存在或不存在时,类似事件是否会发生。[2] 因此,如果过去和现在的背景条件相同，能解释的理论就可以用以预测。但若背景条件不同，则可以解释过去的理论，确实无法有助于预测未来。

这一节先谈解释，再谈预测。

5.1.1 解释法律制度的样貌与内容[3]

Demsetz 1967 年的论文[4]，设想物权制度会由下而上以自发力量产生，因需求产生供给。Demsetz 描述 17—18 世纪中，加拿大 Labrador 半岛上的印第安人，原本没有区分你的河狸或我的河狸。但白人出现并收购河狸皮毛后，河狸的经济价值上升，印第安人因而开始划定猎区、禁止偷捕。他的理论是，财益权（in rem property right）制度不一定永远比共用制好，财益权制度需要成本维系，所以要财益权制度的效益够高时，社会才愿意承受财益权制度的成本。当资源价值上升，划定财益权的利益大于成本时，财益权才会产生。因此，低配置效益并非永远需要矫正，而要考虑矫正措施的制度成本和替代制度的配置效益与制度成本。Demsetz 并举了美国西南地区的印第安人为对照，该地区缺乏有足够商业价值的动物（收益低），而且该地区的动物都会大规模迁徙（成本高），所以没有产生财益权制度。

Demsetz 充满原始社会情调的例子看似离我们很远，但依据《民法典》第 127 条探讨要保护何种网络虚拟财产（如线上游戏中的宝物、电邮账号、社群网站上的通讯录，等等），则其分析框架，可以刺激思考：是否、何时应该以国家制度的力量，承认并保护网络虚拟财产。如果没有国家主动介入，民间社会是否能克服制度成本，形塑出财益权制度?[5]

第 5 讲 效率作为实然与应然标准

本书以苏永钦教授发明的名词"财益权"[6],统称物权、知识产权、信托受益权、质权。"财产权"一词会包含过广,因为许多实定法中的财产权,包含合同所生的请求权。换言之,财产权——至少在既有的法条用法中——并非总是对世。"产权"也是文献中常出现的名词,但与"财产权"很像,也已在经济学文献中被使用。"对世权"也不恰当,因为人格权也是对世权,而且许多性质与物权、知识产权、信托受益权、质权不同,所以终究还是要有一个名词,可以排除人格权。

财益权是以什么为中介的法律关系?物权人与世界上其他人之间的法律关系,是以物为中介的物上关系。[7]财益权的中介,包括物,但不限于物。顾名思义最适合的中介,就是资产。在自然语言、多数的法律文本中,财产是有正价值者。例如吾人不会说"垃圾是我的财产",或"我的财产包括欠债30亿"。就此而言,财产的内涵与会计学"资产负债表"中的"资产"(asset)相同。换言之,财产、资产,不包括负债。**财益权因此是人与人之间以资产为中介的法律关系,且依此法律关系获得广义权利者,自动与世界上其他人产生法定财益关系,其内容为后者有不作为义务,不得干涉前者享用财益。**

经典论文之所以经典,是因为提出重要问题,并提供思考出发点。经典论文不应该只被膜拜。Demsetz 之后的法律学者,开始关注由上而下、国家制度主导的财益权制度。Saul Levmore 探讨从私有财益权回归到共用资源的可能性、条件,并指出除了制度成本之外，必须注意利益团体会游说政府以改变财益权体制。[8] Katrina Miriam Wyman 则以公海鱼群的财益权为例，强调国家由上而下形塑财益权制度的角色。[9]

Ryan Bubb 以非洲科特迪瓦与加纳的数据，检验 Demsetz 的理论。Bubb 的发现是：立法制定的物权体制确实对实践中的物权体制，有一定影响；然而，社会规范仍有强大影响力。这两个国家的经验，一定程度支持了 Demsetz 的假说。Ryan Bubb, The Evolution of Property Rights: State Law or Informal Norms?, 56 *J. L. & Econ.* 555（2013）。2009 年时，美国法实证研究学会年会在南加州大学召开，刚出道的笔者躬逢胜饯。Ryan Bubb 教授当时还没开始在纽约大学任教，报告一篇实证研究的初稿，检验 Demsetz 的理论。评论人正是当时高龄 79 的 Demsetz 本人。Demsetz 在 Bubb 教授论文的基础上，讲解了其理论思维。在场所有人都对 1967 年这篇论文熟稔于胸，但都听得如痴如醉。主持人最后都说，让评议员一人用去了所有发言时间，违反大会规定，但实在难以打断。休息时间时，笔者有幸与 Demsetz 教授攀谈，并邀请他留下来听我的报告。他向我抱歉，说外头有位美女（指他的老妻）在等他，不能再多耽搁。Demsetz 在 80 岁后还有两篇重量级论文发表，本书也有引用。

一个同样充满原始情调的东亚案例，恰恰可以和 Demsetz 的故事对比，凸显了有效财益权制度要能浮现，必须有特定背景条件（详下），也要有国家力量介入。[10] 16、17 世纪时，台湾岛上有许多少数民族，过着采集、狩猎的生活，原本也相安无事。但当欧洲

| 第5讲 | 效率作为实然与应然标准

商人的船队出现,并且出高价购买梅花鹿皮时,就对部落造成了冲击。这看似与 Demsetz 相似的背景,却没有同样快乐的结局。虽然有当时的殖民者介入划定猎区,但不同部落的民众之间却开始为了鹿的经济利益兵戎相见。梅花鹿与河狸的最大不同,就是后者有领域性,前者却到处走跳。研究发现,当部落间相隔遥远时,因为猎场没有重叠之虞,就没有发展出许多便于征战的习惯。但当部落相近,就容易互相猜忌,认为敌对部落越过猎场界线,因此必须"出草"报复。部落为了让男人无后顾之忧打仗,甚至发展出女子成婚后必须不断堕胎,直到丈夫届龄退役返家居住为止。(这个奇特的现象,通过传教士的记录,辗转被马尔萨斯写到知名的《人口论》中。)

5.1.2 预测人如何受法律影响而行动

本书许多讲都提到预测的重要性,立法者、解释法律者不做预测,或预测错误,会导致灾难,这里不重复说明。仅以笔者听闻德国法经济分析大家 Hans-Bernd Schäfer 在印度的见闻,作为立法者缺乏预测实然的能力、方法、态度,导致"意料之外后果"(unintended consequence)的另一事例。

Schäfer 教授几番去印度讲学,有一次受邀到一个全新的大学,其校园有两三个村子那么大。他很惊讶,为何这个大学建设计划的第一步,是在校园周围兴建两米高的围墙。在贫穷、建材缺乏的印度,盖高墙所费不赀,所为何来?Schäfer 教授后来得知,法律规定,流民如果在某地安定下来,三天之内不动产权利人可以驱逐;但超过三天没有采取行动,驱逐就变得非常困难。印度流民众多,大学校园又如此庞大,要多少校警才能即时发现企图安顿的流民？校方的解决之道，就是筑墙让流民根本无法进入校园。

如果笔者在写作《史记》，这里就要开始"太史公曰"：立法者的初心应该是"劫富济贫"，让流民可以找有钱地主的闲置之地作为容身之处。但是，立法者没有预料到地主的反应。法律产生的均衡结果是：地主纷纷兴建高墙，流民依然无家可归。但兴建高墙的成本对印度社会而言是资源浪费。如果立法者以民法不动产时效取得的思维，将时效定为三个月、三年，而不是三天，则校方和其他有钱地主，可能就决定聘人巡视（还增加就业！），而不兴筑高墙。立法者没有实然预测能力，可乎？

5.2 法经济分析可以自给自足提出应然论证

本节主张，法经济分析可以自给自足提出应然论证。第11讲会严谨地分析法学中目的论证与结果论证的结构，以论证经济分析与法教义学的结合方式。本节先扼要指出：结合实然论述与应然论述的关键在于，应然论述的三段论，必须有一个要追求的价值，和一个有效达成价值的手段。**法经济分析理论自己提出了效率作为追求的价值，也具备行为理论来探知哪种手段有效，因而自洽**。就此而言，法经济分析理论与法实证研究不同。法实证研究以数据分析手段是否有效达成目的，但并不具备应然价值。所以法实证研究是给定了其他应然理论的价值，评估法律手段是否有效。

本节以下指出，何以法经济分析理论所作的实然理论，能够作为规范论证的基础。简言之，关键在于，**法经济分析以其行为理论，提出因果说明：制定某种法律或采取某种法律解释，改变激励，从而导致人采取不同行动。法律（解释）改变后的行为**，

第5讲 效率作为实然与应然标准

和之前的行为相比，若减少社会净收益，就是无效率。而再加上于应然面上认定无效率是不好的结果，就可以推导出法律（解释）应给予负面评价的结论。

请注意，本书并未主张，单凭法经济分析理论就可以提出**完备**的应然论证。本书的主张仅是：法经济分析理论本身就可以提出**一种**应然论证。

5.2.1 具有应然重要性的事实

法学的规范面向，其主要工作在于提出理由来证成法律上的规范主张。[1] 可以用来证成某个规范主张的理由，称为"规范性理由"（normative reasons）。现在的问题是：经验事实是否能够作为证成规范主张的理由？其实，在日常生活中，吾人经常诉诸经验事实来支持对于自己或他人提出的应然主张。例如："为什么你应该戒烟？因为吸烟有害身体健康""为什么我们应该不开车上班？理由是开车会增加空气污染"。这些事实（"吸烟有害健康""开车增加空气污染"）虽然属于实然层面的经验事实，但能够作为支持应然主张的理由。这种可以作为规范理由的经验事实，本章称为"具有规范重要性的事实"（normatively significant facts）。

当然，主张"实然不能导出应然"者会认为，这些经验事实之所以具有规范重要性，仍要默认应然层面的前提。例如，"开车会提高空气污染"之所以能够作为不开车上班的理由，是因为应该减少空气污染；如果身体健康不是值得追求的目标，那么"吸烟有害身体健康"也不会构成应该戒烟的理由。

上述说法或许有部分的正确性，但必须强调：单单指出某个目标值得追求，或应该实现某个状态，并没有办法发挥行动指引的作用。光从"保持身体健康是好的"这个评价陈述，我们无法知道该怎么做才能保持身体健康；同样地，单从"应该减少空气污染"这个应然命题，也无法推论出，究竟要采取什么样的行为或措施才有办法减少空气污染。当我们要决定，在数个可能的行为选项中（吸烟/戒烟、开车/不开车）应该选择哪一个时，我们必须判断，哪一个行为选项才能达到想要追求的目的或促成应该实现的状态（"吸烟有害身体健康，戒烟才能保持身体健康""开车会增加空气污染，不开车有助于减少空气污染"），这样的判断显然是经验性的，其成立与否需要经验论据的验证。

5.2.2　差异制造事实、背景条件

由此可以进一步说明，什么样的经验事实具有规范重要性，从而能够成为支持规范主张的理由。本章的看法是：作为规范理由的事实是一种"差异制造事实"（difference-making facts），它指出采取某个行为或措施会对某个结果的发生与否或发生概率造成差异，不论这个结果是某个值得追求的目标、某个应该实现的状态，或甚至是某个偏好或欲望的满足。

例如："吸烟有害身体健康"是差异制造事实，它指出吸烟与否对身体健康所造成的差异：如果你戒烟，就不会导致身体健康受到损害。"开车会增加空气污染"这个差异制造事实，显示少开车会造成的差异：减少空气污染。又例如，"开车上班会增加油费开销"也是差异制造事实，它指出开车和不开车上班的差别：不开车上班可以节省油费开销。若比较想节省金钱而不是节省时间，那么"开车上班会增加油费开销"就是不要开车上班的一个

第 5 讲 效率作为实然与应然标准

理由。显然地,差异制造事实能够发挥行动指引的作用——我们可以运用差异制造事实来考虑是否要采取某个行动或措施,以促使或避免某个结果的发生。

差异制造事实的成立与否,仰赖于某些背景条件(background conditions)。背景条件有别于差异制造事实:背景条件并没有指出差异,但它却是差异制造事实(理由)要成立所必须具备的条件。[12] 例如,"汽车使用石化燃料"这个事实并没有直接显示开车会造成何种差异,我们无法单凭这个事实来考虑,是否不要开车上班以避免某些负面效果,但"汽车使用石化燃料"却是使得"开车会增加空气污染"这个差异制造事实得以成立的背景条件;如果你开的是电动车,那么开车并不会造成空气污染增加的差异(虽然它可能仍会造成其他差异,例如耗电增加)。又如,"烟草含有尼古丁"是使得吸烟会对身体健康造成差异的背景条件,由于烟草含有尼古丁,所以吸烟会导致伤害身体健康。但是"烟草含有尼古丁"这个事实,它本身无法发挥行动指引的作用,因为它并没有告诉我们,吸烟会造成什么样的差异结果。

我们可以说,"背景条件"本身不是理由(差异制造事实),但它是一种"给予理由的事实"(reason-giving facts)。当我们陈述某个差异制造事实时,我们通常预设背景条件已经满足,但在不少情况下,关于采取某个行为或措施是否能够产生某种差异的争论,往往也会涉及背景条件是否已经满足的问题。例如,"死刑能够吓阻潜在犯罪者"常被用来作为支持死刑制度的理由。但这个主张(差异制造事实)要成立,需要一些背景条件,例如,媒体会大幅报道死刑案件、重大罪行被判处死刑的起诉与定罪率,等等。背景条件同样是经验事实,其成立与否,同样需要实证研究的检验。

提出"差异制造"这个概念，旨在刻画因果关系。如果某件（或某类）事情（行动、事件、现象，等等）会对另外一件（或另一类）事情的发生与否或概率高低造成差异，那么可以说：前者就是后者的原因（cause）。换言之，某件事情的原因，就是使得这件事情（结果）发生与否（或影响其发生概率高低）的差异制造者（difference maker）。用上面的例子来说：你之所以身体不健康，是因为你有抽烟的习惯；倘若你戒烟，就会比较健康。空气污染之所以愈趋严重的原因之一，是由于我们开车代步；如果不开车，那么空气污染的程度将会下降。要发现某件事情是否会对另一件事情的发生造成差异，主要是经验层面的工作，可以用理论或实证研究来达成。而具备理论基础，又频频通过实证研究考验的经验分析工具，最值得参酌。

5.2.3　因果说明

实际上，差异制造事实可以用来提供因果说明（causal explanation）。当 A 这件（类）事情对于 C 这件（类）事情的发生会造成差异，那么可以说：A 是导致结果 C 发生的原因；换言之，A 说明了为什么 C 会发生。例如，居民普遍开车代步，说明了为什么当地的空气污染严重；抽烟的习惯，说明了为什么你的健康状况不佳。这种因果说明方式称为"正规说明"（canonical explanation）。

进一步而言，差异制造事实作为规范性理由，它与规范命题之间的证立关系也可以看作是一种说明关系：借由指出一个行为会造成什么样的差异，差异制造事实对于为什么应该去做（或不做）这个行为，提供了一种结果论或目的论的说明（consequentialist or teleological explanation）。例如，对于为什么应

| 第 5 讲 | 效率作为实然与应然标准

该戒烟的一个可能说明是,因为吸烟会造成伤害身体健康的差异,为了保护健康,所以应该戒烟。之所以应该少开车,是因为开车会增加空气污染;为了减少空气污染,因此应该少开车。

本讲参考文献

1. 比如说:依中文语言惯习,应该说"你好吗?"而非"你好呢?"。惯习规范性之中文介绍,参见陈冠廷:《Social Conventions: From Language to Law (by Andrei Marmor)》,载《政治科学季评》2017 年第 56 期。

2. 关于背景条件、差异制造事实对于因果推论的重要性,参见张永健:《法实证研究——原理、方法与应用》,新学林出版股份有限公司 2019 年版,第 45—112 页。

3. 2012 年时,1991 年诺贝尔经济学奖得主 Coase 教授,与王宁教授,出版合著书 How China Became Capitalist。笔者读完后,在 2013 年的《法律与社会科学》第 12 辑中简短地评论这本书。之后,法律与发展领域的专家 Frank Upham 教授,以中国、日本、英美等国的发展为例,主张正式的财产权制度,并非发展的必要条件。See Frank K. Upham, *The Great Property Fallacy: Theory, Reality, and Growth in Developing Countries*, Cambridge University Press, 2018, pp. 83-105. 笔者对此论点的反思,see Yun-chien Chang, "Property Rights: (Probabilistically) Necessary or Sufficient for Economic Development in China and Beyond?", 47 *L. & Soc. Inquiry* 727 (2022).

4. See Harold Demsetz, "Toward a Theory of Property Rights", *Am. Econ. Rev.* 57 (1967). 另参见桑本谦:《从冲突到和平:产权的起源》,载《中国法律评论》2020 年第 4 期。

5. 许可:《物债二分下的网络虚拟财产权——一个法律经济学的视角》,载

法经济分析：方法论20讲

《人大法律评论》2017 年第 1 期；许可：《网络虚拟财产物权定位的证立——一个后果论的进路》，载《政法论坛》2016 年第 5 期；包晓丽、熊丙万：《通讯录数据中的社会关系资本——数据要素产权配置的研究范式》，载《中国法律评论》2020 年第 2 期；Katharina Pistor, *The Code of Capital: How the Law Creates Wealth and Inequality*, Princeton University Press 2019, pp. 191-194.

6　苏永钦：《大民法典的理念与蓝图》，载《中外法学》2021 年第 1 期。

7　张永健：《物权的关系本质——基于德国民法概念体系的检讨》，载《中外法学》2020 年第 3 期。

8　See Saul Levmore, "Two Stories About the Evolution of Property Rights", *J. Legal Stud.* 31（2002）.

9　See Katrina Miriam Wyman, "From Fur to Fish: Reconsidering the Evolution of Private Property", *N. Y. U. L. Rev.* 80（2005）.

10　吴聪敏：《台湾经济四百年》，春山出版有限公司 2023 年版，第 37—43 页。

11　法学所提出的应然主张包括了法律规范应该如何制定、修正或适用的主张，这些应然主张可称为二阶的应然主张（second-order normative claim），它们有别于"应该采取何种行动"的一阶应然主张（first-order normative claim，例如"不应该在室内公共场所吸烟""某甲应对某乙负损害赔偿责任"）。为了简化讨论，本章将暂且忽略一阶与二阶应然主张的区分。另外值得注意的是，提出法律解释，既可以看作是二阶的应然主张（例如《刑法》第 95 条第 1 项的"使人肢体残废或者毁人容貌的"在解释上应该包括"砍断他人左手拇指、食指与中指"），同时也是在提出一阶的应然主张（"砍断他人拇指、食指与中指应处三年以上十年以下的有期徒刑"）。

12　文献常见的例子是：摩擦火柴（因）导致燃烧（果）。但这个因果陈述要成立需要一些背景条件：例如"空气中含氧""火柴盒是干燥的""火柴含有磷的成分""现场风速不会过大"等。如果这些条件不具备，则"摩擦火柴导致燃烧"这个因果陈述不会成立。但通常我们不会将空气含氧等条件称为"原因"，而称之为"背景条件"。

Economic Analysis of Law

第 6 讲

告别"有学说而无理论"的思维方式

第 7 讲
法经济分析是什么

第 6 讲

告别"有学说而无理论"的思维方式

6.1 补偿与赔偿:什么是刚刚好的金额?

6.2 附合:送你一条经济公式,好不好?

6.3 继承客体:哪些身外之物,可以留给子孙?

6.4 动产所有权善意取得:凭什么遗失物所有权人特别受呵护?

6.5 电商平台标错价:保护哪一群消费者?

6.6 重复保险:人身无价?

6.7 不履行合同义务:为何损失范围以能预见为限?

中文的法学专著与论文，有不少都犯了"有学说而无理论"的缺点。常见的写作范式，是一上来就比较泰西先进诸国，然后我国学说实务按肯否二说分别入列，最后作者自己选边站。肯定说、否定说，还有少不了的折中说，似乎各执一词，各有支持者。法律学子只得辛勤背诵学说，甚至背完本国法，还要背德国法。

具备了事前观点（第3讲）与行为理论（第4讲）后，法律学子就可以超越"来一个法律问题，背诵 N 个学说"此种以有涯追无涯的窘境，而改以"学一个理论，应付 N 个法律问题"这种事半功倍的法子。

理论是一套思维工具。上层理论覆盖所有的法律乃至于社会科学的研究范畴，中层理论跨越部门法，下层理论则在部门法内对具体的法律问题提出教义思考。好的大理论，可以从上层演绎到中层，一路推导到下层。好的理论，自我融贯、一以贯之，虽然视角一定有局限。掌握理论，就可以思考（而非背诵）法律问题的症结。好的法律分析，应该由理论出发，剖析不同学说的优劣，最后以理论范式下的方法权衡好坏后得出结论。

"学说"型的写作范式，对问题本身的分析往往支离破碎。为了维持比较法先行、本国法殿后，别人的肯定与否定未出，拙见不能表达的格式，同样的见解可能被割裂放在某外国法、某法院判决、某前辈学者意见中。而为了说服读者另一说不值得采取，其论证往往过于非黑即白、"隐善扬恶"。

反之，"理论"型的写作范式，同时也是思考范式。对问题的分析，源于理论，正文主轴是理论从上层到下层的开展，具体展示不同解决方案的良莠。在写作上，同意宋明理学开创者陆九渊的告诫"学苟知本，六经皆我注脚"——写作者理解外国法的实践与本国法的实践，并奠基在前辈学者的积累之上；但在下笔时，仍以理论为主轴贯穿全文，将他人成果放在理论分析的脉络中。

读者应切记，思索理论，而非背诵学说。年轻的论文写作者，莫忘以自己的理论推动论文的论述。唯有学界转而以理论为文论的核心，才能更轻易地跨越部门法的藩篱。唯有论者停止在部门法之内发展自身"特设"（ad hoc）的概念，而改以中层或上层理论论述，才容易找到贯穿不同部门法的秘笈。

以下以民商法中的数个法律争议，示范如何以经济分析理论思考。公法中的法律争议，同样也可以用经济分析理论思考。本书第13讲论述以成本收益分析取代比例原则，就是最佳展示。

6.1 补偿与赔偿：什么是刚刚好的金额？

甲毁坏乙的爱车，使该车之二手交易行情降低10万元，乙诉请甲赔偿损害。《民法典》第238条规定："侵害物权，造成权利人损害的，权利人可以依法请求损害赔偿，也可以依法请求承担其他民事责任。"请用法教义学的文义解释、体系解释、历史解释、目的解释方法，推导出法官应该判决甲赔偿多少钱。

类似这样的案件，每天在所有国家屡见不鲜。法官的判决是规范的判断，其所依据者乃法律或司法解释。而法教义学正是在

| 第 6 讲 | 告别"有学说而无理论"的思维方式

协助法官适用规范,作出规范判断的框架。在此,法教义学如何决定某甲应该赔偿 5 万元、10 万元还是 20 万元?

由于案件事实(如钣金凹陷、后视镜断裂)和法律规范所使用的概念(损害、赔偿)之间存有裂缝(Kluft),法官无法直接将事实涵摄到规范,而必须进行法律解释,使法律规范更为具体。所谓更为具体,是指产生抽象层次略低、操作性更高的解释。例如借由文义解释,可以得出前述条文的"损害赔偿",是指大于零元的金钱给付,因此排除了零元或甚至负的金额。借由体系解释,则可知损害赔偿是相对于补偿而言的,唯有对于违法行为才需要求损害赔偿。准此,法律条文中的"损害赔偿"四个字,通过解释,成为"针对违法行为给予之大于零元的金钱给付"。

但对于实际处理诉讼的法官而言,这样的法律解释有用,但远远不够。从大于零元到恒河沙数之间,有无限多个金额可以选。"针对违法行为给予之大于零元的金钱给付"和案件事实之间,存在的不只是裂缝,而是鸿沟。学者可以满足于作此种略进一步的法律解释,并卓有贡献;但法官没有这种奢侈。

历史解释呢?翻遍民法典立法资料,不一定能找到明确指引。

只剩下目的解释了。有没有车损赔偿多少钱才公平或正义的理论?此种理论如何推导出更具体的"损害赔偿"法律解释?侵权法的"损害填补原则",是公平、正义还是效率的理论?如果是公平、正义的理论,填平原则和其他民法原则如私法自治、合同自由、物权法定,关联何在?如何能用公平正义贯穿这些原则,乃至于具体规范?笔者衷心期待有公平正义的民法教义学出现,但目前仍在昂首企盼阶段。

法经济分析会如何开展法律解释?若存在教义学争论,则法

法经济分析：方法论20讲

经济分析可以推论人在不同学说下会采取的行为反应。解释者也可以发挥想象力，提出其他可能解释立场，并推测人的行为反应。例如，若解释者毫无头绪，可能会提出"车损一律赔偿1000元"的假想规范，并开始推论。但解释者应该很快就会发现，车价高于标准价格时，车主会过度防范；车价低于标准价格者，则可能暗暗祈祷甚至默默促成车损，以便赚一票。放弃此等立场后，解释者可能转而使用汽车损害时之市场行情作为基准点。但究竟应该使用汽车价格市场行情的100%，还是例如200%或50%？使用经济分析的解释者，同样可以设想在各种赔偿标准下，人的行为反应。如果发现某种解释给予行为人不良激励，就放弃该种法律解释立场。换言之，如前述，乙车之二手交易行情降低10万元。试想，若法律解释为损害赔偿乃市场价值减损之50%，会如何？再想，若法律解释为损害赔偿乃市场价值减损之200%，会如何？一律给予数倍的惩罚性赔偿，会造成什么激励？逐一思考这些假想解释的后果，使用行为理论推测人的反应，会发现市场价值减损的100%，作为赔偿标准，会使权利人或潜在权利人、受害者以及潜在受害者，获得最好的激励，不会乱停车、不会乱撞人、不会从事损人不利己的行为，等等。["乱"只是口语，更精确言之是"最适"（optimal）。] 此处当然是极为简化的说明，读者在法经济学教科书上可以获得更完整的分析步骤。

读者或许会认为，《民法典》第1184条规定："侵害他人财产的，财产损失按照损失发生时的市场价格或者其他合理方式计算"，可以直接引用，何必大费周章？《民法典》的后发优势，使《民法典》的解释者，不用如其他国家民法的解释者一样，从一般性的损害赔偿条款，推导出以市场价格100%为准的损害赔偿解释。再者，前述及相关的经济分析论理，也正可以作为第1184条

| 第 6 讲 | 告别"有学说而无理论"的思维方式

之理论基础。

6.2 附合：送你一条经济公式，好不好？

《民法典》第 322 条关于加工、附合、混合的规定，如何解释？德国注释书，就笔者所见，不是（顶多）仅以举出一两个实例之方式说明此概念，未能对此构成要件提出可以明确操作之标准；就是提出大可訾议的操作标准。但如果只有举例说明，没有具体的法律解释，就是告诉法律解释者：you know it when you see it。但这对法官没有指引功能。如果法律解释只是 you know it when you see it，那就没有教义学可言了。笔者曾提出明确的公式，说明解释者需考量的四个变量。[1]

6.3 继承客体：哪些身外之物，可以留给子孙？

《民法典》第 124 条第 2 款规定："自然人合法的私有财产，可以依法继承。"第 1122 条规定："遗产是自然人死亡时遗留的个人合法财产。依照法律规定或者根据其性质不得继承的遗产，不得继承。"何谓"根据其性质不得继承"，有许多学说[2]，笔者提出继承标的理论，更能跨越部门法，思考相关继承规范。[3]

继承标的理论之基本学理为：若法律关系或权利义务是以对特定人之信任或其人之特殊能力、技术为前提者，则此种法律关系或权利义务不继承。信任、能力、技术是可以贯穿各种法律关系或权利义务是否可以继承的一般理论。以信任、能力、技术贯穿继承标的问题乃是奠基于"多数的缺省规定理论"（majoritarian default rule）之思维，非单纯归类。[4] 而多数的缺省规定理论主张：多数的合同双方[5]（若有明确约定）会选择之交易条件，应作为合同法之缺省规定，以节省交易成本。在继承标的问题，法律关系或权利义务不能继承，（至少在意定法律关系中）合理性来自大多数交易者本就不希望继承，只是没有明文写在合同中。而如何能知道大多数交易者的偏好？除了做法实证研究之外，立法者、法律解释者必须要能以理论推断各种缺省规定给大多数交易者（可以用典型交易者来思考）带来的成本与收益，并假设交易者追求最大净收益。

将多数的缺省规定理论运用在法律关系是否继承的议题中，笔者更具体的理论主题是：当一方或双方具信任、能力、技术属性，交易双方会希望其法律关系随该方死亡而终止。即令继承的既有学说与笔者理论的结论相同，但以多数的缺省规定理论出发，将更能一贯地思考所有相关问题。此外，可否继承在大多数法律问题之规定，反映多数人之偏好，减低其交易成本；因此，若交易者以特约约定法律关系或衍生之权利、义务可以继承，除非有明确的政策考量禁止继承，否则应该尊重特约，容许继承。

具体而言，《民法典》第934条规定："委托人死亡……或者受托人死亡……委托合同终止；但是，当事人另有约定或者根据委托事务的性质不宜终止的除外。"委托合同会预设规定任一造当事人死亡就终止，是因为信任是双面的——委托人信任受托人，受托人亦需信任委托人。此外，《民法典》第934条乃缺省规定，允许当事人自行约定。

《民法典》第732条规定，容许亡者生前共同居住的人可按照

| 第6讲 | 告别"有学说而无理论"的思维方式

原租赁合同租赁该房屋,其意为:若亡者之亲人或其他亲戚未与其同住,即使该人乃第一顺位的继承人,亦不能依原租赁合同租赁该房屋。是故,租赁合同在承租人死亡时,仅于特定少数情形下能成为继承标的。此亦与信任有关,盖房东监管房客的成本甚高,因此房东无法完全仰赖合同规定的激励机制和惩罚机制,而须挑选信得过的房客。

绝大部分的继承争议,多涉及金钱给付请求权与义务,而笔者主张这些请求权和给付义务原则上皆可继承:因为给钱、付钱无关乎信任、能力、技术。此外,因《民法典》第1161条采继承有限责任,债务均从遗产支出,并不会对继承人造成不测之损害。

6.4 动产所有权善意取得:凭什么遗失物所有权人特别受呵护?

《民法典》第311条和第312条之界限乃系争物是否为遗失物。但为何要特别保护遗失物的原所有权人,并在物之无权处分并非导因于遗失时,比较保护买受人?限于篇幅,也留这个困难问题供读者先自行思索,在此不展开。请读者参考笔者其他论文。[6]

6.5 电商平台标错价:保护哪一群消费者?

2020年年末,苹果Apple Store出现了价格乌龙,原价1499元人民币的儿童积木被标成了149元人民币,引起大批网友疯狂抢购,大大"薅了一波羊毛"。在这些标错价的案例中,电商平台往往会拒绝出货，也因此引发了许多后续的法律争议。

多数法学者看待标错价事件时，大概都会直接讨论相关法条如何适用。比如购物网站上的标价是"要约"或"要约邀请"。[7] 若为要约，则消费者下单后，电商当然有出货义务；若为要约邀请，则不然。又或者，法学者可能会主张：即便是要约邀请，但电商不出货可能违反《消费者权益保护法》而无效，因为此种约定"对消费者不公平、不合理"。经济分析学者是否认为此种约定不公平合理呢？

如果消费者可以用很少的探知成本就清楚知道"这就是标错价"[8]，则将购物网站标价看作要约邀请，而厂商在标错价时不出货，就不算不公平、不合理。但若因技术进步，使厂商防免标错价的成本很低时，那么还将购物网站标价看成要约邀请，而容许厂商拒绝出货，就算不公平、不合理。

将购物网站的购买页面看成"要约"或"要约邀请"，两者隐含的商业风险，大不相同。若是要约，卖家就必须要投注更多的人力物力，以确保库存系统与库存物件数目和品项相同，库存系统又与网站信息相同。此外，公开电商平台上的价格、规格、其他条件等等，都必须精确，否则消费者一旦承诺即无反悔余地。即使信息完全正确，任何卖家的库存都有限，若刚好有多数消费者在不同地方同时下单，卖家就有库存不足风险。库存售罄，制造商可能已经停产，同业可能也销售一空。结果是，即便是内控100分的电商平台，仍可能背上违约责任。

信息工程技术进步，应该可以逐渐减少风险，但风险短期内应该不可能萎缩到零。甚至，风险永远不可能是零，因为风险并不全然是信息科技升级就可以解决，还必须要人不犯错（仓储管

第6讲 告别"有学说而无理论"的思维方式

理者没有漏刷二维码,或者库存被偷走就能立刻被发现)。最后,标错价只是其中一种商业风险,还有库存管理疏失,等等。但此类商业风险,都可以借由将购买页面定性成"要约邀请"来消弭。换言之,若网页标价被强制定性成要约,网络卖家不只是暴露在标错价之风险中,还有其他许许多多的经营环节的不(可能)完美造成之商业风险。

或有认为,若电商平台可以广知大众:只要能下单,保证出货,消费者不用担心浪费时间选购后落得一场空——此种豪气干云的做法可以吸引消费者,但有电商平台使出高风险、高获利的险招,不表示法院就要将所有电商平台的标价解释为要约。在市场竞争下,出险招的电商平台若真能长久获利,自然会吸引其他厂商跟进。法律体系只需要管控电商平台是否言行一致,不应强迫所有人采用齐一的经营策略。再者,电商平台似乎都没有采取此种险招。

相反地,若将电商平台之标价定性为要约邀请,卖家仍有激励要维持前述信息之正确性——主管机关与消保团体可能要求卖家依错误条件出货;信息不正确增加卖家自己内部管理成本;消费事件折损商誉。但是,卖家不需要雇用大量人力,反复检查前述信息。库存若有些微落差,在消费者要约后,卖家承诺前确认系争货品即可。若网页信息有误,也有最后更正之机会。两种定性相比,要约邀请更能使卖家压低销售成本。从每年互联网交易金额来推断成交量,再比较相关纠纷可知,标错价是极为罕见的孤立事件。标错价频率极低;就算发生,消费者的损失又很少(顶多是网络下单与冲去便利店付款的时间成本,而不涉及生命、身体之伤害)。若因此而强制所有电商平台将其标价定性为要约,那么所有的购物网站的成本都上升,结果是消费者只能用更高的价钱,买到同样的商品,以及换得利益极为微小、对多数正派消费者没有用处的"下单即出货"。[9]

总之,在定性下单是要约还是要约邀请时,如果有解释空间,则应该以解释后的效率判断来定性。如果在此没有解释空间,但法院必须解释格式化合同的做法(八九不离十全是要约邀请)是否"对消费者不公平、不合理"时,仍应该以解释后的效率判断来定性。

6.6 重复保险:人身无价?

《保险法》第56条规范重复保险,但位于财产保险合同节,因此不适用于人身保险。[10] 为何人身保险不适用重复保险的规定呢?一种主流看法是人的生命、身体无价,所以再多的赔偿金,都不会超过保险价值。但如果人身无价,侵权案件告上法院时,法院要判决加害人赔偿无限大的金额吗?显然不是。现实世界中的判决金额,甚至让人觉得有点"小气"。如果投保人A和保险人B约定了保险价值是1000万元,赔偿保险金是500万元;但投保人A又偷偷和保险人C、保险人D分别缔结保险合同,保险价值也都是1000万元,保险金也都是500万元。一旦保险事故发生,B、C、D支付A的保险金总额就超过了A、B、C、D都同意的保险价值。事发之后,人身保险的保险人能不能主张按比例承担责任?事发之前,为何法律不规定人身保险的投保人有主动通知义务?若A必须向C和D披露A、B间的保险合同,C和D可能就不会核保。而如果C和D不核保,可能A就不会借由"自残"来诈取保险金。此种"道德风险"(moral hazard)是所有保

| 第6讲 | 告别"有学说而无理论"的思维方式

险人最头疼的问题。若人身保险也适用重复保险的规定,则投保人比较没有自残的激励(钱太少、不划算),而保险人不用支付高额保险金或律师费用去和自残者缠斗,就能降低保险的行政费用,从而降低一般善良百姓的保险费。

6.7 不履行合同义务:为何损失范围以能预见为限?

《民法典》第584条规定:"当事人一方不履行合同义务或者履行合同义务不符合约定,造成对方损失的,损失赔偿额应当相当于因违约所造成的损失,包括合同履行后可以获得的利益;但是,不得超过违约一方订立合同时预见到或者应当预见到的因违约可能造成的损失。"文献大都指出此条文乃"完全补偿原则"之体现[11];然而,若以完全补偿为原则,那为何损失范围要加上主观方式(可预见)的限制,而不采客观方式界定?以违约方可预见(foreseeable)的损失为界,有何经济道理?此问题留给读者思考!

> Ian Ayres & Robert Gertner 的经典论文提出了"惩罚性缺省规则"(penalty default rule)理论[12],主张缺省规则应该制定为对较多信息的一方不利,迫使信息多的一方,向信息少的一方披露,使合同更有效率。他们举的一个例子是:《美国统一商法典》(Uniform Commercial Code)规定若合同未明示交易的"数量",则法院将认为合同无执行力(unenforceable),这等于是说"法律的缺省规则是交易数量

为零"！但显然交易双方不会花费交易成本去订立交易数量为零的合同，所以此规定是惩罚性缺省规则，使交易双方自己缔约解决问题，也在缔约过程中披露交易意图。Ayres & Gertner 另外以知名英国判例 Hadley v. Baxendale 案为例，认为该案所揭示的"不可预见的间接损害（unforeseeable consequential damages）不予赔偿"的规则有效率，因为此规则迫使有高额间接损害的一方向另一方披露信息，一方面使前者必须因而支出较高的合同价格作为代价；另一方面使后者能对有高额潜在危险的标的，付出较多的防范成本。所以，Hadley 案的原则，也是惩罚性缺省规则。

多数人的缺省规则（majoritarian default rule）理论（也就是立法者应制定符合多数人偏好的规则）与惩罚性缺省规则理论，是笔者几乎每篇论文必引的理论，因为对于思考民商法规则的内容该如何取舍，非常重要！

本讲参考文献

1　详细论证，请读者参见张永健：《法经济分析——基本立场与教义应用》，载苏力主编，李晟：《法律书评（第 13 辑）》，北京大学出版社 2020 年版，第 6—8 页。

2　对此大多是以有无人身"专属性"此一特性为判断，如：杨立新：《〈中华人民共和国民法典〉条文精释与实案全析（下）》，中国人民大学出版

第6讲 告别"有学说而无理论"的思维方式

社2020年版,第193页;黄薇:《中华人民共和国民法典继承编释义》,法律出版社2020年版,第17页。有学说之论述较为细致,以财产性及个人性(或称私有性)论之,如:陈甦、谢鸿飞:《民法典评注:继承编》,中国法制出版社2020年版,第18—20页;黄薇:《中华人民共和国民法典继承编解读》,中国法制出版社2020年版,第16—17页。又有学者除上述二条件外,另加上流转性,如:杨立新:《中国民法典释评:继承编》,中国人民大学出版社2020年版,第31页。

3 对继承客体的完整分析,参见张永健:《社科民法释义学》,新学林出版股份有限公司2020年版,第279—337页;张永健:《继承标的之一般理论——〈民法典〉第1122条的法经济分析》,载《中外法商评论》2021年第1期。

4 本书依循多数的文献,将 default rule 翻译成缺省规则。桑本谦认为默认规则是较好的翻译。参见桑本谦:《缺省规则与法律背后的合约》,载《现代法学》2020年第5期。笔者偏好使用"预设规则"。

5 此处所谓之多数,自然是指法律所影响之法域内的多数缔约人。在参考外国立法例来制定合同法缺省规定时,必须注意他国的商业习惯等与本国不同,两个法域中各自的多数缔约人可能采取不同的合约安排。必要时,应做法实证研究以确定多数交易者之偏好。

6 完整分析,参见张永健,同注3,第223—278页。另参见熊丙万:《中国财产法的经济分析》,载《人大法律评论》2017年第1期。

7 薛军:《电子合同成立问题探析》,载《法律适用》2021年第3期。

8 当然,显不合理的低价也可能是电商刻意"刷单"。参见李荐、李志刚、李宇、纪海龙、张谷、叶林、宁红丽、熊丙万、朱亚男、薛军、吕来明、朱虎、王文胜:《电商刷单与合同效力》,载《人民司法》2019年第31期。

9 张永健,同注3,第339—372页。

10 相关讨论,参见:温世扬、黄军:《复保险法律问题研析》,载《法商研究》2001年第4期;韩长印:《中间型定额保险的契约危险问题:中间型保险重复投保引出的话题》,载《中外法学》2015年第1期。

11 如：朱广新、谢鸿飞：《民法典评注：合同编通则》，中国法制出版社2020年版，第390页；黄薇：《中华人民共和国民法典合同编释义》，法律出版社2020年版，第281—282页；龙卫球：《中华人民共和国民法典合同编释义（上册）》，中国法制出版社2020年版，第332页；最高人民法院民法典贯彻实施工作领导小组：《中华人民共和国民法典合同编理解与适用》，人民法院出版社2020年版，第764页。

12 Ian Ayres and Robert Gertner, "Filling Gaps in Incomplete Contracts: An Economic Theory of Default Rules", *Yale L. J.* 99 (1989).

总　　论

Economic Analysis of Law

| 第 7 讲 |

法经济分析是什么

| 第 8 讲 |
法经济分析不是什么

第7讲

法经济分析是什么

7.1 五种实然主张

7.2 三种应然主张

本讲开始是本书的总论，有必要重新破题一次，说明法经济分析是什么。下一讲则说明法经济分析不是什么。正面、反面立论，让读者更了解法经济分析的范畴。在 Lewis A. Kornhauser 于 2022 年为 *Stanford Encyclopedia of Philosophy* 写的法经济分析词条中，归纳了法经济分析文献中常见的八种主张；前五种主张是实然主张，后三种主张是应然主张。[1] 这八种主张是不少文献曾采取者，但并非要八种主张都接受，才是法经济分析。以下逐一说明 Kornhauser 所整理出的八种立场，并说明本书采取的主张。

> Lewis Kornhauser 教授在 NYU 法学院已经任教超过四十年。我在 NYU 念 LLM 的上学期，修了他两学分的"法社会学专题"，读经济学"以外"的各种社会科学文献。课程重得不得了，例如：第三周的指定读物包括 Bronisław Malinowski 的人类学经典名著 *Crime and Custom in Savage Society*，一本超过 100 页的书；此外，那一周还要选读 H. L. A. Hart《法律的概念》、Pierre Bourdieu 的一篇论文、Michel Foucault 的一篇文章、Kornhauser 自己的一篇文章。而这门课只占我 13 学分中的 2 学分，让我读得死去活来。

法经济分析：方法论20讲

Kornhauser教授在课堂上曾说，他是先获得经济学博士学位，才念法学JD。在法学院第一周课程中，他惊骇于授课教师不断改变其行为理论——先是隐然假设人理性不犯错，然后立刻隐然假设人受各种偏见误导——而不自知。这番话，我日后每次发言、下笔为文前，都再三复诵。

LLM的下学期，我修了他3学分的"法经济分析"。自认为法经济分析已经很有功力的我，每周都学到新观念。他的期末考题目非常烧脑。我的NYU博士论文指导老师Vicki Been也是NYU毕业，早我十几年修了同一门课。她的评论是：从写期末考答案中学到的，甚至比课堂上听讲还多。我深有同感；此生也从来没有在其他课程写过这样醍醐灌顶的考题。

在研讨会上，Kornhauser教授并不多话，通常也只会问一个问题，讲者答完也不追问。每次和他一同参与工作坊，我总是万分期待他提问（我自己报告时除外，因为非常忐忑；总要他问完了才松一口气，深庆安全下庄）。他的问题都非常简单，乍听下很浅、很基本，好像大家在研讨微积分，他却问为何$1+1=2$。但等他问完，身为旁观者我都常满身是汗：哎呀，这个根本问题没解决，讨论进阶问题也只是竹篮打水一场空。直指核心，真乃宗师风范。

第 7 讲　法经济分析是什么

JSD 毕业前一年，我旁听了 Kornhauser 一门专题研讨课，每周阅读一章他融合了深厚哲学与法经济学功底的专书草稿。十年过去，始终不见专书出版。2019 年我回 NYU 客座教学一学期，问他进度。他说："我后来不喜欢书稿内容，所以还无法出版。"但是，原始的构想竟然被翻译成法文而出版：*L'Analyse économique du droit：Fondements juridiques de l'analyse économique du droit*，2017 年面世。

在纽约大学念博士时，师友有一次奔走相告：Kornhauser 教授的研究室，跃登室内设计杂志！我偶尔会去找他请益，但他的研究室纷乱无比，我几乎无处可站；然而他总是能迅速找到需要的文件或书籍。Kornhauser 教授的学术成就被任何报章杂志报道，我都不意外，但室内设计？取来杂志一观，是一张研究室的跨页照片，景象一如寻常，标题是：optimal chaos（最适混沌）。

7.1　五种实然主张

▶ 主张一：普通法的法律规则诱发有效率的行为。

本书不采主张一，因为本书分析的是民商制定法，并非美国普通法。而本书第 18 讲认为，未排除恶意的添附，可能诱发无效率的行为。

法经济分析：方法论20讲

✓ **本书主张一：制定法的法律规则，若未审慎设计，可能诱发无效率的行为。**

➢ 主张二：效率标准决定了法律的内容。（也就是，实际上立法者依据效率标准而制定法律。）

本书不采主张二。虽然笔者推测，民商法的立法者并非毫不考虑效率，但笔者不认为民商法的立法者只由效率观点就决定了民商法的规范内容。或者说，本书采取弱版的主张二：效率标准有时决定了部分法律的内容。本书也可以采取某种弱版的主张一，但此种主张说了跟没说一样，还是要看具体法律规范的分析结果，才知道当事人行为是否有效率，或系争规范是否由效率决定。

✓ **本书主张二：立法者仅有时依据效率标准而制定法律。**

➢ 主张三：效率合理化、解释了目前的法律规范与法律制度。（也就是，既有的法律都有出于效率之理由。）

奠基于本书与笔者其他研究，本书会**有限度地在民商法领域内采取主张三**，这也是经济分析一以贯之的解释力所在。民商法立法者可能想的是公平正义，可能想的是效率，也可能想的是利益团体的游说内容。但民商法的规范，常常可以用效率解释。效率不是只有一种答案，有时殊途同归，两种不同规范都有效率。不过，有时歧路亡羊，所以不是所有的民商法规范都有效率。本

第 7 讲 法经济分析是什么

书之所以只能"有限度地"采取主张三,就是因为有些民商法规范,确实降低效率。

更进一步言之,如何能说,对民商法的规范内容,法经济分析有一以贯之的解释力?首先,整体而言,法经济分析能解释既有法律规范的内容;但在个别规则层次,法经济分析不总是能解释每一个法原则(doctrine)。如上所言,立法者如果不只考虑效率,甚至有时明白采用与效率不合、但符合其他价值的规定,法经济分析自然无法解释此种规定。

经济分析在实然面对法律规范内容整体而言"一以贯之"的解释力,源自立法者有意或无意地考虑了效率的价值,或者明白考虑了效率以外的价值,而该价值与效率得出相同结论。只要这两种情形占立法考量的大多数,则使用经济分析自然就能很大程度解释现行法的规范,如本书诸多章节所例示。

即使经济分析发现,现行法并非最有效率的选项,也不当然表示立法者没有考虑效率,或反对效率,而可能是法律制定后的社会条件变迁,使最有效率的选项随之更换。或者,立法者想要追求效率,但因为训练不足而没有得出最佳设计。又或者,如本书强调,效率不是非黑即白,而是一道光谱。现行法可能在光谱上很接近可行的最有效率选项,法经济分析学者的批评,是求全之毁,希望能将法律修正为最有效率的样貌。"并非最有效率"不应该被和"最无效率"画上等号。

法经济分析：方法论20讲

此外，经济分析"一以贯之"的解释力，也指使用此方法者，可以一致地使用同一种方法，探究部门法中（乃至于整个法律体系）的绝大部分——甚至所有——规范，无论是作为实然的解释工具，或应然的立场。经济分析以外的其他方法论，有些在少数部门法、少数问题中能大展身手，但在其他领域没有洞见；有些内容空泛，无从指引使用者思考，也可能使用者可以打着该方法论的旗号，掩盖其遂行个人直觉的主观判断。

  ✓ **本书主张三：效率解释了大多数民商法的规范内容。**

  ➢ 主张四：经济理性解释了个人会如何应对法律规范与法律制度。

本书采取主张四，这是经济分析提供的行为理论对法学研究最大的贡献与启示所在，参见本书第4讲。经济分析不能100%解释人的行为。没有社会科学理论可以永远正确预测人的行为（除非吾人是依据程式行动的克隆人……）。新古典法经济学的行为理论有时而穷之处，正是行为法经济学（behavrioal law and economics）、社会规范理论（social norm theory）等其他社会科学的行为理论大展身手之处。对于经济理性能在多大程度解释个人的行为，笔者保持开放态度——哪一种行为理论最能描述、预测人的行为，就应该采取之。

  ✓ **本书主张四：经济理性很大程度解释了个人会如何应对法律规范与法律制度。**

| 第 7 讲 | 法经济分析是什么

> 主张五：官员与私人的经济理性行动，解释了法律规范的内容与法律制度的架构。

笔者采取主张五，但本书并没有探讨法律规范如何制定——这是政治经济学（political economy）、实证政治理论（positive political theory）、公共选择理论（public choice theory）的内容（第 1 讲）[2]——所以本书没有使用主张五。使用此种政治学与其他社会科学交叉的方法，可以丰富法律人对法律规范——法教义学者念兹在兹的解释对象——生产过程的理解。了解了生产过程，就会知道何以效率或其他一阶价值，不总是立法者的优先考量。而此种政治理论冷静但或许略带"愤青"（cynical）的解释，会让法律人进一步反省：如果法律是如此这般制定出来的，谨守文义、探究立法原意真的就能达到民主法治社会追求的终极价值吗？多多思考实然的法律规范生产过程，反而吊诡地帮助吾人思考应然的议题：客观目的解释不考虑立法者之主观目的，是否应该有更多权重呢？本书无法处理这个权力分立的大哉问。

✓ **本书主张五：本书不处理民商法规范如何产生的议题。**但笔者认为，人的经济理性行动，很大程度解释了法律规范的内容与法律制度的架构。

7.2 三种应然主张

> 主张六：法官应该借由判案提升效率。

本书采取修正式的主张六：在判案时，法官应该追求效率及其他"一阶价值"例如差距不是过大的所得分配（一阶价值的概念参见本书第10讲）。效率是重要的价值，而非可有可无。

✓ **本书主张六：效率是法官应该追求的一种价值，但非唯一价值。**

> 主张七：效率是评价法律规范与法律制度的主要标准。

本书采取修正式的主张七，因为一阶价值不只包括效率，而当一阶价值冲突时，必须以二阶方法权衡。

✓ **本书主张七：效率是评价法律规范与法律制度的一种重要标准。**

> 主张八：政策决定者应该设计法律规范与法律制度以提升效率。

本书采取修正式的主张八。更多关于主张六到主张八的论证，参见本书第10讲以下之相关内容。因为笔者的专长是法经济分析，因此本书只会论述法官与政策决定者追求效率的法律解释方

第7讲 法经济分析是什么

式,并解释如何以效率评价法律规范。

✓ **本书主张八:政策决定者应该设计法律规范与法律制度以提升效率及其他一阶价值。**

提到法经济分析,绝大多数人先想到 Judge Richard Posner——不管是支持者,还是反对者。30余年的法官生涯中,他是判决被引用最多次的美国联邦上诉法院法官;同一时间,他的学术论文总引用次数也最高。这样的产量,是兼任教授所为,真叫天下专任教授情何以堪。他的教科书大大扩展了法经济分析的边界;他的判决用白话文,少有注脚,但包含的是上乘的经济思想,成为案例书选读的宠儿;他的专著与论文,不畏遍地烽火,似乎总是挑最困难的题目、最难打的对手单挑。

这样的论战策略使他名满天下,成为法经济分析的代表人物。或许也因此,在中文世界有一种误解,认为 Judge Posner 就是法经济分析,法经济分析就是 Judge Posner,所以只要驳倒了他(一个)论点,就砍倒了法经济分析。这当然是误解,但对 Judge Posner 而言,或许此种误解是最高级的致敬。

这样下笔如刀、笑傲江湖的人物,我总是想象,他本人会是何种人物。第一次在纽约大学听他演讲,我震撼了。眼前这位轻声细语的老人,竟是武林第一高手?当然,读过金庸的人,都知道扫地僧的武功才是最强的,更何况是名满江湖的扫地僧。虽然他慢条斯理,但拳拳到肉。不过,听他演讲,终究没有读他文章来得畅快淋漓。

法经济分析：方法论20讲

　　我在芝加哥大学客座时，旁听一门他和 William Landes、Lee Epstein 合开的法官行为工作坊，也因此有幸和他们以及另一位善用法经济分析的法官 Frank Easterbrook 吃过几顿晚饭。席间，他完全没有文章中的犀利，甚至显得害羞，对别人的调侃显得不知所措，只能默默吃着自己最爱的法国菜。

　　第二次听 Judge Posner 演讲，也是我在纽约大学攻读硕士的那一年。纽约大学法学院的期刊 *Annual Survey of American Law* 决定将第63卷题献给法理学大家、纽约大学法学院镇院之宝 Ronald Dworkin。2006年4月18日，在学校热闹举办题献仪式。现场冠盖云集，撰文回顾 Dworkin 一生巨大贡献的同事、门生、追随者齐聚一堂，连番发言。Dworkin 之高徒、当代的法理学大师 Jeremy Waldron 也当众宣布将跳槽到纽约大学法学院。现场的气氛十分欢快，直到 Judge Posner 登场。Posner 和 Dworkin 在无数场合、许多议题上针锋相对，但 Dworkin 在这种场合却坚持邀请这位法理学世界中的"伏地魔"发言。Posner 说他像是"受邀来花园派对的臭鼬"（an invited skunk at a garden party）[3]，但在客气几句话之后，仍然不改本色批判 Dworkin 的思想。

　　在那一刻，我好像了解了美国法学蓬勃兴盛的原因。

▽
▽

本讲参考文献

1　　*See* Lewis A. Kornhauser, "The Economic Analysis of Law", in Edward

第 7 讲 法经济分析是什么

　　N. Zalta, *The Stanford Encyclopedia of Philosophy*（线上发表：https：//plato.stanford.edu/entries/legal-econanalysis/；参见章节 1.2）。

2　Yun-chien Chang, "The Evolution of Property Law in Taiwan：An Unconventional Interest Group Story", in Yun-chien Chang et al, *Private Law：Economic and Legal Analyses*, Cambridge University Press 2016, p. 212.

3　*See* Richard A. Posner, "Tribute to Ronald Dworkin and a Note on Pragmatic Adjudication", *NYU Ann. Survey Am. L.* 63 (2007).

Economic Analysis of Law

第 8 讲
法经济分析不是什么

→
| 第 9 讲 |
效率：经济分析的实然标准

第 8 讲

法经济分析不是什么

8.1 不是无视权利的效用主义

8.2 不主张只追求效率

8.3 不是只追求可量化的价值

8.4 不是只对研究美国法有用

8.5 不是立法者的专利、司法者的禁地

8.6 不但不伤害，反而促进法治

第7讲探讨了法经济分析的八种可能主张，并指出本书所赞同的立场。本讲则要讨论法经济分析不是什么。这一讲的工作比上一讲更艰巨，因为对法经济分析的误解，千奇百怪（德国知名民法学者如 Canaris、Stürner 的误解方式就让笔者大开眼界[1]）。本讲只能回应数种常见的误解。

有些文论指出经济分析并非万能，对何种所得分配较为公平插不上话。这是当然。没有万能的理论。有些文论指出经济分析有时而穷、没有解释力的情形。这是当然。没有万能的理论，重点是经济分析的竞争者是否更有解释力。在盲人的国度中，独眼龙就能称王。

8.1 不是无视权利的效用主义

法经济分析的批评者往往指出：法经济分析是效用主义（Utilitarianism），并接着一股脑地将各种效用主义的可能缺点都倒在法经济分析头上。效用主义哲学经常被批评为忽视个人权利，甚而抵触人性尊严；也有批评者主张，效用主义所追求的效用（utility）最适化，必须设想一种"货币价值"来进行评估与衡量，但并非万事万物皆能套用此般形式。[2] 在此番批判下，效用主义往往被看作一种"坏"理论、一个脏词。因此，在概念、构造、起源上等同或相类于效用主义的法经济分析，往往也就被一些论者弃如敝屣。而或许正因如此，许多的法经济分析论者也尝试着与效用主义"划清界限"。[3]

的确,当代的经济学确实可以被看成某种效用主义的延伸。[4]就此而言,结合了经济学方法入法学的法经济分析,确实也会具有效用主义的"基础"。[5]但更贴切的说法,应该是法经济分析、效用主义都以"结果主义"(consequentialism)的方式思考:以行为或政策的后果出发,进而要求检验何种行为与政策能达成"最好"后果。**法经济分析绝对是结果主义,但效用主义只是结果主义的一种可能形式而已。**

Richard Posner 以"财富"(wealth)或如 Kaplow & Shavell 等福利经济学者以"福利"(welfare)作为衡量结果的标准(而非直接使用"效用"衡量),论者仍认为其理论必须以某种效用主义作为支撑[6],或认为是某种效用主义的变体。[7]就此而言,为避免效用主义所受到的批评而一刀两断划清界限的做法,或许也不见得总能成功,甚而可能徒生更多争议。

结果主义与义务论的争鸣,是道德政治哲学的圣杯问题,笔者没有能力处理,也不适合本书处理。

对法学的整体刻画就如同描绘大教堂一般,而不论是出自正义或是出于经济分析所看到的,不啻都是此一宏伟教堂的一景。因此,论者企图以"贴标签"的方式直接否定法经济分析的做法,大可不必。更严谨且更富整体性的做法,或许是在具体的部门法领域或特定的问题当中,一方面思考法经济分析的论证是否自洽,一方面指出经济分析之论述所忽视者为何;并思索如何以更为融贯的方式加以协调或整合,使得"大教堂"的景致更为宏伟与立体。

| 第 8 讲 | 法经济分析不是什么

1972 年时，Guido Calabresi & Douglas Melamed 发表了一篇经典论述，文章的副标题是 *One View of the Cathedral*[8]（本书翻译为"大教堂一景"）。这个比喻来自法国印象派画家 Claude Monet 每天不同时间、不同天候去观察并点描法国的 Rouen 大教堂，虽然对象同一，但画作幅幅不同。Calabresi & Melamed 谦称，他们的分析架构，只是法学分析方法的一种。法经济分析也只是法学分析的一种面向。绝大多数的法经济分析学者，包括笔者，并未主张法经济分析是法学方法的全部，效率也不是法学家唯一需要考量的价值。然而，法经济分析是重要的分析工具，而效率在大陆法系国家中被过度忽略。运用法经济分析之研究，在大陆法系国家常被质疑忽略了公平、正义等价值。但若一篇论文、一本专著中，混合了经济分析、正义论、女性主义等方法，就像是从印象派变成立体派（Cubism）。立体派画家对教堂的处理，大不相同。例如立体派的创始人之一 Albert Gleizes 于 1912 年所绘之 *Chartres Cathedral*，就像是将多次观察 Chartres 大教堂所得之感官印象一次全部画在帆布上（这或可称为"大教堂多景"）。虽然画家、艺评家可以欣赏立体派的革命手法，一般大众却难得其门而入。对一般习画者，要"画得像"，比画得很立体派，来得容易。

退万步言，纵使经济学是彻头彻尾的效用主义，也别忘了当代效用主义有多种流派与主张，论者无法凭边沁的一两句格言就否定经济学。况且，当法经济分析学者立基于法学，使用经济分析时，也有进一步反思与调整。

所以，法经济分析不重视权利吗？笔者的共同作者、物权法经济分析巨擘 Henry Smith 曾在 *Law and Economics: Realism or Democracy* 一文中指出，法经济学往往不太尊重既定的法律秩序（preexisting legal baselines）——Smith 教授所指的应该是第二代的法经济学者（第 20 讲），而非第一代、第三代的法经济分析学者——这使法经济学有"边沁味"。[9] 或许也正是这种"边沁味"让法律人往往会略感存疑。在论文中，Smith 教授仅在指出，法经济学者不太重视既有的法学原理原则。但在哲学系任教的本务论学者也可能不清楚实定法权利的细节，而径自开展其权利论述。Smith 教授领导的"新私法学"（第 20 讲）就是在倡议在既定权利分配的框架上，结合社会科学，作更深刻的讨论。这不会使经济分析自废武功，完全无法批判既有的权利分配——就如同本务论或其他应然取径，也不会只能顶礼膜拜既有的权利分派。

本书举了非常多法经济分析的实例，读者可以自己评断，法经济分析是否无视于既有权利。本书在第 13 讲探讨比例原则时，以成本收益分析方法，找寻最能达成基本权保护的政策，但同时也没有忽略其他没有被权利化的价值、利益。法经济分析对于是否要为所有类型或特定类型的基本权，增加分析权重，无法置喙。法经济分析的应然主张仅是，所有类型的社会收益和社会成本都应该纳入考量。

8.2 不主张只追求效率

如本书第 10 讲详论，法经济分析认为，"经济效率"（economic efficiency）是重要的价值，但仅是法律追求的**其中一种**

第 8 讲 法经济分析不是什么

价值。基于学术分工，经济分析文论会专注说明如何达成效率。但这不表示经济分析学者不在乎别的价值。

法律可以、也往往追求其他价值。追求多重价值的法律体系，往往会面临忠孝不能两全、鱼与熊掌不可得兼的困境。此时，就必须有本书第 11 讲称为"后设方法"的理论工具，取舍得失。比例原则是一种后设方法，德国公法学的基本权价值序列也是一种后设方法。《孟子·告子上》的知名论述中，孟子在鱼和熊掌间选了后者；在生与义之间，选择后者。但孟子虽然阐述了为何要"舍生取义"，但其论述无法一般化。在面对生命和仁、爱、信等其他价值发生冲突时，后学无法借由孟子的论理得出（孟子如果被问会回答的）答案。

> 《孟子·告子上》"鱼，我所欲也，熊掌，亦我所欲也，二者不可得兼，舍鱼而取熊掌者也。生，亦我所欲也，义，亦我所欲也，二者不可得兼，舍生而取义者也。生亦我所欲，所欲有甚于生者，故不为苟得也；死亦我所恶，所恶有甚于死者，故患有所不辟也。如使人之所欲莫甚于生，则凡可以得生者，何不用也？使人之所恶莫甚于死者，则凡可以辟患者，何不为也？"

8.3 不是只追求可量化的价值

效率就是权衡比较成本与收益。成本就是坏处，收益就是好处。把各种好处与坏处转化为同样的尺度（例如量化为金钱或量化为效用），是让自己的思维更受规范、能被检验，也不容易被偏见一下影响全局。但法律解释者、政策决定者可以只列出好处与坏处，若有价值虽然难以转化为某一尺度，但仍能为总好处与总坏处排序，则实施总好处高于总坏处的政策，而不实施弊大于利的政策，仍增进效率。[10]

此外，Kaplow & Shavell 指出，经济分析方法的批评者，往往指责经济分析方法，忽略了难以量化的因素。然而，其他替代之分析方法，则往往连可以量化的因素都完全没有考虑。[11]

8.4 不是只对研究美国法有用

许多法经济分析学者，大概都听过如下的说法或其变体："我国法制因袭大陆法系，经济分析乃美国人发明的玩意儿，怎么可以把英美法的方法，套用到大陆法系的体系法典中？"

如果说因为经济分析兴起于美国，就当然不能用来解释《民法典》，那一般法律学子大概也不用读 H. L. A. Hart 的《法律的概念》或 Ronald Dworkin 的法学理论了。欧洲法经济学会成立已逾三十载，比美国法经济学会还年长；亚洲法经济学会也已经迈入第二个十年。以德文、法文撰写，分析德国、法国民法的法经济学专著也有数本。经济分析作为普世可用的分析工具，应该不成问题。

的确，法经济分析于 20 世纪后半发祥于美国，并迅速发展成为彼邦主流之"法学方法"，但在德国以及包括英国在内的欧洲法学界，经济分析并未如同在美国一般大行其道。[12]然而，美国与

第8讲 法经济分析不是什么

德国的法学思维会有如此分歧的发展,不能简化为英美法与欧陆法的差异(同属普通法系的英国,法经济分析就不如美国盛行,甚至远较德国逊色),而是由法律制度与文化、法学教育与学术社群以及法律思想史等其他背景因素所造成,在此无法一一详述。[13] 毋庸讳言,经济分析不是德国主流的法学方法,对于经济分析方法在法学的应用,德国(或德语系)法学界也多半持保留或质疑的态度;因此,在主要继受德国法的中文法学界,法经济分析之处于边缘地位,乃至留美的经济分析学者与留德为主的法教义学者之间罕有交流对话,似乎也不足为奇。

即便如此,以下两点仍请注意,以免误会:

第一,虽然经济分析在德语法学界未居主流,其发展也不如美国昌盛,但这并不代表法经济分析的研究在德语世界不受重视或处于低度发展状态。相反地,德国、奥地利、瑞士不仅都有法经济分析的专门研究机构,德语的法经济分析教科书、专著、论文、判决评释也早已汗牛充栋,甚至有不少被译为英文,只是中文世界少有引介而已。

第二,德语世界仍有不少学者,或在其方法论著作中,或以论文甚至专著来讨论法经济分析在法教义学中的地位及运用可能;尽管篇幅长短与接受程度不一,但这明白显示了,德语法学界并未忽视经济分析与法学方法的关联,只是这些论述在中文法学界未受足够重视而已。[14]

当然,以上所言都只是表象的回应。上述论者真正深层的质疑,应该是:以解释普通法起家、茁壮的法经济分析理论,要如何运用在社经条件、文化底蕴、立法方式都不同的其他国家?本书用经济分析研究中国民商法,是具体回应。以下是更抽象的

法经济分析：方法论20讲

论述：

法经济分析奠基在人性的普世假设（而非对"美国人"的民族性的特殊假设），**以及对成本与收益的关注上**（传统法学则往往用本质类似的词汇，如：法益、利益、权利、侵害，探讨相同问题[15]）。经济分析与大陆法给人格格不入之感，往往是因为忽略了经济分析是"条件式的论述"（第1讲），而其局限条件，不总是为人注意。美国学者撰写的经济分析理论，预设读者是美国法律人，普通法、联邦制、陪审团、律师收取后酬、民事诉讼和解率很高、信托非常兴盛等法制运作实况，有时藏在背景中，是未明白申论的隐形条件。而引进美国经济分析理论者，若未考量预设背景的不同，硬把美国理论（甚至美国学者的结论）套到本土研究，自然水土不服。这不表示经济分析对美国以外的国家没用，只表示研究者不能只敲锣打鼓迎来老美的研究结论，却忘却了明的、暗的论述条件。

法经济分析学者，若要说服尚未"信仰"的法学同道，必然要承担辛苦的转化工作，把既有经济分析理论的潜藏条件挖出来，重新打磨、抛光、加料，再送进本土法域的炉火中锻炼，才能拿出艳惊全场的论据。法经济分析学者不能只当进口商、总代理，而要兼营创新的学术加值。

学术创作毕竟还是有不同于工商业贸易、生产之处，中文法学界不是永远都要困在法经济分析理论的下游供应链。与美国不同的历史经验、法律架构、制度环境，正好可以让中文法学界的法经济分析学者，在自己的土壤，测试美国法经济分析理论的极限。假以时日，有机会借由华人法制经验，修正、扩展、拓深法经济分析理论，进而成为法经济分析理论的顶尖生产者、出口商。

第8讲 法经济分析不是什么

再者,两大法系的物权法看似有天壤之别,其实两者差异只在"风格"(style),而不在"架构"(structure)。[16]换言之,两种传统中使用的不同名词,但其实面对一样的问题。举例而言,美国法中没有和"所有物返还请求权"直接对应的名词,中文法学概念难以精确转译美国法中的 trespass(越界)或 nuisance(扰邻)。然而,这表示美国的所有权人东西被抢了,不能请求法院判决抢匪返还其物?或表示上海的所有权人碰到邻居排放黑烟时无计可施?当然不是。任何成熟的物权法都必须面对邻居间的纠纷和乱入的强盗,但不同物权法使用不同的名词和概念体系处理这些普适问题。

笔者于本书以及若干其他著作中所援引或讨论者,皆是民商法的基本问题,笔者的论点并未局限在特定国家。但为了不让论述发散,或流于空谈,笔者的分析以《民法典》条文为主。相信读者阅毕本书,应该会被说服:经济分析当然可以用来分析大陆法系民法!

复次,经济分析可以用来解释大陆法系的法律,不表示经济分析要全面取代大陆法系珍视的法学方法。本书并不反对"法教义学"。事实上,笔者也很难想象没有法教义学的法学能在法学界发挥多少现实影响力。法教义学所建构的文义与体系解释方法、发现并填补法律漏洞之论证模式等,是法律人的基本功。但光蹲马步,恐怕成不了武学大师。目的解释必然要结合"外于法教义学"的理论,它可以是保障人性尊严的道德理论,或者追求效率极大的经济分析理论。换言之,**法教义学只是法律人不能不会的"术",却不是法律人寻求灵感、改变社会、解决问题的"道"。经济分析当然不是"唯一"的研究工具,但应该是研究民商法的重要取径。本书所提倡者,乃结合法教义学与经济分析的"社科**

法教义学"(第11讲)、"新私法学"(第20讲)。

　　最后,回到一开始的论题:为何中文世界的法律人都认为自己是大陆法系的一分子,传统所谓的大陆法系国家,包括德国、法国、日本、意大利等与我亲近,而英国、美国八竿子打不着?笔者花了八年的时间,了解并编码世界上156个法域的物权法规范内容。用2018年时各法域物权法规范内容,计算彼此相似程度后,严谨地画出真正的法系树枝图[17](2020年《民法典》出台后,又更新了中国物权法的数据,不过对研究结论没有影响)。笔者发现,中国物权法规范内容,固然与德国甚为接近,但离美国不远,法国、意大利等许多大陆法系国家,却与中国物权法甚远。所谓的"大陆法系"是否是以偏概全的说法?或者,"大陆法系"只是在狭窄的意义上有用的概念,但却被滥用、误用?笔者和三位学者合作的论文,检验所谓"英美普通法""德式大陆法""法式大陆法""北欧式大陆法"的分类,是否有助于解释各国的物权法、竞争法的规范内容差异。结果发现,同一法系的两个国家,相对于不同法系的两个国家,虽然物权法内容会稍微比较像,但竞争法内容没有比较像。[18]换言之,法系不总是能帮助法律人找到法规范内容上的"亲戚"。即使在物权法,法系区分尚非完全无用,但认为"德式大陆法""法式大陆法""北欧式大陆法"国家的规范内容必然彼此比较相近,而与"英美普通法"有异,则或属路径相依之见,并无实证证据支持。

　　最终,吾人必须思考,所谓借镜外国法,只是单纯模仿立法技术,还是因袭价值判断?比较法研究的意义,是观察外国立法、法律解释的结果(对人的行为的影响),还是觉得先进国家的法制内容放诸四海皆准?经济分析作为理论工具,是由哪一国人发明或发扬光大,都不会影响其抽象理论价值。有差异的是适用的情境,以及因应情境得出的结论。只要操作经济分析者,有"接地气",切合着本土的法律规范与背景条件,操作着兴盛于美国的经济分析方法,何患之有?

8.5 不是立法者的专利、司法者的禁地

有人认为,虽然效率是值得追求的法律目的,但实现效率,是立法者而非司法者的工作。法官的工作是在立法者的拘束下适用解释法律,而非代替立法者作出政策决定。[19]

此一见解可分两个层次回应。其一,所谓"法官受立法者拘束",指的主要是受制定法文义与立法者意思之拘束。但在文义模糊开放具有多种解释可能,立法者意思不明确或难以探知,乃至可能进行法律续造的情况,法官都不可避免会有一定程度的决策选择余地。在此,法律解释或续造的结果都会产生一项实证法所未明定的规范,从而解释论与立法论难以截然二分。若认为效率是值得追求的立法目标,则当法官居于补充立法者的地位,选择效率导向的法律解释或续造,似乎也无可厚非。

其二,立法者的政策决定往往要权衡多种价值,评估不同选项的机会成本。而在法律适用包含评价要素的前提下,法官适用和解释法律,也经常必须解决目的冲突与进行价值衡量。如前所述,若要追求相竞合价值或目的整体之最适化实现,仍必须诉诸二阶效率的思维方式。就此而言,司法衡量与立法者的价值权衡,在方法上并无本质不同;其差别或许只在于前者有较大制度框架的局限,而后者价值选项范围更为广阔。

也有认为，法官可以运用经济分析进行法律解释与续造，但实际操作甚为困难：经济分析的运用需要一些事实层面的经验知识，包括结果预测与成本收益的估算。即便法官能掌握效率判准，也可能欠缺相关经验知识，特别是在辩论主义的民事诉讼程序中，法官基本上受限于当事人所提之证据资料，而未必能依职权调查获得运用经济分析所需的经验数据。[20]

关于此种见解，涉及经济分析与民事诉讼交错之议题，在此无法深论，仅能简要回应如下：本书同意在当事人主义的民事诉讼体系下，法官不当然应该径自调查证据以践行经济分析。但若当事人知晓法官将比较防范成本与损害概率乘以损失金额的高低，来判断被告是否有过失或可归责，则为求胜诉之当事人，将有激励提出相关之事实资料，在法庭辩论后，供法官形成心证之参考。[21] 毋宁，如果认为法官应该作经济分析，则自然可以设计出帮助法官作良好经济分析的诉讼制度。学界的工作不是看扁或唱衰法官，而是指引法官如何作良好的经济分析。

8.6 不但不伤害，反而促进法治

法治（rule of law）是许多应然法学理论所追求的境界。追求法治会和使用经济分析相互扞格吗？如果答案为是，许多法律人或许会对使用经济分析踟蹰不前。如果答案为否，追求法治不应成为反对经济分析的借口。

法治的定义为何，可以有许多种阐释方式。John Rawls 在其经典之作《正义论》（A Theory of Justice）中，列出四种内涵：法律所要求或禁止的行为须有"期待可能性"；相类似的案件应为相

第 8 讲 法经济分析不是什么

似之处理;法律之内容必须公开;法院必须能适当、一致地处理纠纷。读起来正气凛然,应该也很少有法律人会不同意。

那法经济分析的开山祖师 Richard Posner 会怎么说?Richard Posner 认为,经济分析完全同意,甚至更能阐释这四种内涵。[22] 第一,对经济分析而言,法律着重于改变行为人的激励、行为;若法律所要求者没有期待可能性,自然无法改变人的行为,成为无效法律。第二,"类案类判[23]"意味着法律、判决必然有理性的架构、彼此一致的内容,而如前所论,经济分析正是一套完整、严谨、推论步骤公开的分析架构,可以让立法者、适用法律者不会前后矛盾——法院若有自打嘴巴之处,监督者也可以借由公开透明的推论步骤,快速发现其论理失据处。从一致的分析方法,才能导出一致的判决结果。第三,法律必须公开,自属当然。人民不知的法律,无从改变激励与行为。未公开的法律,法律效果再严重,人民也"不可能"知道,进而遵守。第四,法院必须以适当的法律程序,处理纠纷。这和上述几点都异曲同工——若法院的判决结果让人猜不透,人民(及其律师)自然不知道法律到底是什么(若无权占有他人房屋,有时要返还,有时不用返还,但法院说理语焉不详,则到底无权占有是否侵害他人财产权,就属不明确)。而法院不用适当的程序、详实的说理服人,行为人关注的就不是己身的行为是否合法(因为无从判断),而会转向影响法官的个案判断,例如行贿、与法官建立友好关系,等等。

经济分析理论搭配量化法实证研究,让研究者、监督司法者有更有力的证据,了解法院,进而改革其不足之处。而对法官自己,"下判决"不总是从头到尾、论理清明之过程。法官以经济分析研究的他山之石,反思自己的判决行为,可以让自己变成更好的法官——判决更一致、更做到同案同判,从而达到法治。

法经济分析:方法论20讲

▽
▽

本讲参考文献

1 对此误解之描述与批评,参见张崧纶:《傲慢与偏见——传统民法学与法经济学》,载《人大法律评论》2017年第1期。

2 〔美〕迈克尔·桑德尔:《公正:该如何做是好?》,朱慧玲译,中信出版社2010年版,第41、46页。

3 See, e. g. , Hans-Bernd Schäfer & Claus Ott, *The Economic Analysis of Civil Law*, Edward Elgar 2004, pp. 35-36; Richard A. Posner, *The Economics of Justice*, Harvard University Press 1983, p. 78. Richard Posner可谓是在这方面费了最大功夫的法经济学者。对Richard Posner的爬梳,请参见法经济分析明日之星蒋侃学的硕士论文:《论法律经济学之方法论预设——以Coase与Posner的争论为核心》,2014年台湾大学法律学研究所硕士论文,第48—68页。

4 See Jonathan Riley, "Utilitarianism and Economic Theory", in Steven N. Durlauf and Lawrence E. Blume, *The New Palgrave Dictionary of Economics*, Palgrave Macmillan 2008. DOI: https://doi.org/10.1057/978-1-349-95121-5_2052-1(认为经济学理论既未超出效用主义,也似乎没有清楚的理由显现其应当超出效用主义)。

5 See Kristoffel Grechenig and Martin Gelter, "The Transatlantic Divergence in Legal Thought: American Law and Economics Vs. German Doctrinalism", *Hastings Int'l & Comp. L. Rev.* 31 (2008).

6 See Daniel A. Farber, "What (If Anything) Can Economics Say about Equity", *Mich. L. Rev* 101 (2003)(指出Kaplow和Shavell的福利论述仍需以效用主义为基础)。

7 Brian H. Bix, *A Dictionary of Legal Theory*, Oxford University Press 2004, p. 214.

第8讲 法经济分析不是什么

8　See Guido Calabresi and A. Douglas Melamed, "Property Rules, Liability Rules, and Inalienability: One View of the Cathedral", *Harv. L. Rev.* 85 (1972). 对 Calabresi 思想的重要反省, see Henry E. Smith, "Complexity and the Cathedral: Making Law and Economics More Calabresian", *Eur. J. L. & Econ.* 48 (2019).

9　Henry E. Smith, "Law and Economics: Realism or Democracy?", *Harv. J. L. & Pub. Pol'y* 32 (2009).

10　戴昕:《法学需要什么样的理论?》,载苏永钦教授七秩祝寿论文集编辑委员会:《法学的想象(第四卷):社科法学——苏永钦教授七秩华诞祝寿论文集》,元照出版公司2022年版,第334—351页。

11　See Louis Kaplow and Steven Shavell, *Fairness versus Welfare*, Harvard University Press 2002, p. 454.

12　关于德国接受法经济学的困难,可见 Christian Kirchner, "The Difficult Reception of Law and Economics in Germany", *Int'l. Rev. L. & Econ.* 11 (1991); 德语世界在19世纪末20世纪初也曾有经济分析思想的萌芽,可惜未受到重视也没有得到进一步发展,见 Kristoffel Grechenig & Martin Gelter, "Divergenz Evolution des Rechtsdenkens-Von amerikanischer Rechtsökonomie und deutscher Dogmatik", *RabelsZ* 72 (2008), S. 513 (540 ff.)

13　对此详见 Kristoffel Grechenig & Martin Gelter, "Divergenz Evolution des Rechtsdenkens-Von amerikanischer Rechtsökonomie und deutscher Dogmatik", *RabelsZ* 72 (2008), S. 513-561。根据这两位奥地利学者的看法,迄19世纪后半,美国与德国的主流法学思维——前者是以 Langdell 为代表的 classical legal thought,后者则是概念法学 (Begriffsjurisprudenz)——其实非常类似,他们认为,造成分道扬镳的主因是美国法律现实主义 (American Legal Realism) 的兴起,以及效益论 (Utilitarianism) 的思维方式在美国法学界被广泛接受。两位作者的英文版论述, see Grechenig and Gelter, supra note 5. See also Nuno Garoupa and Thomas S. Ulen, "The Market for Legal Innovation: Law

法经济分析：方法论20讲

and Economics in Europe and the United States", *Ala. L. Rev.* 59 (2008)（主张美国有兴盛的法经济学，但欧洲没有，原因是美国的法学院面临激烈的资源竞争，而高度竞争的环境比较容易鼓励创新，法经济学就是其中一项创新产品）。

14 德国方法论的新近讨论，已渐承认经济分析方法有一席之地，对此请特别参见 Frank Laudenklos, "Methode und Zivilrecht in der ökonomischen Analyse des Rechts", in: Joachim Rückert & Ralf Seinecke (Hrsg.), *Methodik des Zivilrechts-von Savigny bis Teubner*, 3. Aufl., 2017, S. 471 (484 ff.)（该文讨论了四种关于法学接受经济分析的批评——有碍法学自主性、导致不确定性、歧视经济弱势、损益衡量会损及法伦理文化，并一一回应或反驳，但因与经济分析和法学方法如何结合无直接相关，故在此不赘）；Christian Kirchner, "Methodik für die judiative Rechtsfortbildung im Zivilrecht: die institutionellenökonomische Perspektive", in: Joachim Rückert & Ralf Seinecke (Hrsg.), *Methodik des Zivilrechts-von Savigny bis Teubner*, 3. Aufl., 2017, S. 489 (489 ff.)（该文从制度经济学观点，阐述经济分析如何与传统法学方法相结合以运用于民法的法律续造）。

15 一方面，这表示经济分析和传统法学的方法差异没有这么巨大。另一方面，传统法学批评经济分析，但又拥抱本质类似的方法，可谓立场不一。最典型的例子，就是论者拥抱比例原则，但批判经济分析（本书第13讲）。

16 *See* Yun-chien Chang and Henry E. Smith, "An Economic Analysis of Civil versus Common Law Property", *Notre Dame L. Rev.* 88 (2012). 此文已被翻译为中文，参见 Yun-chien Chang、Henry E. Smith:《大陆法系与普通法系财产的经济分析》，载《南京大学法律评论》2019 年春季期。

17 张永健:《中国民法典物权编在世界物权法的位置——量化比较法路径》，载《环球法律评论》2019 年第 1 期；Yun-chien Chang et al., "Drawing the Legal Family Tree: An Empirical Comparative Study of 170

| 第 8 讲 | 法经济分析不是什么

Dimensions of Property Law in 129 Jurisdictions", *J. Legal Analysis* 13 (2021).

18 Anu Bradford et al., "Do Legal Origins Predict Legal Substance?", *J. L. & Econ.* 64 (2021).

19 此一批评可见 Horst Eidenmüller, Effizienz als Rechtsprinzip, 4. Aufl., 2015, S. 414 ff.; Eslami, Der Einfluss der Ökonomie auf die juristische Hermeneutik, in: Intra-und interdisziplinäre Einflüsse auf die Rechtsanwendung, 2017, S. 77 (88 f.).

20 关于此一批评，见 Eslami, a. a. O, S. 90 f.; Thomas M. J. Möllers, Juristische Methodenlehre, 2017, S. 184.

21 当然，有此激励之前提在于，预期胜诉所获得之收益大于举证之成本，若搜集事实数据之花费过高，自然无此激励，但这是诉讼成本收益分析的自然之理，并非法官运用经济分析所独有的问题。

22 See Richard A. Posner, *Economic Analysis of Law*, Aspen Publishers 2011, pp. 336-339.

23 类案类判的量化实证研究与反省，参见许可、张永健：《论民法典的统一实施：理论辩正与实证分析》，载《清华法学》2021 年第 5 期。

Economic Analysis of Law

| 第 9 讲 |

效率：经济分析的实然标准

→ | 第 10 讲 |
经济分析的应然价值

第 9 讲

效率：经济分析的实然标准

9.1 帕累托标准、卡尔多-希克斯标准

9.2 效率标准的两个使用层次

9.3 操作成本收益分析，隐含卡尔多-希克斯效率标准

    9.3.1 文献梳理与阐释

    9.3.2 操作卡尔多-希克斯效率标准太昂贵

    9.3.3 成本收益分析可行

    9.3.4 更有效率与最有效率

    9.3.5 增加或极大化社会财富

    9.3.6 成本收益分析的收益神隐？

    9.3.7 如果人也偏好所得平均

    9.3.8 立场小结

法经济分析的方法论教科书中，不可能不提帕累托标准、卡尔多-希克斯标准。但论文或专著以法经济分析为方法探讨具体问题时，却少有直接套用帕累托标准、卡尔多-希克斯标准者。本书第 1 讲和其他文献主张法经济分析的核心就是成本收益分析，但成本收益分析和帕累托标准、卡尔多-希克斯标准的关联是什么？本讲的核心问题就是：通过何种程序可以具体发现效率？效率是法经济分析的实然标准。比较两种法律解释、两种政策，可以衡量何者制造较高社会成本、带来较高社会收益。若其中之一的成本较低且收益较高（或者净收益较高），就是较有效率者。

9.1 帕累托标准、卡尔多-希克斯标准

帕累托标准（Pareto criterion）、卡尔多-希克斯标准（Kaldor-Hicks criterion）都比较两种状态（state of the world）；可以用两种法律解释来理解，所以首先是实然面的尺度。但是，文献上使用此两种标准，最终是为了评价两种状态孰优孰劣。以下比较这两种彼此竞争的标准。

在福利经济学（welfare economics）界定帕累托标准时，会使用类似如下之表述：对社会而言，A 世界比 B 世界更好，若每一个相关人士（以下以"公民"称之）认为，A 和 B 一样好或更好；而至少有一个人认为，A 比 B 好。[1] 对法经济分析学者，A 世界和 B 世界可以想成某个法律规定或法律解释相异，但其他法律

规范和社会条件都相同。什么是"更好",端视福利经济学理论如何界定福利。

帕累托标准包含几个概念：若行为或政策使一些人受益,却没有人因而受害,则称此行为或政策制造了"帕累托改善"(Pareto improvement);也可以说政策实施后比实施前"帕累托优越"(Pareto superior)。"帕累托最优"(Pareto optimality)状态,则是行为或政策即令可以使一人或多人受益,但有至少一人受害。可以想见,在法律、政策的解释、制定层面,几乎所有状态都是帕累托最优状态,因为总有人受害。

另一种标准,卡尔多-希克斯标准,有时被称为"潜在的帕累托标准"(potential Pareto criterion)。按照卡尔多-希克斯标准,只要从 A 世界变成 B 世界,受益者的总受益,高于受害者的总受害——而受益与受害都是以加总每个公民从 A 变 B 的福祉变化来计算——且受益者"有可能"补偿受害者,B 就比 A 好,不以确实有补偿为要件。若要依照较严格的帕累托效率标准,则必须(1)无人受害、有人受益,或(2)受害者、受益者皆有,但受益者确实补偿受害者之损失。[2] 卡尔多-希克斯标准只要求"有可能补偿",而非"必须补偿",是因为在每个法律、政策的解释或制定时都要作一轮补偿,可能耗费过多资源。而之所以仍要强调"有可能补偿",是因为如果政策其实降低社会财富,则赢家所得,根本不足以填补输家的损害,是"不可能补偿"。所以"有可能补偿"是在确保系争法律、政策整体而言增加社会财富。

仿造帕累托标准的语词逻辑,可以提出卡尔多-希克斯改善(Kaldor-Hicks improvement)、卡尔多-希克斯优越（Kaldor-Hicks superior)、卡尔多-希克斯最适（Kaldor-Hicks optimality）等表述

第 9 讲 效率：经济分析的实然标准

方式。

在福利经济学定义中，帕累托标准及卡尔多-希克斯标准与福利结合，于是福利成为相关人士判断 X 和 Y 哪一个较好、受益、受害的二阶标准（第 10 讲）。如果优劣的判断标准是效率（收益减去成本），则可称之为**帕累托效率标准、卡尔多-希克斯效率标准**。

在帕累托效率标准下，一个新政策较优的前提是，有些人获得更多净收益，但无人获得更少净收益。卡尔多-希克斯效率标准下，一个新政策较优的前提是，新政策产生的净收益总和，高于既有政策的净收益总和。如果在现行 X 法律下某甲获得 10 单位净收益，某乙获得 5 单位净收益，而在 Y 法律下某甲获得 20 单位净收益，某乙获得 4 单位净收益。按照帕累托效率标准，从 X 到 Y 使某乙所获的净收益减少，所以不支持 Y。按照卡尔多-希克斯效率标准，Y 法律的总净收益高于 X 法律的总净收益，应该支持 Y。

如果将福利作为二阶价值，包括了各种值得追求的一阶价值，如效率、平均所得分配（本书第 10 讲），则帕累托效率标准、卡尔多-希克斯效率标准所考虑的价值，都比帕累托福利标准、卡尔多-希克斯福利标准来得窄。符合帕累托效率标准的法律规范，不一定符合帕累托福利标准。

但注意，帕累托标准、卡尔多-希克斯标准作为论证形式，并非不带有任何价值。**帕累托标准坚持，任何人都不能受害，当然是应然立场。卡尔多-希克斯标准认为，净值最大才是王道，也是应然立场**。有些学说可能只在乎社会收益总量，不在乎社会成本；也可以在乎社会净收益的分布，而不那么在乎社会净收益的总量——这些学说采取的思维工具就不会是卡尔多-希克斯标准。

9.2 效率标准的两个使用层次

在法经济分析论述的行文中，经常混用帕累托效率标准、卡尔多-希克斯效率标准（以下常合称"两种效率标准"）的**两种层次：制度比较与变迁、规则个案操作**。制度比较与变迁层次，举例而言，是立法者考量是否要引入物权行为及无因性理论。引入物权行为、无因性牵连甚广，立法时会影响谁都难以界定，但可以肯定的是，从没有物权行为到有物权行为，从有因性到无因性，肯定有人受害。两种效率标准下的受益、受害，以个人为单位。帕累托效率之所以常被指称为无用，就是在制度比较与变迁层次，少有任何政策可能让无人受害。制定市场亟需、公示配套良好的新物权类型，例如2020年《民法典》增加居住权，是在制度比较与变迁层次，可能符合帕累托效率标准，但谁知道是否有包租公在原本的制度下会大赚一票，但在新制下无利可图？

至于无犯罪被害人的犯罪除罪化，是否会符合帕累托效率标准？这涉及两种效率标准是否考虑情感因素。若**不考虑**情感因素，则例如同性恋除罪化，可能符合帕累托效率标准。然而，两种效率标准是借由比较、加总每个个人从 A 状态到 B 状态的愿付价格而获致结论，而每个人的愿付价格会反映个人的主观偏好。因此，所谓情感因素会反映在主观偏好中。无被害人之犯罪行为的除罪化，可能符合卡尔多-希克斯效率标准，但仍不太可能符合帕累托效率标准。

又如，无论是从法律规定袋地通行要给付偿金，改到不用给付偿金；或者有反向的立法修改，都不会是帕累托效率改善，因

第 9 讲 效率：经济分析的实然标准

为必然有人因此利益受损。立法者甚至不可能在立法时就事先补偿袋地所有权人或其邻人，因为成本甚高，且袋地可以随时产生，赔不胜赔。卡尔多-希克斯效率标准则只要求总体的利益大于总体的损害，因此才可能用以支持某些政策、反对其他政策。

规则个案操作则看比较狭窄的范畴，因此帕累托效率标准有用武之地。例如：充分信息下合致的交易，一方通过买卖得到价金，另一方通过买卖得到某物，双方互蒙其利；所以从自愿交易前，到自愿交易后，只看交易双方的"福祉[3]"（well-being）变化（从"个案"来看），是帕累托改善。[4] 世上其他人因为不受是否有此交易之影响，所以即使纳入其福祉考量，也不影响帕累托改善的结论。

如果混用两种使用层次，就会出现以下近乎吊诡的陈述：问此时此刻的世界，是否在帕累托最优，答案为否，因为在回答问题的一刹那，各个角落又发生了无数交易，造成了帕累托改善。但如果问此时此刻的世界，立法者能否制定帕累托改善的政策，答案为非，因为总有人受害。

两种效率标准在法经济分析的重要应用，大都是在制度比较与变迁层次。一桩买卖本身固然是帕累托改善，但对合同法学者的重要问题是，应该制定哪些保护信息弱势方的强制规定、如何设计缺省规定。而无论规则内容为何，必然使某些人（例如信息强势方）受害。因此，帕累托效率标准顶多只能用来排除最差的政策选项，却不能用以选择最佳的政策选项（本书第 13 讲）。

新法、新法律解释不是帕累托优越，但不会有人认为，毋庸思考如何改善现状。也因此，卡尔多-希克斯效率标准成为法经济分析学者比较政策优劣的标准配备。**法经济分析文献中常常径以**

A 法比 B 法更有效率、A 情形比 B 情形更有效率，来描述从 A 到 B 是卡尔多-希克斯改善，及 B 相对于 A 是卡尔多-希克斯优越。

9.3 操作成本收益分析，隐含卡尔多-希克斯效率标准

提到法经济分析，几乎总是伴随着"成本收益分析"（cost-benefit analysis）一词（第13讲）；甚至美国的行政机关在进行规制前，都必须进行详尽的成本收益分析评估，但却不会提到两种效率标准。究竟，成本收益分析与两种效率标准，是何种关联？Judge Posner 倡议的财富极大，又是何种关联？法经济分析学者说"有效率""无效率"时，是在说什么？本节梳理最重要的文献，介绍抽象理论中的效率，也说明具体问题中实际的操作步骤，以及结合两者的途径。

9.3.1 文献梳理与阐释

不少文献将成本收益分析与卡尔多-希克斯效率标准画上等号。Adler 和 Eric Posner 则主张，成本收益分析和卡尔多-希克斯效率标准不同，因为前者使用金钱量度相关人士在两种世界、政策下的效用（utilities）变化，并加总每个人的金额；后者则不使用金钱量度。[5] Adler 教授在后来的独著中，强调成本收益分析是以金钱尺度量度个人福祉的变化，而其独著所提倡的社会福利函数（social welfare function）则否。成本收益分析只要求个人在两个不同的时点或政策下的福祉差异，可以比较并量度差异——也就是可以作"同一人内的比较"（intra-personal comparison），但 Adler

第9讲 效率：经济分析的实然标准

提倡的社会福利函数则必须比较并量度不同人的福祉差异——也就是可以作"人际比较"（inter-personal comparison）。[6]

上述文献的共同点，是操作成本收益分析必须要以金钱作为共同量度单位。一旦各种成本和收益都化为金钱，则加总计算、比较大小只是举手之劳。

若以金钱作为操作卡尔多-希克斯效率标准的共同量度单位，则操作卡尔多-希克斯效率标准就是在问每个公民的愿付价格（willingness to pay）与愿受价格（willingness to accept）。愿付价格与愿受价格量度了每个个人是偏好 A 法律还是 B 法律。个人偏好强度，决定了其愿付价格和愿受价格的高低。**此处之愿付价格、愿受价格所反映者，自然是个人的经济价值**，而非市场价格。具体言之，从 A 制度到 B 制度，如果公民 X_1 的愿付价格 P_1 是 100 元，表示 X_1 偏好 B 胜于 A，愿意支付 100 元的代价从 A 换轨到 B。如果公民 X_2 的愿受价格 P_2 是 80 元，表示 X_2 偏好 A 胜于 B，如果接受 80 元补偿才愿意从 A 换轨到 B。[7] 若不考虑法律制度对公民财富、市场价格的影响，也不考虑不同财富对愿付、愿受价格的影响，则愿付价格与愿受价格只是正负号的差异。[8] 亦即，上述描述也可以改写成公民 X_2 的愿"付"价格 P_2 是 −80 元。因此，以金钱作为操作卡尔多-希克斯效率标准的量度单位，也可以化约成每个公民的愿付价格的加总。

9.3.2 操作卡尔多-希克斯效率标准太昂贵

当严格操作卡尔多-希克斯效率标准时，某程度消弭或至少部分搁置了金钱化抽象价值的困难问题，因为卡尔多-希克斯效率标准就是逐一询问公民：你偏好既有的 A 法律还是考量中的 B 法律？

多偏好？选 A 或 B 由公民自己决定。认为"多偏好"以金钱量度的文献，就会将成本收益分析与卡尔多-希克斯效率标准同视。Adler & Posner 以金钱以外的尺度衡量"多偏好"，所以成本收益分析和卡尔多-希克斯效率标准不同。相对于社会福利函数，成本收益分析和卡尔多-希克斯效率标准都是在公民个人层次量度了偏好程度后，将每个公民的结论加总、比较，以探知究竟 A 或 B 哪个更受欢迎。而 Adler 个人倡议的社会福利函数，则有意消除特殊个人（例如财富特别多者）的过大影响。其函数可以想象成：从每个公民量度的金钱或其他尺度单位，都先开根号或取对数后，再加总。如此，则特殊个人的影响力就降低。

然而，在具体评估政策时，**卡尔多-希克斯效率标准和成本收益分析，必然不同**。具体言之，在思考是否由法律制度 A 转换为法律制度 B 时，如果要严格操作卡尔多-希克斯效率标准，而政策决定者全知全能，政策决定者会知道每个人 X_1、$X_2 \cdots X_n$ 偏好 A 还是 B，以及（换算成共同量度单位后）多偏好 A 或 B。假设共同量度单位是金钱，可以设想：偏好 B 的人认为，制度 A 转换成制度 B 是收益；偏好 A 的人认为，制度 A 转换成制度 B 是成本。把成本与收益金额分别加总后，若收益大于成本，转换成法律制度 B 就有效率；若小于，则转换没有效率。这就是成本收益分析与卡尔多-希克斯效率标准水乳交融适用。

但政策决定者、法经济分析学者、法官并非全知全能。政策决定者不可能知道个别公民 X_1、$X_2 \cdots X_n$ 偏好法律制度 A 还是 B。不但现有科技难以让此种"问卷"实现，就算日后科技不是问题，公民是否诚实回答仍然是永恒难题。因此，**直接操作卡尔多-希克斯效率标准几近不可能**。

| 第 9 讲 | 效率：经济分析的实然标准

以主观标准（经济价值、愿付价格等概念）量度收益，是否就必须作人际的主观收益比较？由以上说明可知，若使用 Adler 的社会福利函数，就必须作此比较。若使用成本收益分析、卡尔多-希克斯效率标准就无此必要，因为只需要每个个人比较自己在两种政策下的福祉，并将其福祉差异转换成以共同量度单位计算的愿付价格或愿受价格。人际比较是透过每个个人自己提出的共同量度值进行。因此，人际比较，并非由某个研究者依据自己的价值判断，认定每个人的福祉变多或变少，以及变化程度如何；而是依据公民自己认定的共同量度值而加总。

9.3.3 成本收益分析可行

实际上的效率分析，如本书第 14 讲以下所示，是举出法律制度 B 相对于法律制度 A 的成本与收益，并尝试比较其大小，也就是作成本收益分析。**即使成本与收益无法精确量化，只要能比较其整体大小，仍然可以做效率判断**。若其相对大小有争议，就必须做实证研究，及/或假设一些成本或收益的数值。此种（例如美国行政机关必须使用的）成本收益分析，可能（1）直接判断社会整体成本、收益，或者（2）将社会分群，探究各群人的成本、收益，再加总；或者（3）找寻有代表性的个人，探究其成本、收益。三种方法其实殊途同归，只是精准程度不同。越精准的方法，越昂贵。这些"逼近法"是在信息成本很高的世界中，逼近卡尔多-希克斯效率标准的次佳方法。

以上操作步骤看似根本与卡尔多-希克斯效率标准无关，但其实不然。成本收益分析直接比较法律制度 A 转换到法律制度 B 的总成本与总收益，而这些成本与收益终究是落在公民 X_1、$X_2 \cdots X_n$

头上。虽然政策决定者不知道哪位公民从 A 到 B 产生成本、哪位产生收益，但卡尔多-希克斯效率标准不要求全部人都没有成本，也不要求实际补偿，所以分配无关紧要。卡尔多-希克斯效率标准只需要知道，转换制度的社会总成本与社会总收益谁高。

毋宁，政策决定者操作成本收益分析时，只要其信息充分，使其可作成本、收益的不偏（unbiased）估计，而且没有因其私心而上下其手，则有没有直接询问公民的偏好不重要，因为如果法律制度从 A 转到 B 产生的净社会利益是 Y 元，公民 X_1、$X_2 \cdots X_n$ 的愿付价格 P_1、$P_2 \cdots P_n$ 加总会等于 Y 元。直接比较总社会成本与总社会收益的大小，甚至可以避免操作卡尔多-希克斯效率标准而必须询问公民愿付价格时的不诚实申报。因此，**使用成本收益分析，在以上条件下，内含了卡尔多-希克斯效率标准，并且具体可行。**

9.3.4 更有效率与最有效率

无论是直接操作社会层次的成本收益分析，或者是真的要操作卡尔多-希克斯效率标准，表面上只要求考虑收益和成本，并选择收益大于成本的政策；也就是，并没有要求选择社会净收益（社会总收益减去社会总成本）最大的政策。不过，**只要不断拿各种政策比较，并选择其中符合卡尔多-希克斯效率标准者（或成本收益分析中社会净收益较高者），则终究会选到净社会收益最大的政策。**

如果某新法之社会总收益小于社会总成本，则成本收益分析、卡尔多-希克斯效率标准的使用者，会称此情形为无效率，不会建议采用新法。如果 A 法律解释和 B 法律解释的社会总收益都大于其社会总（会计）成本[9]，但 A 法律解释的社会净收益较高，则称

第 9 讲 效率：经济分析的实然标准

B 法律解释无效率；并称 A 法律解释（较）有效率。A 法律解释不一定是最有效率的方案，但最有效率的方案可能还超乎想象、等待被发掘。本书探讨具体民商法问题，所提倡的法律解释不当然最有效率，但务求比既存其他法律解释更有效率。

本书认为世界上仍有无效率存在，这和张五常的制度经济学思想如何接轨？简言之，不同的局限条件会产出大小不同的"租值"（rent），或说租值消散（dissipation of rent）多寡不一。亦即，不同的制度，隐含不同的局限条件；不同的局限条件下，租值也不同。重点在找出现实可达、租值最大的制度。从低租值的制度转变到高租值的制度，只要改制成本不要高于制度转变带来的净收益，就可以用"较有效率"来形容"租值比较高的制度"。不同制度下的制度成本高低，或租值消散多寡，纵使无法用计量方法精准推估，至少可以在理论上辨明其相对大小。[10]

9.3.5　增加或极大化社会财富

Posner 法官知名的财富极大化（wealth maximization）标准，和以上概念的关系又是什么？财富极大化概念同样根源于卡尔多-希克斯标准，但使用价格作为财富的量度。[11] 凡是使用价格量度者，就容易受到经济理论家批评，后者主张用抽象的福祉概念量度受益与受损，因为价格本身受到法律制度、财富分配的影响，无法回过头来衡量法律制度的良莠。[12]

Posner 法官所说的财富，就是愿付价格与愿受价格。[13] 由此可知，这就是前述以金钱操作卡尔多-希克斯效率标准的取径。财富一词可以代换为"净愿付价格""净社会收益"。因此，财富极大化标准、成本收益分析、以金钱操作卡尔多-希克斯效率标准，是同一挂的，都以金钱（价格）作为计算效率的界面。与此相对的是社会福利函数、以福祉操作卡尔多-希克斯标准，都不以金钱（价格）作为尺度；其关心者也不仅止于效率（一阶价值），而是重视福利（二阶价值）。

但法律人一旦开始关注具体的政策设计，希望能提出证据以在立法程序中说服人民，就迫切渴望具体的、能量化的量度。福祉、福利作为数理模型中的变量，不影响经济理论家求解，但难以直接作为政策工具。因此，以财富极大化为标准，或者使用价格作成本收益分析，是现实世界中的次佳标准。因此，**本书以及笔者其他著作，仍会使用类似"不采用 A 政策，而改用 B 政策，可以增加（或极大化）社会财富"这样的描述，说明社会上每个人从 A 到 B 的愿付价格的总和为正——这表示改变的收益大于成本。**

财富极大化标准、以金钱操作卡尔多-希克斯效率标准，都是使用愿付价格量度偏好强度；只要公民的偏好超越了个人利害，愿付价格自然就会反映其他价值。只是，如下所述，实际政策决定中能操作的成本收益分析，无法反映其他一阶价值。

9.3.6 成本收益分析的收益神隐？

须强调者，阅读本书之后章节时，读者或许会觉得"成本"出现的频率很高，"收益"却有时神隐，因而质疑本书的成本收益分析不够周全。本书之回应是：

常论述成本，是因为政策决定者、学者比较能够掌握、理解、量度制度层次的交易成本与信息成本，并借由立法、修法、解释

第9讲 效率：经济分析的实然标准

法律，以降低制度成本。物权法中的法原则，诸如：登记生效、动产善意取得、不动产公信原则，会影响每一个物权人与潜在交易者的信息成本与交易成本。不同制度设计导致之制度成本，容易推断；因此，立法者、法官比较能推知其决策对成本面的影响。

反之，收益跟具体个案情境密不可分。例如：在 X_1 和 X_2 两人之间，X_1 较能利用甲地，但 X_2 较能利用乙地。又如：X_1 加工 X_2 之物，加工后究竟 X_1 还是 X_2 比较珍视系争物，也难以一概而论。但抽象规则的决策者如立法者，甚至具体个案的决策者如法官，往往不知道他们处理的系争土地是甲地还是乙地，原告（被告）是 X_1 还是 X_2。

所以不管是制定、适用或解释法律，决策者能做的往往是处理制度层次的成本问题；成本尽量压低之后，收益如何增加，就由后续的自愿交易完成。以本书第16讲讨论之袋地通行权为例，立法者可以大致推断，就邻地损害最小处之通行地而言，袋地所有权人比起邻地所有权人是较能利用资源者；但在必要程度以外的通行，立法者不知道哪一造的利益较高，就让双方自行协商交易。换言之，虽然看起来本书之分析较关照成本，但其目标仍是达到效率。[14]

此外，在侵权法与合同法的经济分析，也有此种比较关注成本的现象。侵权法的社会收益是过失侵权人与被侵权人行动的利益（如开车上班、走路上学），但不太常在讨论具体政策时正式出场。合同法的最高美德就是促使当事人在谈判力量均势、信息对等的情形下自愿交易，双方都能获得"剩余"（surplus）。但剩余有多少，很难量度。合同法经济分析只能说：自愿交易越多，社会收益越高，但往往很难评估是否该花大成本改变法律政策，因为不知道边际上增加的社会收益，是否高于边际上增加的政策支出。

9.3.7 如果人也偏好所得平均

以上使用成本收益分析的方式，仍有局限。详言之，以上操作成本收益分析，并且主张其与卡尔多-希克斯效率标准等价的论据，假设了人只在乎自身的得失损益，而没有把他人的得失损益（例如社会所得是否平均）纳入考量。在以上情境中，公民 X_1、$X_2 \cdots X_n$ 的愿付价格 P_1、$P_2 \cdots P_n$ 加总会等于 Y 元，而 P_1、$P_2 \cdots P_n$ 只反映了 X_1、$X_2 \cdots X_n$ 自己的损益。给定此单一的偏好，政策决定者只要量度 Y 是正是负就足矣。

但如果 P_1、$P_2 \cdots P_n$ 还反映了 X_1、$X_2 \cdots X_n$ 对自身以外的社会状态的偏好（例如：虽然从 A 制度到 B 制度会使 X_1 损失 10 元，但因为社会所得分配更平均，使 P_1 等于 +15 元），则只看 Y 的正负值，并没有完全反映公民的偏好。

换言之，政策决定者以成本收益分析方法，量度社会净利益 Y，只考虑了一阶效率。但如果公民无法区辨其对制度 A 与 B 的偏好多寡，多少基于个人利害（效率）、多少基于关心他人与社会的情怀，则卡尔多-希克斯效率标准变为自始不能操作的概念。英文文献中只有卡尔多-希克斯标准，而没有另外结合效率、福利以为限定，原因很可能就在于：公民只能给一个统包的偏好金额，而无法得出偏好金额的细项。亦即，卡尔多-希克斯标准，与二阶价值（如福利）结合才有意义。

至此，成本收益分析与卡尔多-希克斯标准就分家了。卡尔多

第 9 讲　效率：经济分析的实然标准

-希克斯标准问的是，全体个别公民偏好的价值（包括但不限于效率），加总后显示何种制度为佳。成本收益分析问的是，全体公民的受益与受害，加总后显示何种制度较有效率。**卡尔多-希克斯（福利）标准关怀面广于成本收益分析**。

而如果分析者关心的是社会福利，则成本收益分析的结论可能会有落差。但因为成本收益分析具体可行，因此成为论者所谓"务实"（pragmatic）的决策程序，不得不然的次佳选择。在系争政策不会造成严重的分配不均、不影响其他一阶价值时，成本收益分析尤其能逼近福利分析的结论。即令特定政策会造成分配不均，只要政策决定过程没有过度偏差，社群中人会轮流因为不同政策而受益、受害；长期来看，每个人都会获益。

本讲在一般意义上，反省了卡尔多-希克斯标准与成本收益分析的落差。但如第 10 讲所论，民法可以只承担增加效率的工作，将实现其他一阶价值、乃至于整体增加二阶价值的工作，交给特别法、所得税法。在此意义下，本书还是会在民法情境中使用卡尔多-希克斯效率标准，并以成本收益分析实际操作之。

9.3.8　立场小结

本书在制度比较与变迁层面的应然立场是：以卡尔多-希克斯效率标准，而非帕累托效率标准，作为政策、法律解释有无一阶效率的判准。具体操作时，则以成本收益分析，探究制度的不同总成本与总收益；此种操作方式，在特定条件下，内含了卡尔多-希克斯效率标准。

法经济分析：方法论20讲

▽
▽

本讲参考文献

1 *See* Lewis A. Kornhauser, "The Economic Analysis of Law", in Edward N. Zalta, *The Stanford Encyclopedia of Philosophy*（线上出版：https：//plato.stanford.edu/entries/legal-econanalysis/；参见章节6.2）.

2 Schäfer & Ott 并论证，假设有 P、Q 两个相同的国家，P 国采取帕累托效率标准，Q 国采取卡尔多－希克斯效率标准，长期来看，Q 国的社总财富较高，因为 P 国受制于帕累托效率标准，只能每个政策都实际补偿，或者放弃实施许多整体有益的政策。*See* Hans-Bernd Schäfer & Claus Ott, *The Economic Analysis of Civil Law*, Edward Elgar 2004, pp. 32-33.

3 个人的福祉加总后成为社会福利。

4 *See* Steven Shavell, *Foundations of Economic Analysis of Law*, Harvard University Press 2004, p. 293. 社会整体而言，纯看自愿交易，下一秒都比此时此刻更为帕累托优越，一直都有帕累托改善，而永远没有达到帕累托最优。这可谓合同自由的经济学基础。

5 *See* Matthew D. Adler and Eric A. Posner, *New Foundations of Cost-Benefit Analysis*, Harvard University Press 2006, pp. 13, 21.

6 *See* Matthew D. Adler, *Measuring Social Welfare：An Introduction*, Oxford University Press 2019, pp. 32-33.

7 为何愿付、愿受价格会有差异？Lee Anne Fennell, "The Problem of Resource Access", *Harv. L. Rev.* 126 (2013).

8 行为法经济学会强调有禀赋效应（endowment effect），使愿受价格高于愿付价格。

9 如果以机会成本（opportunity cost）思考 A 与 B 的抉择，则选择 A 的机会成本就是 B 的净收益。因为选了一种解释，系争法律就无法作另一种

第 9 讲 效率：经济分析的实然标准

解释。

10 更多讨论，参见张永健：《张五常〈经济解释〉对法律经济学方法论之启示》，载《交大法学》2015 年第 13 期。张五常认为，租值消散、交易费用、制度费用是三个不同的角度看社会费用，而各擅胜场。张五常：《经济解释全五卷之四：合约的一般理论》（第 4 版），花千树 2017 年版，第 75—76 页。

11 关于 Richard Posner 提出之"财富极大化"（wealth maximization）标准，see Richard A. Posner, *Economic Analysis of Law*, Aspen Publishers 1998, p. 14; Richard A. Posner, *Frontiers of Legal Theory*, Harvard University Press 2001, p. 98 ("Wealth is to be understood in this context not in strictly monetary terms but rather as the summation of all the valued objects, both tangible and intangible, in society, weighted by the prices they would command if they were to be traded in markets")。关于 Posner 何以用财富而非其他标准作为最大化的客体，参见蒋侃学：《论法律经济学之方法论预设——以 Coase 与 Posner 的争论为核心》，2014 年台湾大学法律学研究所硕士论文，第 48—68 页。

12 See Louis Kaplow and Steven Shavell, *Fairness versus Welfare*, Harvard University Press 2002, pp. 35-37（指出 wealth (maximization) is not a well-defined concept）。财富极大并不当然隐含主流个体经济学理论下的配置效率或生产效率，而后者也不当然隐含前者，see Lewis A. Kornhauser, "A Guide to the Perplexed Claims of Efficiency in the Law", *Hofstra L. Rev.* 8 (1980)。

13 See Richard A. Posner, *The Problems of Jurisprudence*, Harvard University Press 1990, p. 356.

14 而在笔者关于动产所有权善意取得、不动产物权时效取得的论述中，则有尝试判断哪一方的配置收益较高，参见本书第 6 讲；张永健：《社科民法释义学》，新学林出版股份有限公司 2020 年版，第 161—278 页。

Economic Analysis of Law

| 第 **10** 讲 |

经济分析的应然价值

| 第 11 讲 |
法经济教义学

第 10 讲
经济分析的应然价值

10.1 效率作为一阶价值

10.2 福利作为二阶价值

    10.2.1 Kaplow & Shavell 的福利论

    10.2.2 van Aaken 区分一阶与二阶效率

    10.2.3 本书主张

10.3 一阶、二阶，何者争议较大？

10.4 为何要区分一阶与二阶？

10.5 为何民商法可以只关注效率？

法经济分析有两个部分：实然、应然。[1] 法学者可以只相信经济分析的实然推论，但不接受应然价值。也可以相反，相信经济分析的应然价值，但不接受其实然推论。法经济分析的应然价值是法律必须追求"经济效率"[2]，简称"效率"。

本讲论证为何效率是应该追求的价值，并更进一步将法经济分析文献中常追求的目标区辨为效率与福利两种。效率是一阶价值，内涵纯粹，并不包括所有值得追求的价值。福利是二阶价值，是**其中一种**整合全部一阶价值的概念。如果社会大众（或立法者）已经众意咸同采取特定版本的福利概念作为社会最终应追求的价值，则所有法学分析应该都以福利分析开始、以福利分析结束。但没有任何社会已经变成此种一言堂。本书区分一阶价值与二阶价值，并且聚焦于探讨效率作为一阶价值的操作方式与重要性，在于无论社会采取何种二阶价值（甚至三阶价值），效率都会是其中一分子（这是本书的应然主张），但法学界对效率的认识太少。

本讲先介绍效率的概念，再详述福利的概念（福利包含但不限于效率），最后再论证在解释民商法一般规范（例如《民法典》）时，为何可以只关注效率，或主要关注效率。

10.1 效率作为一阶价值

效率是法律追求的**其中一种**"一阶价值"（first-order value）。

法经济分析：方法论20讲

本书不处理如何筛选作为法律追求的所有一阶价值。这是法律哲学、政治哲学的重要问题。

最抽象而言，效率作为跨部门法的价值，其内涵是：任何个人福祉的增加，是此价值的收益面；任何个人福祉增加的代价（包括花费金钱、某些人的福祉减少，等等），是此价值的成本面。由此定义可知，效率包括甚广。在公法领域，基本权通常会增加个人福祉，所以基本权更大程度地实现自然是收益，而基本权受到更多侵害自然是成本。法经济分析若作为尊重基本权的取径，基本权乃众意咸同时，给定其实现乃收益。但如第13讲所论，因为一项基本权的实现往往以牺牲另一项基本权为代价，所以法经济分析不会盲目地只看收益、不看成本。

但在公法领域，效率作为价值最具争议之处，也是某些论者批评法经济分析不尊重基本权之处，是考量了基本权之外而变动个人福祉之处。最容易理解的例子，就是效率会考虑预算。如果提升某项基本权的实践程度真的会"动摇国本"（例如花费十年总预算），则效率分析者必然会忧心忡忡、大声疾呼，要立法者三思。但只在乎基本权实现，而且对谈钱不屑一顾的论者，就不当然会考量此种基本权的成本。如第13讲所论，比例原则的分析框架，无法让两种政策的不同预算规模，总是被纳入考量。

在民商法领域中，基本权的色彩比较淡。虽然个人的商业活动、人际互动，也可以用财产权、合同自由、工作自由等公法权利的语汇来包装，但民商法学者通常不会这么做。但也因此，民商法中究竟追求何种价值，反而常常说不清楚。公司法中的企业要挣钱；被保险人希望意外造访时能有足够的银弹应付之后的困境；多数的专利人不只是享受发明的乐趣，而是靠发明养家活口。

第 10 讲 经济分析的应然价值

这些私利往往上不了公法基本权的台面，但仍然是个人福祉的一环，所以效率分析会纳入考量。

更直白地说，大多数老百姓念兹在兹要增加的（收入、盈余、红利）是效率价值的一环，千方百计逃避的（意外、亏钱）是效率价值的一环。这些收益和成本，关乎个人福祉变化，但没有基本权的光环加持。

虽然抽象而言效率的概念很单纯、包含很广，但不同部门法因为处理的纠纷、问题类型不同，因而考量不同的收益与成本。以刑法的故意犯罪为例，大多数人应该会认为，无论基于任何理由（如自由主义），加害人从犯罪行为中获得的"乐趣"不应该作为效率考量的一部分。而故意犯罪行为剩下的就是被害人生命、身体等基本权的减损，所以只有社会成本。因此，刑法经济分析的切入点，往往是在问，如何能用最小的成本降低最多的故意犯罪？如果废除死刑，改用其他自由刑，会增加还是减少故意犯罪的数量（还是没有差异）？此外，即使在民商法中，效率的具体操作定义都不相同。物权法涉及资源配置，但侵权法完全不加考虑（本书第 14 讲细说）。也因此，经济分析的抽象心法，可以跨部门法，但是具体的外家功夫并不能出入各部门法而无碍——习于思考侵权法问题的大家，分析物权法问题仍可能会有所疏漏。

10.2 福利作为二阶价值

效率不顾及个人福祉变化在人群中的分布。如果总是某些群体的个人福祉大大增加，而特定群体的个人福祉微微减少，加总到社会层面后仍可能有效率。均衡所得分配（income distribution）

或财富分配³，是另一个一阶价值。此种价值值得追求，但在理念上可以和效率分开。所得/财富分配（以下简称为所得分配），**有时（但不总是）**和追求效率的目标产生冲突。本书以"福利"（welfare）这个二阶价值（second-order value），囊括所有值得追求的一阶价值。因此讨论福利的概念，以及一阶与二阶价值如何区分、为何要区分。

"福利"（welfare），或"社会福利"（social welfare），是"个人福祉"（individual well-being）的总和。关于什么可以算入"个人福祉"，有三大流派：第一，个人主观偏好的满足就是个人福祉；第二，个人的主观快乐与痛苦才与个人福祉有关；第三，不同于前两种主观论，客观论认为福祉的界定要由客观而言可以增加个人福利的价值而定。⁴关于第一种流派，本章由下述 Kaplow & Shavell 对主流福利经济学（welfare economics）的说明，做更多阐释。第二种流派在法经济学内很少人采取，暂且略过。不少知名的道德哲学家如 John Finnis，则是客观论者。在法学中，保障宪法基本权的论述，也是一种客观论——无论当代的公民是否偏好某种（相反的）社会政策（例如同婚、种族歧视），政府、国会、法院都应该按照宪法规定的基本权内容，制定政策。采取客观论者，通常不会以福利作为终极价值的标签，而是使用如公平、正义等词汇。

本书着重于介绍主观论，原因是：法学读者较不熟悉主观论，比较熟悉客观论。介绍第一种主观论，因为这是和法经济分析方法论密切相关，且有方法论大家（Kaplow & Shavell）采用的理论。**但以本书目的而言，福利以主观或客观方式界定都不影响本章区分一阶、二阶的论述框架**，也不影响本章的弱主张——效率是一种价值——除非读者采取某种主观论，却有实证证据说明人其实不偏好效率；或者读者采取某种客观论，主张效率不在客观的福

| 第10讲 | 经济分析的应然价值

祉范畴中。

10.2.1 Kaplow & Shavell 的福利论

在法经济分析中，承继了长久的福利经济学传统，反思了相关哲学论述的重量级著作，是 Kaplow & Shavell 的巨著 *Fairness Versus Welfare*。

Kaplow & Shavell 说明：个人福祉包括个人的物质舒适、精神满足、无形价值——尤其值得强调者，个人福祉也包括所得分配——所得分配不均，会降低福利。只要个人**主观**认为有价值者，都包括于福祉。福利经济学作为应然面（normative）取径，认为每个人的福祉同等重要，因而不会出现效用怪兽。

福利作为二阶价值，考虑面广于效率，因为效率不考虑所得分配。[5] 福利和效率都是全然结果考量（consequentialist）的论证框架，而多数的公平（fairness）[6] 论述不是结果导向。公平论述通常采取事后观点，而福利经济学、经济分析采取事前观点，两者的立法论、解释论主张不同，往往导因于公平论述忽略了其主张对当事人以外者的影响。

但 Kaplow & Shavell 也承认，因为福祉是主观的，如果人的偏好包括特定的公平价值——例如：宁愿牺牲大多数人的物质条件，也要保障少数人的某种权利，以实现某种公平——则此种公平价值也被包括在福利的考量中。但是，也如 Kaplow & Shavell 所强调，人偏好何种价值是实证问题，并非学者说了算。福利经济学只关心大众实际偏好的价值。[7]

Kaplow & Shavell 的"激进"论点是：若"公平"（fairness）

· 203 ·

法经济分析：方法论20讲

取径的分析结论与福利经济学相同，则公平的考量就是多余；当公平的分析取径与福利经济学结论不同，则长期而言可能会造成**所有人**福祉降低，在应然面上不可取。Kaplow & Shavell 所定义的"公平"，有严谨但特殊的意涵，意思是指涉所有不以人的福祉为**全部依归**的应然论据。此种定义受到严厉批判。[8]

> Steve Shavell 和 Louis Kaplow 两位大师，长期任教于哈佛法学院。两人各自或共同撰写过的经典论文无数。他俩论述的最大特征就是题目很"大"，往往跨越部门法，具有一般性。他俩一人说话不疾不徐、声音低沉；一人发言就是像连珠炮、声音高亢。两人都是用数理方法建构法经济模型的代表人物。
>
> 笔者和戴昕教授合作了一篇中文论文、一篇英文论文，批评比例原则。中文论文在《中外法学》出版后，Kaplow 教授将两篇各数万字的长篇工作论文，放到 SSRN；后来，一篇发在《哈佛法学评论》，一篇发表在《宾州大学法学评论》（本书第 13 讲）。两篇论文都有批评到比例原则，但那只是论文几个具体例子之一。Kaplow 更一般性的论证是：凡是有阶层步骤的方法，先判断一个元素（如利益）是否符合某种标准，再判断另一个元素（如侵害）是否符合某种标准，都劣于直接作权衡（或谓成本收益分析）的方法。这是"一竿子打翻一船人"的大论述，而且一船人死得都不冤枉！而且用简单的、中学程度的数学，就展示了核心逻辑。我和戴昕的英文版文章虽然也发在最重要的宪法期刊 ICON，但格局、气魄和 Kaplow 比较还是相形见绌。

第10讲　经济分析的应然价值

笔者曾听受业于 Steve Shavell 的学生说，他决定是否下笔写论文的方式是：先思考法律问题本质，以数学模型推导证明，再以白话写出经济直觉。然后将经济直觉讲给他祖母听；如果祖母能听懂，就搜寻文献，看是否有人已经提出过一样的看法。若无，则可动笔为文。我听了直发愣，想 Shavell 的祖母一定不是简单人物，许多论文我要咀嚼再三，她竟然一听就懂！当然，这个名人小故事的启示，并不是祖母不够聪慧的人就输在起跑点，而是严谨推导和白话说理都很重要。再者，绝大多数学者应该都是先读文献寻找灵感，再从文献的空隙（gap）中寻求突破口。但这样的写作方式注定只能给人打下手。想成为大师级人物，就得"不受人惑"。

10.2.2　van Aaken 区分一阶与二阶效率

德国学者 Anne van Aaken 区分**一阶效率**（Effizienz erster Ordnung）与**二阶效率**（Effizienz zweiter Ordnung）。**所谓"一阶效率"乃是直接作为实质规范目的之效率。例如"配置效益减去制度成本后净值最大者"，就是物权法中在一阶层次使用的效率概念**（第14讲）。在法律解释中以效率作为目的解释之规范目标，通常就是采用此种一阶效率之概念。**二阶效率则是权衡解决目的（原则、价值、利益）冲突之效率考量——最适化或最大化实现一组可能相冲突之目的。**[9]

请注意，在一阶层次，论者可以追求各种价值。法经济分析学者追求效率，其他学者重视所得分配等价值。而当追求各种一阶层次的价值产生冲突时——例如成全了效率就会造成所得分配

法经济分析：方法论20讲

更不公——就产生目的竞合，而必须以二阶（或后设）方法得出最终的法律解释（第 11 讲）。后设层次追求的价值，可以是（但不必然是）作为二阶价值的福利。若选定福利为二阶价值，一阶层次的价值，都可以被化约为福利单位，而非其他价值蜕变为效率。在二阶层次，论者可以采取 Kaplow & Shavell 的理论，只考虑效率和所得分配。也可以引用实证资料，证明人之偏好其他一阶价值，因而考量效率、所得分配、被偏好的一阶价值。论者当然也可以主张客观福利论，用非实证的方式，证立应该考量的一阶价值，因而主张考量效率、所得分配等（第 10 讲）。无论采取上述哪一种福利论，或非福利论，都必须面对价值冲突。而解决价值冲突的方法，就是二阶方法（或称后设方法）。

Anne van Aaken 的"一阶效率""二阶效率"，也需要再加解释，以免在语意上使人陷于错误。二阶效率之所以是一种效率，有两层意义：第一，在二阶层次追求福利极大化，而福利作为整体价值包括（但不限于）效率。第二，福利包括之多重价值发生冲突时，必须权衡。当权衡的方法是以福利[10]高低量度**好处与坏处的大小，并选择净好处最大者，是卡尔多-希克斯标准的展现，而此同为一阶效率所采**。根据此第二层意义，Anne van Aaken 的"一阶效率""二阶效率"中共同的"效率"，是卡尔多-希克斯标准。若采取福利作为二阶价值，但不采取卡尔多-希克斯标准，就没有采取二阶效率。

在第二层意义上，法经济分析在一阶层次上的作用，是在各部门法量度社会收益和社会成本的变化，并结合卡尔多-希克斯标准，成为卡尔多-希克斯效率标准，以找出极大化社会净收益的政策与法律解释。法经济分析在二阶层次上的作用是提出福利这个能包括各种一阶价值的概念，并结合卡尔多-希克斯标准，成为卡

| 第 10 讲 | 经济分析的应然价值

尔多-希克斯福利标准,找出极大化社会净福利的政策与法律解释。

法经济分析的强项在效率层次,而非福利层次,因为二阶层次所要探讨的效率以外的一阶价值,并非经济学方法所能完全涵盖。但各项实体价值的冲突权衡,仍可运用卡尔多-希克斯标准作为选择政策、法律解释的准绳。而卡尔多-希克斯标准虽然只是一种"形式的""结果考量"(consequentialist)标准,可以容纳任何一阶或二阶层次的价值;但操作卡尔多-希克斯标准时需要判断好、坏,并且找出净好处最大的方案,一阶层次的效率思维也明白使用。在此种意义上,使用经济分析的思维方式,有助于在二阶(后设)层次上取舍法律解释、政策,即使在二阶层次上发生冲突的价值,并没有包括效率。

> Anne van Aaken 在 2018 年获德国教育部与洪堡基金会颁给 Alexander von Humboldt 讲席教授,此讲席包括五年内给予 500 万欧元的科研经费。Van Aaken 教授是德国第二位法学领域中的洪堡讲席教授——也可以说是第一位,因为前头的获奖者 Ran Hirschl 应该自认为是政治学者。连在法教义学大本营的德国,最早两位法学类的洪堡讲席教授都颁给社科法学的学者,其意义不言而喻。获得此讲席后,van Aaken 教授由瑞士圣加仑大学转到德国汉堡大学,就在她在圣加仑大学的最后几个月,笔者受她和学校邀请,到圣加仑大学客座教一门比较物权法经济分析的课程,在风光明媚的瑞士小城,潜心写作。

10.2.3 本书主张

本书也区分福利与效率,但并未全盘接受 Kaplow & Shavell 对公平价值的批评。公平、正义与福利、效率的关系,笔者尚在思考。[11]但本书坚定地主张,读者即令采用客观论的福利概念(或者因为采用客观论而偏好用别的名词——如公平正义——作为二阶价值的标签),也仍然可以追求效率。**效率是法律追求的一种价值,但不是全部价值。本书作为法经济分析的方法论讲义,将只处理如何判断并追求效率。**[12]

要能在二阶层次处理一阶价值冲突,必须假设所有一阶价值都能转化以二阶价值来量度(例如:100,000 元的净财富 = 0.5 单位的福利,或 1 条人命 = 40 单位的正义)**或排序**(1 条人命的福利价值高于 100,000 元)。但只要读者接受本书所论,福利包含但不限于效率,则将一阶价值换算为福利单位,不会使所有价值都臣服于效率价值下,因为福利才是最终的量度。而若采取正义作为二阶价值,而正义包括一阶层次的效率,则更不会有所有价值臣服于效率的疑虑吧!

许多读者在此,都会有所狐疑:如果生命在二阶层次是无限大(或不可量度),或者生命和与其竞争的价值(如人性尊严)都是无限大(或不可量度),又该如何处理?但这样的立场其实并非绝大多数人绝大多数时候真正的价值观。确实,如果要在立即失去生命和获得天下的财富之间,许多人宁可保住性命(但也绝对有人会愿意牺牲自己,让后代子孙获得财富);但非常多人愿意增加一点丧命的风险,以换来

第10讲 | 经济分析的应然价值

更高的薪水（如担任警卫）或当下的快乐（如抽烟）；也不是每个人都愿意付出大笔银子，降低丧命风险。当人站在政策决定者的高度时，面对有限的预算，也都必须在生命间作出选择——选择将资源投注于降低 PM 2.5，就没有钱降低水污染；前者政策救了肺不好的人，后者政策害了胃不好的人。如果因为生命价值真是无限大，那表示花下所有的银子都值得；如果不同人的生命、不同数量的人的生命，无法比较，那表示规制机关选择任何环境政策都一样好，因为每个政策的性价比都是无限大。

论者若不赞成以卡尔多-希克斯标准追求福利最大化，可能有几种替代方案：第一，赞成追求福利作为二阶价值，但以不同于卡尔多-希克斯之标准，选择福利极大化的政策。[13] 第二，追求不同于福利的二阶价值，且以不同于卡尔多-希克斯之标准，选择政策。第三，否认有二阶方法之必要，因为法律永远只追求单一的一阶价值，或者有字典式偏好，所以没有权衡之必要。

无论是处理目的竞合或法律解释冲突的后设方法论，都可以采用卡尔多-希克斯标准，已如上述。字典式偏好（lexicographic preferences），则是与卡尔多-希克斯标准不同的后设方法，主张永远先把某价值追求到尽头，才开始追求别的、次要的价值。德国宪法学说中的"基本权位阶秩序"（*Rangordnung*）是一适例（人性尊严位阶最高、不可侵犯；其次是宪法未授权法律限制的基本权；再次是宪法直接规定或间接授权法律限制的基本权）。前述不追求净值极大，而主

法经济分析：方法论20讲

张某种价值分配方式的方法论，也可以用于后设层次。何种后设方法在规范面较优，自然是另一个大战场。笔者的贡献，是指出二阶效率（以卡尔多-希克斯标准追求福利极大化）可以作为后设方法的一种，而非主张其是唯一的一种。

此论点相当重要，且让笔者以物权法为例，再梳理一次。在法经济分析的一阶层次，研究者观察现行法下的配置，估算其所产生的效益（以金钱量度之财富），以及支撑此资源配置所需的制度成本。研究者必须思考，若维持现行资源配置，是否有制度成本更低的政策。至此，已经考虑了配置效益与制度成本。但是，研究者还要思索，如果采取现实可行的替代制度，是否会产生不同资源配置，以及替代制度的成本为何。当研究者面前有一个现行法、一个替代方案，两者的配置效益与制度成本都不同，应该如何取舍？法经济分析学者选择净财富最大的方案。

接下来，研究者视野放大，使用其他规范理论，分析其他一阶价值。当各种一阶价值发生冲突，法经济分析学者可以福利为依归，以卡尔多-希克斯标准，选择净福利最大的方案。一阶、二阶方案的分析步骤，都包括卡尔多-希克斯标准。

总之，**本书明确主张以卡尔多-希克斯标准追求作为一阶价值的效率。本书认为应该区分一阶价值与二阶价值，二阶价值包括但不限于效率。二阶价值有多组候选者，其统合一阶价值的方式不同；本书倾向于主观说，以福利作为二阶价值的标签，但尚未有定见**，且应该不会和 Kaplow & Shavell 的看法完全相同。在二阶层次，**本书主张运用卡尔多-希克斯标准（或稍加修改的标准）极大化二阶价值，作为法律目的**。为便于读者理解，在第 11 讲

第 10 讲 经济分析的应然价值

中,本书先展示以典型的卡尔多-希克斯标准做法律目的解释的方式。

如果读者先接受了 Kaplow & Shavell 的主观说,即福利只包含了人实际偏好的价值,而人偏好效率和某程度的所得重分配;而读者又认为,还是有一些客观价值必须在政策上纳入考量,则此时的分析框架变为三层:底层是效率分析,也是本书的重点。中层是福利分析,也就是融合效率与人的其他偏好。上层是终极的价值分析,综合福利分析与其他客观价值分析。[14] Ian Ayres 提出的"加强版卡尔多-希克斯标准"(enhanced Kaldor-Hicks)也可以看成此种论述的例子。在标准下,一个政策除了通过卡尔多-希克斯标准外,还必须"不过度减损任何群体的福祉"(not substantially impair the welfare of any substantial subgroup)。[15] 这是所有应然学问的终极灵魂提问,圣杯级的问题,笔者仍会持续思考。

10.3 一阶、二阶,何者争议较大?

在笔者与王鹏翔完整写作法经济分析与法教义学如何结合的论文前,传统法学一直拒绝经济分析作为一阶价值的分析工具。该文,乃至于本书,都在证立效率作为其中一种一阶价值。希望这个争论到此盖棺定论。

有趣的是,在该文发表后,不少批评集中在二阶方法的概念。[16] 然而,各国广泛使用比例原则的法律实践,使字典式偏好的论述、宣称权利不可共量的论述,都显得苍白无力。如果面对实际问题的法院,无论是思考原则冲突、权利实现状态的冲突,都必须权衡取舍,那么,必然有更上位的追求目标,作为权衡取舍的指引。Alexy 的最适化要求，笔者和王鹏翔教授认为这就是卡尔多-希克斯标准。也就是，**无论是比例原则（第 13 讲）或 Alexy 的理论，都已经内含经济分析思维**。当然可以想象其他的二阶方法，像是某种价值序列；但这些价值序列的提出，背后思维仍然可以描述为卡尔多-希克斯标准。试想：在一阶层次上，有人会主张人人平等，所以所得分配完全平均是理想国；但在二阶层次上，没有人会主张"权权平等"，所以每个基本权的实现程度要一模一样。

在笔者与王鹏翔的论述中，把卡尔多-希克斯标准当成二阶方法的一种可能性——是目前隐然广为使用的方法。不过，我们下的战帖很明显：还有哪些二阶方法，**完全不具备**卡尔多-希克斯标准的思维[17]，但又能证成与说服人？若还能指出现实中的法院已经如此操作，则对本书的论点构成更大的挑战。笔者拭目以待。

10.4 为何要区分一阶与二阶？

论述至此，读者或许要问：如果最终要使用福利作为价值，何苦区分一阶和二阶？为何不在一开始就使用福利分析，直接得出结论？

有数个原因。第一，最关键的原因，是福利分析非常困难。福利是包容多种价值的上位概念，本身还没有具体的操作步骤。直接以福利思考政策选择，意味着政策决定者知道某政策使某人民在效率、所得分配、其他一阶价值综合而言变高，某人民则变低。要如何不先作多个一阶分析，就知道二阶福利价值是高是低？难！打个比方，翻译工作者都知道翻译贵在信、达、雅。信、达、

第 10 讲 经济分析的应然价值

雅可以看成一阶价值,三者综合来看的二阶价值,姑且称为"好"。或许下笔如有神的翻译者,可以永远一出手就是"好"翻译。但绝大多数翻译者,开始思考或落笔时,可能先选择信的翻译,然后再以达、雅为目标,反复修润文稿。而为求一字稳、耐得半宵寒时,就会感受到信、达、雅往往不能得兼,所以"好"的翻译必须在三者间权衡。翻译者往往要依据最信、最达、最雅的一阶目标,翻译出一个段落的三种版本,再来作二阶取舍。取舍的结果,不一定是付梓最信、最达或最雅的翻译,而是平衡兼顾三者,但三者均非最佳的翻译。而信、达、雅三者的权重,也难有放诸四海皆准的标准,而会视情况而定。

又以物权法为例,假设立法者思考修正不动产所有权时效取得之规定,很难直接使用福利为价值思考。比较可行的思考步骤,可能是先估计采取新法后,整体的制度成本若干,不动产配置效益为何;然后思考,修正后对人民(无论是否有不动产)的所得分配效果为何;也思考其他一阶价值的达成程度。对现行制度、修正草案作了完整、一步一步来的分析后,若犹认为不妥,则加入第三种、第四种可能方案(取得时效为例如两年、五年,适用之不动产可能限于房屋),再一步一步分析。此种政策思考过程所纳入的可能方案,不会只包括最大化效率、或极度所得平均的方案,最后选择的方案也不必然是效率最大的方案。但是,唯有知道效率最大的方案为何,政策决定者才知道为了其他一阶价值,会牺牲多少效率。

从另一个角度看,即使可以一步登天,直接追求福利极大化,仍不一定是政策辩论的最佳选择。当福利分析是一阶价值分析的综合,则分析者必须逐一揭露其一阶价值的思考步骤,供批评、反对者检验。但当福利分析是直接融合了各种冲突价值,批评、反对者较难具体挑剔思考错误之处。甚至，分析者自己的思维也因为没有被较具体的操作步骤规范，而犯下有意无意的错误。

第二，娴熟掌握各种一阶价值分析框架者甚少。笔者多次公开自承，只能进行效率分析的训练。无论是作学术研究或政策分析，某个政策选项的效率分析、所得分配分析、其他价值分析，可能都是由不同学者完成。学者各尽其能，贡献"大教堂的一景"；最后，由负担政治责任的政策决定者，综合各种一阶价值的好坏高低，选出其认为福利较优之政策以推行。

第三，因为福利分析困难，所以若无必要，无须硬作。假若各种一阶价值的分析结果，得出一致之结论：某种替代政策比现行政策较优（效率提升、所得分配更平均），则无论采取何种方式综合得出福利结论，都会认为应该采用替代政策。关注困难议题的论者，往往会举出效率与所得分配或其他一阶价值背道而驰的事例。但并非所有议题都是"电车难题"。

第四，如上所论，如果接受 Kaplow & Shavell 早期文章的论点[18]，则所得分配最有效、也最低成本的方式，是通过各种税制的设计，而非经由民法、行政规制内容之调整。准此，因为所得分配更适合以税制进行，税法以外的论者，可以专注于分析、寻找最有效率的法律规则、法律解释。[19] 许多法律规则、法律解释的所得分配效果甚微，可被忽略；而当所得分配效果甚大时，以税制进行所得分配，其他绝大多数部门法规范提升效率，是增进社会福利的较佳方案。[20] 税法学者可以专攻所得分配此种一阶价值，其他领域的学者则勠力于效率此种一阶价值。此种观点下，**福利提升是以整个法律系统互相配合而达成，而非在每个部门法、每个具体议题，都要追求福利最大化。**

10.5 为何民商法可以只关注效率？

只处理法律的效率面向，真的就足够了吗？如果上述税法与其他部门法的分工，还未能说服读者，在法律制定与解释时不顾其他一阶价值，请考虑以下论证。本书主张，**在解释、适用民商法**[21]的一般规范时，确实可以关注经济效率，而暂且不论其他一阶价值[22]，原因是：

第一，所得分配等一阶价值，往往无法在个案中完全实现。低收入者贫无立锥之地的社会问题，无法在个案中偏袒一个穷人而解决；也通常无法在某一个民商法的法原则中偏袒某一方而解决。使用所得税制度作所得重分配，会比运用民商法作所得重分配，更能精确地"劫富济贫"，增加社会福利。所得税制可以直接针对财富多寡调控其目的与手段，但民商法普遍适用，原告不一定是穷人，被告不一定是富人，无权占有人可以是富人，地主可能是把全部家当投入在一亩方田的贫农。所以，民商法的一般规范特别偏袒某一方，并不总是会有利于穷人。聚焦在效率可以使立法者专心致志于考察立法规则的整体影响，并在有效率的规则对特定弱势团体不利时，另外用所得税制调整之。就效率分析而言，分配问题只有在影响行为者的事前激励或影响自愿交易过程时，才需要纳入考量。

第二，除了采用累进税率的所得税法制之外，也可以使用特别法以较精准地处理不动产分配不均。以《消费者权益保护法》调整特定当事人之间的谈判力量不对等问题，也比在合同法中一概预设买受人都是弱势，更能达成立法目的，而不造成不必要的效率损失。在此前提之下，让民商法肩负提升整体社会福利之功能，并在提升效率会导致所得分配不均时，让特别法介入处理，是平衡追求效率与其他一阶价值较佳之方式。

第三，如本书第3讲所论，其他一阶价值，如果适合在个案中实现，可以通过后设规范（如诚实信用原则）为之，而不应通过一般规范。

在此，本书之思考路径有别于既有文献争辩时所采之"普适"取向。既有文献是一般性地论证"一般而言，法律解释是否可以（只）考量效率"；此处的论证关注民商法，故其他部门法可能有不同考量。

即使读者完全不同意以上三点，也无妨。本书主张效率只是法律追求的其中一种一阶价值，也同意完整的法律解释、政策分析，必须全面关照福利。主要关心其他一阶价值者，应该也会乐于知道，特定提升该种价值的政策，也提升效率；也应该会在乎追求该种价值的代价为何。毕竟，当多种政策都可符合该种价值时，选择其中较有效率者，有何不好？

最终，从学术分工的角度[23]，经济分析学者需要其他一阶价值的专家对同一问题提出卓见；关注其他价值论者，也需要经济分析学者剖析几种可能方案的效率高低。两种阵营的论者多半只能画出各自的大教堂一景。较持平的态度，或许是不把自己画出的2D画像，当成大教堂的全貌。民法研究需要细致的各种一阶价值的论述，当然包括但不限于经济分析。最终，使用后设方法裁决一阶价值的冲突。

| 第 10 讲 | 经济分析的应然价值

▽
▽

本讲参考文献

1 *See* Doron Teichman and Eyal Zamir, *Behavioral Law and Economics*, Oxford University Press 2018, pp. 8-18.

2 效率一词前是否加上"经济"二字,对于经济分析学者没有差异。偶尔加上经济二字,只是为了强调与一般人口语中说"某某人做事很有效率"并不完全等价。

3 所得与财富仅涉及金钱,但非金钱的福祉,例如宪法许多基本权,同样有分配问题。某甲有迁徙自由,某乙却没有,就有违反宪法平等原则之虞。点出此者,参见陈冠廷:《效率的僭政——评张永健教授〈社科民法释义学〉中的方法论论题》,载《"中研院"法学期刊》2023 年第 32 期,第 291 页。要在一阶价值层次就处理非金钱的平等,还是在二阶甚至三阶才处理,笔者尚无定见。如果在一阶和二阶完全采取福利经济学的取径,则只要是人主观偏好、愿意付出代价的平等,就会在一阶考虑。而客观上认为重要,但一般人不愿意付出代价者,则至多在三阶层次考虑。如果人愿意付出代价的所得均衡分配,幅度小于客观论主张的所得重分配,则后者额外能证立的所得重分配,也在三阶层次考虑。

4 *See* Matthew D. Adler, *Measuring Social Welfare: An Introduction*, Oxford University Press 2019, pp. 10-11.

5 *See* Louis Kaplow and Steven Shavell, *Fairness versus Welfare*, Harvard University Press 2002, pp. 5, 37.

6 根据 Kaplow & Shavell 定义的"公平",公平只包括"无关个人福祉的考量",定义窄于一般论者的界定。*See* Kaplow and Shavell, supra note 5, pp. 4, 39.

7 *See* Kaplow and Shavell, supra note 5, pp. 17-18, 21-23, 431-436. 法经济学者 Lewis Kornhauser 从好几个面向批评 Kaplow & Shavell 的主张,

see Lewis A. Kornhauser, "Preference, Well-Being, and Morality in Social Decisions", *J. Legal Stud.* 32 (2003); Lewis A. Kornhauser, *The Economic Analysis of Law*, in *The Stanford Encyclopedia of Philosophy* (Edward N. Zalta ed. 2022) (Section 6.1), available at https://plato.stanford.edu/entries/legal-econanalysis/. Kornhauser 最重要、也和本章最相关的批评，用本章的术语来说，就是：公平正义此种道德判断，不是一阶价值，而是与福利相竞争的二阶价值。公平正义并非偏好，而是判断，因此不是任何社会福利函数可以加总者。选择何种道德判断，就像选择何种社会福利函数以加总个人福祉，并不由社会福利函数决定，而是外于社会福利函数。See Kaplow and Shavell, supra note 5, pp. 316-323.

8 *See* Kornhauser, supra note 7 (2003)。另外，Waldron 批评，Kaplow & Shavell 的一般性理论仅仅指出公平理论"并非不可能"使所有人福祉降低。*See* Jeremy Waldron, "Locating Distribution", *J. Legal Stud.* 32 (2003)。Kaplow & Shavell 的回应则是，其书中举出许多具体事例，说明公平理论使所有人的福祉降低。*See* Louis Kaplow and Steven Shavell, "Fairness Versus Welfare: Notes on the Pareto Principle, Preferences, and Distributive Justice", *J. Legal Stud.* 32 (2003)。Richard Craswell 指出，"公平"论者可以采取混合理论：原则上依据公平论述，但若结果使每个人福祉降低，则不采取公平论述。Richard Craswell, "Kaplow and Shavell on the Substance of Fairness", *J. Legal Stud.* 32 (2003)。Kaplow & Shavell 的回应是，此种混合理论逻辑不一致，因而不是好理论。

9 关于一阶效率与二阶效率的用语，来自 Anne van Aaken, "Rational Choice", in der Rechtswissenschaft, 2003 S. 190 ff.

10 一种替代量度方式，就是看两种竞争的价值，彼此如何互为消长，但不采取某种共通的量度单位：例如，改采 X 方案，得了若干 A 价值，失了若干 B 价值；不改采 X 方案则反之。但有三种以上价值时，缺乏共同量度单位就会使比较十分困难。

第 10 讲 经济分析的应然价值

11 主张整个民商法都必须顾及分配正义,参见许德风:《合同自由与分配正义》,载《中外法学》2020 年第 4 期。

12 认为物权法应该重视效率,参见申卫星:《民法学》(第 2 版),北京大学出版社 2019 年版,第 182—184 页;王泽鉴:《民法物权》(第 2 版),自刊 2010 年版,第 14 页。

13 如果追求不同于福利的价值,但仍以卡尔多-希克斯标准作为准绳,选择该价值极大化的政策,则仍可以套用二阶效率的思维。

14 Posner 法官在担任法官多年后,曾表示其法学思维有三大工具:经济分析、自由主义、务实主义(pragmatism)。自由主义和务实主义也可以放到上层/三阶的层次作为其他客观价值。在二阶的层次,若采用主观论的福利作为标准,并结合卡尔多-希克斯标准,必然会有论者举出一些极端案例,试图说明:若按照(反对者想象中的方式操作)福利标准,则会得出某种荒谬、反道德直觉的结论。姑且不论若操作福利标准是否会得出此种不可欲的结论,许多此类举例可以轻易用自由主义或务实主义的 ABC 就排除掉。此种极端案例其实不是真正的法学疑难问题。See, e.g., Richard A. Posner, *Overcoming Law*, Harvard University Press 1995, pp. 19-25.

15 See Ian Ayres and Quinn Curtis, "Using Guardrails to Combat 401 (K) Menu Misuses: Improving Outcomes through Constrained Choice", *working paper* (2020).

16 如:贺剑:《物权法经济分析的方法论之路——评张永健〈物权法之经济分析——所有权〉及相关论文》,载《"中研院"法学期刊》2020 年第 27 期;艾佳慧:《民事财产法的经济释义——〈物权法之经济分析〉的解读与反思》,载苏力主编,李晟:《法律书评(第 13 辑)》,北京大学出版社 2020 年版,第 33—55 页。

17 请注意,**完全不具备**不等于**只具备**。本书主张的是,二阶方法不可能完全没有权衡价值或最大化的思维。

18 Louis Kaplow & Steven Shavell, "Why the Legal System Is Less Efficient Than the Income Tax in Redistributing Income", *J. Legal Stud.* 23

(1994); Louis Kaplow and Steven Shavell, "Should Legal Rules Favor the Poor? Clarifying the Role of Legal Rules and the Income Tax in Redistributing Income", *J. Legal Stud.* 29 (2000).

19 此句论述,假设了除效率、所得分配外,大众不在乎其他价值。如果大众确实在乎不能包括于效率、所得分配以外的价值,则必须进一步探讨税法以外的法律规则,如何权衡效率与其他价值——此即下一节探讨之后设方法论要处理的问题。

20 类似见解,参见苏永钦:《寻找新民法》(简体修订版),北京大学出版社2012年版,第90—91页。

21 在行政法中,Eric Posner 指出,行政机关的主要职掌也在做各种政策的成本收益分析;行政机关虽然不应该完全忽略分配或其他非福利的价值,但照顾这些价值确实不是其主要任务。原因是:每个行政机关有其执掌,守备范围有限。如果每个行政机关各自作所得重分配,其效果可能彼此抵销。即使能通过最高行政首长协调重分配措施,行政机关也不像立法机关有民主正当性、课税权等工具以做到有效果的重分配。*See* Eric A. Posner, "The Boundaries of Normative Law and Economics", *Yale J. Reg.* 38 (2021).

22 类似见解,参见苏永钦,同注20(主张民法典应采用"中立规则",将涉及所得重分配与保护弱势的政策,留给特别法处理);苏永钦:《只恐双溪舴艋舟,载不动许多愁——从法典学的角度评价和展望中国大陆的民法典》,载《月旦民商法杂志》2020年第69期;Hans-Bernd Schäfer & Claus Ott, *The Economic Analysis of Civil Law*, Edward Elgar 2004, p. 28.

23 Eric Posner 也从分工的角度,证立他称为"应然法经济分析"(normative law and economics; NLE)的取径。应然法经济分析指出系争规范或政策的成本、收益,但作为政策建议并不完备。*See* Posner, supra note 21.

Economic Analysis of Law

| 第 11 讲 |
法经济教义学

| 第 12 讲 |
经济分析作为立法论方法

第 11 讲

法经济教义学

- *11.1* 文义解释与经济分析
  - *11.1.1* 法条文字本身带有经济意涵
  - *11.1.2* 语意开放结构
  - *11.1.3* 小结
- *11.2* 历史解释与经济分析
- *11.3* 目的解释与经济分析
  - *11.3.1* 结果导向与目的论证
  - *11.3.2* 效率目的论证
  - *11.3.3* 以二阶方法思考目的竞合
  - *11.3.4* 效率不会变成唯一价值
- *11.4* 体系解释与经济分析
  - *11.4.1* 外部体系一致性的批评
  - *11.4.2* 内部体系的批评：效率是外在价值吗？
- *11.5* 经济分析作为后设方法

法经济教义学是其中一种"社科法教义学",也是"新私法学"的主要范式(第20讲)。法经济教义学的核心态度是结合法经济分析与法教义学,因而在审判实践中都可运用。[1] 对于尚未相信法教义学与经济分析方法有结合可能的读者,本讲是全书的关键,以正统的德国法律解释方法论,说明经济分析如何化身其中。

11.1 文义解释与经济分析

表述法律规范所运用的概念,乃是法律解释的对象,法律解释因而常被视为探究概念意义的工作;基于语意论据的文义解释也因此成为法律解释的起点。然而,如前所述,诉诸语意论据所能得到的答案往往是不确定的;亦即,依据法律概念的意义,某条法律规范有多种解释可能,从而无法确定它究竟是否能适用至系争案例。这种不确定性可称为"语意的悠游空间"(semantischer Spielraum)或"文义的开放结构"(open texture)。[2]

语意的开放性来自概念的结构特征:歧义(mehrdeutig)、模糊(vague)与评价的开放性(evaluative Offenheit)。[3] 歧义性指的是同一个概念在不同的脉络下可能有不同的意义内涵。例如"处分"这个概念,在民法中有时兼指事实上之处分与法律上之处分(包括负担行为与处分行为),有时只指涉处分行为。模糊性则是概念的意义或使用方式不足以确定某个案例是否落在这个概念的外延范围内,例如《民法典》中常出现的"应当知道"概念,如果没有进一步予以精确化,很难在具体案件中判断当事人究竟是否有应当知道。评价的开放性乃是需要通过价值判断予以填补的概念,例如"善良风俗"或"诚实及信用方法"等。评价上开放的概念,其不确定性来自价值判断标准的多元、歧义或模糊;就此而言,它亦可视为歧义或模糊概念的一种。

11.1.1 法条文字本身带有经济意涵

民法中有不少模糊或不确定法律概念,本身其实就带有浓厚的经济意涵,可以直接诉诸成本收益考量等经济分析论据来精确化其意义。典型的例子是《德国民法典》第948条"分离需费过巨"。究竟分离之费用要到多高才算"过巨",若依凭直觉判断,不免言人人殊(第6讲)。而《民法典》第1026条界定妨碍名誉的侵权人的核实义务,明白要求要考虑"核实成本"。《民法典》第304条、第1156条规范共有物分割与遗产分割时,要求考量分割是否"减损价值""损害遗产的效用"。这些条文的构成要件使用了经济学概念,以经济分析作文义解释会更完整。

11.1.2 语意开放结构

11.1.2.1 处分

歧义性通常可以借由指明概念所在的脉络来排除,例如"处分"一词在《民法典》第232条仅包括法律上处分,而在《民法典》第35条、第240条包括法律上处分与事实上处分。

但模糊和评价上开放的概念就无法只凭语意论据来排除其不确定性。如前所述,此时文义解释只能指出有多种解释可能,而

第 11 讲 法经济教义学

必须诉诸其他解释方法——语意论据外的论据——才能决定采取哪一种解释。

11.1.2.2 （惩罚性）赔偿、补偿

除此之外，《民法典》中的"赔偿""补偿"（例如第238条），也是可以引入经济分析思维的法律概念。以"补偿"为例，单就通常的文义而论，凡一方给付另一方大于零元的金钱，都是补偿，法院也可以在不同情境下，用不同的标准定义补偿。"补偿"的文义具有开放性，传统学说对于补偿之计算方式，则或以租金界定，但未提出理由说明为何以租金界定之；或讨论补偿之性质是损害赔偿或补偿，但未申论如何计算补偿。[4]

从经济分析的角度来看，应该以市价估算补偿、赔偿，才是能够促进效率的解释方式（第1讲）。此外，无权使用他人不动产产生之相当于租金之不当得利，也都应该一概以市价为依归。[5] 若以低于市场租金为计算补偿标准，则土地所有权人即可能有激励假装成善意越界，赌一个低价使用邻地的机会；若以超过市场租金为计算标准，则邻地所有权人为获取超额利润，就可能明知对方越界或无权使用但不抗议，以事后换取高额租金。

更困难的问题，是《民法典》第1185条、第1207条、第1232条规定的"惩罚性赔偿"。惩罚性赔偿必须超过市价，但经济分析对此问题已有丰富研究，可以协助法官作出一致且符合经济效率的判决。

11.1.2.3 应当知道

"应当知道"也是可以引入经济分析论据的另一适例。《民法典》有27个条文用"应当知道"作为构成要件，在各编均有出

现。但"应当知道"的文义相当模糊：花两分钟打听就会变成已知，可以符合"应当知道"；但花两年打听才会变成已知，仍然可以符合"应当知道"。毕竟，只要并非不可能知道（统计学家甚至会说世界上只有极低的概率，没有不可能）或已经知道，都可称为应当知道，此时若不引进法学以外的论述工具，难以判定当事人是否应当知道。

关于这个问题，经济分析可以从信息成本与预期效益的比较，来精确界定何谓"应当知道"。以《民法典》第313条的"应当知道"为例，善意受让必须是不应当知道，也就是受让人已付出"最适的信息投资"，而仍认为出卖人有权处分之概率相当高。[6]抽象地说，受让人付出之征信成本，必须高于或等于征信所引致的预期社会利益。更具体一点，法官可以判断，标的物售价是否低于新品合理市价太多？若价格明显过低，受让人怀疑标的物来历不明，从而询问、质疑出卖人之征信成本就很低。受让人若是专业采购者，通常征信成本较低。在标的物性质不特别适合（或业内交易习惯没有采取）指示交付或占有改定，而出卖人提出或坚持使用此种观念交付方式时，受让人应该会产生合理怀疑，进而征信。所以，若价格显著低于市价、受让人以收购同类物为业、拟制交付之选择不合常理，受让人是应当知道的可能性即上升（本书第15讲）。

11.1.3 小结

当法条文字使用经济学术语时，使用经济分析方法解释之，不会使经济分析变成一种独立的法律解释方法。正如第2讲介绍文义解释时曾经指出的，有不少法律专业概念，其文义解释必须

第 11 讲 | 法经济教义学

诉诸法律以外的专业知识来确定其意义内涵——例如需要生理学知识来理解何谓刑法所称"重伤",但这不会使诉诸生理学的解释成为一种独立的解释方法。而具有经济意涵的不确定法律概念,正需要引进经济分析才能精确化其文义内涵。

至于"补偿""应当知道"等模糊的法律概念,在语意的开放结构中,文义(尤其是日常语言的意义)本身并不足以确定这些概念应作何种解释,此时若坚持停留在单纯说文解字的层面,更易陷入不确定性与无预测可能性。引入经济分析思维作为解释工具,反而比较能够精确界定这些概念的意义内涵,有助于提高法安定性与可预测性。[7]

论者或谓:以上数例并非传统的文义解释;因语意开放空间而存在多种解释可能时,应该由其他解释方法(例如目的解释)来接手。确实,即便将文义解释局限于只能诉诸日常语言或(狭义的)法学专业使用方式的语意论证,亦无碍于将上述诸例归类为一种目的解释,亦即以促进经济效率为目的之解释论证,对此将于以下第三节详论。

11.2 历史解释与经济分析

《民法典》从各自立法到编纂成典,留下的历次审议稿和官方意见,不可胜数。有意进行历史解释者,在民法不缺材料。

按《民法典》第 392 条:"被担保的债权既有物的担保又有人的担保的,债务人不履行到期债务或者发生当事人约定的实现担保物权的情形,债权人应当按照约定实现债权;没有约定或者约定不明确，债务人自己提供物的担保的，债权人应当先就该物的担保实现债权；第三人提供物的担保的，债权人可以就物的担保实现债权，也可以请求保证人承担保证责任。提供担保的第三人承担担保责任后，有权向债务人追偿。"此条文乃大体沿用《物权法》第176条；而《物权法》第176条的起草过程中，便明确地考虑到"担保人相互求偿后，还可以向最终的责任人债务人求偿，程序上费时费力，不经济"。[8]

而按《民法典》第563条："有下列情形之一的，当事人可以解除合同：（一）因不可抗力致使不能实现合同目的；（二）在履行期限届满前，当事人一方明确表示或者以自己的行为表明不履行主要债务；（三）当事人一方迟延履行主要债务，经催告后在合理期限内仍未履行；（四）当事人一方迟延履行债务或者有其他违约行为致使不能实现合同目的；（五）法律规定的其他情形。以持续履行的债务为内容的不定期合同，当事人可以随时解除合同，但是应当在合理期限之前通知对方。"此条文脱胎自《合同法》第94条规定，故在理解此条文中多次出现的合同目的一语时，亦有参考了《合同法》的草案修改与审议过程，指出在此当事人所能期盼之"合同目的"实与"经济利益"具有相同或是相似的意涵。[9]

11.3 目的解释与经济分析

到目前为止的讨论，经济分析要进入法律解释的管道在于，具有开放结构的法律概念本身带有经济意涵，可以引入经济分析方法来精确化其内涵；或者立法理由本身就含有成本收益考量的

第 11 讲　法经济教义学

因素，亦即立法目的本身就在于促进效率。然而，并非每一个有待解释的法律概念，其语意内涵都需要诉诸经济分析来界定；立法理由中明白包含效率考量的法律规范，也是少数。经济分析要整合到法学方法，更重要且一般性的途径，是通过目的论证之形式进入法律解释与法律续造的说理过程。这包括两种运用方式：第一，效率作为法律解释或法律续造所要实现的规范目的，或者以效率考量来证成某些规范目的之合理性；第二，经济分析的效率判断可以用来取舍衡量相冲突之目的价值。

11.3.1　结果导向与目的论证

一般认为，经济分析方法与传统法教义学最大不同之处在于，经济分析属于结果导向（Folgenorientierung）的思维方式。[10] 这种思维方式是一种事前（*ex ante*）观点：它着眼于适用、解释、制定法律所会带来的效果，并从这些效果来评估应该采取何种法律措施，包括如何适用、解释某项法律规范，以及应否制定、修正某项法律规范（本书第 3 讲）。[11]

确切地说，结果导向的思维方式包括两个部分：结果预测（采取某个法律措施会导致何种结果）与结果评价（评价所导致的结果好坏）。[12] 完整的结果导向论证是由两个前提所组成：

（C1）采取某个措施 M 会导致某个结果 F。

（C2）结果 F 是好的。

因此，应该采取 M。[13]

由此观之，经济分析提供了一套完整的结果导向概念与论证工具。首先，从经济分析的角度来看，所谓"好的"结果指的是

法经济分析：方法论20讲

效率提升。其次，经济分析的行为理论可以推估采取某项法律措施会对行为人（受规范者）所造成的反应或影响，从而预测此项措施会导致何种结果。[14]

如前所述，经济分析的结果导向思考通常是事前观点，传统法教义学者则往往采取事后观点：法官着眼的是已经发生的案件，在既定的法律秩序之下要如何适用法律来解决；至于适用或解释法律的结果预测与结果评估，通常不被认为是法官需要考虑的事情，而是立法者的工作（第3讲）。

然而，只要稍微观察一下目的论证的结构就可以发现，**将法教义学的观点完全化约为事后观点，并不恰当**。目的论证之一般结构可以刻画如下：

（T1）目的 Z 应该被实现。

（T2）采取某个措施 M（例如，采取某个法律解释、进行某种法律续造或制定某项法律规范），有助于实现 Z。

因此，应该采取 M 这个措施。

可以看出，目的论证和结果导向的论证其实具有相同的结构，只不过大小前提的顺序相反。如前所述，目的论证的（T2）是个经验性的前提，亦即采取措施 M 会导致实现 Z 的结果，这相当于结果论证中的前提（C1）。目的论证的大前提（T1）则相当于结果论证的前提（C2），只不过它是用"应该"的概念来表述对于结果的正面评价，亦即 Z 是个好的结果，从而应该实现 Z。

因此，法学方法经常运用之目的论证——不论是目的解释或是法律续造之目的性扩张与目的性限缩——其实都包含了结果考量的前提：对于某项法律规范采取某个解释、类推适用或限缩适

第 11 讲 法经济教义学

用,能够导致某个好的结果,亦即实现某个值得追求的规范目的。与一般的结果论证略有不同之处,或许仅在于法学方法中的目的论证已对某个结果预先作出正面评价,并将其设定为法律解释与法律续造所应追求之规范目的。[15]

11.3.2 效率目的论证

如此一来,经济分析的效率论证可以轻易地转化为目的论证之形式,并运用于法律解释与法律续造。运用经济分析之目的解释方法,包含了经验层面的结果评估,以及规范层面之目的设定。[16]诚如王泽鉴教授所言:"经济效率乃在评估法律适用对于资源配置的影响,应可纳入法律目的解释,而与其他解释方法共同协力,以实现法律的规范意旨。"[17]

经济分析所设定的抽象规范目的是效率。如果采取某个法律解释或进行某种法律续造能够达到提升效率的目的,那么就应该采取这个法律解释或进行此种法律续造。就此而言,效率可以作为证成法律解释或法律续造的理由:如果同一条法律规范(或同一个法律概念)有多种解释可能并存时,那么应该采取最能够提升效率的解释;为了促进效率,有时可以或甚至必须扩张或限缩法律规范的适用范围。[18]

如第 1、9、14 讲所述,效率是经济分析用来评价结果优劣的核心标准,它也是经济分析式法律论证的主要实质理由。本书各论部分会提出更具体可操作的效率定义,以下先具体说明可能事例。

11.3.2.1 自己代理之目的性限缩

第一个例子是《民法典》第 168 条第 1 款之目的性限缩。禁止自己代理的立法目的，在于避免利益冲突，防止代理人作出利自己而损本人之行为，以保护本人利益。然而，在代理行为系使本人纯获法律上利益的情况下（例如法定代理人单纯赠与无行为能力人并移转标的物所有权的案型），则本人与代理人之间并无利害冲突，若此时仍禁止自己代理，反而违背了该条规定保护本人利益之目的，故此时应限缩《民法典》第168条第1款，而使自己代理行为有效。[19]

这个目的性限缩之说理过程，可以轻易用节省制度成本的方式说明。将适用《民法典》第168条第1款（禁止使本人纯获法律上利益之自己代理）与不适用（允许使本人纯获法律上利益之自己代理）的状态两相比较，可以评估得知：两者中都没有人的利益受损（本人与代理人之间无利害冲突，第三人也未受到损害），而且还能让某一人受益（至少本人受益，例如自己代理之赠与合同与物权行为皆有效，使无行为能力之本人获得标的物之所有权）。但在前者，法定代理人必须先赠与给第三人，再让第三人赠与给未成年人。此间不但衍生两次的赠与税，也有寻找第三人作为中介的交易费用。就此而言，此种法律续造可看作是：为了节省交易成本，应该限缩《民法典》第168条第1款之适用范围，使其不适用于使本人纯获法律上利益之自己代理。

11.3.2.2　交付之限缩解释

第二个例子则是《民法典》第604条之"交付"应该如何解释的问题：包括《民法典》第224条、第226条至第228条全部四种交付形态？抑或只包括现实交付和简易交付？[20]如前所述，对于该条之目的（或内部体系）解释是：为了贯彻"利益之所在，危险之所归"的抽象原则，以及为了避免让对标的物无事实上管

| 第 11 讲 | 法经济教义学

领力之人出乎意料地承担标的物毁损灭失之风险，因此应将《民法典》第 604 条之"交付"解释为只包括现实交付与简易交付，但若合同当事人依该条但书合意采用指示交付或占有改定以代交付者，则另当别论。

然而，倘若追问：何以享受利益或对标的物有事实上管领力者即应承担危险？许多法律人的直觉答案可能是：这种风险分配方式比较公平，若未直接占有标的物而无法享受利益者，却要其承担危险，并不公平。但若继续追问，如何判断风险分配或危险负担移转方式是否公平？恐怕不少法律人即在此打住而无法进一步回答。

如果暂且搁置何谓公平的大哉问（这当然绝非不值得回答的问题），经济分析倒是可以从降低风险防范成本的观点，来合理回答为何要对《民法典》第 604 条采取上述之目的解释。透过现实交付或简易交付，取得标的物之直接占有而享有利益之买受人，固然会由于不想丧失其已享有之利益而有激励去防止危险之发生；但以指示交付或占有改定而取得拟制占有之买受人，同样也会因为不想丧失其可期待享有之利益，而有防止危险发生之动机。两者之关键差别，在于控制风险的能力高低：一般而言，相较于对物没有事实上管领力者，直接占有人比较能够有效防止危险之发生，故由其负担危险，最能减少风险实现之概率。

从经济分析的优势风险承担理论[21]，所谓"较有能力控制风险者"，是能够以较低成本预防风险发生者。通过直接交付取得事实上管领力之买受人，通常能以较低的成本采取防止危险发生之措施。相较之下，以观念交付方式而仅取得拟制占有之买受人，由于对标的物无事实上之管领力，若令其负担危险，则其为了防止危险之发生，势必投入较多的成本。因此，按照前述合同法缺省规定之经济理论（第6讲），将《民法典》第604条之"交付"解释为只指现实交付与简易交付，不包括占有改定与指示交付，才能降低两造为防止危险发生投入之总成本，使合同产生的净收益上升。此种解释之好处是，原则上事实上管领力与危险负担结合。而若两者不一致，必然出自当事人有意识的特约之结果，亦即当事人仍可用该条但书采取不同的风险分担方式，另外明白约定采用指示交付或占有改定以代交付。

或问，若是如此，何以民法要规定指示交付或占有改定？答案仍然是节省交易成本。如果民法没有定义指示交付和占有改定，个案中需要拟制交付的当事人，必须花更多文字去定义此种移转占有方式。而若民法有此规定，当事人只需要用四个字就可以描述一种拟制交付。此种立法方式，英文的经济分析文献称为"套餐选项"（menu）——立法者写好选择，交易者就只需要点"一号餐"，而不用描述"火腿汉堡蛋+小可乐+薯饼"。[22]

11.3.2.3 瑕疵担保责任之类推适用

同样与风险承担设计有关的是第三个例子：《民法典》第618条类推适用至出卖人故意宣称标的物具有不存在之优点的案型。"夸大优点"与"隐匿瑕疵"之相似性，在于两者都可能利用买受人对标的物品质效用之认知错误，来误导其缔结合同。而这其实可以从信息成本的角度分析之。

《民法典》第618条使出卖人故意不告知瑕疵时，要负担全部之风险，关键在于信息成本与交易成本。任一买卖标的物都有多个面向的通常品质与效用（例如苹果的外皮颜色、水分含量、质地口感、甜度、大小），而现代社会中的职业出卖人（如苹果大

| 第 11 讲 | 法经济教义学

盘商或市场摊贩）都大量出卖。出卖人要逐一检查每个标的物之品质与效用，成本很高，也不一定可行（果贩不可能每颗苹果咬一口确定口感后出卖）。甚至，要跟每个客户逐一约定标的物的通常品质与效用，也所费不赀。从果农到终端的果贩，只能借由苹果上的标签注明的品种号码，传达此类苹果的平均品质与效用。因此，无论是学理上或现实中，《民法典》第 511 条第 1 款的"通常标准"都不可能是一个**点**的标准，而必然是一个**范围**的标准——在范围内的品质与效用，都不算瑕疵；不到标准下限的品质与效用，才是瑕疵。

所以，出卖人只会在能负担的成本范围内，作贩售前的检查。这对买受人也有利，无限制地检查，会让产品售价上升，甚至让出卖人无以为继，只能退出市场，使买受人无处可买。但检查瑕疵的边际效用递减，在作了一定程度的检查后，更多的查核发现瑕疵的概率越来越低。对买卖双方都合理的做法是，作了一定的瑕疵品管后，先卖再说，真有问题，就双方各退一步，各承担一部分的损失。整体而言，这样最能降低产销过程中的成本，使消费者能用较低价格买得产品。

然而，各退一步，并非《民法典》的预设规范模式。根据《民法典》第 617 条、第 582 条至第 584 条，标的物不符合质量要求时，买受人就可以请求补正、减价或履行利益的损害赔偿。唯有瑕疵出于不可抗力[23]，或双方约定减轻或免除物之担保责任，且卖方无不可取行为时，方得免除或减轻责任（《民法典》第 180 条、第 618 条）。[24] 学者认为，此种合同的严格责任，相较于过错责任，更能追求商事合同的"安全、便捷、迅速处理纠纷"与"利润最大化"。[25] 如果卖方较买方能用更低的成本分散风险或承担风险，合同的严格责任可能有效率。但是否无论商人之间、商人

· 235 ·

与消费者之间、一般人之间的买卖,都符合此种条件,恐怕需要进一步探究。

回到《民法典》第618条之讨论。当瑕疵已经为出卖人所知,表示出卖人无须进一步花费成本,就已经获得有价值信息。换言之,课予此等出卖人严格责任,并不会促使其花费额外资源获取信息,因为信息已经存在(上文担忧因而不存在)。此外,此种以瑕疵品为标的之交易,容易引起后续纠纷,衍生出更多社会成本。而若瑕疵未被发现,出卖人等于获取额外高额利润,若不加以吓阻,会导致存侥幸之心者投注时间在(无效率的)骗人勾当。因此,民法课予此种出卖人严格责任,以维持市场秩序。

最后,回到原本的问题:出卖人故意宣称标的物不存在的品质,是否应类推适用《民法典》第618条?其背后的经济推论与故意不告知瑕疵的情形类似。出卖人本来就已经掌握信息,知晓标的物并无此等品质,故课予其较高的风险,并不会耗费额外搜集信息之成本。尤其在买卖双方信息不对称的情况下,出卖人通常比买受人更清楚标的物之品质如何,或至少能以更低的信息成本得知标的物之品质为何。换言之,在此同样可以运用"最低成本的风险防避者"的考量,来说明何以出卖人故意宣称不存在之优点要与故意不告知瑕疵负同样责任。而夸大不实的说辞,同样容易引来后续纠纷;且若不吓阻,会吸引投机者成为出卖人。因此,出卖人故意宣称标的物不存在的品质,应当类推适用《民法典》第618条。[26]

11.3.3 以二阶方法思考目的竞合

上一小节说明:以效率为基础的经济分析论证,可以通过目

第 11 讲 法经济教义学

的论证之形式,进入法律解释与法律续造;效率同时也可用来说明,为什么要实现某些规范目的(例如合同法中的风险分担设计)。诚然,效率并非唯一之一阶价值/规范目的(第10讲);但即便效率并非某个目的解释所要直接实现之规范目的,效率考量仍可在目的论证中扮演重要角色——除了判断采取哪个法律措施能够以更低的成本达成规范目的之外,效率论证亦有助于精确地解决目的竞合或冲突的问题。

从上述结果取向与目的解释之关联可以看出,目的论证中之"目的",不外乎是某个好的或值得实现之状态。目的实现是利益——不论是个人或整体社会的利益——但目的之实现通常不是全有或全无,而有实现程度高低之别。笔者借用 Alexy 的术语,将规范目的看作是某种原则或价值,将目的论证之大前提"应该实现某个目的 Z"理解为一种"最适化要求"(Optimerungsgebote, optimization requirements,或译"最佳化要求"或"尽力实现之诫命"):应该以尽可能高的程度来实现某个或某组目的、原则或价值。[27] 如此一来,只要稍做转换,经济分析的卡尔多-希克斯效率标准,即可用以解决目的竞合之问题。

以最单纯的两个目的 Z1 与 Z2 竞合来说明。若能在 Z1 保持同样实现程度的前提下,让 Z2 获得更高程度的实现,即属帕累托优越。然而,若要更高地实现 Z2 必须牺牲 Z1 为代价,且 Z1 的实现并非完全不能打折扣(譬如因为 Z1 和 Z2 为抽象位阶相同之规范目的或原则),而法律体系应该尽量追求 Z1 和 Z2(共同)最大限度的实现,法律人就必须作前述的利益衡量,判断实现 Z2 的好处或重要性是否大于 Z1 所受之损害,或足以弥补 Z1 之牺牲。最适化多重目的之利益衡量,正是前述卡尔多-希克斯效率标准,以成本收益分析方式操作（第9讲）。[28]

以卡尔多-希克斯标准来更精确地理解此种目的冲突之利益衡量，会采取如下论证架构：假设目的 Z1 要求采取某个解释 I1，目的 Z2 要求采取另一个解释 I2，但采取其中一种解释必然会减损另一个目的之实现，此时究竟要选择何种解释，即须比较"采取解释 I1"与"采取解释 I2"这两个选项的成本收益总和：在前者的状态，虽能实现 Z1，但必须付出减损 Z2 实现程度的成本；在后者的状态，虽可实现 Z2，但必须以牺牲 Z1 为代价（换言之，Z1 和 Z2 互为对方之机会成本）。按照卡尔多-希克斯标准，即应选择成本收益总和更高的解释选项。[29] 如前所述，在法律解释与续造中，相竞合之目的未必仅限效率与其他价值，或者两种非效率的价值。**但目的竞合之权衡，仍可运用卡尔多-希克斯标准来选择最适化的解决方法**。以下进一步展开此论点：

"最适"（optimality）是经济学广泛运用的概念，和 Alexy 对此词的用法也不谋而合。只要所欲追求之目的大于一个，达成"最适化要求"就必然隐含着权衡（trade-off）或法律人惯称之利益衡量（也就是狭义的比例原则）[30]：即使法律人置单纯的金钱/预算花费于不顾，也常常必须权衡无法兼得之复数权利或多种可欲目的，而实现、保护任何目的（或权利）都必然有机会成本。实现某个目的，通常也会对其他目的之实现造成负面影响，或导致牺牲其他目的之负面效果[31]；此时就不得不比较实现目的所带来的效益及其所造成的机会成本。

最适化要求乃是"原则"的一般性特征，即便是效率以外的法律原则或价值，同样具有最适化要求的规范结构。因此，在追求不同原则之最适实现时，若碰到目的竞合而需进行衡量，仍不

| 第 11 讲 | 法经济教义学

免以利益衡量方式来决定各目的所欲实现之程度。换言之，即使论者不考虑效率，只追求所得分配等其他价值，在目的竞合时仍必须引入经济分析的核心思维方式（即"最适"、利益衡量）。如果认为效率以外的法律原则或规范价值如所得分配，本来就内建了利益衡量的思维（例如采取效益论的正义观），则效率与其他一阶价值之争，很大部分就只是语词之争、标签之争，而非实质分析方式的根本差异，这是因为最适化要求本来就是任何原则或价值的实现方式，而最适化要求无法避免作成本收益分析。

目的价值冲突时，达成最适化要求的具体经济方法，本书主张最适解决方案是卡尔多-希克斯标准（及其包含的成本收益分析），追求二阶价值极大。法学迫切需要明确的方法论，处理目的价值冲突，因为法律解释与续造经常涉及目的或利益衡量。[32]

物权类型法定原则（《民法典》第116条）、物权类型自由创设原则、两者折中，哪一种方式较好，就可以利用二阶效率的思维处理目的竞合问题。限于篇幅，也因为此问题的相关经济分析论述甚多[33]，本讲不具体论述如何以经济分析方法取舍物权类型法定原则之目的竞合问题。本章所欲论述的重点是：其他的分析工具，并未提供目的竞合时的分析指引。不断折中并不当然让法律解释完成"最适化要求"的诫命。经济分析一以贯之的成本收益分析工具，则可以帮助法律解释者作清晰的推论。

11.3.4 效率不会变成唯一价值

本书以二阶价值极大（卡尔多-希克斯福利标准）作为权衡目的竞合的后设方法，和本书主张一阶层次的效率不是法律唯一的价值，并无冲突。以二阶价值解决目的冲突，不会排除其他价值。兹以动产所有权善意取得为例：如王泽鉴教授所言，此问题"涉及二个民法上的基本利益或价值：一为所有权的保护，一为交易安全"。[34]因为有此种目的冲突，《民法典》第311条至第312条在保护原占有人和受让人之间拉扯。如果由经济分析着手，则认为善意取得制度最终目的是增进效率（一阶价值），也就是保护较能利用系争物之人（但此人不一定是原占有人或受让人）（本书第15讲）。在传统民法方法论底下，并不着眼于促进效率。但即令传统民法方法论不保护效率，**仍需处理目的冲突问题**。二阶思维是认为所有权保护与交易安全都值得追求，但注定不可能同时完美追求两者，所以必须权衡。如果过于保护所有权，将大大有害交易安全，就应该不要这保护所有权。反之，如果执着于保护交易安全到底，将使所有权保护丧失殆尽，就应该让交易安全稍稍退让。

二阶方法不是用以评价所有权的保护、交易安全两种目的是否正当，而是在肯定两种目的均有正当性的前提下，因既有法律解释方法面临多重目的竞合冲突时，权衡利弊得失，以作出最妥适的目的解释结论。 即使是效率之目的解释，也不会抹杀其他价值理论（公平、正义、分配等）作为目的解释之正当性，而是提出效率观点作为可参酌的解释目的之一。进一步言之，卡尔多-希克斯福利标准作为衡量方法，企图使相竞合之数个目的都能获得最佳实现，反而才是全盘考量不同价值或目的之整全做法。用更白话的方法说，**卡尔多-希克斯福利标准是用最少的代价追求最大限度地实现一阶层次的所有价值。**

此种一阶价值冲突的事例，绝不止上例一端。《民法典》第5条、第6条要求民事活动必须遵循自愿原则与公平原则，但当事人自愿的民事关系，不一定公平。此时也需要二阶方法以解决目

第11讲 法经济教义学

的冲突。

由此可知,即使论者不赞成本章所言,将效率当成民法追求的其中一个目的,也不当然是反对二阶效率的思维。多重目的之权衡,是民法学本来就有的思维工具,只是之前此种权衡没有以二阶效率的概念表述而已。

那么,如果立法者明确采取反对效率的立场,效率是否还能作为后设方法?此处仍应区分一阶效率和二阶效率。从立法过程,甚至法律文字,确实有可能看出立法者不在意一阶层次的效率,而在乎其他价值的立法意图。此时,自然难以通过文义解释和历史解释引入效率。然而,作为后设方法的是二阶效率,很难想象立法者会明示或暗示不接受卡尔多-希克斯福利标准。当然,如果立法者、立宪者确实采纳了异于卡尔多-希克斯标准的准绳,则解释者仍然需要后设方法,但就不是二阶效率。

11.4 体系解释与经济分析

11.4.1 外部体系一致性的批评

然而,基于体系的批评是否(以及在多大范围内)能够成立,跟体系的概念与功能相关。如前所述,德国主流的法学方法论将"体系"区分为内部体系与外部体系。外部体系是由概念位阶所形成的体系,而运用经济分析的法律解释或法律续造,可能突破外部体系造成概念使用的不一致;例如前述关于合同法上的"交付"的解释,就与物权法上的"交付"概念不同。

不过，这种批评并不只针对经济分析，其实同样适用于传统法学方法的目的论证——为了实现某个规范目的（即便不是效率）而可能影响外部体系的一致性。但当代以评价法学为主流的法学方法论，多不将概念一致性视为绝对的要求，例如王泽鉴教授即认为法律概念具有相对性，"法律体系上的地位，仅为解释法律的一项方法，并非绝对"。[35]

唯此一批评若要成立，仍需着眼于外部体系的功能：首先，概念形成的作用在于储藏价值共识，减轻思维的工作负担[36]；其次，由概念位阶所构成之外部体系，具有较高的可综览性，便利法官找法及用法，有助于提升裁判之可预见性与法安定性。[37]可以清楚地看出，外部体系的功用仍可从效率观点来理解：法律概念的储藏价值功能，可以让适用法律者不必每次都重新进行价值衡量的工作，有助于降低决策成本；体系编纂的便利性，则能大幅降低法官寻找可适用法律过程中的搜寻成本。[38]

因此，真正的问题在于：经济效率取向的法律解释是否会阻碍外部体系发挥其作用？答案应该是否定的。将经济分析整合至文义、历史、目的解释当中，并未动摇到外部体系的基本结构（例如法律行为的抽象概念体系）。经济分析取向的解释，仍然是以构成外部体系基本要素的法律概念作为解释对象。

再者，经济分析取向的法律解释，具有补充外部体系的功能：

首先，即便概念具有储藏价值的功能，也非一劳永逸，从此无须再考量价值问题。由于情事变更或立法者的疏忽等种种因素，法律概念可能过分抽象化而有过度涵盖（overinclusive）的问题（例如上述交付与自己代理的例子），也可能因过分具体化而有涵盖不足（underinclusive）的问题（例如上述故意夸大品质的案型).³⁹ 此时若过分执着于概念使用的一致性，反而有碍于某些价值之贯彻或甚至有价值判断失衡之虞。上节例示以效率为目的之法律解释与法律续造，以及解决目的竞合之效率考量，正是用来调整概念涵盖范围过广或过狭，以最适化实现概念背后之价值的做法。

其次，并非所有法律概念都已完备地储藏价值。如前所述，许多具有语意开放结构的不确定法律概念，在适用时都还是必须进行一定的价值判断。⁴⁰ 当这些价值判断涉及成本收益分析（例如上述之"补偿""需费过巨"等）时，引入经济分析的解释工具作为评价标准，才能真正充实这些概念的评价内涵。

11.4.2　内部体系的批评：效率是外在价值吗？

目的解释是经济分析进入法学方法的主要通道，但来自内部体系的批评则质疑效率作为规范目的之正当性。这个批评认为，法律适用、解释与续造之目的或评价标准，必须是内在于法律体系的价值或原则，但效率只是外在价值，而非法律体系的内在目的。⁴¹

从二阶效率的角度来看，如果法律原则的规范结构乃是最适化要求，则任何法律原则的适用都内建了效率的要素。但上述内部体系的批评，所质疑的是一阶效率本身是否有资格作为法律原则，亦即在法律解释或续造中诉诸效率作为规范目的之问题。⁴²

针对内部体系的批评，首先必须指出，法律体系的"内在"价值或原则，其实是个需要厘清的概念。所谓"内在"原则，有至少两种可能的理解方式：

第一种是通过法律的明文规定，将某些价值或原则转化为实证法规范安置于法律体系当中。[43]典型的例子是《德国基本法》中包含了民主、平等、自由、法治国与社会国等原则，或像《反垄断法》第1条规定，明白揭示维护交易秩序与消费者利益、确保自由与公平竞争等竞争法基本原则。但若是以这种方式来理解何谓"内在"原则，则除了公序良俗与诚信原则之外，多数民法典大概没有安置多少法律原则在其中。中国或许是例外，《民法典》第9条"利于节约资源"之规定，被学者解释为"社会成本极小化"。[44]（同样或类似的文字，也出现在《民法典》第286条、第346条、第509条，所以节约资源在《民法典》中应属立法者念兹在兹之目的。）也有认为，《民法典》第206条"实行社会主义市场经济"之规定，也可以解释为内含了效率的价值。[45]

当传统法学方法论谈及法律体系的内在价值或原则时，通常是以另一种方式来理解何谓"内在"原则：所谓法律体系的内在原则，乃是从数个不同但有类似意旨的具体法律规定，所抽象归纳得出的一般性原则。例如，从表见代理、善意取得、表见让与等规定可归纳出一条共同原则："为维护交易安全，必须保护第三人对由真正权利人或本人所造成之表见事实的信赖。"[46]

这种从数个实定法规定抽象得出法律原则的方式，传统法学方法论常称之为"归纳法"（Induktion）。[47]但这是相当不准确的说法：所谓归纳法，乃是观察反复出现的相同现象以得到普遍性通则的方法（例如观察上百或上千只天鹅后归纳得出"所有的天鹅都是白的"），但法学方法论的"归纳法"则是由区区几个条文规定就可得出一般性的原则。再者，由归纳法得到之普遍通则具有经验上的否证可能性（只要找到一只黑天鹅，则"所有天鹅都是白的"这个陈述即被证伪），而一条法律原则即便常有反例，在

| 第 11 讲 | 法经济教义学

某些个案中会与其他原则相冲突而必须退让,也不会因此就无效或失去其法律拘束力(例如,虽然所有权保护有时胜过维护交易安全,也不会使得后者失去法律原则的地位)。[48]

姑且不论"归纳法"这个用语是否妥当,它其实只是用来发现或获得一般法律原则的一种捷思(heuristic)方法;即便所谓"内在"原则乃是由归纳法所得到,但法学的"归纳法"本身并未说明:这些内在原则之规范性或合理性从何而来?它们与作为"归纳"基础的具体法律规定之间的关联为何?

传统法学方法论通常诉诸一些更抽象的原则或上位价值来回答第一个问题,亦即内在原则乃是某些上位价值的具体化,后者可以证成前者,所谓"内部体系"乃是由上位价值或原则的逐步具体化所形成之位阶秩序。[49]倘若如此,从这一点正可以论证,效率原则仍然是民法的"内在"价值或原则:大多数民事财产法原则都可视为效率原则之具体化,或可借由效率来说明其合理性何在。[50]

以信赖保护原则为例,为何信赖应予保护,黄茂荣教授认为:"因为以自己之行为引起他人善意之信赖者,倘他人因该信赖而有损害发生,该引起信赖者,比该信赖者较能防止该损害发生。"[51]这显然与优势风险承担理论相通:引起信赖者通常能够以较低成本来防止或控制损害之发生。同样地,如前所述,为何标的物之风险应由对其有事实上管领力之人来承担,也可以由降低风险防范成本的观点来证成。

事实上,民法中的过失责任与危险责任等归责原则,均涉及损害风险的分配与损害预防的成本问题,基本上都可以诉诸效率原则予以证成[52],也都是优势风险承担理论最能发挥之处。法经济分析中知名之汉德公式（Learned Hand formula），即通过比较加害人所需投入预防成本与被害人可能损失之价值，来判断侵权行为法之过失。汉德公式已为民法权威王泽鉴教授采纳为判断过失之考虑因素。[53]

危险责任属于损害与风险之分配或分散问题。依王泽鉴教授之见，危险责任之归责理由在于：一般而言，仅持有或经营具有危险之物品、设施或活动之人（或企业）能够控制危险，而因危险责任所生之损害赔偿，得经由商品服务之价格机能及保险制度予以分散，是故依"享受利益者，应负担责任"之正义要求，课予其无过失责任。[54] 本章之前曾指出：何以正义要求"享受利益者也需负担危险责任"，并不容易回答。但从优势风险承担理论可以合理地说明危险责任制度之意旨何在：危险来源之制造者，能够以较低成本来控制或分散危险，故令其负担责任，是减少危险发生之有效率方式。

即便不从优势风险承担理论着眼，从经济分析的观点来看，信赖保护原则亦与第三人信息成本问题密切相关。盖若不对第三人之善意信赖予以保护，则其必将耗费更多第三人信息成本，以查证与其交易之相对人究竟是否为真正权利人或有权代理人，从而有碍交易之迅速有效进行；因此，信赖保护之目的，乃是为了节省第三人信息成本，亦即尽可能最小化交易成本以提升资源配置效益。[55]

至于物权类型法定原则，其主要理由也是降低第三人信息成本：物权类型自由创设会大大增加市场上交易者之信息成本，动产或不动产若带有各式内容之物权，就需要耗费更多时间去探知理解；理解物权习惯之诞生，关键亦在于第三人信息成本。[56] 同

第 11 讲 法经济教义学

理,法安定性与明确性原则也与成本问题相关:法律的不安定或不明确,将导致信息成本或决策成本的增加。[57]

作为民法核心基础的私治自治原则,同样建立在经济分析的理论基础之上:理性自利的行为人,在自由市场中通过自愿交易,自主决定彼此间的私法关系,能使劳力与资本等资源配置效益最大化,乃是民法学与经济学的共同常识。[58] 较有疑问者,为保护无行为能力与限制行为能力人(例如未成年人保护原则)是否构成效率原则之反例。

对无行为能力与限制行为能力人之保护,虽然限制了交易自由,但其并非与效率相对立,反而是有效率之民法制度的必要前提:法律行为之当事人必须有充分自主决定能力,才能真正确保交易之有效率。当然,现行制度以年龄作为区分当事人是否具备完全行为能力之标准,在某些个案中可能减损效率,因为某些未成年人已具有充分的识别决定能力。然而,若行为能力之有无,完全系诸个别当事人之识别能力,反而会提升交易之风险与成本。这同样可以从信息成本的角度来理解:进行交易的当事人需要简单明确的一般性标准来判断相对人之行为能力,倘若没有这样的标准,就需要花费不少信息成本去确定相对人是否的确具有行为能力,而以年龄为标准来区别行为能力之有无及其范围,正是有助于降低信息成本的一种制度设计方式。[59] 相对地,在侵权法中就没有此种需要明确标准以降低交易成本的必要,故此可说明何以侵权行为系以识别能力(而非行为能力)之有无来判定责任能力。

以上略举数例说明,民事财产法的"内在"原则,其规范性或合理性大多可以归结至效率原则。本章并不反对以所谓"归纳法"作为发现法律原则的方式,但内部体系的重点在于,法律原则必须具有说明（explain）的面向与证成（justification）的作用：一项原则之所以是法律原则，并不仅仅由于它能够从具体法律规定所"归纳"得出，更在于它能够说明，既有的制度规定所欲达到之目的或所要发挥之功能为何，从而可以证成为何会有这样的制度设计或规定内容。[60]以效率作为民法基本原则之上位原则，有助于清楚掌握各项制度规定之目的与功能，强化内在原则的说明力道，同时也能为民事财产法之制度规定提出广泛且一贯的证成方式。[61]就此而言，效率并非法律体系的外在价值，反而可以构成民法内部体系的统一性基础。[62]

11.5 经济分析作为后设方法

上文举出数个例子说明经济分析式文义解释，是在**文义开放结构的可能范围内**，运用经济分析方法，作出促进效率之解释。此种情境下使用经济分析，应该争论较小。但诉诸经济效率之目的解释或法律续造，可能会得到与（诉诸日常语言意义的）文义解释不同的结果，或甚至必须作出逾越或违背文义之决定（例如目的性扩张与限缩）；此时即涉及关于解释方法运用及顺序之后设方法论问题。

如前所述，为什么要采取某个解释方法，仍然是结果导向的考量——采取这个解释方法，能够达到某个好的结果，亦即实现某些高阶的价值、目的或原则。因此，后设方法论的说理，乃是后设目的或结果论证。解释方法的顺序问题，取决于解释方法的结果分析与高阶目的或价值的衡量。[63]如此一来，上述解决目的竞合冲突之二阶效率考量，就会在后设方法论的层次再度登场。差

第 11 讲 法经济教义学

别在于,前文探讨者乃"目的"冲突时的权衡问题,本节探讨者乃"法律解释方法"得出不同解释结论时的选择问题。

以通常认为之文义解释的初步优先性为例。一般认为,在语意论证足以确定结果的案件中,文意解释具有优先性,是为了确保法官受制定法拘束,以实现权力分立与民主原则的要求,并且能够提升法的安定性与可预见性。但这同样可以从成本收益的效率角度来理解:在法律不违宪的前提下,法院接受立法者的制定法所包含的价值与做法,自己不再重新进行价值权衡判断,直接依据法律文义作出决定,显然是比较能够节省劳力、时间等成本的有效率论证方式。

以合同法为例,法院对缺省规定的稳定文义解释,有助于当事人预先安排。即使对缺省规定之文义解释某些时候可能很离谱,当事人仍可用特约改变之。就算当事人没有用事前特约改变之,当事后知道法院的稳定见解后,也可以尽快和解,以节省诉讼的耗费——这不但是私人成本,也是社会成本。就此而言,文义解释的优先性,至少有部分(虽非全部)的一阶效率意涵。换另一个角度说,文义解释的初步优先地位,来自长期实践后,或理论推测下,合于经济效率的推测。

然而,在语意论证无法确定结果的情况下,亦即待解释之概念具有开放结构,或在文义范围内容许多种解释可能时,法安定性与权力分立原则的论证力道就减弱了:在这种情况下,法官无法单凭语意论据确定法律效果,甚至可能也不清楚立法者所预设的解决方案为何;若认为只要在文义范围内,即可各凭己意采取任一可能的解释选项,容易导致同案不同判,反而有害于法的安定性与可预见性。

由此可见，文义解释与其他解释方法其实没有真正的冲突：在语意不确定的情况下，文义解释无法确定结果，引入其他解释方法正是为了精确化概念的意义内涵，以非恣意的方式来决定要采取哪一个解释选项；而不论引进何种解释方法（历史、体系或目的），都带有结果考量的面向：如前所述，采取历史解释是以遵从立法者意旨的方式来实现权力分立原则的要求，采取目的解释则是为了达到利益与资源的公平分配或有效运用。换言之，在这种情况下，引进文义以外的解释方法未必损及法的安定性与可预见性，但同时更能促进其他高阶价值或原则的实现；这显然也是运用前述"最适化要求"思维方式之适例。

然而，本讲已指出，由于解释方法之多样性，以及各种解释方法本身就带有不确定性，引进文义以外之解释方法，仍然要面临（文义之外的）解释方法选择，以及法律解释的不确定性问题。如前所述，后设方法论的真正问题，**不在于解释方法之间如何优先排序，而在于评价各个可能解释选项孰优孰劣**。如果作为选择依据之评价标准足够明确，则因解释不确定性对法的安定性或可预见性所造成之负面影响即可降到最低。但解释选择的明确评价标准为何，一直是传统法学方法论悬而未决的问题[64]；毋庸讳言，经济分析所提出之效率标准（尤其是处理衡量问题的二阶效率判准），正可补充法教义学在后设方法的不足，作为选择法律解释的明确评价标准之一。

试以"动物占有人"所应负的动物侵权责任如何解释为例。王泽鉴教授曾经指出，过往学说至少有五种不同见解：或包括直接占有人、间接占有人、占有辅助人；或指直接占有人与间接占有人；或仅指直接占有人；或只包括直接占有人与占有辅助人；或仅指为自己利益而使用该动物之人。这些不同见解各自都可从

| 第11讲 | 法经济教义学

文义、体系、目的等解释方法得出。至于该采何种解释，与其抽象讨论解释方法之适用顺序，毋宁如王泽鉴教授所言："**关键问题在其判断标准**。依本条但书规定……可知系以事实上管领力为判断标准。"[65] 但为何需以事实上管领力作为判断标准？借鉴前述限缩解释"交付"之经济分析观点，此亦基于降低风险防范成本的考量：对动物有事实上管领力者（直接占有人与占有辅助人），通常能够以较低成本来预防动物伤害他人之风险。准此，将"动物占有人"理解为直接占有人与占有辅助人，而不包括间接占有人，显然更能提升（资源配置）效率，而为较佳的解释选择。[66]

文义解释与其他论证形式之间真正会发生冲突之处，在于法律续造之许可性的问题。由于法律续造逾越或违反制定法的文义，故其必然偏离或推翻了语意论据所确定之结果。如前所述，这涉及支持文义解释之法的安定性、可预见性与权力分立原则，以及法律续造所要实现之目的（不论是否直接诉诸效率作为续造之规范目的）之间如何取舍衡量的问题。前者之比重在各个法领域有所不同。在《刑法》领域，法的安定性和可预见性就非常重要，这表现在罪刑法定主义的要求之上，不允许法官造法类推适用人人于罪。但在民法领域，就未必如此。法律续造或许会带来某些出乎意料之结果，但未必总是不能接受。

以前述的几个例子而言，故意夸大品质之出卖人，本就可以料到买受人发现标的物原形之后会引来后续纠纷。此时，法院应类推适用《民法典》第618条，即使"当事人约定减轻或者免除出卖人对标的物瑕疵承担的责任"，也令"出卖人无权主张减轻或者免除责任"。

课予其同样的损害赔偿责任，只是在吓阻其投机侥幸，不仅不会增加信息成本，反而有助于避免后续衍生之社会成本。邻地所有人，可能并不在乎谁是袋地所有人，谁是承租人，而只在乎利用袋地之人在何种条件下能通过其地，若因此受到损害又能请求多少补偿金。在这些例子中，法的安定性或可预见性之相对重要性较低，即使有负面影响，也相当轻微[67]；但若不进行法律续造，其他价值或目的（提升资源配置效益、降低制度成本等）将无法获得实现，由此举隅可见，在民法领域允许法律续造往往才是有效率的做法。[68]

对于法律适用者（如法官）而言，后设方法不可或缺，因为法律解释过程，始终都需面对有另一种决定的可能，亦即不同决定选项并存的问题：在文义范围内有多种解释可能时要选择哪一种？就算语意论据可以确定法律效果，也总是有逾越或违反文义之法律续造的可能，此时究竟是要因循文义解释，还是进行法律续造？

因此，后设方法论的核心工作就在于，**面对不同选择可能性时，提出一套评价选择的程序或标准**。经济分析式的后设方法论，采用二阶效率判准，其实与传统的解释方法并不冲突，两者可视为一个整体工作的两阶段：

在第一阶段，要**考量各种解释方法，尽可能找出可供选择的不同解释选项**[69]；

在第二阶段，则是**评估这些选项会带来的结果，再进行成本收益分析以决定要采取哪一个选项**，这个阶段大致包含以下几个步骤[70]：

首先是预测不同决定选项所可能导致的结果。如前所述，结果预测主要属于经验面向的实证研究工作；实证社会科学研究可

第11讲 法经济教义学

用于估计不同的法律解释选项对行为人的可能影响。

其次则是结果评估的工作。每个可能的选项通常都有正面与负面的效果，故此处的工作主要是评估各个选项的机会成本：采取某个选项（解释或续造）会带来某种好处（实现某种价值或某个目的），但也可能因此放弃了采取其他选项所会带来的利益（或者会对其他价值或目的带来负面影响）。如前所述，运用二阶效率判准的成本收益分析，可以作出一定的比较排序，找出最适的决定选项。

目的权衡是在二阶层次的价值权衡，而本书并未宣称经济分析是二阶层次唯一的方法。若以其他方法作为后设方法，则可能不评估解释选项的后果，或者以其他理论（例如社会学或人类学）评估与预测后果；再以其他方法的评价标准，决定最适的选项。但除非真的主张解释选项的后果评估不重要，否则经济分析或其他社会科学方法，必然要在预测和结果评估的工作中，扮演一定角色。准此，后设方法虽不当然由经济学所独占，但至少有部分是社会科学的。

本讲参考文献

1. 李志刚：《法经济学在民商审判实务中司法运用——角度与限度》，载《人大法律评论》2017年第1期。李志刚是最高人民法院法官。
2. 关于语意的悠游空间，参考Robert Alexy, "Die logische Analyse juristischer Entscheidungen", in: Alexy, Recht, Vernunft, Diskurs,

1995, S. 13（24）; Hans-Joachim Koch, "Über juristisch-dogmatisches Argumentieren im Staatsrecht", in: Koch (Hrsg.), Seminar: Die juristische Methode im Staatsrecht, 1977, S. 15 (29 ff.). 文义的开放结构则见 H. L. A. Hart, *The Concept of Law*, Oxfrod University Press 2012, pp. 124-136.

3　Hans-Joachim Koch/Helmut Rüßmann, Juristische Begründungslehre, 1982, S. 191 ff.

4　此外，Manfred Wolf:《德国物权法》，吴越、李大雪译，韦伯文化2006年版，第295页; Fritz Baur、Jürgen F. Baur、Rolf Stürner:《德国物权法（下册）》，法律出版社2006年版，第449页，也都没有提到越界建筑所产生的地租（Rente）应该如何计算。德国的注释书有认为: 以越界时遭占有面积之交易价格为准，邻地所有人如已有具体兴建计划，得作为提高地租之判断因素（Staudinger/ Althammer/Roth, BGB, 2016, § 912 Rn. 46-47; MüKo/Gaier, BGB, 6. Aufl. 2013, § 912 Rn. 31); 也有认为: 对邻地所有人因容忍义务致使用利益丧失之补偿（Palandt/Herrler, BGB, 77. Aufl. 2018, § 912 Rn. 13）。这两种见解应该可以解释为市场租金，但没有说明为何应采取市场租金。

5　判决实务上有发现，租约终止争议以市场租金计算不当得利。如: 长春市中级人民法院（2017）吉01民终649号判决、金华市中级人民法院（2011）浙金商终字第235号判决。

6　See William M. Landes and Richard A. Posner, "The Economics of Legal Disputes over the Ownership of Works of Art and Other Collectibles", in Victor Ginsburgh and Pierre-Michel Menger, *Essays in the Economics of the Arts*, Elsevier 1996, pp. 190-191.

7　关于经济分析可以精确化概括条款与不确定法律概念，可见 Ladeur, Die rechtswissenschaftliche Methodendiskussion und die Bewältigung des gesellschaftlichen Wandels: Zugleich ein Beitrag zur Bedeutung der ökonomischen Analyse des Rechts, RabelsZ 64 (2000), S. 91 f.; Thomas M. J. Möllers, Juristische Methodenlehre, 2017, S. 185.

第 11 讲 法经济教义学

8   最高人民法院民法典贯彻实施工作领导小组:《中华人民共和国民法典合同编理解与适用》,人民法院出版社 2020 年版,第 1394 页。
9   最高人民法院民法典贯彻实施工作领导小组,同注 8,第 639 页。
10 雷磊指出,"基于后果的论证完全可能进入教义学论证过程中,成为特定法教义主张得以形成的论据……法教义学并非绝对排斥后果考量,只是不赞同将后果视为凌驾于其他一切标准之上的终极标准"。雷磊:《法教义学:关于十组问题的思考》,载《社会科学研究》2021 年第 2 期。
11 Horst Eidenmüller, Effizienz als Rechtsprinzip, 4. Aufl., 2015, S. 1 ff.
12 Horst Eidenmüller, Effizienz als Rechtsprinzip, 4. Aufl., 2015, S. 3, 397 ff.; Hans-Bernd Schäfer/Claus Ott, Lehrbuch der ökonomische Analyse des Zivilrechts, 5. Aufl., 2012, S. 4 ff.; Anne van Aaken, "Rational Choice" in der Rechtswissenschaft, 2003; Hans-Peter Schwintowski, Ökonomische Theorie des Rechts, JZ 1998, S. 581 S. 169 ff.
13 王鹏翔、张永健:《经验面向的规范意义——论实证研究在法学中的角色》,载《"中研院"法学期刊》2015 年第 17 期。
14 Horst Eidenmüller, Effizienz als Rechtsprinzip, 4. Aufl., 2015, S. 4 ff.; Hans-Bernd Schäfer/Claus Ott, Lehrbuch der ökonomische Analyse des Zivilrechts, 5. Aufl., 2012, S. 11 ff.; Claus Ott/Hans-Bernd Schäfer, Die ökonomische Analyse des Rechts-Irrweg oder Chance wissenschaftlicher Rechtserkenntnis?, JZ 1988, S. 217 ff.; Kirchner/Koch, Norminterpretation und ökonomische Analyse des Rechts, Analyse und Kritik 11 (1989), S. 114 ff.
15 关于目的论证与结果考量的问题,另参考 Hans-Joachim Koch/Helmut Rüßmann, Juristische Begründungslehre, 1982, S. 221 ff. 请注意:在此只是强调,经济分析的效率原则可以作为一种目的论证之形式进入法律解释与法律续造,并非主张凡是目的论证就一定是经济效率的思考方式。此外,此处之目的论证没有任何形而上学的意涵,本章所理解之"目的论",乃是以行为所产生的好处或利益,来界定行为之正当或应当与否的理论,see John Rawls, A Theory of Justice, Harvard University Press 1999,

pp. 21-23. 按照这种理解方式，结果取向的经济分析理论也可视为具有目的论之结构，see John Broome, *Weighing Goods: Equality, Uncertainty and Time*, Wiley-Blackwell 1991, pp. 6-16.

16 Thomas M. J. Möllers, Juristische Methodenlehre, 2017, S. 181.

17 王泽鉴：《民法物权》（第2版），自刊2010年版，第25页。

18 关于效率导向的法律解释与法律续造，参考 Horst Eidenmüller, Effizienz als Rechtsprinzip, 4. Aufl., 2015, S. 450；Lieth, Die Ökonomische Analyse des Rechts im Spiegelbild klassischer Argumentationsrestriktionen des Rechts und seiner Methodenlehre, 2007, S. 96 ff.; Kirchner/Koch, Norminterpretation und ökonomische Analyse des Rechts, Analyse und Kritik 11 (1989), S. 121 ff.; Ott, Allokationseffizienz, Rechtsdogmatik und Rechtsprechung-die immanente ökonomische Rationalität des Zivilrechts, in: Allokationseffizienz in der Rechtsordnung, 1989, S. 25 (38 ff.).

19 马新彦：《民法总则代理立法研究》，载《法学家》2016年第5期；于程远：《从风险规避到实质保护——目的论视角下对自我交易规则的重新建构》，载《政法论坛》2018年第2期（赞同福建省高级人民法院2009年闽终字第745号判决见解，自己代理若不损害被代理人利益，即应为有效）；耿林、崔建远：《民法总则应当如何设计代理制度》，载《法律适用》2016年第5期。

20 吴香香：《〈合同法〉第142条（交付移转风险）评注》，载《法学家》2019年第3期 [肯定占有改定与返还请求权让与以代交付（指示交付）能移转买卖价金风险，但前提是买受人已取得（经济上的）收益权。提到最高人民法院民事审判庭第一庭：《最高人民法院关于审理商品房买卖合同纠纷案件司法解释的理解与适用》，人民法院出版社2015年版，第145、148页也承认观念交付可移转价金风险]。

21 关于优势风险承担理论在德国合同法上的运用，亦参考 Hans-Bernd Schäfer/Claus Ott, Lehrbuch der ökonomische Analyse des Zivilrechts, 5. Aufl., 2012, S. 442 ff.

| 第11讲 | 法经济教义学

22 经典英文文献，see Ian Ayres, "Menus Matter", *U. Chi. L. Rev.* 73 (2006)。

23 请注意桑本谦的论点：因不可抗力而免责的说法不确切，因为不可抗力已经造成了损失，因此必然有损失如何分担的问题。而损失分担必须通过比较合同双方当事人控制意外风险的成本才能确定，而非一律让给付义务人"免责"。至少，应当允许当事人自行约定不可抗力的风险分担。桑本谦：《缺省规则与法律背后的合约》，载《现代法学》2020年第5期。笔者的少作也讨论过这个问题。张永健：《论给付不能之分类与归责问题》，载《法令月刊》2003年第6期。

24 周友军：《论出卖人的物的瑕疵担保责任》，载《法学论坛》2014年第1期；张伟：《论买卖合同的瑕疵担保责任》，载《河北法学》2007年第2期。

25 韩世远：《合同法总论》（第2版），法律出版社2008年版，第531页；王利明：《合同法研究：第二卷》（第2版），中国人民大学出版社2011年版，第439页。

26 关于信息落差及最低成本防范者在法律中的例子，亦见 Thomas M. J. Möllers, Juristische Methodenlehre, 2017, S. 189.

27 此乃 Alexy 原则理论（Prinzipientheorie）的核心主张，原被用来刻画基本权利的规范结构与解决基本权利相冲突的衡量问题，见 Alexy, Theorie der Grundrechte, 1986, S. 75 ff. 中文文献请参考王鹏翔：《论基本权的规范结构》，载《台大法学论丛》2005年第2期。关于规范目的之实现作为最佳化要求，则见 Robert Alexy, "On the Structure of Legal Principles", *Ratio Juris* 13 (2000); Anne van Aaken, "Rational Choice" in der Rechtswissenschaft, 2003; Hans-Peter Schwintowski, Ökonomische Theorie des Rechts, JZ 1998, S. 154, 315 ff.

28 Alexy 曾提出一条衡量法则（Abwägungsgesetz）来刻画利益衡量的说理结构："对相冲突的原则 P1 与 P2 而言，若 P1 不被实现或被侵害的程度越高，则 P2 实现的重要性就必须随之越高。" Robert Alexy, "On the Structure of Legal Principles", *Ratio Juris* 13 (2000), S. 146。衡量法则

背后的想法是：若要正当化对于某项原则 P1 的限制或干预，亦即优先实现相冲突的原则 P2，则后者获得实现的利益或重要性必须大过前者所受的损害。这显然仍与卡尔多–希克斯效率若合符节。

29 值得强调者，目的 Z1 的成本收益与目的 Z2 的成本收益，必然牵涉到权重（weights）配置（例如建立基本权价值在个案中的优先级，将各种目的之重要性排序），因此当然是规范论证、价值取舍。但此种法律论证活动的规范性，并不意味着此种论证全无实然分析之空间。

30 最适化要求蕴含了比例原则，乃是 Alexy 原则理论的定理，Alexy 本人除了自承适当性与必要性原则表达了帕累托最优的想法（Alexy, *supra* note 27, p. 298），也运用了一些简单的经济学概念来刻画衡量的说理结构，详见 Robert Alexy, "On the Structure of Legal Principles", *Ratio Juris* 13 (2000), S. 100 ff., 145 ff. 关于 Alexy 比例原则理论的完整批评，见本书第 13 讲。

31 传统儒家思想中的"尔爱其羊，我爱其礼"，同样反映了多重可欲目的之权衡必要。

32 如，王泽鉴：《法律思维与民法实例》，自刊 2011 年版，第 282—287 页；Larenz, Methodenlehre der Rechtswissenschaft, 6. Aufl., 1991, S. 404 ff.

33 张永健：《法经济分析：方法论与物权法应用》，元照出版公司 2021 年版，第 191—256 页。

34 王泽鉴，同注 17，第 597 页。

35 王泽鉴，同注 32，第 270 页。

36 关于概念经济（economy of concept），以及在物权问题之应用：张永健：《占有规范之法理分析》，载《台大法学论丛》2013 年特刊。

37 黄茂荣：《法学方法与现代民法》（第 6 版），自刊 2009 年版，第 84—94、697—698 页；Aulis Aarnio, *Essays on the Doctrinal Study of Law*, Springer 2011, p. 177.

38 关于外部体系的效率，可见苏永钦：《寻找新民法》，元照出版公司 2008 年版，第 17—18 页。

| 第 11 讲 | 法经济教义学

39 关于概念之过度抽象化与过度具体化问题:黄茂荣,同注 37,第 97—128 页。
40 传统法学方法论的代表者 Larenz 将这种概念称为"类型",见 Larenz, Methodenlehre der Rechtswissenschaft, 6. Aufl., 1991, S. 460 ff. 对于类型论的批评,请参考王鹏翔:《论涵摄的逻辑结构》,载《成大法学》2005 年第 9 期。
41 但请比较雷磊:《法教义学的基本立场》,载《中外法学》2015 年第 1 期。雷磊承继 Alexy 关于法律体系开放性的看法,认为法教义学同样不可避免引入社科知识与价值判断。
42 此项质疑,可见 Kramer, Juristische Methodenlehre, 3. Aufl., 2010, S. 255 ff.。唯在此仍须区分普遍(global)与部门(lokal)的法律原则:前者是适用于整体法律秩序的基本原则,后者则是在特定法领域中发挥指导作用的原则,Horst Eidenmüller, Effizienz als Rechtsprinzip, 4. Aufl., 2015, S. 464。为简化讨论,在此仅关注效率是否可作为民事财产法的法律原则。
43 主张法律是人们所能达成的最低共识,但认为法教义学与价值判断必须二分,且外部的价值判断在一定条件下可以循着法教义学的连结点进入法律解释。许德风:《论法教义学与价值判断》,载《中外法学》2008 年第 2 期。
44 贺剑:《绿色原则与法经济学》,载《中国法学》2019 年第 2 期;贺剑:《案例评析与法律评注:从民法学写作切入》,北京大学出版社 2021 年版,第 163 页。
45 朱虎教授分享此种看法。
46 黄茂荣,同注 37,第 745 页。
47 Canaris, Die Feststellung von Lücken im Gesetz, 2. Aufl., 1983, S. 97 ff.
48 Larenz 亦承认将此种方式称为"归纳"会造成误解,见 Larenz, Methodenlehre der Rechtswissenschaft, 6. Aufl., 1991, S. 384 ff. 关于法律原则的特性,则可参考 Alexy, Zum Begriff des Rechtsprinzips, in:

法经济分析：方法论20讲

Recht, Vernunft, Diskurs, 1995, S. 177 (182 ff.)

49 黄茂荣，同注37，第724、753—754页；Larenz/Canaris, Methodenlehre der Rechtswissenschaft, 3. Aufl., 1995, S. 302 ff.; Claus-Wilhelm Canaris, Systemdenken und Systembegriff in der Jurisprudenz, 2. Aufl., 1983. S. 46 ff.; Canaris, Die Feststellung von Lücken im Gesetz, 2. Aufl., 1983, S. 106 ff.

50 Ott, Allokationseffizienz, Rechtsdogmatik und Rechtsprechung-die immanente ökonomische Rationalität des Zivilrechts, in: Allokationseffizienz in der Rechtsordnung, 1989, S. 28 ff.; Horst Eidenmüller, Effizienz als Rechtsprinzip, 4. Aufl., 2015, S. 467 ff. 称之为"同一性命题"(Identitätsthese)。

51 黄茂荣，同注37，第745页。

52 Ott, Allokationseffizienz, Rechtsdogmatik und Rechtsprechung-die immanente ökonomische Rationalität des Zivilrechts, in: Allokationseffizienz in der Rechtsordnung, 1989, S. 28 f.; Hans-Bernd Schäfer/Claus Ott, Lehrbuch der ökonomische Analyse des Zivilrechts, 5. Aufl., 2012, S. 181 ff.

53 王泽鉴:《侵权行为法》，自刊2009年版，第337—340页。

54 王泽鉴，同注53，第15页；亦见黄茂荣，同注37，第731—733页。

55 Ott, Allokationseffizienz, Rechtsdogmatik und Rechtsprechung-die immanente ökonomische Rationalität des Zivilrechts, in: Allokationseffizienz in der Rechtsordnung, 1989, S. 28 f.; Hans-Bernd Schäfer/Claus Ott, Lehrbuch der ökonomische Analyse des Zivilrechts, 5. Aufl., 2012, S. 537 ff.

56 张永健，同注33，第87—280页。

57 Ott, Allokationseffizienz, Rechtsdogmatik und Rechtsprechung-die immanente ökonomische Rationalität des Zivilrechts, in: Allokationseffizienz in der Rechtsordnung, 1989, S. 28.

58 王泽鉴，同注32，第268—270页。

第 11 讲 法经济教义学

59 Ott, Allokationseffizienz, Rechtsdogmatik und Rechtsprechung-die immanente ökonomische Rationalität des Zivilrechts, in: Allokationseffizienz in der Rechtsordnung, 1989, S. 29 f.
60 当然,这只是对于"法律原则"的理解方式之一,关于效率作为法律原则的几种理解方式,可参考 Lieth, Die Ökonomische Analyse des Rechts im Spiegelbild klassischer Argumentationsrestriktionen des Rechts und seiner Methodenlehre, 2007, S. 122 ff.
61 强调目的与功能在体系化工作之重要性,以及一贯性与统一性作为体系化的要求:黄茂荣,同注37,第681—686页。由此亦可看出,经济分析的体系概念能够补充评价法学不足之处:以 Larenz 为代表的方法论强调法律适用与续造不可避免涉及评价(Larenz/Canaris, Methodenlehre der Rechtswissenschaft, 3. Aufl., 1995, S. 36 ff.),但这些评价要素往往散见于各项法律原则,关于其如何证立,欠缺统一性的说明(此问题可见 Robert Alexy, Theorie der juristischen Argumentation, 3. Aufl., 1996, S. 22 ff.)。而如本节所述,大多数的民法内在原则,均可通过效率原则来说明其合理性或正当性,而原则冲突的衡量亦可理解为二阶效率的思维,是故从经济分析观点来重新理解评价法学,更能强化评价之一贯性与提高方法之精确性。
62 唯须强调的是,同一套制度规定可以有不同的功能说明,侵权法的功能可以是填补损害,也可以是为了预防损害;即便同一项原则,也可以诉诸不同的上位价值来证成,例如保障言论自由之目的可以是为了促进个人自主实现,或是追求真理,或是健全民主程序。换言之,针对同一套法律制度规定,可以有多样化的(内部)体系建构方式。
63 关于后设方法作为各种解释方法之结果分析,以及传统方法论在此方面的欠缺不足,可见 Christian Kirchner, Methodik für die judiative Rechtsfortbildung im Zivilrecht: die institutionellenökonomische Perspektive, in: Joachim Rückert & Ralf Seinecke (Hrsg.), Methodik des Zivilrechts-von Savigny bis Teubner, 3. Aufl., 2017, S. 490 ff.
64 Robert Alexy, Theorie der juristischen Argumentation, 3. Aufl., 1996, S.

19 ff.；Larenz, Methodenlehre der Rechtswissenschaft, 6. Aufl., 1991, S. 343 ff.

65 王泽鉴，同注32，第286页（着重号为笔者所加）。
66 关于动物占有人认定之经济分析：张永健，同注36。
67 法安定性与可预见性固然是需要尽力实现之重要价值，但高的法律安定性、可预见性，不当然代表是最好的法律——偷窃者一律处死，非常容易预测，法律也很安定，却违背了民主法治国家的一些根本价值预设。由此极端之例可知，法安定性是正面的价值之一，但不是唯一的价值。
68 事实上，由于立法者制定法律时面对的是不确定的未来，因此制定法必然有不完备之处，面对立法者未能预见的案型，先通过司法的法律续造来处理，之后再由立法者修正制定法采纳之，有时反而是更能节省决策成本的方式。对当事人亦是如此，游说立法者所要耗费的成本，往往比寻求司法途径解决更高（当然，此处仍需考虑司法资源配置的问题，在此无法详论）。Christian Kirchner, Methodik für die judiative Rechtsfortbildung im Zivilrecht: die institutionellenökonomische Perspektive, in: Joachim Rückert & Ralf Seinecke（Hrsg.）, Methodik des Zivilrechts-von Savigny bis Teubner, 3. Aufl., 2017, 506 ff.
69 这其实也是 Alexy 提出的一条重要法律论证规则："所有可能提出之属于法律解释方法的论证形式，都必须予以考量"，Robert Alexy, Theorie der juristischen Argumentation, 3. Aufl., 1996, S. 306.
70 关于这个两阶段工作，亦可参考 Kirchner/Koch, Norminterpretation und ökonomische Analyse des Rechts, Analyse und Kritik 11（1989）, S. 122 ff.

Economic Analysis of Law

| 第 12 讲 |

经济分析作为立法论方法

| 第 13 讲 |
成本收益分析 PK 比例原则：为何社科方法更胜一筹？

第 12 讲

经济分析作为立法论方法

12.1 效率作为立法价值
12.2 建立行为理论以选择规制手段

传统法学方法着重于法律解释的方法，这套方法可以被司法部门与行政部门用来解释宪法、法律、行政命令；学者从事法释义学研究，是在解释疑义发生前或发生后，向司法部门与行政部门提供解释法令的建言。或许有论者认为，解释工作只是在寻找立法意旨，不容解释者额外纳入自己的价值，从而可以"逃避"价值取舍问题，经济分析背后预设的价值——经济效率——可以被法释义学拒绝于千里之外，因为追求经济效率并非立法目的之一。唯此种见解之不当，本书已有批评；德国法学方法论的主流，也同样强调法律解释中评价的重要性，只是多半不认为效率是法律体系的内在价值而已。

如第 2 讲所述，法释义学的主要工作是对于有效法律规范的解释及体系化，并着重于依照现行法（de lege lata）应该如何解决法律问题，至于法律应该如何修正或制定的立法论（de lege ferenda），在传统法学中常居于次要地位。但正如 Peczenik 所指出："de lege lata 与 de lege ferenda 的区分不是截然的。法释义学追求关于现行法的知识，但在许多情况下，它也导致法律的改变。"[1]在法律续造中，现行法的适用、解释与立法论问题之难以区分，早已是法学家的常识。再者，**解释法律就是形塑或改变法律的既有内容，每个法律解释或续造的结果，其实都会产生一条实证法所未明文规定的规范**（例如："买卖标的物之利益及危险，除合同另有订定外，自现实交付或简易交付时起，均由买受人承受负担""出卖人故意宣称标的物具有不存在之优点，即不得主张依约定减轻或免除责任"）；**正是在这个意义上，解释论与立法论具有连贯性，无法截然二分**。

不过，释义学脉络下的立法论（*de lege ferenda*），在范围层面上仍有别于与释义学并列之立法学（Gesetzgebungslehre odertheorie）。前者通常是在实定法的体系框架下，释义学者在微观层面，对于个别或部分法律规定应如何修改、制定所提出的建议（例如从效率观点提出修改动产所有权善意取得的制度设计）；后者则是在宏观层面，对部门法（从个别部门如物权法到民法整体）的体系化或再体系化以及法典化工作。[2] 本讲关注的重点虽然是经济分析在立法论的运用（例如从增进效率、提供激励、预测效果的角度，对某些现行法规定提出修改建议），但在宏观层面的立法学领域，由于受到制度性拘束更少，经济分析当更有施展余地。[3]

尽管传统方法论常会区分解释论与立法论，但关于立法论的"方法"为何，乃至有更宽视野的立法学架构为何，在中文世界都罕见深入讨论。[4] 提出一个从微观到宏观，横跨两者的完整立法方法论，已超过本讲所能处理的范围。本讲的意图只在于论证，如果经济分析的思维可以通过目的或结果论证的架构整合成为法律解释与法律续造的方法，则在更重视结果取向与利益衡量的立法论领域，以效率作为评价标准，以人的行为模式预测立法效果的经济分析思维，将扮演更重要的方法论角色。以下仅简单勾勒经济分析如何运用于立法方法论。

| 第12讲 | 经济分析作为立法论方法

12.1 效率作为立法价值

德语世界的立法学先驱 Peter Noll 曾将立法论的核心问题表述为："法律应如何以内容最适之方式来制定？"（Wie sollte Recht inhaltlich optimal gestaltet werden？）。[5] 如第 11 讲所述，"最适化"往往涉及相竞合之价值、目的或原则如何实现的问题。是以立法方法论中，必然有价值的权衡。曰"价值权衡"而不曰"价值选择"，是因为良善的立法本来应该考虑"所有"的价值后斟酌损益，而不是偏狭地考虑一两个立法者自己在乎的少数价值。价值往往冲突，所以最终的立法往往为了实现某些价值而必须一定程度地牺牲其他价值，但这就是价值权衡——新法通过施行，有人获益、有人受损，有的权利被重视、有的权利被牺牲。换言之，好的立法，是立基于选定的二阶价值与后设方法，权衡各种一阶价值能实现的程度。

经济分析思维对立法方法论的第一个启示：所有的立法选择都有"机会成本"（opportunity cost），选择了 A 价值，就可能会牺牲 B 价值[6]；多实现 P 价值一点，就可能会少实现 Q 价值一点。不过，两种价值间的不可得兼，应该奠基于细致的分析，而不是想当然尔。桑本谦指出，"公平和效率的冲突在绝大多数情况下是人们假想出来的……人们之所以认为 A 方案比 B 方案更公平，肯定是因为就实现某个具体的社会目标而言，前者比后者更加有效。定义公平不能独立于某个具体的社会目标以及某种可比较、可测度的标准。"[7]

法经济分析：方法论20讲

每个个体为了一己之私而做决策时，只考虑私人成本和私人收益，诚可理解。但个人作为法律制定者、法律解释者时，应然面上希望他完整考虑社会成本和社会收益，以作出极大化社会净收益的政策、解释。当然，实然面上，决策者可能会偏重其个人成本与收益。此种代理人问题于本书第19讲论述。但抛去社会与私人成本、收益的范畴差异，个人为自己或为社会做成本收益分析的思维本质完全相同。

纵使价值不容易量化，价值不容易共量，但价值权衡始终存在。"权利岂能以金钱衡量？"的态度，漠视了立法（及解释法律）时必然发生的价值权衡。即令认为人命无价（第6讲对此有批评），无法共量，在许多情况下，直觉也常认为应该救多人优于救少人。例如，当山难与工厂火灾同时发生，且两者不可兼顾，若为了救出一名山友的搜救成本比救出十名工人的消防成本相同或更高时，笔者会倾向于先救出十名工人（当然，严格来说，认为救多人优于救少人，就不是真的认为人命价值无限大；否则一个无限大，和多个无限大，都是无限大）。以各种环保法规为例，减少空气污染、水污染、土壤污染等都是为了增进健康、减少死亡，但每一种环保规制"救一命"的成本不一样。若认为救一命是一命，救越多命越好，则应该将资源投入在"救人性价比"最高的规制项目。换言之，国家税收有限，政策决定者必然要"权衡取舍权利"。此种权衡的决策程序，就是成本收益分析（第1、9、13讲）。

经济分析思维对立法方法论的第二个启示，是揭示（一阶）经济效率作为其中一种（而非唯一）[8]立法价值，与其他一阶价值

第 12 讲　经济分析作为立法论方法

同列。

经济分析强调把饼（社会总财富）做大，而且不要浪费既有的饼。即便认为如何分配饼的问题不属于经济学领域，而是所得重分配理论的范畴（均衡的所得分配是本书一再强调的另一个一阶价值）。不过，经济学可以更精准地预测重分配法律的效果。例如：假设政策决定者有意加强对中低收入户之保护与扶助，应该要用累进所得税制为之，还是在每个具体的法律条文中都加上对弱势者的特殊保护？经济学可以预测各种不同手段的分配效果。

有些增加效率的政策，会加剧社会财富分配不均；就如某些所得重分配的政策会降低社会财富。经济分析式的立法方法论，强调不能完全忽略效率，并呼吁政策决定者重视效率与其他价值间的取舍。

12.2　建立行为理论以选择规制手段

经济分析思维对立法方法论的第三个启示，是提出人的"行为理论"（第4讲），以说明何以"徒法不足以自行"，并提出内建行为反应考量的立法建议。

传统的新古典法经济分析强调人会对法律规范作出反应（law as price），因此强调激励（incentive）。在"命令控制式"（command-and-control）的行为规制和"激励相容式"（incentive-compatible）的行为规制中偏好后者。命令控制式的规制例如：国

法经济分析：方法论20讲

家要求所有工厂排放污染物都不可超过标准；激励相容式的规制例如：国家设定总污染上限，将指标分配到每个工厂，但容许每个工厂交易排放量上限。如此，总污染量不变，但能用最低成本减少污染的工厂，会负责最多的减污。[9]

而传统法经济学分析（常常被称为芝加哥学派的经济分析）的一个同门师兄弟——新制度经济学（New Institutional Economics），奠基于诺贝尔经济学奖得主 Ronald Coase 和 Douglas North 等人的研究，则强调"制度"（institution）的重要。在合同法与侵权法，新制度经济学倡议的手段是设置可以降低制度成本的制度，以利当事人自行协商交易。

> Douglas North 是 1993 年诺贝尔经济学奖得主，他的代表作是 *Institution, Institutional Change and Economic Performance* (1990)。做研究生时，我在熊秉元教授的课堂上，花了一整个学期的时间，细读了这本薄薄的经典。North 的文笔极度精炼，到了惜字如金的地步。直到现在，我都觉得不容易读。

新兴的、结合认知心理学的"行为法经济学"（behavioral law and economics）则凸显人容易犯错的一面。以 Cass Sunstein 为首的"推力"(nudge) 一派，化性格缺陷为推力，主张在政策中使用人常受到的偏见、捷思（heuristics），把一般人推往较好的状态（像是存较多的钱、签署器官捐赠卡，等等）。此派学者不讳言自己是"自由人式的家父主义"（libertarian paternalism）。不当然赞成使用"推力"的行为法经济学学者，也同样指出许多法律缺乏认知心

第 12 讲 经济分析作为立法论方法

理学思维,导致从公法到私法的规制失灵。

> 如果 Sunstein 教授说自己是当代法学界第二快笔、第二才子,大概也没人敢说自己是第一。在美国法经济学年会时,同时进行 7 场报告是标准形式。但如果 Sunstein 教授是报告人,主办方一定安排最大的教室;其他同时、不同场的报告人都只能暗自遗憾——可能不是遗憾没有人会来听自己报告,而是遗憾自己不能去听 Sunstein 教授报告!Sunstein 教授平易近人。我一个同事是他的门生,我第一次找他攀谈时,怯生生地说:"Sunstein 教授,丞仪是我的朋友。"我发抖的话音甫落,Sunstein 就说:"喔,他也是我的朋友!"这让我马上放松了起来,可以和他探讨我的困惑。
>
> Sunstein 教授可谓法学界的千手千眼观音,横跨许多领域,并引领法学的新思潮。以社科法学而言,在 1990 年代中期,他研究了法律的社会意义(social meaning)、表意功能(expressive function)、社会规范;2000 年开始将行为经济学引入法学,使"行为法经济学"快速壮大。作为行政法大师和实际担任过政府要职的思想家,他提倡与辩护成本收益分析(第 13 讲)不遗余力。他总是能以浅白的文字,介绍法学以外的知识,并接枝移植到法学问题中。

法释义学缺乏人的行为理论,无法系统地评估立法或修法对受法律规范者之影响。本书对此点多有阐释,在此不再赘述。

* * *

法经济分析：方法论20讲

Omri Ben-Shahar 是法经济分析中生代的大才子之一，有许多古灵精怪、出人意表的论证。例如，保险法教科书说：保险可能会造成道德风险（moral hazard）。他就是有办法论证，在例如食品安全规制中，保险相对于政府规制，更能降低道德风险，并通过保险公司的监管使当事人作出最适行为。Omri Ben-Shahar and Kyle D. Logue, "Outsourcing Regulation: How Insurance Reduces Moral Hazard", *Mich. L. Rev.* 111 (2012). 合同法教科书说：合同漏洞填补要顾及当事人真意和公平正义；而 Omri 反过来论证：当合同内容只涉及当事人之间的分配（distribution）而不涉及效率时，应该按照当事人谈判力量大小填补合同漏洞（也就是谈判力量越强、越占优势的一方，在法院填补漏洞时获得更好的条件）。Omri Ben-Shahar, "A Bargaining Power Theory of Default Rules", *Colum. L. Rev.* 109 (2009).

我请他在一场会议中担任主题演说人时，正逢他在撰写第一本专著，主题是为何强制披露信息没有效果，甚至适得其反。Omri Ben-Shahar and Carl E. Schneider, *More Than You Wanted to Know: The Failure of Mandated Disclosure*, Princeton University Press, 2014. 演讲到一半时，他拿出从 iTune 上印下来的定型化合同，请一位听众拉一头，他拿另一头，具体展示了合同的离谱"长度"。他问现场的法律人，有谁读过自己的 iTune 授权条款的内容？即便法律强制 Apple 披露种种信息，又有哪位消费者会读？

之后，Ben-Shahar 教授和同在芝加哥大学任教的另一位才子 Adam Chilton 合作现实世界中的实验（field experiment），

第 12 讲 | 经济分析作为立法论方法

请市场调查公司询问民众的私密行为。实验的重点是将隐私权条款随机分配到不同民众,有些条款允许调查者任意散布民众提供的闺房秘闻,有些条款则答应守口如瓶。两位教授发现,因为民众根本没看隐私权条款,所以即使是"答应"让调查者散播自己隐私的民众,也同样在调查中直言不讳。Omri Ben-Shahar and Adam Chilton, "Simplification of Privacy Disclosures: An Experimental Test", *J. Legal Stud.* 45 (2016).

与大学者从游,除了学习不少,最开心的时刻莫过于能提出好问题,使大学者发现自己的论证局限。我曾对 Ben-Shahar 教授提到,强制披露信息,在教授所讨论的法律议题中,确实有种种问题。但是,在物权法领域中,不动产交易内容是登记生效或登记对抗,都是强制披露信息(尤其是登记生效制)——但似乎并未造成无人知晓信息的浪费与无效果;反之,不动产登记簿上的权属信息,一再为不动产交易者使用。在此,强制披露信息是好的政策。Ben-Shahar 教授欣然同意。

Ben-Shahar 教授也是青年学者刘庄、黄种甲的博士指导教授。

*　　*　　*

"如果你看病时有得选,你要选比较小心的医师,还是比较不小心的医师?"在午餐时听到这个问题,我心中油然而生的答案,当然是"小心的医师"。但发问者是 Ariel Porat,每年客座芝加哥大学的法经济分析大师,现为以色列特拉维夫大学校长,所以我不敢怠慢,屏气凝神,听他要说什么。

法经济分析：方法论20讲

这是芝大法学院每周一、三、五中午圆桌午餐会的一景。在芝大法学院，每周四是 WIP 论文工作坊。周一、三、五中午，在教员餐厅中，法学院保留了两张圆桌，院长请客吃饭。但是，在圆桌上，只能讨论学术，不能讲闲话、不聊政治、不谈运动赛事。在圆桌上，任何稀奇古怪的学术想法都可以抛出，所有参与者也会天马行空地探索想法的边界。作为客座教授，我也有机会抛出两个问题，然后看奥林匹斯山的众神吵成一片。

Porat 教授的答案是：理性的病人有时应该选择比较不小心的医师。假设有两位医师，一位会做到 80 分的注意义务，另一位会做到 79 分的注意义务（前者是比较小心的医师）。若过失责任的注意义务是设在 80 分，则病人若选择比较小心的医师，医好固然可喜；但若发生医疗事故，医师尽到注意义务，没有过失，病人无法请求任何赔偿。若病人选择比较不小心的医师，医好自然可喜；但若发生医疗事故，则因为医师有过失，必须赔偿病人所有损失。因此，病人选择较不小心的医师更好。Alon Cohen, Ariel Porat and Avraham Tabbach. 2017. *Inducing Negligence*. Working paper.

Porat 教授不用数学、不用图表，演讲也不用投影，但总是有出人意表但逻辑难以挑剔的新想法。这就是法经济分析最美妙之处。

| 第 12 讲 | 经济分析作为立法论方法

* * *

美国很早就立法明白禁止种族歧视,并以各种"胡萝卜"和"大棒"促使黑白混居于同一社区或城镇。然而,有人还是偏好只和同一种族的人为邻。不动产市场如何回应此种(宪法不容的)偏好呢?建筑商当然不能明目张胆销售"纯白"建案,否则一定吃上民权官司。Lior Strahilevitz 教授发现,有建筑商在造镇时,内建了高尔夫球场。购买新屋者,必须同时购买高尔夫球场的会员证。此种会员证当然所费不赀,如果自己不爱打小白球,是白白浪费银子。而即使在 Tiger Woods 横扫高坛后,一般黑人打高尔夫球的绝对百分比仍然很低,相对而言也比白人低得多。因此,独栋屋绑高球证的商品,基本上只会有白人购买。此种做法,Strahilevitz 教授称为 exclusionary amenities(有排除效果的设施),迂回地回应了上述偏好。Lior Jacob Strahilevitz, "Exclusionary Amenities in Residential Communities", *Virginia Law Review*, Vol. 92, 2006, pp. 437-500.

我在 NYU 念 LL. M. 的下学期,在指导教授开设的都市政策论文工作坊(colloquium)上,听 Strahilevitz 教授报告这篇文章;参加晚宴时听他描述研究背后的始末。我对于法学教授阅读了几年份的高尔夫文摘,以找寻支持上述论述的证据,感到十分新鲜。几年后,我在亚洲数个主要城市参加研讨会,发现一些不错的饭店会采取全透明的室内装潢,也就是住客洗澡时,若房内有他人,难免有春光外泄的风险。这

法经济分析：方法论20讲

样的装潢在欧美饭店则没见过。我曾看过不少人在网络上揪人一起合住高级饭店。但除非亲若家人，大概少有人能克服自己的羞耻感，只为省下一半住宿费。所以全透明的室内装潢也可以是 exclusionary amenities，因为自动帮高级饭店挡掉了财力不够的住客，但对于独住的商务客而言，却有现代感，而且让房间显得更宽敞。

本讲参考文献

1. Aleksander Peczenik, *Scientia Juris: Legal Doctrine as Knowledge of Law and as A Source of Law*, Springer 2005, pp. 4-5: "The distinction between *de lege lata* and *de lege ferenda* is not clear-cut. Legal doctrine pursues a knowledge of existing law; yet in many cases it leads to a change of the law."

2. 在德语世界，早在1970年代初就开启了密集的立法学研究，请参见两本代表著作：Peter Noll, Gesetzgebungslehre, 1973; Jürgen Rödig (Hrsg.), Studien zu einer Theorie der Gesetzgebung, 1976。

3. 德语文献中关于经济分析在立法论中的运用，可见 Horst Eidenmüller, Effizienz als Rechtsprinzip, 4. Aufl., 2015; Klaus Mathis, Effizienz statt Gerechtigkeit?, 2. Aufl., 2006, S. 414 ff.; Anne van Aaken, "Rational Choice" in der Rechtswissenschaft, 2003; Hans-Peter Schwintowski, Ökonomische Theorie des Rechts, JZ 1998, S. 156 ff.。苏永钦教授认为，民法典立法的六个实体方面的规则中，其中之一就是效率规则。苏永钦：《寻找新民法》（简体修订版），北京大学出版社2012年版，第1—

第12讲 经济分析作为立法论方法

158页。

4 苏永钦教授针对民法典立法提出不少系统性看法,为中文文献中探讨立法学的重要例外,参见苏永钦,同注3。

5 Peter Noll, Gesetzgebungslehre, 1973, S. 25 f.

6 关于立法过程中的利益衡量,可参见 Horst Eidenmüller, Effizienz als Rechtsprinzip, 4. Aufl., 2015; Klaus Mathis, Effizienz statt Gerechtigkeit?, 2. Aufl., 2006, S. 419 ff.

7 桑本谦:《理论法学的迷雾——以轰动案例为素材》(增订版),法律出版社2015年版,第3页。

8 See, e. g., Matthew D. Adler & Eric A. Posner, *New Foundations of Cost-Benefit Analysis*, Harvard University Press 2006, p. 6; Richard A. Posner, *Economic Analysis of Law*, Wolters Kluwer 2011, pp. 34-35; Richard A. Posner, *Frontiers of Legal Theory*, Harvard University Press 2001, p. 100. 关于效率作为立法目标,亦参见 Horst Eidenmüller, Effizienz als Rechtsprinzip, 4. Aufl., 2015; Klaus Mathis, Effizienz statt Gerechtigkeit?, 2. Aufl., 2006, S. 417 ff.

9 叶俊荣:《出卖环境权》,载《环境政策与法律》(第2版),元照出版公司2010年版,第35—71页。

Economic Analysis of Law

| 第 13 讲 |

成本收益分析 PK 比例原则：
为何社科方法更胜一筹？

| 第 14 讲 |
效率：以物权法为例

| 第 13 讲 |

成本收益分析 PK 比例原则：为何社科方法更胜一筹？

13.1 什么是"成比例"：理念与方法
  13.1.1 成比例 = 不要大炮打麻雀
  13.1.2 审查实质合理性的理想方法？
  13.1.3 成本收益分析：正解与误解

13.2 比例原则合理吗？
  13.2.1 正当性审查：规范性挤压合理性
  13.2.2 适当性审查：形同虚设
  13.2.3 必要性审查：偏颇的成本收益分析
  13.2.4 狭义比例性审查：继续偏颇的成本收益分析

13.3 Alexy 学说及其悖谬
  13.3.1 适当性不该和帕累托标准挂钩
  13.3.2 必要性不该和帕累托标准挂钩
  13.3.3 权重方程不是衡平性的救赎

13.4 比例原则隐含的认知偏误

13.5 比例原则在公法中的合理定位

13.6 比例原则在民法中没有容身之地
  13.6.1 成什么比例？
  13.6.2 以成本收益分析取代比例原则

"比例原则"无疑是当下最炙手可热的法学教义。放眼望去，中西各国近年来均不乏有关"比例原则已成席卷全球态势"的说法。[1]而本地学者尤其认为比例原则前途无量，不但努力谋求在实定法和司法实践中确立其基础教义地位，更已宣导将比例原则作为法学方法论，从公法扩展到各部门。[2]翻阅近年来的期刊论文，观者很难不为这一看来正横扫宪法、行政法、刑法、诉讼法、民法等各领域的强大理论侧目，因为据说

——审查警察职权行为，要依比例原则[3]；

——评判政府治污措施和医药安全监管措施，要依比例原则[4]；

——判断伤害行为是否构成正当防卫，要遵照比例原则[5]；

——严重贪污受贿犯可否被处终身监禁且不得减刑、假释，要遵照比例原则[6]；

——无民事行为能力人的行为应否一律无效，要考虑比例原则[7]；

——合同应否因违法或违反社会公共利益等理由被认定无效，要考虑比例原则[8]；

——调和不动产权利人和相邻土地、建筑物权利人因建造、修缮建筑物及铺设管线而生的矛盾，要用比例原则[9]；

——对"老赖"应否采用诉讼法上规定的强制措施，乃至近年来全面铺开的信用惩戒，仍要参酌比例原则[10]。

法经济分析：方法论20讲

法学理论中，教义规范动辄被拔高为普适（普遍适用）原则、"帝王条款"[11]的操作本属常见，然而这并不意味着旁观者就理应见怪不怪。"比例原则"真有如此无往不利的威力，堪当"一句顶一万句"的金科玉律吗？基于结合抽象学说和具体论证展开的批判性分析，本讲将对这一问题给出否定的回答，并为近年来法学界燃起的这波莫名热情泼上一瓢冷水。

本讲将指出，主要产生并流行于德国公法裁判学理与制度语境中的"比例原则"，其规范内容只是将"目的正当"（正当性）、"手段合目的"（适当性）、"损害私权最少"（必要性）以及"政策收益大于政策成本"（狭义比例性或衡平性）这些谈不上新鲜的应然公法理念拼凑起来，作为指导法学中有关实质合理性的思维与论证的一种套路。在鼓吹比例原则的学者眼中，该教义提供了"非常精细严密的思考框架，包括了人类进行合乎理想的权衡所应考虑的各种因素，并以步骤化、可操作化的方式呈现出来"[12]。但本讲指出，与政策科学和法经济学中更常用的成本收益分析相比，比例原则并非分析和论证实质合理性的有效、理想方法，至多构成残缺的成本收益分析。

在法律和政策语境中，成本收益分析要求决策者识别待审查的法律、政策或其他制度举措的各类可能后果，运用统一尺度加以衡量，据此判断待审查举措是否符合效率之标准。比例原则包含的适当性、必要性和狭义比例性等审查步骤，在不同程度上都体现了效率观念。但由于比例原则将原本全面的成本收益分析机械地肢解，这使得分析、审查过程很容易丧失逻辑一致性，而审查结论则不具有成本收益层面的合理性。[13]据此，本讲认为，比例原则在公法学理中的定位应受到反思和调整，而将其推广到私法领域的主张和努力也难以产生理论和实践收益。**在大多数法律语**

第 13 讲 成本收益分析 PK 比例原则：为何社科方法更胜一筹？

境中，成本收益分析都应取代比例原则中目的正当性以外的三个子原则；而只要将目的正当视为收益，正当性原则同样可以吸收入成本收益分析中。

这一批判性分析将逐步展开。第一节将首先从动机和修辞入手，简要分析比例原则兴起背后的法学理论需求，也对比例原则的"科学性"外观初步除魅。第二节将对政策科学和法经济学中的成本收益分析方法作简要描述，使读者了解本讲批评比例原则时使用的基本参照。第三节将具体讨论比例原则存在哪些逻辑和方法缺陷。第三节的讨论将主要结合公法学界文献中的诸多分析实例。与此同时，第三节还将集中批评被公认为权威的 Robert Alexy 的比例原则理论，以进一步挖掘比例原则内含的学理悖谬（第四节）。在此基础上，第五节提出，在公法领域，比例原则应在法治结构的指导下被重新定位，其适用范围应被更合理地限定在部分司法审查语境中。第六节将审视民法学者近年来提出的将比例原则扩展至私法领域的主张，并指出这一主张在学理上无法成立，而将其作为向民法学理中引入经济分析的修辞策略，也不会成功。

最终，本讲的核心洞见是：作为决策工具，**比例原则仅能用来排除最差的法律解释或政策，而成本收益分析的使用是挑出最好的法律解释或政策**。当权力制约和监督要求决策者不能大开大阖，必须尊重其他机关时，比例原则是一种自我束缚的方式，但也仅仅是其中一种方式。但当决策者有较大形成政策空间时，成本收益分析相对于比例原则的优势就非常明显。

13.1 什么是"成比例":理念与方法

比例原则虽被支持者奉为普世教义,但在这一旗号之下,存在形式或有差异的各家高论。限于宗旨和篇幅,本讲不会逐一梳理比例原则的各类变奏,而将集中分析、批评当前文论中的主流版本。

按照时下最常见的理解,比例原则是用于审查法律、政策、行政行为的教义标准,其内容包括四个子原则,即"正当性""适当性""必要性""狭义比例性"。[14]"正当性"原则要求待审查的法律、政策、行政行为必须追求或促进合法、正当的目的;"适当性"原则要求待审查标的作为手段,有助于达成其宣称的正当目的;"必要性"原则要求相比于其他各类也能促成相同目的之手段,待审查举措对公民权利的限制或减损最小;"狭义比例性"又称"衡平性"原则,要求待审查举措的收益大于成本,而此处所谓"收益",通常对应相关政策目的之实现,"成本"则对应前述公民权利的限制或减损。当比例原则被用于审查特定制度举措时,四个子原则各自对应一个审查步骤;严格来说,任何待审查举措只有逐次通过四个步骤,才能被确认符合比例原则。[15]

在第三节具体剖析上述四步审查方法之前,这里先尝试探究,比例原则在法律理论中到底被寄予了何种期待。之所以要做这一讨论,是因为在公法乃至一般法理中,"正当""适当""必要""衡平"等理念,其实都可谓老生常谈。而作为相对更晚近兴起的教义,如果"比例原则"只是将四者拼接,却再无更多道理,或发挥不了特殊作用,那么"如无必要,勿增实体"的奥卡姆剃

第13讲 成本收益分析 PK 比例原则：为何社科方法更胜一筹？

刀，或许本可就此落下？

13.1.1 成比例 = 不要大炮打麻雀

即使未必愿意承认，但许多人对比例原则情有独钟，与其在直观层面能给人留下合理、讲理的印象关系密切——古往今来，凡事几乎都得要"合乎比例"；而假如有一则教义被命名为"变本加厉原则"，哪怕其内容和论证再讲究，又有多少人（特别是法律人）愿意捏着鼻子细探其中高义呢？

然而，在常识和直观意义上的合情合理之外，作为法律教义的比例原则，难道不应体现一些更为特定的理念，才算足够专业和严谨？可尽管成比例听来似乎与数学有关，法学中的比例原则却并没有借助数学上的比例概念获得任何客观性和确定性。在数学上，仅说两个变量"成比例"是过于含糊的，通常还需进一步指出二者是成正比例（directly proportional）还是反比例（inversely proportional），描述变量间比例关系的具体函数形态例如线性函数（如 $y = kx$）、抛物线函数（如 $y = x^2$）、指数函数（如 $y = e^x$）等，或甚至直接给出一个特定的比率，如黄金分割率等。

但很少有法学文论借助数学精确化比例原则追求"成比例"。恰恰相反，法律人在表述比例原则的基本逻辑时，最常援引的还是"不要大炮打麻雀"，要"禁止过度"，或不要"为了达到目的不择手段"[16]一类常识性说法。这类生活哲理（心灵鸡汤）虽直指人心、无可辩驳，但也仅此而已。每个人在具象层面当然都清楚什么是大炮，什么是麻雀，为什么用大炮打麻雀过分且不合理。但当这类说法成为法律和公共政策分析中的隐喻时，其能够给予决策者的指导却非常有限。毕竟，法律和公共政策领域中，像

"超市偷面包应不应判死刑""一只流浪狗咬伤人应不应全城屠狗"这样的简单问题，固然并非罕见，但其出现时，即使没有学者或法官抛出教义宏论，人们也很容易明白如何做才不过分。

可一旦遇到稍嫌费解的法学问题，其中涉及的"合适"还是"过度"的判断就远非这般直观。可以 Alexy 和 Mark Tushnet 都曾讨论过的德国宪法法院适用比例原则裁判的案件为例。该案中，地方政府颁布法令，禁止销售以脆香米为馅料的糖果（puffed rice candy），理由是普遍偏好巧克力馅料糖果的消费者，经常会误购脆香米馅料的糖果，抱怨上当受骗。德国宪法法院认为该禁售令与其保护消费者利益的政策目的之间不成比例，因为政府只需要求生产者和销售者就糖果馅料作信息披露即可，而一律禁售过于严厉。[17]

Alexy 将该案引为比例原则有效适用的典型而无异议的例证。[18]但正如 Tushnet 质疑的，禁售令这一手段，之于保证消费者利益（此处具体指减少消费者误购的损失）这一目的，真像"大炮"之于"麻雀"一样过分？实际上，鉴于法经济学对信息披露的解构[19]，不难想见，即使"保护消费者不买错糖果的利益"真的只是"麻雀"，以禁售令为手段追求此目的之规制，也未必称得上多么过分的"大炮"：如果立法者合理地认为，消费者囿于有限理性或有限意志力，并不真的能依据相关信息披露作出有效消费决策，那么禁售令完全有可能是以最低廉成本保护消费者的办法。[20]

由此可见，尽管"不要大炮打麻雀"听上去如此有理，可一旦碰上消费者保护规制这类要稍多费些脑筋的问题，待审查举措到底是"鸟枪"还是"大炮"，其实没那么容易确定；即便是德

| 第13讲 | 成本收益分析PK比例原则：为何社科方法更胜一筹？

国宪法法院，其基于比例原则作出判断的思路，至少也有明显疏漏。更何况，但凡稍有难度的政策分析问题，决策者需要加以判断的，就都不仅是如何能避免手段之于目的不要"太过分"，而更是用什么枪打什么鸟，才能算是"合适"，或"成比例"。如果比例原则仅有"不要大炮打麻雀"的理念作为支撑，无疑太过单薄、贫乏了。

13.1.2 审查实质合理性的理想方法？

但比例原则的支持者当然不会同意这一教义理论在重述常识之外并无贡献。基于常见说法，可知比例原则的价值在支持者看来主要有两类。

首先，一些公法学者指出，比例原则的出现，使公法中有了在价值层面更能体现权利保护的司法审查规范。[21] 按照这种说法，传统的行政法审查规范，要求法院只对明显荒唐、不可能符合相关目的——因而是"大炮打麻雀"式——的行政举措加以干预。随着比例原则的兴起，传统的"合理原则"在各国均被比例原则取而代之[22]，而后者的一大优势，就在于其较合理原则更有利于人权保障。这是因为，比例原则对行政举措的审查不仅要求手段合乎目的——具有"适当性"——还要求其符合正当、必要、衡平等更为严格且负载价值的标准。[23]

其次，尽管适当、合理、衡平等理念古已有之，但学者常强调，比例原则的贡献，在于为司法机关审查实质合理性提供了一套更可操作的分析工具或论证套路。[24] 具体而言，比例原则包含的四个子原则，并非随意堆砌，而是被用来建构了一套有序的思维程序。看来论者认为，有了这四步流程，决策者的合理性论证，就不会只依循"不要大炮打麻雀"之类的常识或直觉拍脑袋完成。在这个意义上,相比于其他更为形式化的传统正当性与合理性论证方法,比例原则在实质性思维的方向上[25],看来也算是向前迈出了一步。

但"向前"不必然等于"优化",而迈出一步,既可能恰好掉到沟里,也可能离预期的目标仍差十万八千里。尽管法学界将比例原则视为在法律和政策领域衡量、判断实质合理性的有效工具,但本讲旨在剖析和展示,为何这一教义无力扮好这一角色。尤其是,既然比例原则背负的主要期待,是填补传统法教义学理论中实质合理性分析工具的不足,那么将其与更优越的实质合理性分析方法对比,就能清晰显现比例原则的问题和缺陷。这种更优越的方法,就是政策科学和法经济学中的成本收益分析。

13.1.3 成本收益分析:正解与误解

尽管教义学者常强调比例原则的内涵不能等同于成本收益分析或类似经济学概念[26],但几乎无人否认二者之间存在重要关联。[27]比例原则中的适当性、必要性、狭义比例性这三个子原则,与成本效能(cost effectiveness)、成本最小化等描述经济理性的概念脱不开干系。而一些对经济分析方法持更开放观点的教义学者,甚至认为成本收益分析其实已融入比例原则之中。本讲不同意后一种观点。作为实质合理性分析的常用工具,成本收益分析与法教义学中的比例原则存在重要区别。

在政策分析和法经济学中,成本收益分析方法的核心思路[28],是运用统一的尺度,权衡待审查的法律规则或政策举措可能导致的各类有利和不利后果(成本或收益),并在此基础上,比较待

第13讲 成本收益分析 PK 比例原则：为何社科方法更胜一筹？

审查举措与其他可能的替代性举措，判断前者是否更有助于促成社会福利最优。此处不妨举一例，以说明成本收益分析通常如何操作。假设决策者需判断治理空气污染的某项举措是否具有实质合理性。在给定信息约束下，决策者首先要识别该项举措本身带来的各类收益（如健康风险下降、医疗开支减少），以及其实施需消耗的直接成本（如减排设备费用和环保监管执法费用）和间接社会成本（如企业减产和失业），并对每一项因素的规模进行估测。而完成上述实然面（positive）的工作后，决策者进而需要在应然面（normative）进一步斟酌，对前述损益判断考虑是否作出加权调整。基于加权的结果，决策者便可判断待审查举措究竟是成本更高还是收益更高。凡成本高于收益的举措，必然不值得采取。而收益高于成本，即有净收益（net benefit）者，是否值得采取，还须再考虑机会成本（opportunity cost），亦即，将相同公共预算投入其他类治污措施的净收益是多少——因为有限的公共预算应花在刀口上，净收益最高者最值得采取。[29]

很难想象，任何理性的思想者和行动者，会在绝对意义上排斥成本收益分析的基本理念。[30] 但事实上，法学界长期以来对成本收益分析抱有抵触情绪。这主要来自两点根深蒂固的理论误解，在此有必要着重澄清。

第一，法律人习惯于武断地认为，成本收益分析方法只将货币或物质层面的成本和收益纳入考虑。但正如 Kaplow & Shavell 早已解释过的，福利经济学中作为理性权衡对象的"成本"和"收益"，可指任何在现行社会规范下人们认可的价值增减：例如公平正义的增加，分配的均匀，都可被认为是收益；稳定不变的社会道德情感受到伤害，也可被列为成本[31]。而随着晚近心理学研究的发展，特别是主观效用测度方法的改进，成本收益分析在技术上也正日益摆脱对货币量度的依赖。特别是，在有关公共政策与国民幸福感之间关联研究的指导下，学者已作出初步尝试，将传统的成本收益分析改进为脱离货币量度的主观福祉分析（Well-Being Analysis）。[32] 量度成本收益的方式日新月异，也会越来越精确，但这不影响成本收益分析作为思维框架的正确性（本书第1讲）。

第二，一些法律人坚定地误认，法律和公共政策涉及的诸多正面或负面价值不仅无法货币化，而且根本无法量化，因此成本收益分析无从运用。[33] 但实际上，成本收益分析并不当然要求量化所有成本与收益考虑，尤其是不必然要求作"点估计"（point estimate）式的量化。只要待考虑的因素能以区间的形式得到估测，甚或只转化为定序（ordinal）变量，成本收益分析也可以施展。[34] 后者显然意味着，只要决策者在某种应然价值理论指导下，能够对不同相关因素进行价值排序，就可按照成本收益分析的基本原理进行通盘权衡。而前者则可通过举以下一例稍做解释：当政府需决定是否投资于某种有望降低污染致病死亡率的环保规制措施时，虽然生命的价值看似无法被精确量化，但借助公共经济学中常见的"统计生命价值"（value of a statistical life，简称VSL）等方法，政策决定者至少可以对人命作**区间式的估价**。如果即便按照该区间估价的最低值，政府预期付出的规制成本比起规制挽救的人命价值都相形见绌，那么该规制就具有效率；如果按照该区间估价的最高值，该规制都入不敷出，那么决策者就应该把钱花在别处；而如果规制措施能否产生净效益，取决于对生命的估价是高还是低，那么借助成本收益分析，决策者至少可以清醒地意识到，无论其最终如何裁量，都受制于严重的信息局限。[35]

由此可见，与法学界尚待更新的观念不同，成本收益分析作为思考实质合理性的方法，绝非只在相关因素可作货币化和精确

| 第 13 讲 | 成本收益分析 PK 比例原则：为何社科方法更胜一筹？

量化的场景中方能适用。不仅如此，当法律人以类似理由想当然地拒斥成本收益分析时，他们显然没有意识到，如果成本与收益因素是绝对无法量化或排序的，那么比例原则同样也会一筹莫展：在那样的前提下，比例原则中的必要性审查如何能检验侵害是否最小？狭义比例性原则又如何比较损益？因此，无论成本收益分析还是比例原则，其实都需建立在对损益因素进行适当量化或排序操作的基础上，而这些操作对二者来说当然都不是纯粹的实然分析，也必定涉及应然理论指导下的权重设定。

那么，既然成本收益分析未必追求绝对客观、精确定量，为什么还要说，它优于看来对成本收益因素也多少作了宽泛衡量的比例原则呢？本讲认为，比例原则之所以无法替代成本收益分析，主要在于其认知框架引导决策者开展一种残缺的成本收益分析。根据成本收益分析，决策者应在全面、统一标准且较少受额外限定的前提下，识别、考虑和权衡待审查举措的各类后果。但依循比例原则提供的机械程序，一方面，该程序规范先行的特征，通常会使实质合理性分析受到不必要的限定及干扰；另一方面，该程序分步骤审查的结构，使得原本应通盘进行的成本收益考虑，被机械地割裂，这极易将结论引向明显错误的方向。以下第二节将以成本收益分析为参照，详论比例原则存在的问题。而这些问题使得比例原则即使在少数司法审查情境中可获证立，也不应在行政与立法决策中有容身之处。

13.2 比例原则合理吗？

本节将具体讨论并展示，比例原则提供的四步分析程序，非但不能说明决策者厘清开展实质合理性分析的思路,甚至还增加了决策者受各类认知偏误(cognitive bias)影响的风险。本节讨论使用的例证主要来自近年公法学界有代表性的文献。但这当然不意味着,相关问题在其他法域并不存在。[36] 本节将针对比例原则的四个子原则一一检视。

13.2.1 正当性审查:规范性挤压合理性

作为比例原则审查首要步骤的"正当性"环节,带有浓厚的先验色彩,而决策者在这一步骤中获得的有关目的正当与否的结论,最终只能取决于价值确信,因此将这一步骤置于比例原则分析流程的最前端,对实质合理性分析会产生重要但未必积极的导向作用。[37]

不难想见,如果决策者有关政治正当或基本权利的道德确信在此阶段就被唤起,那么正当性审查将成为比例原则审查的决定性步骤,而后续三个分析合理性的步骤则会面临严重局限。正如Kumm所说,理论上,只要决策者的道德确信足够强烈,其在这一环节就可以将许多与合理性判断高度相关的因素排除在其考量范围之外[38],这意味着之后三个环节的合理性分析注定是不完整的。而如果接受刘权教授的主张,在进行目的正当性判断时,还要以"查明真实目的"为基础[39],那么待审查措施甚至在比例原则审查的第一环节即有很大概率会寿终正寝——因为尽管政府确实总有办法"宣称"一个正当目的,但参照公共选择的基本原理,指责任何决策背后有"不正当"利益驱动,从来也都不是难事。

不仅如此,当法律人思维被有关"正当性"的道德信念支配

第13讲 成本收益分析 PK 比例原则：为何社科方法更胜一筹？

时，比例原则对目的和手段分别加以思考的所谓客观性，也容易被分析者抛到脑后。例如王瑞雪教授在运用比例原则分析政府对信用工具的运用时，认为将自然人违反社会公德和家庭美德的行为认定为失信行为、纳入信用信息系统并辅以联合惩戒的做法，违背了正当性要求，理由是政府在主观上意图"将轻微违法或违反道德要求的行为也通过强制手段加以控制"。[40] 不难看出，被王文认定为"不正当"的，其实是政府使用的具有强制性色彩的联合惩戒手段，而非促进社会公德和家庭美德这一目的。然而一旦论者的头脑被有关"正当性"的道德直觉占据时，便顾不上比例原则区分目的和手段这一基本方法逻辑了。这相当于将正当性的道德要求，进一步推广到了比例原则的其他审查环节。

由此可见，正当性审查的要求，向比例原则中引入了其自身根本无力解决的规范张力，这大大增加了合理性分析中出现客观性和逻辑性缺失的风险。当然，正当性审查的上述问题并非没人意识到。例如 Alexy 就提出，为避免干扰合理性审查，目的正当的考虑应被置于比例原则之外。[41] 而据观察，在德国等地的司法实践中，目的正当性审查其实非常宽松，几乎从未有待审查法律未能通过这一环节的实例，这或许是纾解正当性原则内含规范张力的现实选择。

但讽刺的是，在正当性审查环节"放水"，使得绝大多数待审查举措均能通过这一步审查，难道不又意味着正当性原则本身遭到了虚化？而后者则构成了另一部分学者对比例原则不满的基本理由：从道德义务论的立场出发，他们抱怨说，比例原则的最大问题，恰恰是使得基本权利——甚至是少数学者口中绝对不可能存在"正当限制"的"绝对权利"[42]——没有获得像王牌

(trumps) 那样定于一尊的礼遇。[43]

13.2.2 适当性审查：形同虚设

若待审查举措能通过正当性审查，进入适当性环节，那么通常认为，比例原则仅要求决策者认定，该举措在合理的意义上可以达成其宣称追求的正当目的，而非徒劳无益、甚至适得其反。由此看来，比例原则中的适当性原则，与传统行政法教义中的所谓"合理性原则"其实颇为类似，对待审查举措提出非常基本的理性要求，即手段之于目的，某种程度上有用即可，但不能明显无效——换言之，之所以不能用大炮打麻雀，不仅在于其明显过度昂贵，而且用（19世纪的）大炮很可能压根打不到麻雀。

然而，如前所述，识别极不合常识的手段，并不需要多么高深的法学方法，但有用的理论却需要指导人们回答其更关心的问题，即相对于给定目的，手段需要在什么程度上促进目的，才算合适？毕竟，在绝对意义上"没用"的手段其实不多见；而如果只要有点用就算"适当"，那么适当性审查的作用也就非常有限。例如，假使政策目的是降低空气中 PM2.5 的日均值，举措 A 可将其从 100 降至 70，另一项举措 B 却可将其从 100 降至 50，二者在适当性审查环节无法有效区分。

显然由于担心适当性审查形同虚设，刘权教授建议，应进一步澄清和限定适当性审查的规范内涵：审查有关手段是否合目的，应从"客观适当性"而非"主观适当性"角度着眼——前者以待审查举措的实际效果产生后为判断适当性的时点，而后者则以待审查举措作出时为判断时点。[44]刘文以 2013 年湖南婴儿疑似接种 B 肝疫苗死亡事件举例，该事件中，国家食药监局和卫计委在事发

| 第13讲 | 成本收益分析 PK 比例原则：为何社科方法更胜一筹？

后但查明原因之前，为控制可能存在的风险，即暂停了涉事生产企业两个批次疫苗的使用；然而后经调查，未发现该企业生产的疫苗存在品质问题。刘文认为，就监管部门暂停使用疫苗这一措施的适当性而言，如果采取主观适当性，该措施与保护婴儿生命的目的之间存在可能的关联（控制风险）；如果采取客观适当性，这种关联性则不存在。因此，客观适当性标准会比主观适当性更为严格，有助于提高该环节的审查要求。

且不论客观适当性是否一定比主观适当性更严格——瞎猫也能撞上死耗子——试想，如果判断任何手段能否促进目的都要选取客观适当性标准，那么，因为现实中再合理的公共决策也不可能百发百中，法院的比例原则审查，由此也就注定要沦为"后见之明"（hindsight bias）的奴隶了。例如，在进行交通事故救援时，如果无论警方采取何种措施，最终都没能实现对事故伤者的救援目的，那么在诉讼中，警方行为就必定因此而可以被认定不具备适当性、进而不成比例吗？[45]

13.2.3 必要性审查：偏颇的成本收益分析

基于前两节可知，即使待审查举措通过前两个审查步骤，其实质合理性也很可能没经受多少推敲。直到必要性审查这第三步，更具实质性的审视看来才会发生。但至少就其最常见的形式而言，比例原则中必要性审查的核心关注，在于待审查举措相比于其他替代性措施而言，是否对特定公民权利的限制或减损最小。这与成本收益分析的旨趣非常不同，因为成本收益分析要求考察的，是不同手段造成的成本、效益各有哪些。而在法经济分析中，成本收益分析又常常结合卡尔多-希克斯效率标准（第9讲），使操

法经济分析：方法论20讲

作成本收益分析者的目标成为选择净效益最大的手段、政策，而非选择损害（成本）最小者。

将必要性考量聚焦于公民私权限制或减损后果，当然体现了比例原则致力于权利保护的旨趣。但与此同时，这导致审查者对成本的理解和想象趋于片面，特别是可能由于过度纠结私人成本（private cost）有无最小化，而忘记合理的公共政策应关注总体社会成本（social cost）。例如前文提及的糖果禁售令一案中，德国宪法法院的可能错误之一，就在于当其分析禁售令的必要性时，只考虑到禁售令相比于信息披露对商家限制更大，却未意识到相关监管还应追求降低消费者面临的信息和决策成本——而后者在基于禁售令的规制模式下，很可能才是最小的。

又如，张翔教授在分析一些城市实施的机动车单双号或尾号限行措施时，认为此类严重限制公民财产使用权的措施不具有必要性，因为政府可以采取包括"淘汰黄标车""降低工业排放与扬尘污染""机动车油品升级"等各类对于实现治污目标同样有效、却对财产权限制更小的替代性措施。[46] 单双号或尾号限行措施以及其他替代性治污措施本身的有效性，本讲无法展开探究。[47] 但仅就论证逻辑而言，与 Tushnet 批评德国法院论证时指出的一样，张文有关必要性的思考完全没有考虑到，替代性措施本身也有成本[48]；甚至，张文没有意识到，政府采取措施要求车主淘汰黄标车、要求污染工厂关停限产等，本身同样是对（另一些）公民财产权的重要限制。这样看来，比例原则不仅使论者有关成本的想象无法超出"私权限制"，甚至其目光能看到的权利人范围也十分有限。

不仅如此，比例原则中必要性审查的片面性，更体现在其只

第 13 讲 成本收益分析 PK 比例原则：为何社科方法更胜一筹？

关注到成本一侧。如果待审查举措 A 相对于替代性措施 B，限制私权更多，但政策收益却更大，那么根据比例原则的审查流程，A 应无法通过必要性审查——尽管"A 不如 B"的判断，在效率的意义上显然并不合理。鉴于此，晚近版本的比例原则有时会明确增加限定，要求在审查 A 的必要性时，其参照标的 B 必须在收益层面与 A 相当（也就是 A 和 B 的适当性程度相似）[49]，由此 A 与 B 的必要性比较可被限定在成本层面。这种调整使得必要性审查与经济学上的"成本效能分析"（cost-effectiveness analysis）近似——后者通常要求先就目标效果给出具体设定，再从能够达致相同效果的手段中，选择成本最低者（其实，就是生产效率的概念）。但此处很明显的问题是，如果决策者在现实中无法为 A 找到一个收益相同的 B，但却存在收益比 A 更高的 C、D、E、F，必要性审查难道要就此卡关、无法继续进行了吗？A 难道因为侵害最小，就当然成为最好的政策选项？

或许正是鉴于上述困难，少数对成本收益分析有所了解的行政法学者，意识到必要性审查中需要更明确地引入综合考虑成本收益的方法。例如刘权教授提出，当待审查手段和替代性手段的有效性（收益）存在差异时，必要性审查应以"相对最小损害性"为标准，即分析哪一种手段取得"单位"收益的成本（总成本/总收益）最小。[50] 相比于传统的最小损害标准，"相对最小损害"确实有助于审查者更周全地同时关注成本和收益两侧的因素，可算是进步。但遗憾的是，刘权教授通过比较不同举措的平均成本判断成本效率，并非合理的经济学方法，因为后者对成本效率的判断应是在边际意义上作出的：假如待审查举措 A 的成本为 100，收益为 150，替代措施 B 的成本为 1000，收益为 1100，那么 A 并不因其产出"单位"收益的成本（100/150 = 0.67）小于

B（1000/1100 = 0.91）而具有更高经济合理性——政府如采取 B 举措，相对于采取 A 时要付出的额外成本是 900（1000 - 100），但获得的额外收益则是 950（1100 - 150），因此在边际意义上，采取 B 比 A 要更有效率。

截至当前，笔者还未看到刘权教授的相对最小损害公式在必要性论证中获得广泛采纳。而正如后文所说，严格来看，在比例原则中引入错误的经济分析，未必有多少积极意义。但相比之下，传统进路的必要性论证，因对私权减损之外各类成本收益因素选择性失明，由此导致的论证谬误明显到令人讶异的程度。例如张翔教授在分析《刑法修正案（九）》有关重特大贪污受贿犯罪人可被判处终身监禁、不得减刑或假释的规定[51]时，先是承认终身监禁能够实现报应、一般预防和特殊预防这些正当目的（符合正当性和适当性），但旋即推论，由于相关法律已规定曾犯罪获刑者不得再被录用为公务员，即使此类犯罪人被减刑或假释也无法再贪污受贿，所以终身监禁对于实现特殊预防这一目的来说，并非最温和手段，无法通过必要性审查。[52]尽管只能猜测，但张文此处之所以会犯下如此明显的逻辑谬误，恐怕与其思维被"个体自由受限"这单独一项成本完全占据脱不开干系——哪怕他自己刚刚才说过，终身监禁的目的并不仅有特殊预防。

读者可能认为，一叶不足以知秋，三人不该成虎；必要性原则如果适当操作，仍然有其作用。那不妨考虑这个抽象的例子：系争规定与可能的替代规定，都能99%达到规制目标，系争规定的代价是30%侵害某种基本权，替代规定则是31%侵害某种基本权。说到这里，可能对必要性原则的操作已经足够：适合性程度相同，系争规定也是较小侵害手段。结案。但是，如果系争规定要花费1亿元预算来实施，替代规定却只要一万元预算呢？至少

| 第13讲 | 成本收益分析 PK 比例原则：为何社科方法更胜一筹？

教科书版本的必要性原则，并不容许考虑预算。[53] 但尤其在运用比例原则于宪法审查以外的情境时，难道行政机关、立法机关不用考虑预算花费多寡？或有主张，实践中的比例原则并不像教科书描述的那样（那么，为何教科书不改写？不同的实践还能称为比例原则吗？），两者预算花费的巨大差距，可以论为不同的适合性。但预算花费只是比例原则论述框架中其中一种被忽略的面向而已。而当越来越多考虑因素被纳入比例原则的适合性原则中后，又要如何找到和系争规定有相同或相似适合性的替代规定呢？

13.2.4 狭义比例性审查：继续偏颇的成本收益分析

狭义比例性审查作为比例原则的最后步骤，其作用很大程度上受制之前审查步骤的完成品质。尤其是，在必要性审查之后，审查者既有可能在待审查举措并非最优时放其过关（仅因其限制私权最少），也有可能在其符合效率要求时判定其"不成比例"（因另有替代性措施限制私权更少）。无论哪种情形出现，狭义比例性审查都会陷入颇为尴尬的境地。因为如果通过前三步的待审查举措并非最优，那么狭义比例性原则虽有助于判断其是否产生净收益，但决策者也至此失去了判断是否存在更优替代性举措的机会。而与此相比，更糟糕的情况是，如果待审查举措符合效率，但在前三个步骤中因被误认为目的不正当，或限制私权并非最小，而已被打入"不成比例"之列，那么狭义比例性分析则全无用武之地。

不仅如此，与之前几节的讨论相联系，虽然狭义比例性的确关注净收益是否存在，但比例原则的分析结构本身可能干扰决策者的认知，导致其在狭义比例审查环节仍旧无法全面、客观地衡量成本收益。例如，王瑞雪教授认为，铁路部门将旅客在动车组列车吸烟的信息纳入个人信用档案并保存五年的做法，之所以不具有狭义比例性，是因为如此处罚公民，相较于"公共场所吸烟行为本身"而言"过于严苛"。[54] 这一分析中最明显的问题，是其未将动车组吸烟的行为（影响行车安全）与一般公共场所吸烟行为加以区别。而这一疏失之所以会出现，与比例原则并未明确指导决策者在后果——而不只是所谓"行为本身"——的意义上思考成本脱不开干系。

同时，由于正当性和必要性都要求审查者将注意力聚焦在某些特定类别的收益或成本变量上，这也导致狭义比例性审查中，基于定锚效应，审查者持续关注这些特定收益和成本，却对其他同样应纳入考虑的变量忽略、视而不见、或赋予过低权重。[55] 例如，陈景辉教授在运用比例原则分析警察使用武力的一个假想案例时，认为如果单个警察面对多人哄抢财物，射杀其中一人是阻止其他人破坏财产的唯一手段[56]，那么虽然该手段旨在保护财产（符合正当性与适当性），并且必要，但却"明显"不符合狭义比例性，因为生命损失必然重于财产利益。[57] 但按陈文自己的设定，假如射杀真是现在和未来阻止此类犯罪的唯一手段（不能通过增加警力，或者给警察配置电击棒，来阻止此类财产犯罪），那么不射杀的后果就是未来此类集体哄抢的行为将会失控（嫌犯预知警察没有任何办法阻止其行为），因此允许警察在此类条件下开枪的收益，远不止本次追回的财物价值，还至少要包括对类似盗窃行为产生一般威慑效应的价值。

上述近乎教科书式的认知偏误，在狭义比例性分析中，当然不必定会发生，或无从避免。但这个例子表明，对这类偏误的担心绝非杞人忧天。可以看到，即便少数学者明确同意狭义比例审

| 第13讲 | 成本收益分析 PK 比例原则：为何社科方法更胜一筹？

查的正确进路唯有使用成本收益方法，却也还要生硬地表示，与"专注于效率"的成本收益分析不同，狭义比例审查更关注权利和公平。[58]可这不但"小看"了成本收益分析，也遮掩了狭义比例审查的根本缺陷。

13.3　Alexy 学说及其悖谬

在前文之四小节中已足以展示，尽管法学界对比例原则寄望甚高，但这一教义内含结构性缺陷，难堪大用。特别是，作为法律人在理性化不足的语境中思考成本收益问题的替代性方法，比例原则的四步分析程序设下多重陷阱，不但导致决策者无法获得正确分析结论，甚至增加了其犯下简单逻辑谬误的风险。

当然，一种可能的回应是，比例原则作为理论方法并非只有单一版本，因此本讲批评的问题未必普遍存在。除再次强调本讲批评的版本在当前有较大影响力之外，本节简要考察德国学者 Alexy 有关比例原则的理论学说，以检验之前的批评是否真的只是捏了软柿子。

学界公认 Alexy 为比例原则最重要的阐释者，但 Alexy 对比例原则的界定和描述相对"小众"。Alexy 将目的正当的分析排除在比例原则之外，使比例原则集中于适当性、必要性和狭义比例性这些实质合理性审查步骤。[59]不仅如此，出于对法律人凭直觉衡量权益方法的不满[60]，Alexy 还设计了名为权重方程（weight formula）的分析工具，其基本形式如下：

$$W_{i,j} = \frac{I_i \times W_i \times R_i}{I_j \times W_j \times R_j}$$

可以看出，权重方程在比较待审查举措追求实现的收益（价值原则 i 获得促进）和由此产生的损失（价值原则 j 遭受损失）时，不但试图借助强度（I）和权重（W）两类变量将收益和损失在实体意义上加以量化[61]，而且还引入认知确定性（R）变量，以求进一步增加比例原则的精确性。[62]

不出意外，法律人对 Alexy 比例原则理论的常见质疑，集中在权重方程的量化追求是否有意义、有可能。[63] 尽管根据 Alexy 的演示，权重方程各变量的赋值确实会存在法律人习惯于指责的"主观性"和"随意性"[64]，但他借助强度、权重、认知确定性这些定序变量[65]实现的量化权衡，至少不会比其他人拍脑袋比大小更加草率。

而正因为 Alexy 版本的比例原则理论化程度更高，通过这一学说，我们能够更加清楚地看到比例原则内含的理论缺陷和悖谬。[66]

13.3.1 适当性不该和帕累托标准挂钩

Alexy 错误地将帕累托最优（Pareto optimality）引入适当性原则。[67] 导致**适当性审查不是几乎完全无用，就是永远导出违反比例原则的结论——甚至同时导出违反和不违反的结论。**

在福利经济学中，帕累托最优描述的是一种有效率的资源配置状态，任何对这种状态的改变，都无法既使至少一个个体的状况变好又不使任何其他人的状况变差。[68] Alexy 认为，适当性原则对待审查手段提出的要求就是帕累托最优：如果公共决策者期望通过手段 M_1 实现促进原则 P_1 这一目标，但采用 M_1 其实不仅无助于促进 P_1，还会损害另一项原则 P_2，那么 M 就不应被采用——这

第13讲 成本收益分析 PK 比例原则：为何社科方法更胜一筹？

是因为，与采用 M_1 时相比，未采用 M_1 时，P_1 虽未获促进但也并未受损，可 P_2 却会处于更少受侵害的状态，所以将 P_1 和 P_2 作为一个整体加以考虑，可知不采用 M_1 相比于采用 M_1 更好，而采用 M_1 不符合帕累托最优标准，因此不能通过适当性审查。[69]

但 Alexy 显然并未理解此处引入帕累托最优标准的实际后果，也没有清楚说明以帕累托最优标准诠释适当性原则的精确意思：Alexy 的例子只说明了，若 M_1 是帕累托较差（Pareto-dominated），则无法通过适当性原则的检验。但如果帕累托较差是适当性原则的充分且必要条件（sufficient and necessary conditions），则适当性原则几乎没有用处，因为天底下完全无助于所欲促进原则 P_1，又会伤害另一原则 P_2 的政策，实在很少见。在此种诠释之下，Alexy 的诠释并没有什么逻辑错误，只是把适当性原则诠释得非常非常弱，比鸡肋还鸡肋。

但如果 Alexy 其实不是采这种解释（从他的英文著作，无法探知其真意），而是主张所采取之政策手段 M 必须是帕累托最优呢？假设有另一手段 M_2，有助于促进 P_1，却对 P_2 有损。此时，从未采用 M_2 的状态变为采取 M_2 的状态，仍非帕累托改进（Pareto improvement），因为帕累托标准要求的是手段在促进某原则时无损其他原则。然而，仅以此为依据，决策者就可以认定采用 M_2 不具有适当性了吗？如果可以，那么 Alexy 版本的比例原则将导致大多数立法、公共政策或政府行为都会因适当性不足而无法通过审查：现实中，除了在涉及财产权限制的一些情形（如征收）中相关法律或政策理论上可包含对权利受损者作出近于完全补偿的配套规范之外，其他更多时候，相关举措无论有无正面效益，都既难免减损某些原则，也不要求、且做不到借助补偿满足帕累托标准。

换言之，上一个诠释中的帕累托式适当性原则，会松到几近于没审查；这个诠释中的帕累托式适当性原则，会严到几近于没活路。这是 Alexy 没说清楚之处。

而更微妙的是，如果审查者在判断采用手段 M_2 是否符合帕累托标准时，将比较原点从"未采取 M_2 时的状态"，换为"采取 M_2 时的状态"，那么决策者选择不采取 M_2，相对于采取 M_2 时，仍然不会带来帕累托改进——因为未采用 M_2 时，P_1 的实现程度相比采用 M_2 时会更糟。换言之，采用 M_2 时的状态是符合帕累托最优的，因为我们无法通过选择不采取 M_2 而获得只有原则受益而没有原则受损的改进。于是，根据 Alexy 的理论，采用 M_2 反而又具备了适当性！

或谓，比例原则审查隐然都是以"未采取 M_2 时的状态"作为比较原点，所以不会出现自相矛盾的审查结论。但是，若两个政策手段的比较，会只因为比较原点对调，就产生完全相反的结论，此种分析工具真的合用吗？而若真的以"未采取 M_2 时的状态"作为比较原点，则比例原则可以限缩为适当性原则了，因为所有政策到了适当性原则都会无法通过审查！

表 13-1　依据帕累托最优标准审查适当性

分析模式 1		分析模式 2	
原点	参照点	原点	参照点
未采用 M_2	采用 M_2	采用 M_2	未采用 M_2
P_1, P_2	P_1（+），P_2（-）	P_1, P_2	P_1（-），P_2（+）
原点状态：帕累托最优（无法改进）		原点状态：帕累托最优（无法改进）	
结论：采用 M_2 不具有适当性		结论：采用 M_2 具有适当性	

| 第13讲 | 成本收益分析 PK 比例原则：为何社科方法更胜一筹？

如表 13-1 所示，帕累托最优的判断依赖于比较原点的选取——只要无法保证从原点到参照点的变动不会对任何原则造成损害，那么原点就永远都是帕累托最优。而依此逻辑，当原点不同时，采取待查手段既可能符合帕累托最优，也可能不符合帕累托最优。显然是由于并未意识到上述逻辑，Alexy 也未能理解，在不具体考虑有无补偿可能的前提下，帕累托最优其实根本无法成为适当性审查乃至任何公共政策或法律审查的实用标准。

13.3.2 必要性不该和帕累托标准挂钩

Alexy 同样不恰当地将帕累托最优思维内建于必要性原则之中，即要求在两项同样促进目标原则 P_1 的手段之间，选择对因此受损的冲突原则 P_2 损伤更小者。与前文的批评一样，这种追求"最小损害"的思路，完全不考虑不同手段达成预设政策目标的程度是高还是低，而只强调手段转换不能导致有人受损。看来，"拔一毛而利天下，不为也"，不光是中国的帕累托古训，在德国难不成也是人民喜闻乐见的价值理念？

可若是较真的话，Alexy 虽然号称追求帕累托效率，但走得其实还不够远，因为他考虑的损益主体是 P_1 和 P_2 两个原则，而福利经济学的分析单位却是个人。可再以治理空气品质为例，假如治污举措 A 将 PM2.5 从 100 降至 70 导致的各类经济损失总规模是 5000 万，B 将 PM2.5 从 100 降到 70 的代价是总体经济损失 4000 万，但采用 B 时，某一两家企业的损失会高于采用 A 时。显然，尽管 B 在其他支持比例原则的学者那里，或许已能雀屏中选，但由于 B 相对于 A 并非帕累托最优，因此 Alexy 此时还是不应允许其通过必要性审查——但这样的审查结论无疑是"很成问题"的。

13.3.3 权重方程不是衡平性的救赎

虽然权重方程看上去比通常的狭义比例性权衡更为精细，但很明显，权重方程将其权衡分析只放在两个实体价值因素（P_i 和 P_j）之间，而想来这两项因素的确定本身是以前置分析中的道德判断、而非合理性思考为基础。在这一前提下，无论权衡方程中的各项变量如何对 P_i 和 P_j 做进一步加权，甚至可囊括千变万化的情形[70]，这一权衡过程都注定只是坐井观天，而无法像直接考虑各类后果的成本收益分析一样力求全面。而且，权重方程的变量只是定序变量——至少绝对不是基数变量——但定序变量无法进行加减乘除[71]，所以权重方程的基本逻辑就说不通。即使置此不论，在涉及三个以上的实体价值因素时，权重方程也无法用来比较两种政策手段的优劣[72]，进一步限制其用途。

更微妙的是，尽管 Alexy 对适当性和必要性的理解均以帕累托原则为基础，但权重方程所体现的却显然是卡尔多-希克斯效率的理念：如果基于权重方程的计算，待审查举措对 P_i 的妨害程度小于对 P_j 的实现程度，便可被认为符合衡平性要求。仅就权重方程本身而言，以卡尔多-希克斯效率为基准当然是合理、并且必然的——Alexy 本人也曾坦言，当不同原则相互冲突时，成本和取舍都不可避免。[73]但即使不考虑前文提到的那些抽象逻辑矛盾，如果适当性和必要性审查中内建了帕累托效率标准，那么绝大多数待审查举措其实很难通过这两道审查，权重方程下的损益比较也因而几乎无从开展、沦为摆设。这更说明，无论是比例原则还是其他合理性分析方法，只有彻底改用成本收益分析，搭配卡尔多-希克斯效率标准（或其他福利标准），在衡量政策效果、比较不同政策选项时，将关注点始终放在以通盘权衡为基础获得的净收益

| 第13讲 | 成本收益分析 PK 比例原则：为何社科方法更胜一筹？

之上（第 10 讲），才能真正帮助决策者作出合理的选择。

综上，尽管被认为代表了法律人有关比例原则的理论化思考，但 Alexy 版本的比例原则不但同样无法避免该教义方法通常面临的规范性过度介入、空洞、偏颇等问题，而且还由于其对效率标准的错误理解和援用，导致了更严重的理论矛盾和操作全面瘫痪的风险。这更提示学界有必要更彻底地打破比例原则的桎梏。而比例原则的退位，并不会造成决策工具的空洞。在所有立法和行政决策的情境中，只要宪法或法律没有明确设下必须只能达成某种程度的目标，或者明白规定成本比收益重要，那么成本收益分析都是优于比例原则的决策工具。

13.4 比例原则隐含的认知偏误

Anne van Aaken 教授率先指出比例原则隐含了一种常见的认知偏误（cognitive bias）——损失厌恶（loss aversion）。[74] 亦即，比例原则的审查结构中，有政府规制所欲达到之目的，也有被减损的权利；而损失厌恶此种认知偏误，使决策者对损失（被减损者）给予较高权重，对收获（政府目的）给予较低权重。此种认知偏误是**不自觉的**，并非应然价值判断的结果，会出现在每一次的决策中。因此，**比例原则会"偏袒"被减损之权利**。

成本收益分析同样可能受到损失厌恶心态的影响，因为成本被看成损失。但是，成本收益分析的使用者，可以借由颠倒成本与效益来祛除认知偏误（de-bias），但比例原则却无法如此操作。从表 13-2 可知，以申领身份证时是否该按捺指纹的宪法争议而言，如果以成本收益分析探究此问题，可以用两种不同的版本，

法经济分析：方法论20讲

一个版本的效益，是另一版本的成本；反之亦然。成本是未实现的效益，降低的效益是成本。全然理性的分析者，不会受到"包装"（framing）的影响。但行为法经济学者的实证研究，往往指出包装的强大力量。为了防止包装的可能影响，决策者若有多人，可以被随机分为两组，一组人审酌版本一，另一组人审酌版本二。如果结论相同，固无问题，表示包装方式没有影响审议结果。如果结论不同，则决策者就会意识到包装的影响，以及此案件可能两边的净利益在伯仲之间。此种使用成本收益分析的方式，有助于祛除认知偏误。

表13-2　成本、效益对调

	版本一：按捺指纹	版本二：不按捺指纹
成本	隐私侵害 按捺指纹之行政耗费	犯罪率未降低，致无从增加免于恐惧自由与财产权保障
效益	降低犯罪率，以保护免于恐惧自由与财产权	更多信息隐私 省去按捺指纹之行政耗费

但比例原则呢？比例原则无法有版本二。如果硬要做，则适合性原则会问：若放弃按捺指纹，是否有助于保护隐私？必要性原则会问：相比于放弃按捺指纹，是否有替代政策，可以相同适合地保护隐私，但对免于恐惧自由与财产权保障的侵害最小？衡平性原则会问：保障隐私的好处是否大于减少免于恐惧自由与财产权保障的坏处？把宪法问题反过来问一遍，仍有潜在好处。但前述的另一组提问，已经不只是重新包装而已，而是问了不同的问题。尤其在必要性原则，在一般提问中探究"按捺指纹是否是对隐私权的最小侵害手段"，和另一组提问中探究"不按捺指纹是否是对免于恐惧自由与财产权保护的最小侵害手段"，是不同的问题，所以得出不同答案也并不奇怪，也不当然是不同包装所致。

| 第 13 讲 | 成本收益分析 PK 比例原则：为何社科方法更胜一筹？

再者，表 13-2 可以非常轻易地延伸，以包括其他做法（例如，不按捺指纹，但广设摄像头并使用人脸辨识技术；或者是通过教育、提升社会福利措施来降低犯罪率）。所有的可能做法，都可以放入其成本、效益。但比例原则的检验框架是以已经被采用的某个规制为中心，其他多种替代方案的利弊无法被完整检验分析。

或有认为，比例原则就是在保障人权，如果比例原则的论证框架偏袒了人权，岂不妙哉？但是，人权清单越来越长，但只有在比例原则框架中被安置在受侵害方的人权，才会获得较高权重。如果政府规制之目的在保障另一种人权，此种人权就会相对地获得较低权重。固然着力于应然理论者，可以提出人权的保障次序，但若只是因为某种人权被放在比例原则的受侵害方就获得更高保障，也不当然与任何应然理论相契合。

又或有认为，有另一种认知偏误叫"现状偏见"（status quo bias）[75]，使人倾向于维持现状；因此，宪法法院法官可能倾向于认为规制不违宪。因此，比例原则使另一方面的权利获得较高权重，才能使两方获得公平的立足点。但若真是如此，则比例原则真是充满了认知偏误的运作空间；这样的方法真的还应该继续被信仰、运用吗？而且，两种认知偏误并存，并不表示两者会完美抵销，那又该如何？

13.5 比例原则在公法中的合理定位

比例原则产生于司法机关审查行政措施这一特定公法制度语境，其后推广至更为宽泛的宪法审查语境，并进而被认为应同样适用于公共决策的设计和厘定环节，作为指导事前（ex ante）决策的一般规范性法治要求。

但正如前文分析所示，首先，比例原则包含的教义分析方法，完全不适合用于指导公共决策的设计和制定。假如社会期待立法者或政策制定者追求法律制度和公共政策具有社会福利最大化意义上的合理性，那么成本收益分析无疑是更适当的方法，而运用比例原则却实属缘木求鱼。反之，如果立法者或政策制定者在决策过程中，更关注或追求落实的，是某种先验性的道德价值或义务，而确实不在意社会福祉最大化，那么比例原则能够扮演的也只是可有可无的角色；真正一锤定音的，显然只是民主或集中决策者有关特定基本权利的道德确信。

但更复杂的问题是，即便比例原则不适用于指导事前决策，那么在司法对立法和行政决策进行事后（ex post）审查这一语境中，该教义又是否应被保留一席之地呢？如果依循法经济分析的通常思路，如此发问或许多余，因为法律规则的事前、事后之分只是形式意义上的，其产生的激励最终都会作用于事前：若立法和行政决策者预见到，其决策在事后会受到司法者运用比例原则进行审查，那么在事前决策时，他们同样也会关注并尽量践行同样的流程和标准；反之亦然。

不过，司法审查制度牵涉一些结构性考虑，这使得至少某种版本的比例原则，作为事后审查而非事前决策要求，或有其存在意义。尽管比例原则无法像成本收益分析那样有效指导实质合理性思考，但或许其功能原本也不在此：在司法审查语境中，比例原则更多体现的，可能是宪政体制所界定和调整的立法、行政决策机关与司法审查机关之间的决策分权结构。

| 第13讲 | 成本收益分析 PK 比例原则：为何社科方法更胜一筹？

不难想见，在这一过程中，如果司法机关高度遵从（defer）立法机关或行政机关的偏好，那么司法审查运用比例原则得出的结论，或许就无法指责其不符成本收益合理性。例如，若立法机关已明确认定对目的之追求只要到 X% 的程度，那么即使替代方案能达到 >X% 的程度，也非立法者所欲，遑论 <X% 的替代方案。此时，司法机关只要确定 X>0，并在几种能刚好达到 X% 的手段中选择成本最低者，再确定成本没有高于收益即可。而如果在宪政理念上认为法院只适合审查立法或行政举措有无直接侵犯人权，不适合过问其他政治或政策问题，那么比例原则要求司法机关只关注人权侵害程度，不考虑其他成本，恰恰限制了司法审查权。但需要注意的是，上述假定同时还意味着，对立法机关和行政机关来说，由于其预见到司法权对其偏好的遵从，因此也就没有任何必要去运用比例原则的四步法来规范自身的事前决策，而只需直接诉诸其偏好的价值或逻辑即可——至多是做到，不要让人一眼望去便断定是在用"大炮打麻雀"即可。

因此，如果以司法克制主义理念为前提，比例原则保留下来，作为一项形式审查的捷思工具（heuristic tool），并无不可。反之，当司法机关要开展独立于立法或行政的实质审查时，比例原则作为决策和论证方法的缺陷，就会显露无遗。而在现实中，这与近年关于比例原则的某些权威表述，也基本吻合：例如为尊重立法机关所享有的广泛自由裁量权，比例原则在欧盟法院，意味着"仅在某一立法与有权机关欲达目的相较显失比例时，才会影响该立法的合法性"[76]。

然而，需要澄清的是，本讲并不以宣导司法克制主义为宗旨。或者，更一般地说，本讲试图探究的课题并不是就公共决策而言，立法、行政和司法之间的分权应如何配置才算合理。后者本身是一个复杂困难的问题,堪称公法理论的圣杯。而如果多说一句,尤其是就合理性分析而言,本讲认为法院在多数情况下有能力像立法机关和行政机关一样操作成本收益分析。特别是,在当代的重大公法诉讼中,法院基于制度和技术条件所能掌握的信息,未必比立法和行政决策者更少,因此至少信息和判断能力受限之说,未必足以支持"司法克制主义"的教条。但那是值得另文详细讨论的话题。而本节试图说服读者的仅仅是,公法领域中比例原则若还有其适当的运用空间,恐怕只能是给定宪政分权框架下司法对立法和行政决策合理性不做实质审查的领域。

而在司法机关需要进行实质审查的领域,可行的审查方案通常只有三类:

如果司法机关确信出于价值理由,要对某些基本权利予以绝对化的保护,那么此时完全可以放弃比例原则,明确以特定价值原则而非合理性作为裁判基础[77];

如果司法机关决定独立开展实质合理性审查,那么此时应该放弃比例原则,直接使用成本收益方法;

如果司法机关决定独立开展合理性审查,却无论出于何种考虑,拒绝成本收益方法,那么与其用比例原则打掩护,倒不如大方承认,其审查的依据乃是基于自身作为司法者的优越直觉和判断力。[78]

本讲并不认为第三种方案是合理的,但指出这一方案,其修辞目标是为再次提示读者,比例原则的严谨外观,只是外观而已。

| 第13讲 | 成本收益分析 PK 比例原则：为何社科方法更胜一筹？

13.6 比例原则在民法中没有容身之地

将比例原则的适用扩展至私法领域，是近年来大陆法学界乃至实务界兴起的一种流行理论主张[79]，而这应该是受德国民法学说和实践启发的结果。[80] 尽管这一主张并无法源依据，但鼓吹者认为，比例原则的思想、理念和方法本身具有普适性，可以也应该成为指导民法理论和实践的教义原则[81]，甚至在民法中应被拔高为与"诚实信用"并驾齐驱的基本原则。[82]

截至目前，学界对这一主张提出的批评都是先验性或形式化的。例如陈景辉教授认为，在法律领域，只有逻辑、程序和终极价值才可普适，而根据这一在他眼中似乎不证自明的公理，比例原则并非上述，因此不可普遍化。[83] 另一些学者的批评则主要从坚持公法/私法或公权力/私权利二元分类的传统立场出发，强调比例原则是对公权力提出的规范要求，不宜被移植进入民法，否则难免构成对私法自治的不当干涉。[84] 但至少自 20 世纪初叶的法律现实主义思潮开始，公私二元界分不再被奉为不容置疑的铁律。而正如下文讨论所示，主张向民法中引入比例原则的观点，有些本来就意在介入民事立法、维护私法自治。[85] 因此至少对于这些说法，前述批评未能切中要害。

本讲在实质层面批判比例原则。既然比例原则作为理性决策的方法存在缺失，将比例原则引入私法，也不会在学理和实践上有价值或必要性。但鉴于这一主张近年来在一定范围内已产生影响力，以下将进一步批评，并借此揭示比例原则背后法律人思维中存在的普遍问题。

13.6.1 成什么比例？

学者将比例原则引入民法思维和实践的主张，主要旨趣可归为两类，一类是认为比例原则有助于维护私法自治，另一类则要求运用比例原则节制私法自治。有学者甚至在同一篇文章中，同时论证上述两类主张。[86] 认为比例原则可在相反方向上与私法自治互动，倒也不能说有错。毕竟，"私法自治"在当代本身不应被想象为非黑即白，而应是相对意义上的概念，即有时自治不够，有时则过度，因此通过比例原则双向调整，想来倒也合理。然而如前所述，比例原则的内容贫乏而空洞，对如何做才可算是"合适""合理"，至多只能给出底线式指导。对于私法自治如何加强或受节制才算"成比例"，学者依据比例原则给出的讨论并无充足说服力。

13.6.1.1 维护私法自治

借比例原则维护私法自治的主张，与前文已分析过的比例原则在公法中的适用，在原理上其实差别不大。正如苏永钦教授等早已指出的，"私权自治的领域，事实上自始充满了各种国家强制"[87]。例如，私人平等主体之间的合同，其效力并非绝对取决于意思自治，还会因损害社会公共利益或违反法律、行政法规的强制性规定而被认定无效[88]；又如，个人的房屋和其他不动产，为公共利益需要，也可被依法强制征收。[89] 尽管这类规则在形式上处于私法体系内部，但当法院需要裁处合同效力争议或征收拆迁纠纷时，其任务仍是去判断，公权以法律、法规、公共利益这类理由为依据干预或限制私权，是否正当、合理、不过分。而既然比例原则在公法领域中指导这类决策和审查的作用有限，将其推广到私法领域，自然也不能期望更多。

| 第13讲 | 成本收益分析 PK 比例原则：为何社科方法更胜一筹？

不妨结合民法学者较多讨论的合同效力否认问题，看看比例原则在民法语境中，如何发挥所谓"限制之限制"的重要功能。例如郑晓剑教授主张，可导致合同无效的"法律、行政法规的强制性规定"，在法律规定和司法解释中均所指不清，而运用比例原则，方能较好地判定，基于何种强制性规范否定合同效力方为适当。[90] 郑文以最高人民法院《关于审理建设工程合同纠纷案件适用法律问题的解释》第1条为具体示例。该条规定，承包人如未取得建筑施工企业资质或超越资质等级，则建设工程施工合同应因违反强制性规定而被认定无效。郑文认为这违反了比例原则，因为尽管要求施工企业取得相应资质的强制性规定，可理解为以保证建设施工品质为正当目的（具备正当性），但在竣工验收合格的情况下，判定合同因建筑企业无资质而无效，已与保证工程品质无关联（违反适当性），且给承包人造成过度不利益（违反必要性）。[91]

显然，上述分析认为基于无资质而否定合同效力的规则与保证建设工程品质的目的之间毫无关联，太过草率，因为论者在得出结论前，至少还应考虑，这一规则有无可能促使发包方在缔约前更严格地审查施工方资质；如果可能，这种行为干预当然有助于保证工程品质。不仅如此，假设现实中，仅靠政府督导检查，无法有效控制因无资质施工方在建筑市场上泛滥而导致的系统性施工风险，那么通过认定合同无效的规则，强化对发包方和承包方检验施工方资质的激励，或许就是必要的，而承包方的私人损失，就不应是判断必要性的唯一依据。[92]

这里并不是说，郑文的结论一定错了，而是要指出，该文中运用比例原则展开的论证本身有缺陷，因为其对显然需要考虑的重要变量和事实逻辑视而不见。反之，如果以成本收益分析为指导,为考虑施工方无资质是否可作为工程合同无效事由,分析者在一开始就应将该规则对缔约各方的激励效果及其可能产生的交易成本和管理成本进行通盘识别和比较。即使本讲真有理由认为,法院在个案裁处中无力开展这种周全的分析,那么至少在规则制定环节,决策者显然也可以并应该运用成本收益方法进行决策;法院在个案裁处中则应接受相关规则的合理性,而不是假比例原则之名,用过分简单的分析对其加以质疑甚至否定。

13.6.1.2 节制私法自治

民法学者还提出比例原则可被用于节制私法自治。这一论调有些法律现实主义色彩,即意识到私权主体之间结构性不平等、私权滥用甚至私人压迫等情况客观存在、甚至常见;基于此,民法有必要包含对私权行使作合理限制的规范,而只有在比例原则指导下,法律人方能在理论和实践层面明确,如何限制才算合理。

抽象而言,私法自治——或者说自由市场——在何种情境中、何种意义上会出现失灵,并由此需要何种形式的外部干预,既是民法理论无法回避的终极追问,更是经济、政治哲学领域长期无解的争议话题。因此,无法想象通过引入比例原则,民法理论就此能获得任何基础性、思想性层面的突破。

而在教义学说和裁判规则层面,民法体系内其实本已包含了诸如"诚实信用""不得显失公平""禁止权利滥用"这类旨在平衡乃至节制私权的规范及配套分析方法。这些教义当然远谈不上完美或理想,其模糊性、分析不确定性也显而易见。但回到"如无必要,勿增实体"的立场,与传统教义相比,比例原则真能实质性地改善民法在这一类问题上的思考和论证水准吗?[93] 根据前文的一般讨论,并参考比例原则支持者给出的一些具体论证"范

第13讲 成本收益分析 PK 比例原则：为何社科方法更胜一筹？

例"，本讲给出的答案是否定的。

可以郑晓剑教授在另一篇文章中就合同履行规则所作的比例原则分析入手。在该文援引的一则真实案例中，债权人与债务人约定分十期清偿债务，每期付款必须在约定付款日当日正午前完成，否则构成违约；而债务人在如约清偿前八期后，由于银行业务繁忙，导致第九期款项交付延误半小时，债权人以此主张债务人违约，并要求行使其针对剩余全部债务的提前求偿权。[94]法院在该案中裁决债权人行使权利的方式违反了诚实信用原则，超出了权利行使的正当边界。而郑文的观点则是，运用比例原则分析，该案的判决结果也应如此，因为债务人因客观情况迟延履行半小时，并未给债权人造成任何损失，或者说支持债权人行使提前获偿权，并无正当收益，却会给债务人带来极大成本，所以权利主张明显"过度"，不成比例。[95]

郑文此处的逻辑是，比例原则之所以值得引入民法，是因为不但其分析结论与诚实信用等传统原则下的实体正义结论相同，而且论证方法更为严谨，尤其是不像诚信原则那样，"内涵极具弹性"、等同于"给法官的空白委任状"。[96]但就该案包含的合同法实体问题（合同条款何时应被豁免严格履行）而言，无论是法院的诚实信用论证，还是郑文的比例原则论证，都过于粗糙：参考法经济分析乃至商业合同实务的一般常识，特定合同条款是否应被要求严格执行，至少应考虑事前就此类"轻微"违约情形做进一步约定的交易成本有多高，是否可由违约方更有效率地负担，以及豁免严格履行可能产生的道德风险有多严重，等等。如果论者对上述相关问题能稍做周全考虑，至少不会如此草率地认为债权人主张必然不应得到支持。

而郑晓剑教授给出的另一个例子则更有些天马行空,其核心主张是应根据比例原则限制侵权法的完全赔偿原则,减轻"家境不宽裕"且"过失轻微"的加害人的赔偿责任。[97]要求减低轻微过失加害人赔偿责任的观点,在民法学说中并不新鲜;如郑文引述,德国学者曾有此说[98],学者此前也发表过此类强调平衡甚至人文关怀的高论。[99]而郑文提出,侵权法应采纳依行为人过错程度调整责任范围的规则,这种规则的证立依据就是比例原则:其正当目的是平衡受害人法益和加害人自由(正当性),有助于达成这种平衡(适当性),且没有其他更和缓替代手段(必要性),而"根据过错程度承担责任与其所追求的目的之间相称,没有不成比例"(均衡性)。[100]

但如果郑文真要设计比完全赔偿更合理的侵权责任范围规则,需要动的脑筋,远不止于按照比例原则的套路信手作几点推论。也许郑文提出的规则,的确只追求所谓平衡受害人和加害人利益,但侵权责任制度却从来都不仅以此为目标(无论是效率理论、补偿理论还是道德报应理论都不可能如此狭隘);更何况,即使确实只考虑追求"平衡",郑文中的"平衡"也太过含糊——如果"家境不宽裕的行为人因轻微过失造成严重损害","可能影响其生活,更为甚者,还将剥夺其在今后进一步发展自己人格的物质基础"[101],但与此同时,这一严重损害落在其他家境同样不宽裕的受害人身上,如无完全赔偿也会严重影响其"发展自己人格的物质基础",此时限制赔偿范围,在何种意义上还能算是"平衡"?反之,对于过失同样轻微、但家境殷实的加害人,根据比例原则,是否又可以认为,让其履行完全责任,甚至加重责任,并对其轻微过失程度不予考虑,是否也算得上平衡呢?

退一步说,即便接受郑文只将合理减轻加害人负担作为其制

| 第13讲 | 成本收益分析 PK 比例原则：为何社科方法更胜一筹？

度设计追求的目标，其主张新设的"根据过失程度限制赔偿范围"这一规则，真的是成本最小的手段吗？其实，"成本更小"的手段，应是干脆不要费事去试图发明新规则，因为从经济分析的视角看，侵权法体系内原本早有其他规则，内含了合理调整赔偿责任范围的旨趣和机制，诸如"因果关系/可预见性""与有过失"等——更不消说侵权法体系之外的（潜在的）个人破产等制度。[102]

或许挑剔示例本身，有点太"较真"了。但这些例子反映的思维和论证问题具有普遍性。通过本节以及本讲其他篇幅中的示例，本讲希望提请学界同仁注意，比例原则作为教义分析工具，并不像其被寄望和鼓吹的那样，有助于改善教义论证品质的价值，或使教义论证在任何实质意义上变得更为清晰、客观、严谨甚至科学。

13.6.2　以成本收益分析取代比例原则

尽管比例原则对一些学者的诱惑，或许来自对"拍四下脑袋比拍一下脑袋更为严谨"的误会，但另一些学者对其抱有的期待却不止于此。有代表性者如纪海龙教授，认为比例原则审查与福利经济学的效率标准相符，且有助于将传统教义学致力处理的价值判断问题转化为事实判断问题，由此为社会学和经济学知识打开进入"狭义法学"的大门。[103]

借比例原则向民法理论和实践中引入经济分析的尝试，比起其他鼓吹比例原则的主张，应更多得到同情理解。但如前所述，比例原则远非正确的经济分析方法。无论是为检讨既有民事法律规则是否合理，还是要讨论如何设计更为优越的新规则，经济分析都强调论者要一般性地思考相关规则能否有效界定权利、降低交易成本、促成社会福利最大化——而不是看相关规则能否按部就班地通过比例原则的四步审查。反之，往往也正是因为学者的思维重心，在比例原则的指引下被放在后者而非前者之上，相关文论中才会出现各式各样从经济分析视角看存在明显疏漏甚至谬误的论证与观点。

尽管前文已提供许多示例，但为尽可能避免凭空放炮之嫌，在此还是最后分析一例，以显示比例原则远无法发挥与经济分析相同的功能。结合此前《民法典》制定的背景，不止一位学者提出，民法上以年龄或是否罹患精神疾病的标准一刀切式划线、规定无行为能力人或禁治产人从事的民事行为无效，不符合比例原则。[104] 这些学者运用比例原则分析指出，民法上的无行为能力人/禁治产人规则，具有保护未成年人、精神病患者等社会弱势群体的利益以及维护交易安全的正当目的（符合正当性），也有助于这一目的（符合适当性），但一律认定此类人群无意思能力，对其自由和自主的限制过大（不符合必要性），不如将无行为能力人行为视为效力未定，或将禁治产人制度改为更为灵活的监护制度，才更符合比例原则所包含的必要性和狭义比例性要求。

的确，传统一刀切式的无行为能力人或禁治产人制度应否被修正、调整，需要参酌现实社会情境加以考虑。然而，按照经济分析思路，在规则层面，到底应一刀切，还是应采取某种更灵活的制度，显然不只取决于相关规则对于某些心智早熟的未成年人或病症轻微的精神病人是否限制过多，而应在总体上考虑，何种规则能够最小化社会成本、最大化社会财富。一方面，正如王泽鉴教授其实早已指出的，理想状态下，民法当然可追求在意思表示能力问题上制定"因人而异"的规则，但之所以法律通常一刀切（"类型化或阶段化"），是由于"量身定做"（personalization

| 第13讲 | 成本收益分析 PK 比例原则：为何社科方法更胜一筹？

在过往技术条件下，会给立法、司法以及交易实践都带来过高的信息成本。显然，从信息成本的角度，比较"一刀切规则"（rule）和"灵活标准"（standard），才是经济分析的基本思路，但前述比例原则论证中，论者似乎都没意识到这还能是个问题。

另一方面，以无行为能力人为一方的民事交易效力如何，不仅影响无行为能力人的利益，还会影响其交易相对方的利益，并由此在系统意义上影响全社会的交易成本。如果分析者能够脱离比例原则的桎梏，将目光放得足够开阔，就会发现，事前一刀切式的规则未必如他们想象的那样"不必要"。例如，纪海龙教授认为，相比于无行为能力人行为确定无效的规则，效力未定规则更为妥当，即此类人的行为可通过事后获得法定代理人追认而变为有效。[105]然而与原规则相比，效力未定规则虽对无行为能力人的限制看上去更小，但却可能使相对方在事前就交易对方行为能力作合理尽职调查（例如，通过查身份证或看外表判断年龄）的激励削弱，在事后讨价还价甚至坐地起价（hold-up）的激励增加。只要无行为能力与限制行为能力的切分时点够早，任何交易者分辨儿童与青少年（遑论儿童与成人）的成本极低，也都从社会实践中知道儿童不能自己做重大交易，因此当然无效的规定其实不会让任何交易者感到意外。最后，如果交易内容确实有益双方，法定代理人永远都可以另外与相对人重签合同。纪文并未给出任何理由，解释效力未定规则的上述后果，为何不会影响该规则的"妥当性"。但这些在经济分析中让人挠头的问题，并不会仅因为用了比例原则，就可以不成问题。

由此可见，借比例原则将经济分析引入民法的思路，即便可谓用心良苦，效果却注定极不理想。而既然要"救国"，为什么一定非得"曲线"？黑夜行军，固然可能暗度陈仓，但却一定要

法经济分析:方法论20讲

警惕不能因此迷失方向。时至今日,在成本收益分析方法完全可以、也已经在法律(如美国行政法)和公共政策领域得到常规适用的前提下,法学界理应更为自觉地扬弃比例原则这类"前现代"的法律教义工具,而不是抱残守缺,认为如不假借此类贫乏且具有误导性的分析套路,更好的理论方法就无法名正言顺地介入法律学术与实践。

本讲参考文献

1　如蒋红珍:《比例原则的全球化与本土化——特集导读》,载《交大法学》2017年第4期;刘权、应亮亮:《比例原则适用的跨学科审视与反思》,载《财经法学》2017年第5期;Vicki C. Jackson and Mark Tushnet, "Introduction", in Vicki C. Jackson and Mark Tushnet, *Proportionality: New Frontiers, New Challenges*, Cambridge University Press 2017, p. 1; Kai Möller, *The Global Model of Constitutional Rights*, Oxford University Press 2012; Alec Stone Sweet and Jud Mathews, "Proportionality Balancing and Global Constitutionalism", *Colum. J. Transnat'l L.* 47 (2008).

2　对这一趋势的描述,蒋红珍,同注1;陈景辉:《比例原则的普遍化与基本权利的性质》,载《中国法学》2017年第5期。

3　刘权、应亮亮,同注1。

4　张翔:《机动车限行、财产权限制与比例原则》,载《法学》2015年第2期;刘权:《适当性原则的适用困境与出路》,载《政治与法律》2016年第7期。

5　陈璇:《正当防卫与比例原则——刑法条文合宪性解释的尝试》,载《环

第13讲 成本收益分析 PK 比例原则：为何社科方法更胜一筹？

球法律评论》2016 年第 6 期。

6 张翔：《刑法体系的合宪性调控——以"李斯特鸿沟"为视角》，载《法学研究》2016 年第 4 期。

7 纪海龙：《比例原则在私法中的普适性及其例证》，载《政法论坛》2016 年第 3 期；郑晓剑：《比例原则在民法上的适用及展开》，载《中国法学》2016 年第 2 期。

8 郑晓剑，同注 7；黄忠：《比例原则下的无效合同判定之展开》，载《法制与社会发展》2012 年第 4 期。

9 王利明：《民法上的利益位阶及其考量》，载《法学家》2014 年第 1 期。

10 葛云松：《民法上的赔礼道歉责任及其强制执行》，载《法学研究》2011 年第 2 期；王瑞雪： 《政府规制中的信用工具研究》，载《中国法学》2017 年第 4 期。

11 刘权：《论必要性原则的客观化》，载《中国法学》2016 年第 5 期。

12 张翔，同注 6。

13 在本讲前身的中文论文出版后，Louis Kaplow 出版了两篇长文。他的核心论点很清楚：直接进行权衡（即成本收益分析）才对；而**任何带有检验顺序，分别看成本、分别看效益的决策程序（包括比例原则），必然会导致福利较差的结果**。在 Harvard Law Review 那篇文章中，Kaplow 用简单的数学论证上述论点。See Louis Kaplow, "On the Design of Legal Rules: Balancing Versus Structured Decision Procedures", Harv. L. Rev. 132 (2019). 在 Penn Law Review 的文章中，Kaplow 则讨论三个具体领域中的实例，而比例原则是其中一个被批判的决策程序。简言之，一些比例原则的文献，主张比例原则必须一步一步操作，先目的正当，再适当、必要、衡平。Kaplow 则指出，**坚持按照此顺序操作，往往反而增加决策成本**。See Louis Kaplow, "Balancing Versus Structured Decision Procedures: Antitrust, Title VII Disparate Impact, and Constitutional Law Strict Scrutiny", U. Pa. L. Rev. 167 (2019). 这两篇文章都极为精彩，想为比例原则辩护者，都必须回应 Kaplow 根本性的挑战。

14 四原则/阶段说以德国实践为蓝本，也是目前最为普遍接受的版本。如张

法经济分析：方法论20讲

翔，同注 6；纪海龙，同注 7；Aharon Barak, *Proportionality: Constitutional Rights and Their Limitations*, Cambridge University Press 2012, pp. 245-370; Francisco J. Urbina, *A Critique of Proportionality and Balancing*, Cambridge University Press 2017, p. 49.

另有三阶段说，认为比例原则本身不包括目的正当性考察，如陈景辉，同注2；黄忠，同注8；Robert Alexy, "Proportionality and Rationality", in Vicki C. Jackson and Mark Tushnet, *Proportionality: New Frontiers, New Challenges*, Cambridge University Press 2017, p. 14.

还有五阶段说，即在四阶段版本之上，再增加"具体识别受侵害宪法权利"一步。Frank I. Michelman, "Proportionality Outside the Courts (With Special Reference to Popular and Political Constitutionalism)", in Vicki C. Jackson and Mark Tushnet, *Proportionality: New Frontiers, New Challenges*, Cambridge University Press 2017, p. 32.

15 See Barak, supra note 14, pp. 315, 338.

16 郑晓剑：《比例原则在现代民法体系中的地位》，载《法律科学》2017 年第 6 期。

17 See Alexy, supra note 14, p. 16; Mark Tushnet, "Making Easy Cases Harder", in Vicki C. Jackson and Mark Tushnet, *Proportionality: New Frontiers, New Challenges*, Cambridge University Press 2017, p. 306.

18 See Alexy, supra note 14, p. 16.

19 See generally Omri Ben-Shahar and Carl E. Schneider, *More Than You Wanted to Know: The Failure of Mandated Disclosure*, Princeton University Press 2014.

20 See Mark Tushnet, supra note 14, p. 306 (Vicki C. Jackson & Mark Tushnet eds. 2017).

21 杨登峰：《从合理原则走向统一的比例原则》，载《中国法学》2016 年第 3 期。

22 See Katharine Young, "Proportionality, Reasonableness, and Economic and Social Rights", in Vicki C. Jackson and Mark Tushnet,

第13讲 成本收益分析 PK 比例原则：为何社科方法更胜一筹？

Proportionality: New Frontiers, New Challenges, Cambridge University Press 2017, p. 253.

23 杨登峰，同注21。

24 张翔，同注6。

25 比例原则的审查被认为是合宪性审查中的"实质要素"。如张翔，同注4。

26 刘权：《均衡性原则的具体化》，载《法学家》2017年第2期。

27 See, e. g., Dieter Grimm, "Proportionality in Canadian and German Constitutional Jurisprudence", 57 *U. Toronto L. J.* 387 (2007).

28 See generally Matthew D. Adler and Eric A. Posner, *New Foundations of Cost-Benefit Analysis*, Harvard University Press 2006.

29 此处成本收益分析的描述采取了"会计成本"（accounting cost）的概念，因此需要在做完成本收益分析后，进一步比较将钱投入其他举措中的收益。成本收益分析也可直接采取机会成本定义，如此，只要分析完毕后收益大于成本，即可确知值得采取。两者分析结果等价。

30 请比较 Stavros Tsakyrakis, "Proportionality: An Assault on Human Rights", *Int'l J. Con. L.* 7 (2009)（批评比例原则没有预设权利是王牌）和 Kai Möller, "Proportionality: Challenging the Critics", *Int'l J. Con. L.* 10 (2012)（回应此批评，主张比例原则并非纯粹结果考量）。

31 See Dieter Janssen, "Louis Kaplow/Steven Shavell: Fairness versus Welfare", *Philosophischer Literaturanzeiger* 55 (2002).

32 See JohnBronsteen et al., *Happiness and the Law*, University of Chicago Press 2014.

33 See, e. g., Jürgen Habermas, *Between Facts and Norms: Contributions to a Discourse Theory of Law and Democracy* 253-261 (William Rehg trans. The MIT Press 1996 [1992]).

34 量化研究中，使用定序变量可将研究标的排列高低或大小，例如将价值区分为"非常重要""重要"或"不重要"，但不能像基数（cardinal）变量那样为研究标的赋予可更确切测量并作有意义运算的数值。第三节批评的 Alexy 权重方程，就是使用定序变量。

35 See Stephen Holmes and Cass R. Sunstein, *The Cost of Rights: Why Liberty Depends on Taxes*, W. W. Norton & Company 2000, p. 126; Cass R. Sunstein, *Valuing Life: Humanizing the Regulatory State*, University of Chicago Press 2014.

36 王鹏翔、张永健:《经验面向的规范意义——论实证研究在法学中的角色》,载《"中研院"法学期刊》2015年第17期(转载于《北航法律评论》2016年第1期)。修改后收录于张永健:《法实证研究——原理、方法与应用》,新学林出版股份有限公司2019年版,第45—111页。

37 See Alexy, supra note 14, p. 14.

38 See Mattias Kumm, "Is the Structure of Human Rights Practice Defensible? Three Puzzles and Their Resolution?", in Vicki C. Jackson and Mark Tushnet, *Proportionality: New Frontiers, New Challenges*, Cambridge University Press 2017, pp. 62-63.

39 刘权:《目的正当性与比例原则的重构》,载《中国法学》2014年第4期。

40 王瑞雪,同注10。

41 Alexy, supra note 14, pp. 18-20.

42 陈景辉,同注2。

43 See Jackson and Mark Tushnet, "Introduction", in Vicki C. Jackson and Mark Tushnet, *Proportionality: New Frontiers, New Challenges*, Cambridge University Press 2017, p. 1. 而Mattias Kumm则指出,正是由于权利范围过度膨胀(rights inflation),才会导致权利看上去甚至有些"随意"地在比例原则之下被各类公共利益考量所压制(casual override)。Kumm, supra note 38, pp. 73-74. 但请注意,Jamal Greene主张,以Dworkin为代表的学派,将权利作为王牌,反而导致了一种诉讼的输家就是没有权利的感受;反之,如果承认双方都有权利,则宪法诉讼是权衡两方主张的利弊,而不是决定谁有王牌。在这个背景下,Greene认为比例原则的权衡思维是比权利作为王牌更好的政治理论。See Ronald Dworkin, *Taking Rights Seriously*, Harvard University Press 1977; Jamal Greene, "Foreword: Rights as Trumps?", *Harv. L. Rev.* 132 (2018).

| 第13讲 | 成本收益分析 PK 比例原则：为何社科方法更胜一筹？

44 刘权，同注4。
45 相关案例分析，蒋红珍：《比例原则在"陈宁案"中的适用——兼及"析出法"路径下个案规范的最短射程》，载《交大法学》2014年第2期。
46 张翔，同注4。
47 就这一问题进行哪怕是初步的政策判断，也至少应以查阅环境工程领域的专业研究文献为依据。但在张翔文章的注脚中，只有少量媒体报道和一个沙龙研讨文字实录。张翔，同注4。
48 *See* Tushnet, supra note 17, p. 313.
49 纪海龙，同注7。刘权描述德国联邦宪法法院和中国法院的一些裁判思路和观点也反映了相同有效性的要求。刘权，同注11。
50 刘权，同注11。
51 相关条款规定，此类犯罪人如被判处死刑缓期执行的，人民法院根据犯罪情节等情况可以同时决定在其死刑缓期执行二年期满依法减为无期徒刑后，终身监禁，不得减刑、假释。
52 张翔，同注6。
53 *See* Niels Petersen, *Proportionality and Judicial Activism: Fundamental Rights Adjudication in Canada, Germany and South Africa*, Cambridge University Press 2017, p. 52.
54 王瑞雪，同注10。
55 甚至不只是认知偏误，而是有意的选择。如 Barak 认为，一些版本的平衡法则（Law of Balancing）的问题正在于，其在考虑待审查措施的成本时，只参酌了权利受限的"程度"，而没有将权利受限作为一项重大的原则性、规范性问题予以重视。*See* Barak, supra note 14, p. 349.
56 这个本身相当不合理的事实假设是陈文为自己设定的。陈景辉，同注2。
57 同上注。
58 刘权，同注26。
59 *See* Alexy, supra note 14, p. 14.
60 *See id.*, pp. 16-18.
61 *See* Robert Alexy, "Formal Principles: Some Replies to Critics", *Int'l J.*

Con. L. 12 (2014).

62 更细致的模型还区分规范认知确定性和经验认知确定性。See id., p. 514.

63 刘权，同注26。

64 同上注。

65 即 Alexy 所说的类别命题（classification propositions）。See Alexy, supra note 14, p. 22.

66 尽管 Alexy 声称将目的正当排除在比例原则审查之外，但由于 Alexy 视野中的比例原则与其原则理论（principles theory）紧密联系，因此能够进入实质合理性审查的因素，被局限于规范意义上具有正当性的原则（principles）。See Alexy, supra note 14, pp. 13-14. 这意味着实质合理性分析仍会由于规范性考虑的前置而难以客观、全面。

67 See Robert Alexy, "Constitutional Rights and Proportionality", *Revus* 22 (2014); Alexy, supra note 14, p. 15.

68 See, e. g., Amartya Sen, "Markets and Freedoms: Achievements and Limitations of the Market Mechanism in Promoting Individual Freedoms", *Oxford Econ. Papers* 45 (1993).

69 See Alexy, supra note 14, p. 15.

70 抽象而言，权重方程可衡量6561种不同情形。See Barak, supra note 14, p. 18.

71 See Petersen, supra note 53, p. 47.

72 按照教科书版本的比例原则，在衡平性原则的阶段，不需要比较两种政策方案，只要确认系争规定的效益大于成本即可。有些论者，如 Barak 则认为适合性较低但侵害较小的替代政策，也要在衡平性阶段再捡回来一较高下。又请注意，Barak 的版本仍然和成本收益分析不同，因为侵害较高但适合性也较高的替代政策，没有在衡平性阶段一决雌雄的机会。See Barak, supra note 14, pp. 352-356.

73 See Alexy, supra note 61, p. 513.

74 See Anne Van Aaken, "The Decision Architecture of Proportionality

| 第13讲 | 成本收益分析 PK 比例原则：为何社科方法更胜一筹？

Analysis: Cognitive Biases and Heuristics", https://papers.ssrn.com/sol3/papers.cfm?abstract_id=3364553（2018），最后访问日期：2022年12月22日。

75 也可能有人认为，法安定性也是法律追求的价值，现状偏见至少部分可以被法安定性偏好所证立。不过，法安定性并非法律追求的唯一价值，以程度大小轻重不一的认知偏误来追求某种价值也非正途。在成本收益分析中，当然可以把法安定性纳入考虑，并且与其他价值同时权衡。

76 〔德〕诺伯特·赖希：《欧盟民法的比例原则》，金晶译，载《财经法学》2016年第3期。

77 据 Young 观察，比例原则在经济社会权利领域的司法裁判中本来也确实用得不多，而主要是在基本公民权领域。See Young, supra note 22, pp. 256-257. 但也有论者指出，正是因为基本权利本身的范畴有过度膨胀之势，才导致法院无法一律绝对化地保护权利，退而求诸比例原则以寻求某种平衡。See Jamal Greene, "Foreword: Rights as Trumps?", *Harv. L. Rev.* 132 (2018).

78 例如 Tushnet 对比例原则的批评，最后的落脚点是，与其完善教条，不如找到判断力出色的法官，因为后者才更靠得住。Tushnet, supra note 17, pp. 320-321.

79 据李海平教授的研究，2010年1月1日至2017年12月31日之间，中国大陆法院的判决书在说理部分运用了比例原则的超过200份。李海平：《比例原则在民法中适用的条件和路径——以民事审判实践为中心》，载《法制与社会发展》2018年第5期。

80 郑晓剑，同注7（在第144页之注脚7、第149页之注脚41、第150页之注脚45等处引用了 Canaris, Schwab & Lohnig, Medicus 等德国学者的论文）。另外，曾担任以色列最高法院院长多年的 Barak 也主张，比例原则要适用到所有立法、行政、司法部门的决策。See Barak, supra note 14, pp. 379-381.

81 纪海龙，同注7。

82 郑晓剑，同注7。

83 陈景辉，同注2。

84 于飞：《基本权利与民事权利的区分及宪法对民法的影响》，载《法学研究》2008年第5期。

85 黄忠，同注8。有学者强调这本身就是公法问题。陈景辉，同注2。

86 郑晓剑，同注7。

87 苏永钦：《走入新世纪的私法自治》，元照出版公司2002年版，第3页。

88 《民法典》第143条。

89 《民法典》第243条。

90 郑晓剑，同注7。

91 郑晓剑，同注7。

92 黄忠同样讨论了这个例子，他更具体地指出，除了合同无效之外，为达到保证工程品质和安全的目的，国家采取行政规制手段就够了，因此合同无效规定的必要性不足。黄忠的分析在逻辑上比郑晓剑更可能成立，虽然黄忠并没有进一步说明为什么国家进行常规行政监管、核查就足够达到相同监管效果，并且也没有进一步分析，为什么国家进行常规行政监管、核查的成本，比起合同交易方进行尽职调查（要求施工方在缔约时提供资质证明）成本更低。黄忠，同注8。与郑晓剑一样，黄忠也没有仔细考虑法律规则对未来行为人产生的激励（缺乏事前观点）。郑晓剑，同注7。

93 许玉镇教授也曾提出，因诚实信用原则可以涵盖私法中的大部分领域，所以没有必要向民法中引入比例原则。许玉镇：《试论比例原则在我国法律体系中的定位》，载《法制与社会发展》2003年第1期。

94 郑晓剑，同注16。

95 郑晓剑，同注16。认为可依据比例原则解释《德国民法典》第242条规定的诚实信用原则并将其适用于类似债务履行争议的观点，see Reinhard Zimmerman and Simon Whittaker eds., *Good Faith in European Contract Law*, Cambridge University Press 2000, p. 307.

96 同上注。

97 同上注。

98 同上注。从郑文注脚来看，其此处讨论应是受 Canaris 启发。Medicus 批评了 Canaris 向私法引入比例原则的一般主张和具体分析，认为民事权利

| 第13讲 | 成本收益分析 PK 比例原则：为何社科方法更胜一筹？

之间的冲突应基于立法者制定的私法规范解决，不应也没有必要交由司法者运用比例原则调整。Dieter Medicus, *Der Grundsatz der Verhltnismgkeit im Privarecht*, AcP 192（1992）。Canaris 的具体主张包括：在被害人是公司、加害人是自然人的情形中，即使让被害人公司的股东损失其利益或公司员工另寻他职，也好过使自然人加害人因承担赔偿责任而永远不得翻身；而如果一年轻人故意毁损博物馆中的天价艺术品，也可考虑减免其损害赔偿。Claus-Wilhelm Canaris, "Verstöße gegen das verfassungsrechtliche Übermaßverbot im Recht der Geschäftsfähigkeit und im Schadensersatzrecht", 42 *Juristen Zeitung*, 993, 1002（1987）。

Canaris 的另一篇文章主张，法院不应该区分未成年人及成年人，也不应区分过失或故意，只要是损害赔偿大到对加害人有毁灭性（ruinös）的效果，皆应直接适用民法上诚实信用原则条款，减免加害人的赔偿责任。Claus-Wilhelm Canaris, "Die Verfassungswidrigkeit von § 828 II BGB als Ausschnitt aus einem grvßeren Problemfeld—Zugleich eine Besprechung des Vorlagebeschlusses des OLG Celle vom", 26. 5. 1989, 45 *Juristen Zeitung*, 679（1990）（朱子元律师协助将德文原文的主要相关部分翻译成了中文，供笔者参酌）。

99 如：张新宝：《侵权责任法立法的利益衡量》，载《中国法学》2009 年第 4 期；徐银波：《论侵权损害完全赔偿原则之缓和》，载《法商研究》2013 年第 3 期。

100 郑晓剑，同注 7。

101 郑晓剑，同注 7。

102 Medicus 在批评 Canaris 类似主张时也指出，法律中本已有其他保护债务人的执行规范。Dieter Medicus, *Der Grundsatz der Verhltnismgkeit im Privarecht*, AcP 66（1992）。

103 纪海龙，同注 7。熊丙万教授也认为引入"比例原则"的努力体现了民法学者尝试在民法学研究中强化经济效率观念。熊丙万：《中国民法学的效率意识》，载《中国法学》2018 年第 5 期。

104 如：纪海龙，同注 7；郑晓剑，同注 7。

105 纪海龙，同注 7。

民商法各论

Economic Analysis of Law

第 14 讲
效率：以物权法为例

第 15 讲
制度成本

| 第14讲 |

效率:以物权法为例

14.1 配置效益:越大越好

14.2 制度成本:越小越好

14.3 成本收益:综合判断步骤

14.4 两个物权法例子

14.4.1 《民法典》是否该有时效取得制度?

14.4.2 动产加工:谁的配置效益高?

阅读本书至此，读者应该已经明了本书使用成本收益分析作为主要分析工具。但效率究竟考虑何种成本、何种效益呢？每个部门法都要考量成本、效益，但其所涉及、顾虑的成本、效益类型，会有差异。为能具体阐述，以下以"财益权法"为例（财益权包括物权、知识产权等），说明成本与效益的内涵。

简言之，收益就是资源（物）配置状态带来的全体个人的总福祉（也就是社会福利）；成本则特指制度成本（institution cost），为交易成本（transaction cost）与资讯成本（information cost）的总称。

14.1 配置效益：越大越好

物权法经济分析关注的效益，即"配置效率"（allocative efficiency），就是物（资源）的配置状态给人带来的福祉。因为配置效率只关注配置效益，而没有论及配置成本，使用配置"效率"一词可能造成误会。但 allocative efficiency 一词在英文文献被非常广泛地使用，可能"回不去了"。但读者必须注意，最精确而言，应该将未考虑成本的"配置效率"，改称为"配置效益"（allocation benefit）。本书也会尽量使用配置效益。

帕累托最优意义下的配置效率（也就是在个体经济学教科书会看到的定义；未考虑成本！），是指世间之物都在最能利用者（highest valuer）之手。但由于专业分工生产、科技进步等许多原因，每天都发生许多交易（交易代表配置效率的提升），因此至少在规则个案操作层次（第9讲），帕累托最优的配置效率，似乎从来不曾达到。而无论物权法规范为何，在制度成本的局限下，自愿交易会在局限下极大化配置效率。

另一方面，因为制度成本为正，并非所有的物都在最能利用者之手。局限下极大的配置效益，并非理论上最大的配置效益。A 法律制度下的配置，和 B 法律制度下的配置——H 屋在 A 下由甲获得，在 B 下由乙拥有——带来的福祉不同。假若 A、B 造成的财富效果（wealth effect）可以忽略不计，甲、乙也有充分资力[1]，则不同配置的效益差异，可以由可观察到的甲、乙之愿付价格或愿受价格来量度。如从 B 制度转变到 A 制度，甲的愿付价格是 100 元（从而甲取得 H 屋），而乙的愿受价格是 90 元（也就是"失去 H 屋，但获得 90 元补偿"，对乙而言，与"保留 H 屋"一样好）。如此，则从 B 制度转变到 A 制度，配置效益上升。在物权法经济分析的文献中，会称甲是"较能利用者"（higher valuer）或"最能利用者"（highest valuer）。这个抽象例子不是在说明法经济分析赞成由法官直接作所得重分配的制度。但不同的法律规则，例如是否容许不动产时效取得、动产善意取得是否以遗失物为界选择保护对象，就是 A、B 两种制度，而制度下就可能是分别由甲或乙取得 H 物。

在考虑正制度成本后，理论上的最能利用者不一定会获得系争物；但如本讲所论，这不应该看成无效率。因为**配置效率只看物带来的收益，不看成本**，资源由较不能利用者，流转到较能利用者之手，配置效率就已经可以评价为上升。但也要注意，A 制度直接将 H 屋配置给甲，固然符合配置效率；B 制度下，只要制度成本够低，甲乙两人也会自愿交易 H 屋，结果仍然是甲拥有 H

屋。因为配置效率只看收益，所以 A、B 两种制度同样有配置效率。

14.2 制度成本：越小越好

物的不同配置所带来的不同福祉，是物权法中效率概念的效益面，成本面就是制度成本。延续上例，A、B 两种法律制度的配置效益相同，但制度成本不同——A 制度下甲乙不需要交易，但 B 制度下两方需要交易，制度成本虽不高，但仍为正。此外，设立、运行 A 制度和 B 制度的制度成本不同。可能 A 制度的法律规范不容易撰写，可能 B 制度要求法官在每个个案都要耗费心思才能作出判断。而在有物权的社会中，自愿交易虽然要花费当事人的制度成本，但可以省下立法者、司法者猜测究竟甲、乙谁是较能利用者的制度成本。而且，赋予物权人对世、排他效力，原则上只容许自愿交易来改变物之配置，也使物权人更愿意投资于物上。所以，读者千万不要误以为，物权法经济分析要求立法者或司法者随时改变物权的分配，以增加配置效率。这不是物权法经济分析的结论。

第 15 讲将全面展开制度成本的概念。

14.3 成本收益：综合判断步骤

明了了配置效益和制度成本，就可以介绍生产效率 (productive efficiency)。**生产效率之产品，就是物之配置**，由法律制度（配合其他制度）制造。[2] 不同的法律制度伴随的不同制度成本，就是法经济分析学者必须斟酌之处。生产效率是指，给定一个产出（特定配置状态），用最少资源投入（最低成本）达成任务[3]；或者，给定一些资源投入，要能达到最多产出。

不同于配置效率仅考虑成本收益分析的效益面，生产效率下的产品是效益、代价是成本，因而考虑了成本和收益两面。也因此，生产效率骨子里就是成本收益分析。如果先给定了现行制度 A 下的配置，生产效率指引了投入成本最少的方案。如果再考虑可能的替代制度 B、C、D 下的配置，生产效率指引了各自投入成本最少的方案。每一次叩问都是成本收益分析。而 A、B、C、D 谁最有效率，只以净收益为依归，不考虑所得分配。而此处所指的不考虑所得分配，包括不要求 A 转轨到 B、C、D 制度下的受益者补偿受害者。由于不要求补偿确实是法经济分析学者在效率的起手式，所以在一阶层次的效率，配置效益、生产成本、净收益的接续考量，就成为：**找出在物权法中社会净收益最大之方案**。

因此，物权法经济分析学者的日常思维活动，就是思考：若改用不同的物权法规范，新配置状态是否创造更高的社会净收益？也就是，更能利用物之人，是否更可能获得物权？替代制度造成的资讯成本、交易成本为何？配置效益减去制度成本后，现行制度还是替代制度的净效益较高？

物权法经济分析，和其他部门法的经济分析，差别在于考虑了何种效益、何种成本。因此，每个部门法中界定效率的方式，就会因为其各自关怀的成本、效益迥异而不同。物权法的效益是配置带来的福祉，成本则是实现配置的制度成本，这种思维和侵权法、合同法不完全相同。[4]

第14讲 效率：以物权法为例

侵权法不是处理自愿交易，也有一大部分和人身侵害有关，所以不讨论配置。在 Shavell 教授凝聚一生武功的集大成之作中，过失侵权法的目标（social goal）是极大化"侵权人与受害人由其行为中获得的效用"与"社会成本（包括两方之防范成本和事故的预期损失）"之差[5]，不涉及物之配置。

合同的客体也不都是物，所以合同理论也不讨论配置。合同效力不拘束第三人，所以也没有对第三人资讯成本的顾虑。按照 Shavell 的看法，合同法的目标就是极大化社会福利，而且多数情形中只要考虑合同两造的福祉即可。[6]

总之，物权法经济分析的效率标准，自然包括效益和成本两层面的判断。效益层面就是配置带来的福祉，成本层面就是制度成本高低。其他部门法的经济分析，采用的效率标准同样包括效益和成本两层面的判断，也同样使用金钱或其他替代方式量化效益、成本，只是其效益和成本考量的面向不完全相同——这也是部门法之所以被区分的原因。

14.4 两个物权法例子

以下，本讲探讨两个物权法的例子，说明如何分析不同法律规范的配置效益与制度成本。在读者阅读我的解答之前，不妨合上书本，自己先思考一番。

14.4.1 《民法典》是否该有时效取得制度？

《民法典》并没有将"时效取得"列为取得所有权的一种方

式[7]，因为担心鼓励不劳而获、有悖于社会主义道德风尚、造成国有企业财产大量流失[8]；此外，所谓统一说与非统一说之争论尚未解决，也使得《民法典》的立法者对纳入时效取得制度踌躇不前[9]。本小节要探讨者，《民法典》"违反世界潮流"，将时效取得制度摒除在外，是否有碍经济效率？[10]

美国的法经济分析学者主张，时效取得制度可以用下列理由证立：原所有权人"让自己的权利睡着了"；奖励辛勤的占有人；清理老旧请求权；整理地籍登记资料。[11]然而，这些理由难以套用到中国的情境。中国的不动产登记系统，正逐渐上轨道[12]，也确定往"权利登载制"（registration）的方向走[13]，而不像美国大多数州采用"契据登记制"（recording）。在契据登记制下，登记机关只是搜集不动产交易合同，并顶多加上权利人姓名的索引，并不审查登记之内容，或整理各笔土地、建物之权利状态。所以，隔三岔五一次时效取得（性质为原始取得），可以让之后作"权利追索"（title search）的交易者，节省劳力费用——只要追索到一次原始取得即可停止，不用再往前追索祖宗八代，因为权利状态由该次原始取得开始新的权利秩序。而在权利登载制之下，时效取得和买卖交易一样，都只是一笔登记记录，对于后手之资讯成本毫无影响。

再者，《民法典》中没有形式意义的"未来利益"（future interests）——例如像是美国普通法中搭配"终生地产权"（life estate）的"剩余财产所有权"（remainder）。[14]所以不会有绵延数十年、悬宕不决的财益权——所以美国普通法才要有"禁止永久控制原则"（rules against perpetuities）。[15]纵使《民法典》有一些功能意义的未来利益[16]，也通过登记揭露而大大降低了资讯成本。在此种机制中，自然不需要靠时效取得之成就来清理法律关系。

| 第 14 讲 | 效率：以物权法为例

至于原所有权人没有积极防卫自己的权利，似乎也不是很有说服力，至少本身并非关键性的论证。毕竟，所有权的排他效力，本来就是让所有权人决定用或不用己有之资源。为何所有权人已经登记自己的所有权，还要定时巡视呢？诚如 Posner 法官所言，现代社会之所以由"占有"改用"登记"作为确立不动产财益权内容与范围之方法，就是为了降低社会成本、增进社会福利——占有是事实上管领力[17]，毕竟可能时有变动，而资源多者可能光是保持管领力就分身乏术，遑论投资、开发、利用其资源。[18] 是故，要求不动产所有权人必须积极防卫其财益权，则不啻又从较有效率的登记路线，重回较无效率的占有路线。

最后，奖励辛勤占有人，固然可能有助于资源的开发与利用，但要达到此目的，并无须以免费奉上占有物为前提。绝大多数资源的拥有者，获取资源时有付出代价（通常是市场价值）；而其付出代价，披露了其愿付价格高于市场价值的信息。这也是学者会提倡使用"补偿规则"（liability rule）规范时效取得之原因。亦即，时效取得人必须补偿原所有权人，才能取得所有权。

这些既有的、主流的法经济分析论述，都没有道理或无法适用到中国，那法经济分析，何有以教我？Lee Fennell 教授有很激进、但很有意思的见解。[19] 她的出发点是恶意时效取得比善意时效取得更值得保护。这个见解非常违反直觉，也与过往主流的法经济分析见解不同。她的核心论证是：物权法与经济分析的核心目标，是让资源能流动到最能利用者之手，亦即，达到"配置效益"（参见本讲第 1 节）。善意时效取得人不知道自己没有财益权，只是"盲目"地使用资源，故其行为没有揭露任何资讯；因此，客观的第三者无法判断，到底是善意时效取得人还是原所有权人比较能珍惜此项资源。善意取得人也不是因为自认为更能利用资源才利用此项资源。反之，恶意时效取得人知道自己没有财益权，他的行为才可能是经过成本收益分析后的理性决策。Fennell 教授并用超速为喻：明知速限而超速者（除非是天生喜欢飙车或有反社会倾向）是因为时间成本较高，宁可缴纳交通罚款——就像是合同法经济分析常讲的"有效率违约"（efficient breach）。但浑然不知速限而超速者，大概不是因为时间成本高，而只是心不在焉。是故，恶意超速，比善意超速，更可能是有效率的决策。[20]

当然，Fennell 教授并不是主张，凡是恶意时效取得，就应该鼓励，应该无条件给予所有权。为了便利符合"配置效益"的时效取得，阻挡不符合配置效益的时效取得，Fennell 教授的理论设下几道门槛：（一）系争物权对时效取得人与原所有权人的价值必须相差很大（如此方能较有信心地认定，时效取得人的配置效益高于原所有权人）；（二）市场交易不可行（时效取得人必须证明自己曾尝试寻求交易，但实在无法找到原所有权人）。[21]

从 Fennell 教授之理论，《民法典》未允许不动产的时效取得，是对是错？当然，土地是国家所有或集体所有，不可能被时效取得。这先不谈。问题是：建筑物所有权、土地承包经营权、建设用地使用权、宅基地使用权、不动产役权应该容许被时效取得吗？依据 Fennell 教授的理论，用益物权时效取得不应该被容许，因为绝对不符合第二道门槛——土地是公有或集体所有，想要用益物权者绝对不会找不到土地所有权人。不过，Fennell 教授的理论没有考虑到土地物权独占的情境，若允许时效取得，是否会是打破不动产用益权利独占的一种方式？值得吾人进一步思索。至于建筑物之时效取得，因为合法房屋必须登记（《民法典》第 209

第14讲 效率：以物权法为例

条)[22]，找到建筑物所有权人应该不会太过困难。是故，要符合 Fennell 教授理论的两种条件，虽非不可能，但应该不常见。或许，时效取得会发生最多争议的场域可能是小产权房的时效取得。但立法政策上是否要让小产权房借由时效取得制度（原始取得）而"漂白"，又是值得深思的问题。

总之，依据 Fennell 教授之理论，给定土地国有、集体所有政策，不承认任何形式之时效取得，应该有效率。虽然在少数情况下，允许时效取得或许可以提升社会财富，但通案性地不允许时效取得，也有简化法律适用、减少相关争讼之优点。再者，物权法惯用"财产规则"（参见本书第18讲），而时效取得是财产规则之例外。不纳入例外规定，是单纯使物权法维持基本原则。

14.4.2 动产加工：谁的配置效益高？

《民法典》第322条关于添附的规定，在比较法上是奇特的存在。剑桥大学出版社将出版笔者以英文撰写的物权法比较与经济分析专著，其中一章研究动产加工。在世界上有动产加工的111个法域中，只有3个法域既没有"制成新物"标准，也没有"大幅增加市场价值"标准，而中国是其中一个。许多受《德国民法典》影响的国家并未区分加工人是否知道或应当知道，但大多数国家对此种"恶意"加工人赋予更不利的法律效果。《民法典》则采取"充分发挥物的效用以及保护无过错当事人"这两种灵活标准。要如何解释这两种灵活标准，才能促进效率？世界其他国家的"制成新物""大幅增加市场价值"标准，是否有经济道理？

法经济分析：方法论20讲

之所以要给知道或应该知道的加工人不利的法律效果（像是不可能取得加工物所有权，甚至连加工费用都不会被填补），就是吓阻人任意加工。既然已经（应当）知道系争物非己所有，就应该和所有权人协商，无论自愿交易结果如何，都通常会极大配置效益。困难的是，如果加工人并非"应当知道"——也就是确权成本高于预期的确权收益——加工人与所有权人之间该保护谁？此时，其他国家要求"制成新物""大幅增加市场价值"标准其中一种，或者两种都要求——后者是68个法域的规定。

无论采取任何一刀切规则（除非是内部拍卖，第17讲），都不可能完美地以事后观点（第3讲）将加工物分配给经济价值较高的一方。即使采取灵活标准，也必须法院拥有大量信息，且不犯错——但此种条件几乎不可能成立。立法者能追求的目标是：比较好（而非最优）的一刀切规则或灵活标准，其较替代方案更能增加配置效益。

"制成新物"标准的经济道理何在？或许在葡萄转成美酒、矿石烧制成夜光杯时，原所有权人的主观价值消失。比如，笔者嗜食水果，却滴酒不沾，对自家种的葡萄甚为自豪，但对美酒毫无兴趣。若有人用笔者的葡萄制成新物，笔者的主观价值消失。但加工人可能从酿造过程中获得难以言喻的喜悦。因此，依据"制成新物"标准而将加工物所有权分配给加工人，是因为事后来看，加工人的经济价值可能高于原所有权人。

"大幅增加市场价值"标准的经济道理何在？加工增加的价值，大于物品本身原来的市场价值，并不重要。事后来看，加工物的市场价值已经上升，无论所有权归属于谁，都不影响市场价

第 14 讲 效率：以物权法为例

值，不影响两方之后的行为。市场价值大幅上升的事实，无法显示两方的经济价值孰高。即使所有权仍归于原所有权人，只要善意加工人有获得原所有权人的不当得利补偿，从事前来看也不影响其加工意愿。大幅增加市场价值要使加工人的经济价值高于原所有权人的经济价值，可能的机制是：市场价值虽然大幅上升，但原所有权人的经济价值乃基于原本的市场价值，而且没有随着市场价值调整而浮动；再加上加工人可能有高于新市场价值的经济价值，使事后来看加工人的经济价值高于原所有权人的经济价值。

至此，读者应能明白，这两种标准充其量只是提升了加工人经济价值较高的可能性而已。按照物权法保护所有权的基本原则，应该由原所有权人保有所有权。加工作为例外规则，要谨慎使用；因此，当两种标准都符合时，加工人最有可能经济价值较高。

法院解释《民法典》第 322 条时，无论是通过法学界习以为常的比较法方法，或者经济分析的目的解释，"保护无过错当事人"可以解释为在加工人知道或应该知道时，由原所有权人保有物之所有权，而且无须补偿加工人。"充分发挥物的效用"解释为加工已制成新物，且市场价值大幅上升。愿意追求效率的法院，可以纳入其他判准，只有在加工人的经济价值很可能较高时，才将所有权判给加工人。

法经济分析：方法论20讲

▽
▽

本讲参考文献

1. 这在现实世界中当然不总是成立。每个人的愿付价格受到自身财富多寡的影响；既有个人财富不足者，能否为了对自己有价值之物付出高价，也和借贷市场是否存在有关。

2. 配置效率讲求的是实体法上的效率。而达到实体上资源有效配置所支出者，不管是诉讼外的谈判成本，或诉讼内的劳力、时间、费用，都是实现配置效率的生产成本。换言之，诉讼法学上讲的"效率"，不会是本书界定的配置效率，而是生产效率。

3. 熟悉比例原则的法律人应该对此不陌生——在两个适合性相同的手段中，要选择侵害最小（最低成本）者（第13讲）。

4. 合同法、侵权法只有部分议题关乎资源（resource）——或者就用法律人惯用的"物"来替代资源也可以——但物权法全部与物/资源有关。物的配置（allocation），也就是谁拥有什么物，也就成为物权法的全世界。个体经济学的老本行，也在于物——在其语境中称为财货（goods）——的生产、交易，所以当然也在乎其配置。

5. See Steven Shavell, *Foundations of Economic Analysis of Law*, Harvard University Press 2004, pp. 178, 182, 193-194, 199. 在该书后面章节中，其目标再依据情境微调，但基本逻辑不变。

6. See id., p. 294.

7. 孙宪忠教授指出，现在多数人主张恢复时效取得制度。孙宪忠：《中国物权法总论》（第2版），法律出版社2009年版，第310页。但《民法典》终究没有纳入时效取得制度。

8. 梁慧星、陈华彬：《物权法》（第5版），法律出版社2010年版，第148页。

9. 申卫星：《物权法原理》，中国人民大学出版社2008年版，第223页。

10. 完整的时效取得经济分析，参见张永健：《社科民法释义学》，新学林出版

| 第 14 讲 | 效率：以物权法为例

股份有限公司 2020 年版，第 161—222、405—415 页。
11 See Thomas W. Merrill and Henry E. Smith, *The Oxford Introductions to U. S. Law: Property*, Oxford University Press 2010, pp. 37-38; Richard A. Epstein, "Past and Future: The Temporal Dimension in the Law of Property", *Wash. U. L. Q.* 64 (1986); Thomas W. Merrill, "Property Rules, Liability Rules, and Adverse Possession", *Nw. U. L. Rev.* 79 (1984).
12 很长的时间里，中国不动产登记制度最大的问题是"多头登记"，参见申卫星，同注9，第167—170页；常鹏翱：《不动产登记法》，社会科学文献出版社2011年版，第2—3页。2015年《不动产登记暂行条例》实施后，才逐渐往统一登记的方向走。
13 权利登记制是以不动产登记的"物的编制主义"，加上"公信原则"。关于中国不动产登记采取"物的编制主义"，参见程啸：《不动产登记法研究》（第2版），法律出版社2018年版，第213—214页；崔建远：《中国民法典所设不动产物权登记之我见》，载《法学杂志》2020年第9期。
14 典型的未来利益，例如 A 设定终身使用权（一种物权）给 B，然后把 B 死亡后的使用权卖给 C——C取得的物权就是未来利益。关于未来利益引入大陆法系民法可能发生的问题，参见张永健：《法经济分析：方法论与物权法应用》，元照出版有限公司2021年版，第462页。
15 "禁止永久控制原则"是指任何时点的活人，对于其名下的财产的使用方式，不能永久控制。无论是设定信托或以未来利益安排财产使用方式，任何人的控制时间最多是例如99年。超过时间上限后，就由当时活着的所有权人决定财产使用方式。
16 《民法典》还是有"功能意义"的未来利益，像是土地承包经营权在期满之后，若无法继续承包，权利回归国家。此种"可能回归国家的权利"，功能上就是一种未来利益。只不过，在普通法里，未来利益通常可以自由交易；但在中国，国家不能把这种剩余财产所有权让与私人。
17 张永健：《占有规范之法理分析》，载《台大法学论丛》2013年特刊。
18 See Richard A. Posner, "Savigny, Holmes, and the Law and Economics

of Possession", *Va. L. Rev.* 86 (2000).

19 *See* Lee Anne Fennell, "Efficient Trespass: The Case for 'Bad Faith' Adverse Possession", *Nw. U. L. Rev.* 100 (2006).

20 对 Fennell 论据的批评：张永健，同注 10，第 161—222 页；Yun-chien Chang, "Adverse Possession Laws in 203 Jurisdictions: Proposals for Reform", *U. Penn. J. Int'l L.* 43 (2022).

21 *See* Lee Anne Fennell, supra note 19. Posner 法官也强调时效取得只有在高交易成本时，才能被证立。*See* Posner, supra note 18.

22 崔建远：《物权：规范与学说——以中国物权法的解释论为中心（上册）》，清华大学出版社 2011 年版，第 76—77 页。

Economic Analysis of Law

第 15 讲
制度成本

第 16 讲
科斯定理

第 15 讲

制度成本

15.1 定义

15.2 第三人信息成本是财益法的核心议题

15.3 高交易成本是侵权法、合同法、公司法、民事诉讼法的关键前提,侵权法则不同

15.4 制度成本如何形塑我们熟知的法律世界

    15.4.1 民事诉讼当事人为何不和解?

    15.4.2 物权类型法定原则,不合时宜?

    15.4.3 知识产权法、公司法也有类型法定原则?

    15.4.4 容许习惯推翻物权法规定,是否总是产生高额信息成本?

    15.4.5 典权应该承认为习惯物权吗?

    15.4.6 著作权不用登记,理所当然?

    15.4.7 规制征收,所为何来?

作效率分析时，成本通常比效益明确；但在经济学理论的发展过程中，成本反而比较晚被理论化。在诺贝尔经济学奖得主 Ronald Coase 几篇重要的论文发表并获得重视前[1]，"交易成本"（transaction costs）往往被隐然假设为零。在 Coase 之后，很少有民商法经济分析的论述，可以不用到交易成本这个词。但交易成本究竟如何定义，包括哪些类型？此方面的文献多如过江之鲫，难以在此全面比较分析，意义也不大。在民商法经济分析中，成本面考虑的是制度成本，其为交易成本与信息成本的集合。本讲之重点在对比交易成本与信息成本在民法经济分析之角色。

当代物权法经济分析的两位巨擘 Thomas Merrill 教授与 Henry Smith 教授[2]，都强调**物权制度制造的"第三人信息成本"（third-party information costs）对解释、制定、修改物权法之重要**。例如：在物权类型法定与自由创设之争议中，两位教授对物权类型自由创设原则存疑，正是因为物权类型自由创设会大大增加市场交易者（第三人）之信息成本——动产或不动产上设定之物权，内容可能五花八门，需要更多时间探知、理解。[3] Henry Smith 教授亦指出，理解物权习惯的诞生与其是否被法院承认，关键在第三人信息成本。交易者需拥有一定数量之信息，才能掌握未形诸明文之物权习惯。法院若考量第三人信息成本，就只会倾向于承认信息要求较低之物权习惯。

以下第一节先界定在民商法经济分析共通的制度成本概念：信息成本与交易成本。第二节则深入说明于财益法特别重要的第三人信息成本。第三节延伸探讨制度成本的定义方式，是否适用于侵权法。第四节在以上基础上，举例说明物权法中哪些成本是交易成本，哪些是信息成本。

15.1 定义

张五常教授对交易费用的知名定义是"一人世界不存在的费用"[4]，并认为此定义下的费用应该称为"制度费用"而非"交易费用"，本书认为甚有见地。

本书则以"制度成本"一词为统摄的上位概念[5]，并接受这个定义——一人世界不存在的费用。制度成本作为上位概念，包括但不限于信息成本、交易成本两个下位概念。

张五常教授也区分出信息成本，并称有些信息成本是制度成本的一部分，有些信息成本不是制度成本。如一人世界中，鲁滨孙尝试预测天气，必须付出代价，是信息成本，但不是制度成本。[6]

但若是如此，作为制度成本下位概念的信息成本，该如何定义？此外，制度成本中，不属于信息成本，但又涉及财益权者，本书使用"交易成本"一词概括之。交易成本如何正面定义？本书的提议是：

☐ 定义1：**制度成本是一人世界不存在的费用，包括但不当然限于信息成本、交易成本**。

☐ 定义2：**信息成本是取得"制度相关事实"的代价**。

☐ 定义3：**交易成本是"设立、维持、使用财益权的费用"中，不属于信息成本者**。

第 15 讲 制度成本

在此定义下,制度相关事实,而非所有事实,是信息成本的"信息"。依照诺贝尔经济学奖得主 Douglas North 经典名著破题的定义:

□ 定义 4:**制度是"社会的游戏规则,或更严谨地说,人类制定来形塑人际互动的局限"**。[7]

探知与制度无关的事实也有代价,但其代价在本书不能称为信息成本,或许可以称为"探知事实成本"。[8] 探知事实成本,如果符合定义,会是交易成本的一部分;如果不符合定义,也不是交易成本的一环,就整个落在制度成本之外。并非所有成本都是制度成本,所以当然不是所有类型的成本都可以归为信息成本或交易成本。

但是否要一律将预测天气的代价归在制度成本之外?鲁滨孙若夜观天象,决定是否种小麦自用,则熬夜的代价只是制度成本之外的探知事实成本。但在现今社会,若工厂与农场订立远期合同,后者必须定时供给固定分量的甘蔗,且不可抗力因素不得作为免责事由,则天公不作美会导致农场违约。此时,天气和合同此种制度有关,应该就是制度相关事实,从而成为信息成本。

本书先定义制度成本,然后区辨探知事实成本与信息成本(两者都是取得或预测事实的代价),接着还划分出交易成本。张五常教授则没有这样细分概念的企图。对于只想区分制度成本与非制度成本的论者,此种下位概念的区别并不重要。如下所述,信息成本与交易成本并不总是容易区分;因为两种成本都是制度成本的一环,而制度成本是法经济分析的成本面,故即令无法总是精确区分信息成本与交易成本,也不会影响效率分析。不过,细分制度成本的下位概念,有助于理解不同部门法的关怀重点,因此本书仍勉力为之。

本书上述提议的交易成本定义，源于 Henry Smith 补充后的 Douglas Allen 定义：设立、维持、使用财益权的费用（the costs of establishing, maintaining, and using property rights）。[9] Allen 教授并主张，"信息成本是交易成本存在的必要条件，但信息成本不总是交易成本……交易成本为零时，可以用无数的合同来解决信息不充分之问题"；"信息成本也不是交易成本的充分条件"。Allen 教授并称此种区辨交易成本与信息成本之方式为"财产权学派"（相对于定义方式不同的"新古典经济学派"）[10]，财产权学派的支持者多半是"新制度经济学派"（neo-institutionalism）的健将，笔者也自认为是此派的成员（第4讲）。

对新制度经济学派而言，Coase 最早提出的交易成本并不是最好的名词，因为它让人联想到狭义的谈判交易，但无法联想到更广义的制度成本。不过，本书已经接受了上述张五常的制度成本定义，又划分出信息成本。是故，此处的交易成本定义，只要能包括信息成本以外的"相关"制度成本就好，即使与信息成本重叠也无妨。[11] 而何谓"相关"制度成本，端视部门法的关怀重点而定。以物权法而言，上述定义应该相当到位。但如下深究，其他部门法会关注不同的成本。

15.2 第三人信息成本是财益法的核心议题

在 Merrill & Smith 的理论中，**理解物权法的关键，是第三人信息成本**。上一节定义的信息成本，包括但不限于第三人信息成本。

□ 定义 2A：**信息成本是"制度相关事实"的取得代价。第三人信息成本是信息成本的下位概念，指财益权交易者以外之人，**

| 第 15 讲 | 制度成本

探知财益权交易所变动的广义权利内容的代价。

凡是对世产生不作为义务的财产权，即"财益权"，就必然要关注第三人信息成本。物权、著作权、专利权、信托受益权，等等，都是此处的财益权。[12] 因为合同不会对世产生义务，合同产生的债权不属于财益权。从不动产所有权移转是否登记才能生效，到买卖不破租赁的公示要件；从探知权利内容与避免侵害他人权利的成本，到第三人能否知晓习惯内容；从动产所有权善意取得[13]，到登记簿时效取得[14]，到公信原则[15]——这些物权法议题皆牵涉第三人信息成本。本讲最后探讨著作权与专利权的授权何时拘束第三人，当然就是第三人信息成本的核心问题。

相对的，合同法经济分析理论，无须操心第三人信息成本，因为合同只有对人性（in personam），第三人不受影响。合同法经济分析关注缔约双方因为信息成本与交易成本均为正，缔结了"不完全合同"（incomplete contract），例如没有在合同中清楚分配所有可能风险、瑕疵由哪一造承担。但合同法无须关注第三人的信息与交易成本。

民事诉讼法经济分析，很重视信息不对称（information asymmetry），指出有重要信息为一方所知、但另一方不知，所以才有证据开示（discovery）、适时提出证据的程序要求。此种交易、诉讼对造的信息，并非第三人信息；其取得代价固然是信息成本，但或可称为"对造信息成本"或"第二人信息成本"（第一人是自己），但总之不是第三人信息成本。第二人信息成本与第三人信息成本的差异至关重要。第三人信息成本太高造成无效率时，就可能以"公示"制度降低之。但第二人信息成本太高造成无效率时，只需要"私示"——让对方知道即可。

法经济分析：方法论20讲

财益法当然也讨论许多交易双方谈判时的制度成本，但这和合同法下交易双方谈判时的制度成本没有差异。此种制度成本当然重要，但不是财益法之所以是财益法的原因！因此，要做财益法的经济分析，不能不关注第三人信息成本。在符合性价比的条件下，尽量减少第三人信息成本，自然就成为财益法经济分析学者的主要目标。

在此种界定下，也可以回应邓峰教授[16]对笔者的质疑：用一个信息成本理论，统治整个物权法制度是否够充分？确实不充分，有些实定法、部门法研究归类于物权法者，涉及第三人信息成本以外的制度成本。本书的本意也不在论证第三人信息成本理论就够了。毋宁，关注第三人信息成本，界定了物权法、信托法、知识产权法，相对于其他部门法的不同。[17]而前者和其他部门法（尤其合同法）自然有交集处与类似处，因此交易双方探究彼此虚实的信息成本，以及交易成本，也是物权法、信托法、知识产权法的一环。

Coase 的 1960 年经典论文《社会成本问题》，最大的缺陷是只看到（潜在）交易双方，而没有看到第三方，因此完全忽略了第三人信息成本。Coase 从英国普通法的扰邻（nuisance）案件取材，认为法律人（隐然）知道交易成本，所以用实例来给浑然无所觉交易成本的经济学家补课。但实情当然是法律人对交易成本更无所知，或不在乎，直到今日。而 Coase 所举的案例全部都是两方的纠纷。一方可以是一百位居民，但因为其利益被假设为基本一致，所以是一百位或一位居民，分析结果没有差异。但 Coase 以及将《社会成本问题》奉若圣经的追随者，却往往没有问小孩最喜欢问的问题：然后呢？

| 第 15 讲 | 制度成本

假设 Coase 案例中的工厂与洗衣店达成协议,使工厂可以每日最高排放 20 ppm 的污染物,但一次支付或按月支付补偿金;之后洗衣店老板将店铺顶让他人,新业主旋即同址改卖有机食品。新业主是否可以诉请工厂停止污染?工厂与洗衣店的约定当然拘束彼此,但是否拘束第三人?当工厂与洗衣店无法将其约定落实到某种法律承认的定限物权(或定限财益权)——可以设定《民法典》第 372 条的地役权?——并按照法律要求公示,在绝大多数民法体系中,都不会承认污染约定可以对抗第三人,尤其当第三人为善意时。但如果工厂花费无数交易成本获致的协议,可以因为洗衣店流转不动产所有权就破局,有效率的交易真能缔结?

Merrill & Smith 就在 Coase 百岁的祝寿专文中指出,Coase 使用推到极端的"**权利束**[18]"(bundle of rights)概念[19],等于是忘记了自己"交易成本为正"的教诲。[20]"刻画权利的成本"(delineation cost; costs of delimitation of rights)是一种交易成本。唯有在此种交易成本为零时,立法者才能事前列出全部人之间关于各种物的容许使用方式。因为刻画权利的交易成本为正,立法者不可能在事前制定千千万万条规则,使纠纷产生时法院可以照本宣科将物权分派给创造较多价值的一方。所以物权法**必须**[21]以对世、排他作为体系的出发点。[22]而 Coase 之所以能用几个普通法的案例,支撑其论述,原因是他都选择了**只有两方**的"土地使用方式冲突"(land use incompatibilities)的案例。如果 Coase 上过一门法学院的物权法课程(哪一国的都行!)因而思索了大量的无权占有他人不动产、国家征收土地、物之毁损灭失等现实世界层出不穷的案例[23],就会明了他的极端权利束立场不可行。

新制度经济学派的健将、国际制度与组织经济学学会的前会长 Benito Arruñada,同样批评:Coase 自己建构的世界,只有单一交易（single exchange），而没有后续交易（sequential exchange）。后续交易的定义是"至少有三方，缔结了两个非同时发生的合同"。[24] **正是因为要处理后续交易，物权法才重视第三人信息成本，才需要物权对世、排他效力**。而在只有单一交易的世界中，例如Coase 前述的工厂与洗衣店纠纷，此交易若无后续交易，可以只有对人效力；因此，自然就没有第三人信息成本的顾虑。单一交易之所以能展现 Coase 的论点而无碍，就是因为 Coase 和其追随者没有考虑后续交易。第 18 讲批评 Oren Bar-Gill 和其共同作者的研究，也是基于同样的论理。

第三人信息成本是信息成本的下位概念，在本书其他部分，为求简便，有时会将第三人信息成本简称为信息成本。

> 笔者和 Henry Smith 教授的一篇文章指出：第一，物权法的架构在世界各国都会趋于一致，因为所有国家都面对正的财产权刻画成本。第二，物权法的风格会趋于一致，如果系争法规范和其他体系内的规范，彼此关联牵扯较小。不过，如果系争法规范和其他体系内的规范，彼此紧密相关，则此类物权法风格将会彼此不同。使用 119 个法域物权法的数据库，检验比较物权法领域中，法律规范是否趋于一致（convergence）之上述理论后发现：实证分析支持了理论预测。Yun-chien Chang & Henry E. Smith, "Convergence and Divergence in Systems of Property Law: Theoretical and Empirical Analyses", *S. Cal. L. Rev.* 92 (2019).

| 第 15 讲 | 制度成本

15.3 高交易成本是侵权法、合同法、公司法、民事诉讼法的关键前提,侵权法则不同

本书定义之制度成本与其下位概念,适用到物权法、信托法、知识产权法、合同法、继承法、诉讼法,应该没有问题。但侵权法呢?[25] 侵权法经济分析的重点,在侵权人和被侵权人的注意程度(level of care)和行为量(level of activity)这两种成本,以及被侵权人身体、生命侵害或物毁损的成本。车祸断腿的成本不是信息成本,但也不是上述定义的交易成本。车祸断腿的成本是制度成本吗?一人世界仍可以出车祸(被羚羊撞),但一人世界不可能被(根据定义不存在的)另一人侵害。如果答案为是,则制度成本下,除了交易成本与信息成本,必然还有其他类型的成本,才能包括车祸断腿的成本。如果答案为否,则侵权法不能直接套用上述制度成本的分析框架。换言之,制度成本不是侵权法唯一需要关注的成本类型。

过失侵权法的文献,除了提到因为交易成本太高,侵权人与被侵权人无法事前约定外,不太使用信息成本、交易成本、制度成本的概念,而是直接使用注意程度的成本,行为量增减的成本、收益,受伤、死亡、毁损造成的社会损害(social harm)等概念分析侵权法的规范效果。笔者没有深入研究侵权法的经济分析理论,还拿不准制度成本与其下位概念,是否需要套用到侵权法之分析。

15.4 制度成本如何形塑我们熟知的法律世界

在正制度成本世界中,信息成本与交易成本虽然常常正相关,但两者仍可区辨。而且,有时交易成本高、信息成本却低;有时信息成本高、交易成本低。以下以物权法为例进一步说明之:

物权之公示与公信,向来是物权法的核心内容。要求权利状态公示(《民法典》第208条、第209条、第334条、第373条、第374条、第402条、第403条)是为了降低第三人信息成本。而公信原则(《民法典》第311条)则是进一步控制第三人信息成本之支出:已尽一定调查程度(如查阅土地登记簿)之交易者,其物权不确定性降低至零,故其无须继续追查土地登记信息之真实性。然而,建立一套精确而清楚的不动产登记制度,需要许多人力、物力,这些费用就是交易成本之范畴。以此例即能理解 Allen 教授之主张:"信息成本与交易成本都应该最小化。"[26] 如果只想着降低交易成本,则可能会着眼于精简地政机关之人力,减少土地登记系统之升级更新支出,这可能会增加利用土地登记者之信息成本。相对的,如果希望土地登记信息永远不出错,则每一笔不动产交易都要层层查核,这会使不动产交易都旷日废时,交易成本大增。从经济分析观点,当配置效益相同,能同时兼顾降低信息成本与交易成本之制度(也就是降低制度成本),而不是只降低信息成本,或只降低交易成本,方为良策。

物权人之自助行为(《德国民法典》第859条),提出所有物返还或排除侵害诉讼(《民法典》第235条、第236条、第237条),显然是维持物权的费用,所以是交易成本。

| 第15讲 | 制度成本

动产加工（《民法典》第 322 条）之情境则显示了信息成本与交易成本的纠葛关系。加工人在动工之前，会希望确定系争物之所有权归属，盖若加工人并非所有权人，则其不当然能享受加工增值之果实，也可能需要额外付出不当得利之价金。但动产多半未被登记，也不一定带有权利标记（如牛身上的烙印），查核权利归属需要信息，因此加工人的查核费用是第三人信息成本。但因为特定条件下，无所有权之加工人亦能取得所有权，加工人为取得物权所支付之费用，亦得归为"设立财产权的费用"，也就是交易成本。但如前所述，定义重叠时，本书归为第三人信息成本。另外，动产之所有权人担心所有物遭窃、被加工、被毁损，会买锁、加密码、雇保全，会支付维持财产权的费用，是交易成本。

盗赃物善意取得[27]之情境亦为适例。宝物被盗者，要追查窃贼之下落，要追索宝物销赃后落于何人之手，在在需要信息（由私家侦探、警察、保全公司、拍卖公司提供），自然有信息成本。但掉宝者之所作所为，又是为了维持其物权，故又可以归为交易成本。但请注意，原所有权人的信息成本，并非第三人信息成本。

有时交易成本高、信息成本却低，例如袋地通行。如果没有法定通行权，袋地所有权人与邻地所有权人之谈判协商费用（属于交易成本）很可能会居高不下，但原因并非出在信息成本（这也不是第三人信息成本）：袋地所有权人很清楚土地对自己之价值，邻地所有权人也知道袋地价值在有、无通行权时之巨大落差（其落差值约略等于袋地之市场价值）。协商费用高的原因是谈判范围特别宽，双方都希望分到比较大的饼，而邻地所有权人又常常有独占力量。

有时交易成本低、信息成本却高：在夜市中讨价还价即为一例。对买卖双方而言，最困难的问题是：卖家的底价何在、买家的愿付价格几何。信息成本高（这也不是第三人信息成本）而交易成本低，使得市场中许多人都花时间讨价还价，但不一定会成交。

最后，"其他条件一致"（other things being equal）时，物之价值在权利状态明确时较高，权利状态不明确时较低，所以经济分析理论鼓励明确化物权之制度安排。[28] 物权是否明确，就是第三人信息成本高低之问题。物权越明确（第三人信息成本越低），越可以鼓励"自愿交易"（voluntary transactions）——自愿交易一般而言是有效率的。[29]

以下，且让我们从物权法出发，进一步用制度成本的眼光看各种民商法议题。

15.4.1 民事诉讼当事人为何不和解？

民事诉讼的法经济学研究，从一个看似愚蠢的问题开头：为什么有纠纷的双方会上法院诉讼？法经济学者问：如果原告和被告都正确知道彼此诉讼输赢的概率，为何还要花钱请律师、花时间上法庭？和解和诉讼的结果一样，但和解比较便宜啊！

从这个看似愚蠢但实则深刻的洞见出发，早期的法经济学文献发展出两支至今仍引领风骚的理论。第一支以 George Priest and Benjamin Klein 1984 年的经典文章为中心。[30] Priest and Klein（1984）的理论被称为"分歧预期"（divergent expectation）模型，因为在其理论框架下，双方当事人不和解而要打官司的原因是对诉讼结

| 第15讲 | 制度成本

果的预期不同（如果预期相同，诉讼又花劳力、时间、费用，理性当事人会选择自行和解）。如果两造预期胜率相同，一定有和解的空间。但若原告乐观地认为原告胜率很高，被告也乐观地认为原告胜率很低，则可能不存在和解空间[31]。不会和解的案件，只有真的客观来看赢面非常接近的案件。换言之，客观来看原告明显较有理的案件和明显较无理的案件会率先和解，当大多数案件都和解后，进入法院判决的少数案件就是原、被告都各有道理者，因此原告胜诉率会接近50%。此"五成胜率"的预测，是 Priest and Klein（1984）最有名的部分，但也很有争议。[32]

在 Priest and Klein（1984）的典范下，出现了其他的修正理论。Robert Cooter 和 Daniel Rubinfeld 的合著文章[33]，与 Daniel Kessler, Thomas Meites & Geoffrey Miller 等人的合著文章[34]，就主张若两造风险趋避（risk averse），则在诉讼标的金额相对于诉讼成本上升时，和解率会上升而非下降，以避免诉讼的不确定性（此预测与LPG模型相反）。

> Daniel Rubinfeld 和 Geoffrey Miller 都是笔者母校纽约大学法学院的教授，也是我的博士论文答辩委员会成员。
>
> 我刚到纽约大学法学院求学时，在两门冲堂的课之间，犹豫不决。一门是经济系老师在法学院开设的赛局理论，一门是访问教授开设的量化方法与法学。我暗忖，如果有幸留下来念博士，应该还有机会修赛局；但访问教授不是候鸟，可能是"一期一会"（いちごいちえ）的机会，所以选择后者。结果，一年后，经济系老师离开纽约大学，法学院尔后几年都没有赛局论的课，而访问教授 Daniel Rubinfeld 变成候

· 365 ·

法经济分析：方法论20讲

乌，每年秋季学期都在，之后还加入成为专任教授。但因为我的误会与脑补，获得了更多实证研究的观念。Rubinfeld 教授还教我竞争法；他总是告诫我要努力工作、保持幽默感，而且不管在投稿顶尖期刊中碰到多少挫折，都要咬紧牙关、坚持到底。

我虽然没有上过 Miller 教授的课，但毕业十年后和他合写一系列关于美国州最高法院的实证研究。Miller 教授聪明外露，总是能立刻看出每一篇论文的症结点，提出各种可能的解释方向，点出没有人想到的研究可能。

学界也出现和 Priest and Klein（1984）完全不同范式的理论，例如 Kathy Spier 教授等人提出的讯息不对称的理论。简言之，他们主张，当事人之所以无法和解，是因为双方拥有的讯息不同。例如侵权案件被告知道其过失程度，但原告不知。信息弱势的一方会不知道何时应该和解，因此有时会冒险进行诉讼。Steven Shavell 在这个理论范式下，推导出：任何原告胜率都有可能。[35]

几年前，我有幸聆听哈佛大学法学院讲座教授 Kathy Spier 演讲 Taking a Financial Position in Your Opponent in Litigation。Spier 教授讲一个这么复杂的数理模型，却非常生动又清楚。这篇文章（与密歇根大学的 Albert Choi 教授合写）后来登在经济学最顶尖的期刊 AER。核心洞见非常简单，却没有人深入分析过：诉讼经济分析理论指出，如果原告提出诉讼，预期获得的利益是 $50，但原告的诉讼成本却是 $60，我们会预期理性的原告不会提出诉讼，或至少不会坚持争讼到底。即使原告想借由提出诉讼而寻求和解的机会，被告也会置之不理，因为他知道原告没有经济激励坚持下去。

但是，如果被告是上市公司，而且证券市场对资讯够敏感，上市公司被控告的讯息，通常会导致其股价下跌。如此，原告若在提出诉讼前，先在证券市场上"放空"被告公司的股票，则原告真的提出诉讼的可信度提升，继续和被告在法院缠斗的威胁也变得理性——因为只要被告股价会因为争讼而下跌，已经先融券放空被告公司股票的原告，可以从证券市场上赚取差价。因此，原告即使有无利可图的诉讼，仍可借由提出（或坚持）诉讼而从被告获得好的和解条件。

Spier 教授温暖亲切，他送我儿子一本他父亲的绘本。我这才知道原来他父亲是知名的童书绘本作家。

Priest and Klein（1984）最重要、最长远的贡献——但现在已经被当成法经济学内的常识——是指出诉讼案件并非所有纠纷的代表性样本。若把 Priest and Klein（1984）的逻辑推到尽头，则无论法律规范偏袒原告或被告，原告提出大量荒唐案件到法院，还是只提出必胜案件，结果都一样：原告胜率 50%。换句话说，外界的研究者，无法从观察法院判决的案件，反推纠纷的整体样貌。吾人常说法院诉讼案件只是纠纷的冰山一角，也是同样的道理。Klerman and Lee（2014）的文章指出：除非在极端情形，即和解率几近于 100%，否则案件的选择效应（selection effects）不会大到使得法律或法官对原告或被告的偏颇效果完全消失。换言之，例如若法律或法官本来就偏袒原告，最后进入法院判决的案件，仍会以原告胜诉情况居多。从冰山一角推论冰山的整体模样，还是

法经济分析：方法论20讲

可能，而且有意义！

  Dan Klerman 教授是历史学博士，专业是中世纪英国史。然而，他华丽转身成为理论与实证法经济学的大家，是又一个没有受过经济学专业训练，但成为法经济学大家的例子。他没有忘记自己的历史学训练，他有几篇非常有趣的实证法经济分析研究，从特殊的历史情境中找数据，作出现代情境不可能的研究。像是 Klerman, "The Selection of Thirteenth-Century Disputes for Litigation", *Journal of Empirical Legal Studies* 9（2012），320-346. Klerman 教授研究 13 世纪的诉讼，此时期的（刑事自诉）诉讼特色是即使当事人和解，陪审团仍会作出决定。由此，吾人可以比较和解的结果与诉讼的结果是否有差异，以及何种诉讼中当事人容易和解。

  在另一篇文章中，Klerman, Daniel M., and Paul G. Mahoney, "The Value of Judicial Independence: Evidence from Eighteenth Century England", *American Law and Economics Review* 7（1）（2005），1-27，Klerman 教授研究 18 世纪的西欧。18 世纪初，英国有若干法律给予法官职位保障或提高薪资，因而提升了司法独立与司法品质。更好的司法，是否如理论所预测，可以借由保障合同、财产权，敦促政府还债，从而促进经济发展？如果有此种效果，股票和债券市场应该会欢迎此种立法（提案）而应声上涨。在 18 世纪初时，有股价的公司只有几家，包括英格兰银行、东印度公司等。而诸如英格兰银行是大英帝国的大债权人，所以会乐见司法独立。研究者以英国的股价作为实验组，在荷兰阿姆斯特丹交易的英国公司股价作为对照组，计算相关司法独立法案的消息，是否产生"非寻常的收益"（abnormal return）。研究发现，某些司法独立议案，确实产生统计上显著的正影响。

笔者曾造访 Klerman 教授位于南加州、有超级无敌海景的自宅。在闲聊当中，定下了一起合作研究世界各国民事和解率的计划。数据搜集极为耗时，而且无法作因果推论。但我们的研究发现——许多国家的民事和解率极低——告诫研究者，不能将隐然预设高和解率的数理模型，当作普适的推论前提。Yun-chien Chang & Daniel Klerman, "Settlement around the World: Settlement Rates in the Largest Economies", *Journal of Legal Analysis* 14（2022）.

15.4.2 物权类型法定原则，不合时宜？

2015 年时，笔者和 Henry Smith 教授出版文章[36]，修正了 2000 年时 Henry Smith 教授与 Thomas Merrill 教授出版的经典论文。[37] 可惜的是，中文文献中许多探讨物权类型法定原则的文章，仍然只关注二十余年前的经典文章，没有跟进后面的发展。物权类型法定原则这个主题，十年来笔者反复思考、精进自己的思考，也请有兴趣读者参阅。[38] 以下仅非常扼要地摘述笔者见解。

英文文献中关于"物权类型法定原则"的制度理念，多以美国普通法作为探讨对象。然而，在此学术预设下提出的经济分析理论（仰赖物权形式信托制度与物权法容许未来权益作为论述基础，并忽略法典式民法的特征，也没有探讨不动产权利登记制之影响），并无法直接适用于大陆法系国家。另一方面，不少民法典中规定的物权类型法定原则，比起实务实践更严格——数个国家都允许物权习惯创设新的物权类型。笔者提出新的"物权最适量"一般理论，以解释为何普通法国家与大陆法国家都有采用物权法定主义的经济理由。详言之，无论物权法定主义与物权习惯都内含了"信息成本权衡"——权衡受众的多寡与信息的强度——受众越多，信息必须越简化。

之所以要综合探讨物权习惯与物权类型法定原则，是因为并非所有国家都和美国普通法一样，有"过多"的物权类型，只要当事人出于自利而不利用部分物权类型，就可以大致解决物权类型过剩问题。中国、日本、韩国等大陆法国家，物权类型都不多。明文的、严格的物权类型法定原则，会造成市场中的压力，使当事人另寻出口来安排最恰当的交易。常见的其他交易路径，很可能形成习惯。而一旦此种习惯被法院承认为物权习惯，则突破了严格形式的物权法定主义。

因此，笔者之理论分析结果，虽然仍旧支持了"物权最适标准化"理论，但并不主张东亚各国、乃至于其他欧陆大陆法系国家的物权法，当然做到了最适标准化。反之，正因为各该国物权类型过少，法院或其他政府部门就有在法律制订之物权类型外，另行承认习惯创设物权之可能。中国的土地承包经营权由违法到合同到变成物权，以及日本、韩国的数种物权习惯，都可以用笔者的理论架构解释。

15.4.3　知识产权法、公司法也有类型法定原则？

上一小节所论述者，虽然仅及于物权法中的类型法定或自由创设原则，但同样的理论可以用以检验知识产权。简言之，"（知

第15讲 制度成本

识)产权类型法定",而非类型自由创设,是更好的政策[39]。

著作权,如同有体物的所有权,可以切分出多种子权利——也就是有"定限著作权"[40];参见《著作权法》第10条以下所列出的"著作财产权之种类"。"定限著作权"能产生对世排他效力?《著作权法实施条例》第23条、第24条规定,专有许可的被许可人,可以对抗在后受让人。至于非专有许可的被许可人,尽管相关法律不存在具体规定,但司法实践中也承认此等被许可人可以对抗在后受让人。[41]依照笔者的概念体系,合同不会产生对世排他效力,著作权许可因此是财益关系,不是合同关系。

著作财产权人应该可以用其他有创意的方式,授权、许可他人使用著作权,但不应该解释为有拘束第三人的效力。著作权可谓没有公示,即使是知名著作的权利归属与授权状态都难以检索,第三人信息成本更高,因此有财产权类型法定的必要。

专利权则没有复杂的子类型,仅有授权他人实施一种"定限专利权",而这正显示专利法有更严格的类型法定原则——只有专利权与许可他人实施专利两类。既然专利法大费周章设立了登记制度,为何不在第三人理解权利状态不至于太过困难的前提下,多允许几种定限专利权?答案或许是专利权的特质,使得一种定限专利权——可以同时许可多人实施(对抗程度不同的)专利权[42]——已经足以发挥专利权的价值。

除了物权、知识产权等财益权有类型法定,资产分割(asset partition)也有类型法定。[43]资产分割例如创立有限公司、设立财团法人、设立信托[44]。资产分割产生"独立财产"(separate patrimony)。如果人可以任意发明资产分割方式,就很容易将财产移到其债权人无法触及之独立财产(例如海外信托),但仍由其

· 371 ·

实质控制。资产分割类型自由创设当然会产生高额第三人信息成本——债权人在任何时候做的征信，都是白搭，只能看到一时的表象。

由本部分简短的讨论可知，物权类型最适量理论背后有一般的经济道理，可适用于从知识产权法到公司法、信托法的基本问题。

15.4.4 容许习惯推翻物权法规定，是否总是产生高额信息成本？

不总是如此！Robert Ellickson 教授的经典名著 *Order Without Law*[45]，生动地描绘美国加州 Shasta 郡的社会规范：当牧人的牛闯入麦农的田时，牧人会赔偿麦农；虽然法律规定其实是"开放式牧场"（open range），牧人无须赔偿，麦农若不兴建围墙则风险自负！在此，社会规范排除了法律规定，但没有产生高额信息成本。一方面，如 Ellickson 教授所记载，农牧双方都不知道法律规定为何，但都知道社会规范，所以如果物权习惯不能排除法律规定，反而才强加了高额第三人信息成本。（一个重要的局限条件是，加州的牧人并不会带着牛在州内或跨州游牧。若游牧是常态，则以不同的地方习惯取代法律规范，就可能会产生高额信息成本。）

在 Robert Ellickson 教授从耶鲁法学院专任教席退下之际，根据 Brian Leiter 教授知名的学术影响力排名，他是最有影响力的物权法学者。*Order Without Law* 更可以说是开创了法与社会规范的研究！在华人世界，Ellickson 教授调教出了乔仕彤和张泰苏两位知名的产权法学者。我有幸和他有几次私下交

| 第 15 讲 | 制度成本

流的机会,他对拙著的点评总是客气但精到,让我觉得不得不改,但又马上能体会到该如何改。

在美国法学院最受欢迎的土地管制教科书 *Land Use Controls*,一开始就是由 Ellickson 教授独自完成;后来我的指导教授 Vicki Been 加入成为共同作者;近年来则又加入了 Rick Hills 和 Chris Serkin 两位中生代学者。Robert C. Ellickson, Vicki L. Been, Roderick M. Hills and Christopher Serkin, *Land Use Controls: Cases and Materials*, Aspen Publishers (2013)。在纽约大学读 LL. M. 时,我就是由这本书作桥接,而由行政法跨足物权法。美国的土地管制是各州权限,州的管制权力又和普通法互动,各州情况都不同,既复杂又迷人。

2011 年时,William & Mary 法学院每年的重头戏——物权法杰出贡献奖颁奖典礼与研讨会——首度移师北京,在清华大学法学院举行。历年得主和许多未来一定会得奖的杰出物权法学者齐聚一堂。作为刚出道的后辈,我也受邀发言。(会前,我带了 Ellickson 教授、Rose 教授、Epstein 教授等人去北京全聚德吃烤鸭。)会议上 Ellickson 教授发表一篇论文,探讨典权的盛行可能造成明清时期中国经济发展停滞不前(因为典权安排的不确定性太高)。Robert C. Ellickson, "The Costs of Complex Land Titles: Two Examples from China", *Brigham-Kanner Property Rights Conf. J.* 1 (2012)。(本文中译"复杂地权的代价:以中国的两个制度为例",刊登在《清华法学》2012 年第 1 期。)我一方面吃惊不通中文的 Ellickson 教授会愿意写这个题目,另一方面又赞叹他能把(现代眼光看来)冷门的典权,放在如此宽广的时间尺度中,处理最困难的经济成长问题。虽然我不同意他的一些论点，但在 Ellickson 教授的大师笔法下，我的争辩显得枝微末节。我日后总提醒自己：法学学术研究固然必须重视细节，但必须要不被细节束缚，用更大的格局视野，把时间、距离拉开来，才能避免只见秋毫、不见舆薪。知道细节，不是为了获得冷知识，而是用细节为基础，回答大哉问。

而如 Merrill & Smith 延伸此事例时所分析，符合一般人**道德直觉**的正式或非正式规范（也就是法律和物权习惯），较能获得支持和维持，因为一般人无须额外花费信息成本，就明了了规范的内容。在牧人和麦农间的纠纷，何种规范比较符合一般人的道德直觉？应该不是麦农自认倒霉，而是牧人必须赔礼和赔偿。这就是为什么，Shasta 郡会有牧人赔偿的非正式规范，而且与当地人道德直觉相反的法律规范，并未为人所知。

15.4.5 典权应该承认为习惯物权吗？

典权是否应该承认为习惯物权，是应然问题。在回答此问题前，或许可以先问一个实然问题：法院何时比较可能会承认习惯物权？

在 2015 年我与 Henry Smith 教授合著之论文，进一步提出四个理论命题，以回答此实然[46]：第一，在某法域之内，习惯的影响对象越少，越可能被承认为财产权。第二，习惯的影响对象越多，习惯之内容越不可能逾越受拘束者本来就有的资讯。第三，习惯要求于影响对象的额外资讯越少，越可能被承认有广泛拘束力。

第 15 讲 制度成本

第四,习惯能带来的收益相较于其要求的信息成本越高,越可能被承认。

这四个实然理论命题虽可用于预测法官的判决决策,但未奠基在法官只在乎成本收益的行为假设上——只要法官也在乎成本收益,或者法官在乎的其他价值与成本收益分析的结果高度相关,这些理论命题就有预测能力。而如果认为民法规范只需要追求效率,则这四个理论命题立刻可以转化为规范命题——唯有符合这些成本收益条件,法官才应该承认某种习惯拘束第三人的效力。

准此,典权应该承认为习惯物权吗?《物权法》的起草者不可能没有意识到典的存在,甚至《物权法司法解释(一)》的民法学会讨论稿,都还有松动物权法定原则以容纳典权的文字——但最终争议过大被删除,直至 2020 年 5 月出台之《民法典》亦无典权。笔者和许可教授的法院裁判实证研究中,也发现几十个各省、各级法院判决承认典权。[47] 但在现行法下,典权应该被承认为习惯所创设的物权类型吗?以下依四个命题逐一检验。

第一命题是:习惯的影响对象越少,越可能被承认为物权。典权如果一经承认为习惯物权,就成为通行全国的新物权类型,则有非常多不特定人可能受影响。但如果容许一国之内有地区性的物权类型,则承认典权为习惯创设之物权类型,不会影响这么多人,但影响对象仍不在少数。

第二命题是:习惯的影响对象越多,习惯之内容越不可能逾越受影响者本来就有的资讯。从宋朝以来,经过明、清时期的兴盛[48],典权毕竟是没落了。法律人多半知道典权,某些民众也确实还在使用,但很难说潜在受到典权影响者,都知道有此种交易形态存在。如果习惯创设之新物权类型,经交易双方使用,可以进

· 375 ·

法经济分析：方法论20讲

入土地登记簿，而且非经登记不得对抗善意第三人，则典权之内容不会逾越受影响者本来就有的资讯，因为受影响者一定是缔约者或者不动产权利之后手，后者只要查阅土地登记簿就能轻易获得资讯。但如果习惯创设之新物权类型，不会被不动产登记机关接受，则受影响者不太可能本来就有关于特定物是否出典的资讯。

第三命题是：习惯要求于影响对象的额外资讯越少，越可能被承认有广泛影响力。典关系是否存在，以及回赎期限、找贴的容许性与金额等重要资讯，都由双方约定，而两方的后手都难以得知（令典能登记，登记簿不一定记载所有相关事项）——此种重要资讯都是额外的。

第四命题是：习惯能带来的收益相较于其要求的信息成本越高，越可能被承认。承认典的社会收益为何？依照张泰苏教授的看法，典在传统中国的兴盛，源于儒家宗族制度下，经济弱者（但在家族内、乡党内基于尊卑排序掌握话语权）可以借由典此种一面倒保障出典人之制度，抵抗经济强者的全面收购[49]。依照古慧雯教授等人的工作论文，典是在农耕社会必须互相合作才能顺利生产的制度结构下，承典方个人与出典方家族、邻居互相试探的交易安排。但无论三五百年前典的功能、起源为何，在21世纪承认典的交易习惯成为物权类型，功能何在？银行融资和抵押可以解决许多不动产权利人暂时需要现金的需求；社会信用或其他方式，可以在不动产交易前就明白对方的品行。农村集体所有制、农村户口管制、机械耕作的发展，也会使得农村合作生产的方式有剧烈转变。无论典的当代边际社会收益为何，能够压倒上述的信息成本？

逐一检验这四个命题后，应该不会认为应该在全国范围内承

| 第 15 讲 | 制度成本

认典权作为习惯创设之新物权类型。但习惯乃是地方性的，而地方习惯在有限的地理范围内排除特定实定法之规范，容许各地不同，仍可能有正的社会净收益。更进一步言，立法者、法院可以考虑两种不同的立场：

1. 地方习惯可以创设新物权类型，但仅在当地适用。如此，很可能各省，甚至各县，很快会出现或大或小的物权制度分歧，类似美国各州目前的光景。而当某种习惯创设的新物权类型，可能跨省县交易时，理解各地物权类型的内容，自然也是信息成本。

2. 地方习惯可以创设新物权类型，而且新物权类型一旦出现就全国通行，无论他乡是否有同样的地方习惯。此种政策立场对外地人（每个人！）造成的信息成本很高，因此从效率观点不如第一种政策立场。若政策决定者依据任何理由而不愿意各省、各县各有物权制度，就只能在法域之内多数区域有同样的习惯时，才承认此种风行草偃的习惯能创设新物权类型。

这不代表典权不应该进入民法典。进入实定法的物权类型，必然会经过标准化，使其条件清晰且原则上全国一致。实定法承认之物权类型，也能够轻易和登记制度接轨，通过登记而公示。标准化虽然无法增加其边际社会收益，却会降低其外部信息成本。[50]

15.4.6 著作权不用登记，理所当然？

按照《著作权法》第 2 条，作品不论是否已发表，都享有著作权。笔者所知的他国著作权法，也都规定著作权无须登记即受保护（文献上多称为"创作保护主义"）。《著作权法》第 12 条提供自愿登记的机制,《著作权法》第 28 条则规定著作权出质时必须办理登记。著作权无须登记就可以获得保护,意思就是可以请求侵害著作权人损害赔偿。但没有恰当的公示机制,后来的著作人可能不知道有先前著作存在。而著作权是否该登记或公示的考量,同样应该用"条件式论述"(第 1 讲)。在没有互联网搜索引擎前,搜寻文字著作不容易。搜索引擎刚出现时,到各种线上图书馆出现后,搜寻文字著作的成本大大降低。传统的公示概念就是登记,而登记又被隐然设想为政府设立的集中登记机构。但强大的搜索引擎使登上互联网变成一种公示,而且成本低廉、人人能做。搜索引擎刚出现时,只能搜寻文字。音乐著作、摄影著作等非文字的作品,就难以发现是否有先前著作。当时,法院就该对文字著作和非文字著作的侵权案件,考量到制度成本的差异。不过,时至今日,放一段旋律给智能手机听,人工智能软件就会告诉你这像什么歌;机器学习演算法分类图片、找寻近似图片的能力也越来越强。这使非文字著作的制度成本又大大降低。不过,此时此刻,以图搜寻既有的图像著作、以谱(或音乐)搜寻过去的音乐著作,仍然远比搜寻文字著作困难。尤其,如果互联网上能搜寻到的仅有 A 作曲家写作了 B 曲,却没有 B 曲的内容(因为音乐内容受著作权保护!),C 作曲家即使恰好想到了一样的旋律,也无从在发表自己的创作前查到雷同的 B 曲。因此,著作权的"创作保护主义",并没有这么理所当然,也不当然是现在或未来每个时点中的最佳政策。

15.4.7 规制征收,所为何来?

财益权体系必须决定谁有什么财益权,以及财益权的内容为

| 第15讲 | 制度成本

何。在私有财益权体系中,无论一开始是用分封、抽签、先占或其他方式分配财益权,后续由谁拥有某物之财益权,原则上由自愿交易决定。比较困难的是财益权的内容如何界定。因为**制度成本为正**,立法者、行政机关、法院往往需要来回多次界定财益权的内容。

立法者的**初始界定**(initial delineation)有两种典型方式:第一,财益权的内容非常狭窄,狭窄到许多物之使用方式,并不在财益权中。第二,财益权的内容非常宽泛,宽泛到财益权人彼此行使其权利,往往会互相干扰。第一种方式显然造成"货物弃于地也",所以除了仰赖立法者以许多特别法进一步填补缺漏,也更可能交由行政机关在个案决定谁有权以何种方式使用特定物。许多在第二种方式下成为私法纠纷者,在第一种方式下成为行政法纠纷(课予行政机关义务要作出行政处分,撤销对申请人不利之行政处分,等等)。第二种方式往往需要法院在权利冲突时,裁决谁占上风。两种方式都可能可以达到同样的平衡点,但到达平衡点所需的制度成本不同。绝大多数国家采取第二种广泛、粗略的财益权的初始界定。[51]

财益权的起始界定包山包海,必然造成财益权范围互相重叠。[52]例如,所有权人有使用物之自由,其隔邻之所有权人有排他权能。如果前者将其使用自由发挥到极致,就可以在自宅内播放震天响的歌剧。如果后者将其排他权能极大化,则其在自宅内时不容屋外之人传入半点声响。这两个极端值皆在财益权初始界定之内,但两者之间可以找出平衡点(例如容许发出合理音量的声响),而在双方实际权利使用冲突时,也必须找出平衡点。由立法者、法院或其他机关设定平衡点,细致化财益权的初始界定,称为"财益权的第二次界定"。

之所以需要第二次财益权界定，是因为财益权的初始界定难以精细，初始界定也不可能一步到位。更抽象言之，立法者面对着高昂的权利刻画成本，只能通过逐渐累积各种第二次财益权界定的规则，逐渐缩小财益权重叠的范围。也因为权利刻画成本总是很高，第二次财益权界定的规则可能仍然很抽象，需要行政机关或法院在具体个案中确认平衡点的精确位置。重新界定，可能源自社会条件改变，重新界定才能促进效率或其他价值；也可能是财益权体系运行中产生的具体问题，让立法者明了问题所在。

"财益权的第二次界定"只用于指涉同类型财益权一体适用之规则。第二次界定产生的平衡点，偏离了初始界定的起始点，两者的差异就构成财益权的限制。**因为初始界定和第二次界定都一体适用于同类型财益权之性质，此种财益权限制必然具有一般性。**

无论是初始界定或第二次界定，都不是恒久不变。当其界定内容调整时，我称为"重新界定"。如同初始界定与第二次界定，重新界定在定义上也必须一体适用到同类型财益权人。当重新界定缩减了财益权的范围，此种财益权限制当然具有一般性。重新界定的对象如果是第二次界定，影响者乃财益权重叠范围之内，平衡点的位置。

凡是财产权的一般限制，都无须补偿财产权人。证立不补偿结论的理由，必须区分限制是否可预见。当第二次界定、重新界定之内容，乃许多人可预见，毋庸补偿是因为在够有效率的市场中，市场价格已经反映了第二次界定、重新界定的可能性。因此，财产权人从事前、预期的角度，其实没有损失，因此毋庸补偿。

笔者主张，规制征收，必然不是一般限制，而必须是不可预

| 第 15 讲 | 制度成本

见的特设限制。限于篇幅,请读者参见笔者另一本专著。⁵³

本讲参考文献

1 See Ronald H. Coase, "The Nature of the Firm", *Economica* 4(1937); Ronald H. Coase, "The Federal Communications Commission", *J. L. & Econ.* 2(1959); Ronald H. Coase, "The Problem of Social Cost", *J. L. & Econ.* 3(1960). 艾佳慧:《科斯定理还是波斯纳定理——法律经济学基础理论的混乱与澄清》,载《法制与社会发展》2019 年第 6 期;艾佳慧:《回到"定分"经济学:科斯定理的误读与澄清》,载《交大法学》2019 年第 4 期。

2 笔者之学术取径,受 Thomas Merrill 与 Henry Smith 教授影响甚大,他们的物权法专论与教科书,以经济分析方法(尤其着重于第三人信息成本)切入,非常值得参考。See generally Thomas W. Merrill and Henry E. Smith, *The Oxford Introductions to U. S. Law: Property*, Oxford University Press 2010; Thomas W. Merrill and Henry E. Smith, *Property: Principles and Policies*, Foundation Press 2017.

3 See generally Merrill and Smith, supra note 2.

4 张五常:《经济解释全五卷之二:收入与成本》(第 4 版),花千树 2017 年版,第 198 页。值得注意的是,张五常自己对制度费用的定义也经过调整。1998 年他以英文发表的论文中,认为制度费用是"All the costs which do not exist in a Robinson Crusoe economy"扣掉"all the conceivable costs in society except those associated with the physical processed of production and transportation"。See Steven N. S. Cheung, "The Transaction Costs Paradigm", *Econ. Inquiry* 36(1998).

前者就是现在知名的张五常定义,后者却不见于其《经济解释》。原因也不难理解,生产与交通成本在鲁滨孙一人世界也存在,所以当然不包括在制度费用之列,无须扣除。

5 本书前身随张五常教授称"制度费用",本书则遵循贺剑教授的建议,称为"制度成本",俾便与本书其他称成本的概念一致。贺剑:《物权法经济分析的方法论之路——评张永健〈物权法之经济分析——所有权〉及相关论文》,载《"中研院"法学期刊》2020 年第 27 期。

6 张五常:《经济解释全五卷之三:受价与觅价》(第 4 版),花千树 2017 年版,第 247 页。在张五常原文中,信息成本写做"讯息费用",制度成本写做"交易费用"。

7 Douglass C. North, *Institution*, *Institutional Change and Economic Performance*, Cambridge University Press 1990, p. 3 ("the rules of the game in a society or, more formally, are the humaly devised constraints that shape human interaction").

8 艾佳慧教授正确地指出,笔者之前的见解,将鲁滨孙一人世界中面对的信息成本(本书所称之探知事实成本),纳入制度成本意义不大。原因是,此种信息成本对于法经济分析的关联甚小,不太需要花费心力探讨之。艾佳慧:《民事财产法的经济释义——〈物权法之经济分析〉的解读与反思》,载苏力主编,李晟:《法律书评(第 13 辑)》,北京大学出版社 2020 年,第 33—55 页。本书同意其批评,因此重新界定制度成本。

9 *See* Douglas W. Allen, "*Transaction Costs*", *in* Boudewijn Bouckaert & Gerrit De Geest, *Encyclopedia of Law and Economics*, *Volume I. The History and Methodology of Law and Economics*, Edward Elgar 2000, pp. 898. Allen 教授没有明白列出"使用对世财产权的费用",Henry Smith 教授则包括之。*See* Henry E. Smith, "Governing Water: The Semicommons of Fluid Property Rights", *Ariz. L. Rev.* 50 (2008). 本章认为明白列出"使用对世财产权的费用",更能彰显此种新的交易成本定义,仍包括狭义的、顾名思义的谈判成本。请注意,此种定义下的交易成本,当然包括行政成本(administrative cost)。参见张永健:《法经济

| 第 15 讲 | 制度成本

分析：方法论与物权法应用》，元照出版有限公司 2021 年版，第 191—256 页。

10 Allen, supra note 9.
11 另外一种做法，或许更符合多数的既有法经济学文献，则是将交易成本与制度成本视为同义词，而将信息成本作为交易成本的一种，并将非信息成本的交易成本另外取名。就分析问题而言，这是可以接受的做法，但笔者偏好本书的定义方式，使每个名词都有各自内涵（intension）与外延（extension）。
12 关于著作权与专利权产生的第三人信息成本，see Smith, supra note 3。关于信托受益权作为定限财产权，参见张永健：《霍菲尔德分析法学对占有、信托概念的新界定》，载《经贸法律评论》2021 年第 6 期。
13 See Yun-chien Chang, "The Good-Faith Purchase Doctrine in 247 Jurisdictions", *Eur. Prop. L. J.* 9（2020）.
14 See Yun-chien Chang, "Adverse Possession Laws in 203 Jurisdictions: Proposals for Reform", *U. Penn. J. Int'l L.* 43（2022）.
15 公信原则的比较研究，see Yun-chien Chang, "Wealth Transfer Laws in 153 Jurisdictions: An Empirical Comparative Law Approach", *Iowa L. Rev.* 102（2018）.
16 邓峰：《评〈物权法之经济分析：所有权〉》，载《中国法律评论公众号》，https://mp.weixin.qq.com/s/ZwggkV3qRTsPS4iVsEYRNQ，2019 年（最后访问日期：2020 年 11 月 10 日）。
17 而物权法、信托法、知识产权法的区别，在于法律关系的中介不同，或说客体不同。
18 Smith 教授指出，权利束只是描述，而非理论。See Henry E. Smith, "Property as the Law of Things", *Harv. L. Rev.* 125（2012）. See also Henry E. Smith, "Property Is Not Just a Bundle of Rights", *Econ J. Watch* 8（2011）. Katrina Wyman 教授认为，诸如 Merrill、Smith、笔者这种不认为物权是权利束的论者，是"新本质论者"（new essentialists）。See Katrina M. Wyman, "The New Essentialism in Property", *J. Legal*

Analysis 9 (2017).

19 在《联邦通讯传播委员会》中，Coase 说 "[W]hether we have the right to shoot over another man's land has been thought of as depending on who owns the airspace over the land. It would be simpler to discuss what we should be allowed to do with a gun." Coase, supra note 1. 在《社会成本问题》中，Coase 说 "We may speak of a person owning land and using it as a factor of production but what the land-owner in fact possesses is the right to carry out a circumscribed list of actions." Coase, supra note 1. 刻画权利的成本当然大于零。Coase 所想象的使用方式清单，怎么可能可行？

20 *See* Thomas W. Merrill and Henry E. Smith, "Making Coasean Property More Coasean", *J. L. & Econ.* 54 (2011); Thomas W. Merrill and Henry E. Smith, "What Happened to Property in Law and Economics", *Yale L. J.* 111 (2001).

21 在此之必须，是以张五常说的"减少租值消散"，或说"最小化制度费用"，为前提目标。如果不在乎制度成本高低，立法者可以不选择把每个物权人的权利都划得太大，而选择把每个物权人的权利都划得太小，然后在具体个案中再（由政府！）分配尚未财益权化的资源。参见张永健，同注 9，第 467—471 页（说明无主物先占对分散政府权力的作用）。

22 *See* Henry E. Smith, "Exclusion Versus Governance: Two Strategies for Delineating Property Rights", *J. Legal Stud.* S 31 (2002); Yun-chien Chang and Henry E. Smith, "An Economic Analysis of Civil Versus Common Law Property", *Notre Dame L. Rev.* 88 (2012). 以此说明财产权特别牺牲的理论，参见张永健：《土地征收与管制之补偿——理论与实务》，元照出版公司 2020 年版，第 193—225 页。

23 由然教授的书评主张，物权法语境中几乎所有具体问题都可以用权利冲突来界定。这仍然是 Coase 式的思路；当然，部分原因也在于本书讨论的问题，大多数是广义的权利冲突。狭义的权利冲突，例如附合，是双方都有物权，但因为添附使至少其中一方必须在继续保有单独所有权一事上让

| 第 15 讲 | 制度成本

步。广义的权利冲突,例如越界建筑、法定通行权,是越界人和通行人逾越了其权利范畴,但因为其逾矩行为和其物权之行使息息相关,所以还可以归为广义权利冲突。正文中指出的所有物返还请求权,虽是不折不扣的物权法问题,但和权利冲突并无关连,而通常是没有任何权利之人,侵犯他人所有权。参见由然:《不只是物权法的经济分析——评〈物权法之经济分析:所有权〉》,载苏力主编,李晟:《法律书评(第13辑)》,北京大学出版社2020年版,第103—116页。

24 See Benito Arruñada, "Property as Sequential Exchange: The Forgotten Limits of Private Contract", *J. Insti. Econ* 13 (2017); Benito Arruñada, "Coase and the Departure from Property", *in* Claude Menard & Elodie Bertrand, *The Elgar Companion to Ronald H. Coase*, Edward Elgar 2016, p.305; Benito Arruñada, *Institutional Foundation of Impersonal Exchange: Theory and Policy of Contractual Registries*, University of Chicago Press 2012.

25 由然,同注23,第103—116页。

26 Allen, supra note 9.

27 张永健:《民法典立法方法论——以〈物权法〉第106条、第107条动产所有权善意取得为例》,载《财经法学》2017年第4期。

28 See, e.g., Hernando De Soto, *The Mystery of Capital*, Basic Books 2000. 近年来以一系列著作,尝试攻击此种命题,认为中国不够明确的物权,仍可促成市场交易与经济发展,see generally Shitong Qiao, *Chinese Small Property: The Co-Evolution of Law and Social Norms*, Cambridge University Press 2017.

29 无外部性的自愿性交易,在个案规则操作层次,符合Pareto效率标准。

30 See George L. Priest and Benjamin Klein, "The Selection of Disputes for Litigation", *J. Legal Stud.* 13 (1984).

31 See Steven Shavell, *Foundations of Economic Analysis of Law*, Harvard University Press 2004, pp.401-403.

32 关于Priest and Klein理论的更深入介绍,参见张永健:《第二编导读》,

载 Thomas Miles、程金华、张永健主编：《法律实证研究——经典选读》，当代中国出版社 2023 年即将出版。

33 See Robert D. Cooter and Daniel L. Rubinfeld, "Economic Analysis of Legal Disputes and Their Resolution", *J. Econ. Lit.* 27 (1989).

34 See Daniel Kessler, Thomas Meites and Geoffrey Miller, "Explaining Deviations from the Fifty-percent Rule: A Multimodal Approach to the Selection of Cases for Litigation", *J. Legal Stud.* 25 (1996).

35 See Steven Shavell, "Any Frequency of Plaintiff Victory at Trial Is Possible", *J. Legal Stud.* 25 (1996).

36 Yun-chien Chang and Henry Smith, "The Numerus Clausus Principle, Property Customs, and the Emergence of New Property Forms", *Iowa L. Rev.* 100 (2015).

37 Thomas W. Merrill and Henry E. Smith, "Optimal Standardization in the Law of Property: The *Numerus Clausus* Principle", *Yale L. J.* 110 (2000).

38 张永健，同注 9，第 257—280 页。

39 同样认为知识产权应该采取类型法定原则的，苏永钦：《大民法典的理念与蓝图》，载《中外法学》2021 年第 1 期。主张著作权应采取定限权法定，解亘：《论知识产权法上的定限权法定主义》，载苏永钦教授七秩祝寿论文集编辑委员编：《法学的想象（第一卷）：大民法典》，元照出版公司 2022 年版，第 144 页。

40 定限著作权、著作所有权，似乎不是知识产权界的常用术语。条文提到可以类比于定限物权的定限著作权时，泛称"财产权"（如《著作权法》第 28 条）。这样的概念界定方式不够清晰。

41 张鹏：《知识产权许可使用权对第三人效力研究》，载《北方法学》2020 年第 6 期。

42 最高人民法院《关于审理技术合同纠纷案件适用法律若干问题的解释》第 25 条："专利实施许可可包括以下方式：（一）独占实施许可，是指让与人在约定许可实施专利的范围内，将该专利仅许可一个受让人实施，让与

第15讲 制度成本

人依约定不得实施该专利;(二)排他实施许可,是指让与人在约定许可实施专利的范围内,将该专利仅许可一个受让人实施,但让与人依约定可以自行实施该专利;(三)普通实施许可,是指让与人在约定许可实施专利的范围内许可他人实施该专利,并且可以自行实施该专利。"

43 张永健:《财产独立与资产分割之理论架构》,载《月旦民商法杂志》2015年第50期。

44 张永健:《资产分割理论下的法人与非法人组织——〈民法总则〉欠缺的视角》,载《中外法学》2018年第1期。

45 See Robert C. Ellickson, *Order without Law: How Neighbors Settle Disputes*, Harvard University Press 1991, pp. 15-81.

46 See Yun-chien Chang & Henry E. Smith, supra note 36.

47 许可、张永健:《论民法典的统一实施:理论辩正与实证分析》,载《清华法学》2021年第5期。

48 See Taisu Zhang, *The Laws and Economics of Confucianism*, Cambridge University Press 2017.

49 See Zhang, *id*.

50 更多关于物权习惯的分析,张永健:《物权法之经济分析——所有权》,北京大学出版社2019年版,第161—175页。

51 See Smith, supra note 22.

52 如果刻画财产权的成本为0,立法者可以把所有情境中的全部人的财产权利用方式都规定好,也就没有按照个案调整的必要。这不是现实世界,也没有借鉴意义。See Merrill and Smith, supra note 20.

53 张永健,同注22,第191—241页。

Economic Analysis of Law

| 第 16 讲 |
科斯定理

| 第 17 讲 |
排他的光谱

第16讲

科斯定理

16.1 零交易成本与单一主人

16.2 外部性与内部化

16.3 科斯定理的使用时机

16.4 一招半式闯天下：科斯定理的应用

    16.4.1 不动产诉讼后，当事人会交易吗？

    16.4.2 相邻地间的通行权利，需要法定吗？

本讲介绍 Ronald Coase 经典论文的意涵，包括：以单一主人的思维，想象零交易成本世界；该保存还是扬弃外部性的概念，外部性概念对法经济分析的用处何在；Coase 的零交易成本思考实验，以及损害相互性的理论，对实际法律纠纷的解决有何启示。

Ronald Coase 是 1991 年诺贝尔经济学奖得主。2012 年，笔者参加芝加哥大学首届的法经济分析夏令营，见到时年 102 岁的 Coase。他演讲了一个小时，头脑和口齿都清晰。最后他问听众有无问题。笔者想提问，但又不好意思烦劳这位高龄的传奇学者。结果 Coase 用他的英式幽默，说：“看来我把大伙儿都累坏了！”哄堂大笑之后，我才鼓起勇气，第一个提问：“您对我们这一代的法经济分析学者，有什么期许？”晚宴时，我抓了空档，向 Coase 解释我的研究。隔年，Coase 就过世了。

2016 年冬天，笔者回到芝加哥，担任客座教授。我分配到的办公室，有很好的视野。即使芝加哥的寒冬是一片萧瑟，但在许多老建筑的映衬下，仍显得风景无限好。有一天，我在办公室的一个大柜子中，发现海量的信封与信纸，便去问了我的秘书。她说：“喔，你的办公室之前就是 Coase 用的。他从法学院退休之后，仍保有办公室。他偶尔到办公室时，会回信给从世界各地寄信给他的粉丝。”知道自己和思想巨人用过同一间办公室,虽然萧条异代不同时,仍给我深深的悸动。我会记得,2012年时,Coase他老人家认真回答我的问题,期许我们后辈,要细细探究法律在现实世界中产生的影响。

16.1 零交易成本与单一主人

只谈成本,不看效益,不总是能极大化经济效率。但有趣的是,若能身处零交易成本的"科斯世界"(Coasean world)[1],不管法律如何分配财产权,任何有效率的交易都可以在刹那间完成,社会财富一定极大化,资源运用必然最有效率。[2]此时,虽然只观察了成本,却能确保效率。这就是(非Coase自己提出的)"科斯定理"(Coase theorem)。

为求更准确地掌握无交易成本之概念,学说提出"单一主人"(single owner)之概念作为思考基准。亦即,假设有使用冲突之两种(或多种)资源,同属一人所有,并借由推论此种假设情境中之资源运用方式,来论证资源分属不同人所有时,最有效率之运用方式为何。盖拥有复数资源而其使用方式彼此冲突者,只需要"和自己交易",并无交易成本。[3]而其资源运用模式,必然最能极大化资源之总价值。[4]不过,要使用单一主人的思维模式,必须假定此主人有特定偏好(如是否相信风水、是否拥抱最新科技),因而产生争议。

然而,科斯定理与单一主人之概念,只是思考的参考点,帮助分析者思考最有效率之资源配置方式为何。现实世界中,制度

第16讲 科斯定理

成本为正数,最有效率之资源配置不一定能通过自愿交易达成。因此,在科斯世界中,财产权分配方式不影响效率的结论,在现实世界中不总是成立。所以,在现实世界中,才需要分析不同法律制度所隐含的效率程度。本讲探讨之效率判断步骤,与财产规则、补偿规则等之制度设计工具,都是紧密契合着正交易成本的现实状态。

16.2 外部性与内部化

"外部性"(externality)用白话说就是人的行为产生或好或坏的影响,没有全部由自己享受或负担。在自家门庭前种花,自己赏心悦目的好处,没有外部化;但路人观色闻香获得了一天的好心情,并没有付费给莳花者——经济学说种花制造了"外部利益"(external benefit)。工厂加装空气净化设备,降低黑烟排放;净化设备的费用由公司负担,其成本内部化(internalized)。但无法完全净化的黑烟,降低了社区的空气品质,若没有补偿邻里居民,即是工厂施加了"外部成本"(external cost)。

某行为的"内部利益"低于"内部成本",理性、自利的人不会做。在美国物权法、知识产权法发展过程中,是否赋予新闻报道者对新闻某种财产利益,正与此种考量有关。新闻媒体挖掘新闻,可以增加报纸销路。但瞥见报纸头条的人,同样获得信息梗概,却不用付钱。此外,新闻同业跟进报道,也只在限定条件下须补偿先前独家报道的同业。因此,新闻信息的外部利益很高,会"供给"(supply)过少,甚至没有供给。美国法上对新闻自由的高度保护，对媒体的诽谤侵权诉讼必须以媒体有"真正恶意"为前提等，有一种经济解释就是要降低制造新闻的内部成本（媒体毁人名誉，但不用赔偿，外部化了成本）。

  某行为的总成本中，外部成本占的比重越高，行为越会发生，因为行为人享受了行为的利益，但却没有负担全部的成本。[5] Coase 在《社会成本问题》批评 Pigou 的福利分析有误，但 Pigou 以租税来内部化外部性（internalize externality）的做法，至今仍常被运用在公共政策中。为什么？在没有交易成本的世界中，Pigou 税确实是多余的。[6] 通过没有成本的自愿交易，就可以分配物权。但在正交易成本的现实世界中，并非所有资源都能物权化[7]（所以产生无主之 commons，详后述）；也不是全部带有物权化的资源，其权利内涵都 100% 清楚；实践权利的高成本往往令权利人却步。是故，环境主管机关还是要用罚款或租税手段，让污染者切身感受社会成本。寻求自愿交易不成的私人，也往往有侵权行为损害赔偿请求权，作为另一种内部化外部性的法律工具。由此可知，内部化外部性问题就是制度成本问题。有正的制度成本，才有外部性。然而，并不是所有的正制度成本产生的问题，都是外部性问题。外部性问题，也不是只能利用 Pigou 式的手段解决。转换制度（法律制度或非法律制度）往往会影响外部性的高低。物权类型自由创设与物权类型法定的选择（第 15 讲），袋地通行的制度设计问题（本讲第 4 节），都是法律制度本身影响外部性的适例。

| 第16讲 | 科斯定理

本书并非主张，只要使用罚款或租税就当然会达成效率。关键就在于法院或行政主管机关往往都没有充分资讯以判断，何种资源使用方式可以极大化社会财富。以 Coase 所举的火车经过麦田时，因火车摩擦铁轨发出火花焚毁小麦为例，从法学眼光，火车公司是侵权人，应该要负损害赔偿责任、或被罚款、或被课污染税。但若火车减班或减速的社会成本高，麦农减产（使小麦远离铁轨）的社会成本低，则使火车公司负责，会导致错误的资源配置。因为火车铁轨会经过非常多麦田，即使火车营运的社会价值高，高交易成本使火车公司难以和所有麦农都达成协议。所以，罚款、租税、侵权赔偿虽然不当然是正确的法律手段，但在规则制定层次，法律的制定与解释者，确实也没有简单直接的方法，可以直接促进社会财富极大化。See, e.g., Steven Landsburg, Price Theory and Applications 472-473 (7 ed. 2008). 如何降低交易成本，则是许多文献致力于探讨的问题。

经济学者担忧外部性会成为政府胡乱干预的借口。[8]确实，世界上许多行为会造成外部性，其矫正都需要制度成本，因此多半不值得由政府介入。但法经济分析者会碰到的外部性，往往是法令规定所造成。有法令存在，就已经不是单纯的"市场"运作结果。故法经济分析学者往往应该正面面对外部性，思索不同法律解释、政策如何影响系争外部性。

小区中的外部性，或许是最容易理解的例子。无资力购置独栋别墅的都市居民，都应该有邻居打麻将、唱 KTV、放鞭炮、怒吼而难以入眠的经验，或为对门乱置鞋、伞于楼道而深感不便。

从骚扰发生当时来看,这些都是外部性。但如薛兆丰教授精辟向笔者指出的,若引入"预期"(expectation),则前述噪音就不是外部性,因为建筑隔音不佳,使"鸡犬(人)之声相闻",早在意料之中,因而反映在买房价格中。换言之,"结庐在人境,而'有'车马喧"的不快,已经在较低的房价中获得补偿(较低是相较于无车马喧时的房价)。

但再进一步看,这种预期不可能完美。邻房所有权易手或出租,都可能会使噪音大增或大减。再者,如果能以够低的代价揭露信息,使喜欢打麻将的人住到同一栋公寓大厦,你洗牌、我自摸,谁都吵谁、谁就都不吵谁。比起"牛骥同一皁"的混合均衡(pooled equilibrium),信息揭露使整体房价上升,住户的整体福祉也上升。要揭露信息,使外部性降低(如不能乱放伞),或使得外部性不再是外部性(千家万户一齐引吭高歌),不一定要靠政府直接干预。

复次,立法者仍可以通过"公寓大厦规约"与"规约内容强制披露"之制度设计,使个别公寓大厦的居民可以自己互相约束,俾便形成小群体中的"社会规范"(social norm;本书第4讲)。规约可以禁止特定使用方式(禁易规则),或违反使用方式必须赔偿之约定(补偿规则)。在笔者留学美国时,就听闻朋友住的大厦,有禁烟者,有禁乐器者,有养狗必须加租金者。因此,创设了规约(covenant)制度[9],就给了物权人压制他人外部成本一大利器。好的制度设计,可以降低外部性;而如上所示,降低外部性,不当然是靠政府直接干预。法经济分析学者,不应该一概否认外部性的存在,或不思索降低外部性的诸多制度选择。[10]

有外部性的内部化问题,也有"内部性"(internality)的外

第 16 讲 科斯定理

部化可能。内部性一词少见于文献，但应该是有用的概念。[11] 内部成本或效益，就是不待外力介入就会由行动者背负或享有者。行动的内部成本、内部效益、外部成本、外部效益的大小比重，影响了行为人做该行动的激励。以"见义勇为"为例，若 A 见 B 溺水，是否去救，A 的考量参见表 16-1。

表 16-1 见义勇为的成本、效益的内部化、外部化方式

成本、效益类型	内容	外部化/内部化方式
内部成本	自己救人可能受伤甚至溺毙的危险	若 A 不幸罹难，B 必须补偿 A 之遗属，及 B 必须为 A 之无因管理支付报酬
内部效益	自我感觉良好	[于此例殊难想象]
外部成本	弄巧成拙，反而害死 B	A 若帮倒忙要负赔偿责任
外部效益	B 若幸而脱险，B 往后人生的快乐	要求 B 必须在脱险后给付 A 一笔报酬

若法律没有介入，A 是否出手相救端赖其内部利益与内部成本之权衡。内部成本外部化，与外部效益内部化，皆有助于增加"见义勇为"的行为（但增加此等行为，不表示会有更多人获救，因为可能有不擅救人者投入救助）。而外部成本内部化，与（本例较难想象的）内部效益外部化，会减少见义勇为的行为。

16.3 科斯定理的使用时机

Coase 提到的"损害相互性"（reciprocal nature of harm），值得再加阐释。损害相互性的意思是，一个巴掌拍不响：若有工厂排放黑烟，但附近没有居民，因此无人受害，就没有外部性。而黑烟制造的外部性，源头有二：有人排放黑烟，也有人住在附近；故工厂与居民都是外部性产生的原因。Coase强调损害相互性，是为了反思传统的"单线损害观"——是工厂"制造"居民的损害。Coase认为，重点是何种制度安排（工厂放烟还是居民不受烟扰）最能极大化产值。换言之，若工厂产值较高，则工厂应该继续生产；若居民安居乐业的产值较高，则工厂应该停止排放黑烟。

然而，这不表示所有的侵权行为诉讼都没有经济道理。在零制度成本的世界，损害相互性成立。在制度成本为正，而系争资源（如空气）的物权没有被划定时，损害相互性的概念也很重要——若法院的目标是极大化社会财富，则在分配资源之物权时，即可将物权划分给经济价值较高者。但在正制度成本的世界中，政策决定者无论是法院或立法者往往都无法事前知道哪一群人的经济价值较高（也就是上文所言之"较能利用者"）。事前分配资源难以完善；事后个案分配成本很高，也同样无法确保效率。所以，若"刻画权利的成本"没有太高，法律已将系争资源物权化，并将物权初始分配给特定人，就应留待市场自愿交易来促进资源的有效率使用。物权拥有者有对世、排他效力，他人若未经同意而使用其资源，物权人可以视情况动用物上请求权或侵权行为损害赔偿请求权。无权而干扰他人资源者，不能以"损害相互性"作为抗辩（某甲盖房子打地基时，使邻人房屋的地基动摇；或某甲新潮的屋檐设计，使雨水直注于邻居屋顶）。在物权分派已定的社会，最可行的制度设计就是要求自认为更能利用资源者，透过磋商向物权人要求购买资源或授权使用资源。在特定情况中，补偿规则或许更可能促进效率（详后），但仍须以补偿作为前提、代价。

| 第16讲 | 科斯定理

16.4　一招半式闯天下：科斯定理的应用

16.4.1　不动产诉讼后，当事人会交易吗？

某甲和某乙是邻居，因地界处的使用方式，日起勃谿，终至对簿公堂。法院可能判决地界处依照某甲所请求的使用，也可能判决某乙有理。按照科斯定理，无论财益权如何分配，只要交易成本够低，资源配置都能达到最有配置效益的状态。也就是，如果法院判某甲赢，但某乙其实经济价值高于某甲，某乙也可以事后和某甲协商，将权利买过来。反之，如果某乙胜诉，某甲一样可以出一个某乙难以拒绝的价格——如果某甲确实经济价值较高，交易成本又更低，某甲终究会出一个某乙心动的价格。而如果法院判决胜诉者就是经济价值较高者，则不会有后续交易，这也同样是最大化配置效益者。

Ward Farnsworth 教授刚出道时，一篇长文指出：诉讼产生嫌隙（animosity），而此等嫌隙会妨碍后续交易。[12] 换言之，法院判决结果对配置效益至关重要，因为法官真的是一锤定音！所以法院是否在乎配置效益，对结果有莫大影响。但按照 Coase 的看法，即使法院不在乎效率也无妨，因为市场交易会使资源朝向有配置效益的方向流动。

Coase 当年只检验了几个普通法案件。Farnsworth 则访问了 20 个上诉案件的律师。笔者则以一个观察式实证研究，一个实验室实验（两文均尚未发表），尝试探究诉讼后的当事人是否真的会交易。简言之，笔者的发现是，仍有交易！但嫌隙、互相厌恶的情绪，确实妨碍交易。

16.4.2　相邻地间的通行权利，需要法定吗？

非常多国家的民法典，包括《德国民法典》，有袋地通行权的规定。所谓袋地，是指土地没有和公共道路连接，必须跨越其他人的土地才能和外界接轨。而民法典的袋地通行权规定，是法定物权，强迫袋地所有权人的邻居，必须容许通行。运用前述单一主人的思维，在绝大多数情境中，分析者都会得出应该有通行权的结论：假设 A 地与邻地 B 地同属单一主人 C 所有，C 是否会让 A 地之水管、汽车通行 B 地？若 C 认为该通行，则在 A 地与 B 地分属 A 与 B 的现实世界中，A 有通行权较有效率。反之，若 C 认为无须通行，则 A 无通行权较有效率。绝大多数情形中，若袋地与邻地同属一人所有，此单一主人断断不会让自己的部分土地因为不通公路、不能接水电而跌价到零。[13]

但若科斯定理为真，交易成本够低，为何需要袋地通行权的规定呢？Coase 不是说，无论产权如何配置，有效率的结果（在此情境几乎都是袋地可以通行）仍会达成吗？要从经济效率证立袋地通行权的规定，显然必须指出袋地所有权人和邻地所有权人的交易为何有难以克服的高交易成本。笔者认为，有时确实是如此；因已在另一本书详论，在此不赘。[14]

| 第16讲 | 科斯定理

▽
▽

本讲参考文献

1 Coase 本人对"科斯世界"一词颇感无奈,因为无交易成本是他反对最力之学术假设。See Ronald H. Coase, *The Firm, the Market, and the Law*, University of Chicago Press 1988, p. 174; Robert C Ellickson, "The Case for Coase and against 'Coaseanism'", *Yale L. J.* 99 (1989).

2 社会财富虽然一定极大化,法律规定仍会影响分配(distribution)问题。

3 此外,也没有所得重分配问题,因为手心手背都是自己的肉。

4 当然,若所有权人掌握之信息有重大瑕疵,则仍然会作错误决定。但"单一主人"本为假设性之思维方式,用此方法思考时自然也会假设信息无重大瑕疵。

5 有时,虽然有外部性,但因为行为人的行为只能是"做或不做",或者行为程度无法无限细分,所以纵使有例如外部效益,行为人还是会选择做,而不会产生无效率。详细分析,*see* Lee Anne Fennell, *Slices and Lumps: Division and Aggregation in Law and Life*, University of Chicago Press 2019, pp. 64-83.

6 *See* Ronald H. Coase, *Essays on Economics and Economists*, University of Chicago Press 1994, pp. 10-11.

7 在认为物权的客体只能是有体物的学说下,无体物不可能被物权化,但可以被财益权化(如同一些客体非物的信托财产)。本书以下使用比较简明、常见的"物权化"一词,但依其情境有时也用以指涉"财益权化"。

8 参见张五常:《经济解释卷四:制度的选择》(神州增订版),中信出版社2014年版,第28页。对张五常此种外部性思维的反省,张永健:《张五常〈经济解释〉对法律经济学方法论之启示》,载《交大法学》2015年第13期。

9 规约制度之介绍与反思:Yun-chien Chang, "Condominium Law in

法经济分析：方法论20讲

Taiwan: Doctrinal Overview under the Lens of Information-Cost Theory", *Asia Pac. L. Rev.* 23 (2015).

10 为何本书认为法经济分析学者应该重视外部性，张五常教授却认为外部性是胡说？或许这正反映了法经济分析与法经济学的学科关怀之不同：法经济学的重点在于解释现象，而法经济分析则有改革法律规范的企图心。参见本书第1讲。

11 *See* Fennell, supra note 5, pp. 93-94（以内部性描述当下决策对未来的"自己"的影响）.

12 *See* Ward Farnsworth, "Do Parties to Nuisance Cases Bargain after Judgment? A Glimpse Inside the Cathedral", *U. Chi. L. Rev.* 66 (1999).

13 苏永钦：《法定相邻权可否预先排除?》，载苏永钦：《民法物权争议问题研究》，五南图书出版股份有限公司1999年版，第139—140页；苏永钦：《相邻关系在民法上的几个主要问题》，载《跨越自治与管制》，五南图书出版股份有限公司1999年版，第191页。

14 张永健：《物权法之经济分析——所有权》，北京大学出版社2019年版，第176—210页。

Economic Analysis of Law

第 17 讲
排他的光谱

| 第 18 讲 |
财产规则与补偿规则

第 17 讲

排他的光谱

17.1 共用：竭泽而渔的缘由

17.2 共决：门可罗雀 vs. 门庭若市的关键

17.3 悲剧或喜剧？

17.4 半共用：中世纪农民的聪明方案

17.5 举例：如何终结按份共有才有效率

物权可被定义为是一种以"物"为中介，具备对世排他效力的法律关系。[1] 典型由一人单独所有时，单独所有权人即可决定排除他人干涉。当物或资源无人拥有时，没有人能以法律手段排除他人干涉，只能适用弱肉强食的丛林法则。这是共用。当不止一人能排除他人干涉物或资源的使用，还能彼此排除时，这是共决。在物权法的世界中，借由排他之范围强弱，可以将commons（本书译为"共用"）、anti-commons（本书译为"共决"）、semicommons（本书译为"半共用"）放在一处讨论。

从英文术语看起来，这三个概念是一正一反一半，是同一光谱上不同端点的概念。[2] 但文献上共决与半共用的概念外延被大大扩充，以至于共用、共决、半共用产生复杂的互动关系。本讲认为应该区辨三者的核心概念与延伸。以下先谈共用与共决各自的概念与两者比较，最后再加入半共用之论述。

17.1 共用：竭泽而渔的缘由

共用分为两大类型，"开放式共用资源"（open-access commons）与"限制式共用资源"（limited-access commons）。开放式共用资源，如公海，不是私人所有权之标的，是民法所称之无主物，因为任何利用者均无权排除任何其他人，目前的利用者也无法以法律行为将其既有利用方式移转给第三人。换言之，利用开放式共用资源者，没有排除任何人干涉之请求权。准此，没有人对开放式共用资源享有物权或准物权。[3]而利用者能享用开放式共用资源,也不是基于合同,所以其利用也不是奠基于合同权。开放式共用资源与物权最显著之对比是:物权人有权排除世界上任何人之干预;开放式共用资源的利用者,只能以自救的方式抵抗其他人之排斥,但无法径行排除其他人对同一资源之利用。[4]以霍菲尔德分析法理学的术语,开放式共用资源是人人都有"自由"(privilege),但没有人有"请求权"(claim)、"权力"(power)、"豁免"(immunity);而物权人则是以上四种广义权利都有。[5]

限制式共用资源,如只有特定村民或会员可以使用的草原、沙滩,则有特殊的物权结构:内部人(村民、会员)对外部人(路人甲乙)有排他效力——Carol Rose 教授描述为"对外的物权"(property on the outside)[6]——但内部人之间无法彼此排斥,所以对内共用。限制式共用资源的产权结构可能导因于法律或社会规范,因此,作为内部人的资格,不当然可以任意流转——所以,内部人所享有之权利不当然追及。典型的物权对世、排他;而限制式共用资源的内部人,没有对世以排他为内容之广义权利,只有对全部外人以排他为内容的广义权利;其物上关系在村民或会员身份移转后也不当然能够追及后手;所以,限制式共用资源不会是物权,顶多是"准物权"。[7]

在我负笈美国读书那年,Carol Rose 教授在耶鲁法学院从专任改为兼任;不过,她并没有停下研究物权法的脚步,还是持续撰写出让人耳目一新的著作。"玫瑰"教授也是历史学博士,她从法律史观点所写的物权法论著,最具代表性的莫过于在耶鲁退休多年后写的专著,主题是地役权,役权内

第 17 讲 排他的光谱

容是不许黑人获得社区内不动产。Richard R. W. Brooks and Carol Rose, *Saving the Neighborhood: Racially Restrictive Covenants, Law, and Social Norms*, Harvard University Press 2013.

这本书的合著者是好学深思、谦谦君子 Rick Brooks 教授（现任教于 NYU）。Rick 每次和我讨论法经济学问题，都让我几乎感觉到他觉得很抱歉，没有能完全弄懂我的论点。但是，我心中雪亮，聪明如他，如果他没法子第一时间懂，一定是我论点有错。Rick 的经济学博士论文是 Dan Rubinfeld 教授指导，而 Dan 又是我博士委员会一员，所以我私心认为 Rick 是师兄，思维成就超过我太多的师兄！

玫瑰教授虽然不是以法经济分析为主要研究方法，但在与法经济分析理论对话时，往往提出非常深刻的洞见。我记得本科毕业前后，我在思考 Calabresi and Melamed 提出的财产规则与责任规则框架，但心中总觉得这套"卡梅框架"（尤其是后人延伸者）似乎忽略了部门法间的重要差异。在没有网络资料库的年代，我在图书馆中查找文献，偶然翻阅到耶鲁法学评论在 1997 年举办的"卡梅框架"25 周年回顾研讨会，并拜读了玫瑰教授的论著。读这篇文章，像是醍醐灌顶、被雷打到。Carol M. Rose, "The Shadow of the Cathedral", *Yale L. J.* 106 (1997). 她指出，许多在争辩财产规则与责任规则孰优的论述，心中都有"预设情境"（shadow example），而且这些预设情境往往不是物权法。一旦预设情境改为物权法，论者就不能轻易得出责任规则较优的结论。这也是我至今信服的论点。

法经济分析：方法论20讲

玫瑰教授的第一本专著 *Property and Persuasion*（1994）虽然已经绝版，但扫描档可以从耶鲁法学院网站下载：https：//www. law. yale. edu/sites/default/files/documents/pdf/Faculty/propertypersuasion. pdf。当年我发现免费获得精神食粮的机会，但发现链接失效了，就写信给素未谋面的玫瑰教授。她很快就回信，寄送文档给我这个无名之辈，还开了自己的玩笑："哎呀，这超链接失效害我损失多少引用量啊！？"

虽然玫瑰教授年事渐长后，没有频繁参与各地研讨会；但因缘际会，我在一些场合偶遇她好几次，逐渐熟识。为了主编一本以占有为主题的专著，我向她邀稿，她也非常慷慨地交了一篇充满智慧的大作。Carol M. Rose, "The Law Is Nine-tenths of Possession：An Adage Turned on Its Head", in Yun-chien Chang（ed.）, *Law and Economics of Possession*, Cambridge University Press 2015, pp. 40-64. 她的核心论点是：什么是占有人？表现得像所有权人者（act like an owner），就是占有人！收稿时，我已经开始进行世界各国物权法的编码工作，因而亲自阅读了世界上所有的民法典物权编。我回信告诉玫瑰教授：您的核心论点在学术文献中发人未见，但是中东小国巴林（Bahrain）的民法典就已经如此定义占有了！玫瑰教授当然知道我有心提弄，但还是不无吃惊地问我："你怎么会去读巴林民法典？"或许太阳底下，物权法真没有新鲜事。

某种程度而言，早期中国农村地区集体所有的土地，就可以套用"限制式共用资源"的分析架构。不属于村集体成员者，无

| 第 17 讲 | 排他的光谱

法使用收益农村土地。村民则可以利用集体所有之土地。在近年来土地承包制度渐次推行后,农村土地的物权结构成为"双重共有"。[8]

共用资源存在的原因是高额的制度成本。若制度成本为零,每个资源之利用方式都会被私人约定得清清楚楚(此外,政府若要介入,也可以规制得巨细靡遗)。若制度成本为正,但将资源物权化的社会利益够大,物权制度就应该被创设(也可能会被创设)。但若制度成本远高于社会利益,则资源维持共用,是不得不然、也有效率之结果。公海里的鱼、美国新英格兰地区海域的龙虾、太空、空气……凡此资源,虽然不是完全没有被物权化的实例[9],但一般而言仍是开放式共用资源,因为将水中资源与空中资源物权化的制度成本实在太高。

以上套用于共用资源的分析框架,可以套用到知识产权法。例如著作权法中的"公共领域"(public domain)就是著作成为开放式共用资源。

17.2 共决:门可罗雀 vs. 门庭若市的关键

共用资源上没有物权;狭义的共决则源自许多人对某一资源都有不同程度或类型之请求权,尤其以复数的排除干涉请求权最为关键。Michael Heller 教授的论著[10],使共决问题成为财益权研究的热门议题。Heller 教授最知名的例子是苏联解体后的莫斯科街头:店家的货架上空无一物,甚至没有开门;但寒冷的街上,经营街车的个体户,客人应接不暇。[11] Heller 的解释简单有力:个体户单独拥有自己的小本生意,盈亏自负、决策单纯;店家的财益权在共产制度转型市场经济制度的过程中,被割裂为出售权、收益权、出租权、占有权等,并分配给许多不同的政府单位与私人组织,任何一方阻挠,生意就做不下去。

物权法领域中,分别共有、共同共有等共有形态,以及区分所有,就可能产生共决问题。[12] 例如许多国家的民法规定,共有物之处分、变更,应得全体共有人之同意。亦即,每个共有人都有否决权,也就是排除其他全部共有人变更现状的权利。《民法典》第 301 条对共同共有之类似规定,也有同样效果。《瑞士民法典》第 650 条规定不分割期限不得超过 50 年,寓有防止"共决悲剧"(the tragedy of the anti-commons)之目的。[13] 也就是说,若法律未限制不分割之期限,而共有人又约定长期或永远不分割,即令之后的共有人对如何利用共有物无法达成协议,也会因为不能分割或无人愿意接手而僵持不下。共有资源将仅有低度利用,无法发挥经济效益,并无效率。[14]

共用与共决之英文原文名称是对举,又常常被一起讨论,原因在于其对称性:共用造成资源过度使用(如羊群把共用的青草吃光、公海的鱼被滥捕),共决造成资源低度使用(共有人无法达成合意,所以共有地长期荒芜)。[15] 共用与共决其实都导因于高制度成本。若制度成本够低,共用资源可以物权化;分享共决资源者也可以找到解决方案。但两者高制度成本之原因不同,故值得区辨分析之。

Fennell 教授主张[16],共决就是 assembly 问题。[17] Assembly 姑且可以译成"聚合权利";英文中的 land assembly 就是指房地产开发商——收购目标开发地之土地所有权或地上权。Assembly 问题换句话说就是"合则两利"的行动无法成功[18],也是一种"集体行

| 第 17 讲 | 排他的光谱

动"（collective action）问题。本讲认为，共决问题固然本质上是一种聚合权利问题；但不是所有聚合权利的问题，都和传统上谈的 anti-commons 相似，也和中文译名的"共决"不当然有关。准此，共决问题可以限缩适用以描述"单一物有复数权利人拥有否决权"及"单一法人或非法人组织有复数权利人有否决权"。[19]而此范围之外的聚合权利问题，则不称为共决问题，而径称聚合权利问题，或在各自领域中更适切地命名。

笔者和 Lee Fennell 合作过一篇关于共有物分割的论文，登在《芝大法学评论》。因为我们 13 小时的时差，在截稿前两周，一方写到晚上 10 点，就寄最新版本给对方；对方一起床就可以接手。这样一来一往，两周把这篇论文初稿写出。这件事在 Fennell 教授新出版的书中也有记述。Lee Anne Fennell, *Slices and Lumps: Division and Aggregation in Law and Life*, Chicago University Press, 2019. 写作过程中，我学到宝贵的一课：不要怕砍掉重来。在我们聊到合作时，双方都已经有成熟的想法，但两位学者彼此批评各自写作的部分，一直激荡出新的火花。虽然我们在计算机时代写作，不用"爬格子"，但仍不免不愿意割舍已经写下的字句。两周的初稿写作期间，至少有两次，我早上起床打开文档，发现 Word 文档中满满的红色追踪修订——Fennell 教授把草稿几乎全部删掉，重写。重写的好处，就是思绪更顺畅，读者因此读起来也更顺畅。写作一篇论文，是要回答一个问题，甚至是一个谜团。一篇论文的核心，在解答谜团、回答问题的核心洞见。要提出新的洞见，必然是先考虑过其他前人提出过的看法，并指出其不足之处，最后在前人的基础上（或者另辟蹊径）提出新的看法。开始下笔时，我们已经有最后的核心洞见，但因为期刊给了一万字的字数上限，而且对其他前人的缺陷还没有完整的思考，所以会边写边改。修改到一定限度，让论文的文气不顺，Fennell 教授就选择砍掉重来。文章的核心洞见，本讲会摘要。但重写的效果如何，读者不妨参阅原文：Yun-chien Chang and Lee Anne Fennell,"Partition and Revelation", *The University of Chicago Law Review* 81（1）(2014)。

前一段说的"单一物"，值得再做说明。"一物"如何界定，是大哉问。目前姑且先以分析当时之所有权数目与范围来界定物之数目与边界。例如：某一块土地有 10 个共有人，所有权仅有一个，就只有一物；所以此土地产生之问题可以界定为共决问题。（传统上说一物一权，似乎是认为先有物的界分，再赋予一权。但一物和一权，到底是先有鸡还是先有蛋，值得进一步推敲。）10 块畸零地彼此相邻，分析时，已经有 10 个所有权，故本问题不会是共决问题。物会如何区分为一物或多物，通常与"是否能有独立用途有关"。畸零地虽然利用价值低，但仍可独立使用，故一块畸零地一个所有权；一区域内有众多畸零地；每一块土地都是一物。而莫斯科的商店，之所以要看成共决问题，就是因为开店有关的各种权利，无法独立使用。Heller 所举之中世纪莱茵河上各选候、各邦各自设置的收费站，则是边界案例[20]：对部分行水人而言，只要能利用部分河道即为已足，此等人若只被收一次买路财，则此问题应该是聚合权利问题。但若有人必须从上游开到下游才能完成交易，因而被收取多次买路财（甚至因而彻底放弃使用河运），则本问题应该被看成共决问题。换言之，关键在于使用一小

| 第 17 讲 | 排他的光谱

段河流是否有独立经济价值。

聚合权利问题的例子不胜枚举：掌握关键专利的公司，可以用专利诉讼吓阻后来者从事创新研究。而"专利灌丛"（patent thicket；有译为"专利丛集"[21]），会使得后来者处处掣肘，难以开展其创新之路。此外，一部电影、一出音乐剧、甚至一本书要出版，都要经过法务部门查核著作权的授权状况，以免电影中转瞬即逝的一个镜头，成为某著作权人事后提出高额赔偿诉讼的依据。[22]

17.3 悲剧或喜剧？

共用与共决常常和悲剧一词相连为"共用悲剧"（the tragedy of the commons；又译公地悲剧、公有地悲剧、草原悲剧）与"共决悲剧"（the tragedy of the anti-commons）。悲剧一词是形容共用与共决造成之资源过度或低度使用。而人尽皆知的悲剧之所以会持续，是因为高额的制度成本，使得更好的均衡无法被生产。

有几点值得强调，第一，高额的制度成本可能是市场运用失灵，也可能是政府规制或立法所造成。所以，并不是有共用或共决悲剧，就一定要政府介入或退出。例如共用草原上的牧人可能因为忙于生活、想搭便车等原因，无法有效组织起来解决地力耗竭问题，此时若政府或其他组织介入或可有效协调（但也不保证能成功增加经济效率）。而专利权与著作权产生的共决问题，本身就是知识产权法制运作的结果，不能全部归咎于"市场失灵"[23]；而若政府本身被利益团体俘虏，要求政府再介入不一定会改善低度均衡。

第二，过度或过少利用，本身是特定价值判断标准下的诠释。

例如着重开发者会觉得土地闲置是过少利用、无效率，但在环境保护人士眼中，反而是最好的状态。又如强调知识有价者或许会为"公共领域"（public domain）中的过度使用[24]而长吁短叹，但偏好知识散播与再利用者却会对文化产品的广泛利用欣喜若狂。所以，也有共用喜剧与共决喜剧。共决可以被刻意使用，使系争资源可以永续存在。共用也可以被刻意使用，使系争资源可以泽被众生、不独厚少数人。

第三，共用与共决的状态有时候只是暂时的。例如无主物先占原则[25]，使得资源可以轻易地从"共用"转变为"私有"，使资源运用可以达到最适状态。而分别共有虽然有共决的特征，但任何共有人都可以借由单方面请求法院分割共有物[26]，而使资源从共决转为单独私有。

17.4 半共用：中世纪农民的聪明方案

半共用资源是共用与私人所有权的混合，且私有财产与共用之性质还会交互作用。半共用和共决同样有广义、狭义之应用与定义。本讲所定义之半共用比较狭义，只包括"时间轴上的半共用"。根据 Henry Smith 教授之研究，典型的例子[27]是：在中古欧洲，农牧混合。土地在麦子播种、成长、收割的季节，是私有，个人种个人收获。休耕期间，则村子里的农地转为共用，村民的牛羊都可以自由在任何土地上晃荡。也就是说，从某地之时间轴来观察，有时是私有，有时共用，而且两者交替轮回。半共用很容易形成悲剧，例如放牧时间，牧者有激励引导牲口去自己的田里"洒黄金"，但在牛羊要散步时带去践踏别人的土地。对此，

| 第 17 讲 | 排他的光谱

中古欧洲村民想出聪明的办法,以避免半共用悲剧(tragedy of the semicommons):牧者由村民共同出资聘请,而非村民各自照料自己的牲畜;这使得牧者比较没有私心。再者,私有农地并非一人一块,而是一人多条细长型的土地散布在村落四周。私有土地的分散使得以邻为壑的成本上升,肥水不落外人田的难度也增加。半共用看起来如此复杂,为何会产生而且风行数百年?原因是在欧洲要地尽其利,土地利用者必须从事农业以外的活动(在此为放牧),但农耕与放牧所需的"规模"(scale)不同,时间轴上的半共用反而成为相对最可行的解决之道。

Fennell 教授进一步拓展了半共用的应用范围到(本讲所称之)"生产单位的半共用"。在其理论下,"共用悲剧"的产生原因正是生产单位的半共用:草地共用,但羊是私有。换言之,部分生产资源共用,才使得牧人竭取共用资源以增益私有资源。然而,生产单位的半共用几乎不可能被消除,因为两种解决方式之制度成本都太高:将所有资源都物权化,或将所有资源共用化。在共用草地与羊的经典例子中,无论共用化羊或物权化草地都无法完全解决(半)共用悲剧,因为私有资源与共用资源的互动仍会存在。[28] 例如,若物权化草地,牲口的尿仍会污染水源(水是共用资源),牲畜的屁会产生温室气体,造成全球暖化(大气是共用资源)。而若羊变为共用资源,放羊者可能天天杀羊来进补,而向其他村民谎称"狼来了,吃掉羊"。[29]

本讲认为 Fennell 教授之分析闪烁着智慧的光芒,直指问题核心;然而,过度一般化共决与半共用之适用范围,使得共用、半共用、共决的关系变得很复杂,难以一言以蔽之。以本讲之狭义取径定义共用、半共用、共决,并以其他名称标志处理其他一般性问题,或许更适合刚接触法经济分析之读者。

17.5 举例：如何终结按份共有才有效率

土地所有权很常为共有。按份共有人人各异志时，法律通常允许其自愿分割。但若共有人无法达成共识，则许多国家容许其中一位按份共有人向法院诉请分割共有物。法院分割共有物的手段，除了典型的原物分割与变价分割外，也有各种混合手段之可能。然而，既有的法律经济学文献，仅有分析原物分割与变价分割两者间的取舍（忽略了实务上常常使用的混合型分割方式），而这两种分割方式无法防堵各式各样的策略行为。

有鉴于此，笔者和Fennell教授设计了新的共有物混合型分割方式，不但运用各共有人之私有信息，减少共有人的策略行为，而且可以运用共有人自愿揭露的真实保留价格，更适切、符合配置效率地分配共有财产。

更具体而言，新共有物分割方式，包括如下三步骤：第一步，诉请法院分割共有物的共有人，必须表明其偏好之分割方式为变价分割或部分原物分割。所谓"部分"原物分割，意指共有人只能决定自己是否要留下部分共有土地，但无须为其他共有人决定其是否要留下部分共有土地。诉请部分原物分割者，应已拥有应有部分一定期间，与系争物有一定干系。制度设计上并可要求其缴纳保证金，以确保其确实无意在分割后一定期间内转让分割所获之土地。（换言之，若部分原物分割完就转让出售，保证金会被没收。）

第二步，所有要求实施部分原物分割的共有人，都必须提交下列信息：（1）在系争土地的地籍图上，标出其有超出市价之

第 17 讲 排他的光谱

"主观价值"（subjective value）之部分。（2）该部分对该共有人之总价值。（3）不动产估价师对其余部分土地之估价报告。部分共有人可以联合提交此种信息，也可以分别提交。若共有人提交之方案彼此不相容，则法院举行共有物变价分割；而各共有人提交之上述估价（自己的总主观价值加上估价师的估价），会被自动纳入为投标内容。

第三步，决定分割结果。以下分割方式之设计，运用赛局理论以诱使当事人揭露自己对系争共有不动产的真实主观价值，并以各自的主观价值，而非传统做法的客观市价，决定共有物分割方式，以及决定各自分配到的不动产与价金。

假设一土地市价为 240 万元，有三位共有人，其中两人投标。第一人对部分土地有 156 万元经济价值（市价＋主观价值），对其余部分土地没有主观价值，而由估价师计算出 150 万元市场价格。另一人则是对全部土地有 300 万元经济价值（市价＋主观价值）。第三人偏好变价分割。第一人以 156＋150＝306（万元）得标。第一人必须拿出 306＊2/3＝204（万元）和另外两位共有人分享。由于没有主观价值部分的土地会以 150 万元市场价格售出，第一人就必须拿出 204－150＝54（万元）现金支付。然而，另外两位共有人不会实拿 204 万元。第二人会实拿其出价 300 万元的 1/3（其应有部分），也就是 100 万元；其中 75 万元由变价拍卖的价金中获取，另外 25 万元由第一人支付之现金中获得。第三人则获得土地原本市价全部变价分割后其能获得之 1/3 即 240＊1/3＝80（万元）；其中 75 万元由变价拍卖的价金中获取，另外 5 万元由第一人支付之现金中获得。第一人缴交之现金扣除支付予另外二人所剩下的 54－25－5＝24（万元），则专款专用于日后促进共有物分割之调解。

法经济分析：方法论20讲

新共有物分割方式，即有如下好处。第一，若采典型的变价分割，则原本共有人的主观价值，会因为拍卖由他人拍定而消失。在笔者见解之下，因为有主观价值的共有人，无须拿出土地全部的拍卖价格，比较不会因为受到缺乏现金之限制，而无力参与拍卖。第二，若采典型原物分割，仍然可能会流失共有人的主观价值，因为各共有人只会获得与自己应有部分相符的一小部分土地，而几乎不可能由一人独得。第三，典型的原物分割与变价分割，都没有考虑到各共有人的主观价值。法院采用变价分割，则有主观价值者被牺牲；法院采用原物分割，则没有主观价值者完全没有雨露均沾到其他共有人的主观价值——换言之，原物分割后，各共有人分到的价值其实不相等。

再换句话，新共有物分割制度下，共有人提议的分割方案若被法院采用，必须用自己的经济价值为基准，分享出去。其他提案未获青睐的共有人，则以自己的经济价值为基准，获得分割补偿。两者之差的剩余，创造出可以减少共有物分割诉讼的基金，以免共有物分割事件排挤到其他更需要法官专业知识处理的案件。[30]

本讲参考文献

1　张永健：《物权的关系本质——基于德国民法概念体系的检讨》，载《中外法学》2020 年第 3 期。

2　把共用、私有物权、共决放在同一个光谱上，see Michael A. Heller, "The Boundaries of Private Property", *Yale L. J.* 108（1999）.

第 17 讲 排他的光谱

3 若关于某物,没有人可以对任何其他人主张排他,则该物上连准物权都没有。

4 例如:牧羊人不能通过法院将其他共用地上的牧羊人赶走,只能让自己的羊和其他人的羊在共用地上彼此争食,在此适用者为弱肉强食的丛林法则。

5 关于 Hohfeld 分析法理学在民法的应用及进一步说明,参见王涌:《私权的分析与建构——民法的分析法学基础》,北京大学出版社 2020 年版,第 1—484 页;雷磊:《法理论及其对部门法学的意义》,载《中国法律评论》2018 年第 3 期;翟小波:《对 Hohfeld 权利及其类似概念的初步理解》,载《北大法律评论》2003 年第 2 期;张永健,同注 1;张永健:《债的概念:解构与重构》,载《中外法学》2023 年第 1 期。

6 *See* Carol M. Rose, "The Several Futures of Property: Of Cyberspace and Folk Tales, Emission Trades and Ecosystem", *Minn. L. Rev.* 83 (1998).

7 准物权(准物上关系)是有条件地对世、排他,或者只对世界上部分人(在特定条件下)排他。参见张永健,同注 1。准物权有多种态样,且隐含之信息成本不同。

8 张永健:《农村耕地的产权结构——成员权、三权分置的反思》,载《南大法学》2020 年第 1 期。

9 笔者曾听闻某太平洋上的岛国,没有竭泽而渔的问题,因为鱼根据该国法律全部属于国王所有,渔夫只是受雇人,多捕也没有奖赏,滥捕反而会被处罚,因此渔夫没有激励先占先赢。

10 *See generally* Michael A. Heller, "The Tragedy of the Anticommons: Property in the Transition from Marx to Markets", *Harv. L. Rev.* 111 (1998); Michael A. Heller, *The Gridlock Economy: How Too Much Ownership Wrecks Markets, Stops Innovation, and Costs Lives*, Basic Books 2008.

11 *See* Heller, supra note 10.

12 认为分别共有产生共决问题, *see* Yun-chien Chang, "Tenancy in (Anticommons)?: A Theoretical and Empirical Analysis of Co-

Ownership", *J. Legal Analysis* 4 (2012).

13 按照《民法典》第303条，是否能打破约定不分割所造成之共决悲剧，法院是主导力量，因为是否构成"重大理由"由法院裁断。

14 更多讨论，请见笔者以英文撰写的比较物权法的经济分析专著：Yun-chien Chang, *Property Law: Comparative, Empirical, and Economic Analyses*, Cambridge University Press 2023.

15 有学者主张，共用也可能造成资源低度使用，共决造成资源过度使用。See, e.g., Lee Anne Fennell, "Commons, Anticommons, Semicommons", in Henry E. Smith, *Research Handbook on the Economics of Property Law*, Edward Elgar 2011, pp. 42-43; Michael A. Heller, "The Anticommons Lexicon", in Henry E. Smith, *Research Handbook on the Economics of Property Law*, Edward Elgar 2011, p. 69. 但其所举事例，有些没有说服力，有些则适用于广义的共用或共决，但不适用于狭义的共用或共决。

16 Fennell, supra note 15, pp. 42-43.

17 Heller 教授认为共决问题可以一般化成"零散（fragmented）决策方式"问题。这和 Fennell 教授说的聚合权利问题，意旨相同。See Heller, supra note 15, p. 60.

18 Fennell, supra note 15, pp. 42-43.

19 前者可用以描述分别共有，后者可用以描述莫斯科空无一物的商店。

20 See Heller, supra note 10, p, 20 (2008).

21 对于专利法研究者，专利灌丛或许比共决或聚合权利更能适切反映专利之特殊问题。在所有领域都一律使用共决一词，往往会有引喻失义而误导之处。如 Burk & Lemley 认为 patent thicket 和共决仍值得区分，前者的特点在于"重叠"的权利，所以改革的重心是限缩专利权的范围。See Dan L. Burk and Mark A. Lemley, *The Patent Crisis and How the Courts Can Solve It*, University of Chicago Press 2009, pp. 139-140.

22 See generally Lawrence Lessig, *The Future of Ideas: The Fate of the Commons in a Connected World*, Vintage 2002.

| 第 17 讲 | 排他的光谱

23 将现实世界和幻想中的零交易成本世界相比,然后说交易成本无所不在的现实世界"市场失灵",是常见的分析错误,Demsetz 称这种想法为 Nirvana approach。See Harold Demsetz, "Information and Efficiency: Another Viewpoint", *J. L. & Econ.* 12 (1969).

24 例如:各式各样的广告中都使用"蒙娜丽莎的微笑"作为意象,并用贝多芬的命运交响曲第一乐章或合唱交响曲第四乐章作为配乐,不管广告的题材与这些经典作品有无关联。张永健、郭跃民、谢晓岚、李骏逸:《音乐著作保护界限之法律与经济分析(上)》,载《台湾本土法学杂志》2003 年第 46 期。

25 关于无主物先占之分析,参见张永健:《社科民法释义学》,新学林出版股份有限公司 2020 年版,第 417—428 页。《民法典》没有规定无主物先占原则,其立法背景与经济分析,参见张永健:《法经济分析:方法论与物权法应用》,元照出版公司 2021 年版,第 467—484 页;Yun-chien Chang, "Property Law with Chinese Characteristics: An Economic and Comparative Analysis", *Brigham-Kanner Property Rights Conf. J.* 1 (2012).

26 共有物分割之实证研究,参见张永健:《法实证研究——原理、方法、应用》(第 2 版),新学林出版股份有限公司 2022 年版,第 131—150 页。

27 See Henry E. Smith, "Semicommon Property Rights and Scattering in the Open Fields", *J. Legal Stud.* 29 (2000).

28 Fennell, supra note 15, pp. 38-39.

29 另一种可能是,放羊者因为"有功无赏、打破要赔",对放羊一事意兴阑珊,反而使得另一样共用资源——草地,使用"过少"。See Robert C. Ellickson, "Stone-Age Property in Domestic Animals: An Essay for Jim Krier", *Brigham-Kanner Property Rights Conf. J.* 2 (2013). "大跃进"时期,农民不顾政府推动人民公社(一种资源共用制)之政策,改采私有物权,也是资源共用导致无效率的证据。See Ronald H. Coase and Ning Wang, *How China Became Capitalist*, Palgrave Macmillan 2012, pp. 49-50.

30 更详细的说明,see Yun-chien Chang & Lee Anne Fennell, "Partition and Revelation", *U. Chi. L. Rev.* 81 (2014).

第 18 讲
财产规则与补偿规则

第 18 讲

财产规则与补偿规则

18.1 Calabresi & Melamed 奠基

18.2 百家争鸣

18.3 Ian Ayres 集大成

18.4 激进市场：财产权是法定垄断？

    18.4.1 Posner & Weyl 的主张

    18.4.2 批判

18.5 物权法与合同法的根本不同

第 5 讲论及之应配分分配规则、保护模式，在此完整论述。所谓的"应配分分配规则"（entitlement allocation）指的是各种"物上广义权利"的初始分配规则。无主物先占原则（first possession principle）、添附原则（accession principle）都是初始分配规则；此种分析架构的创始者 Guido Calabresi & Douglas Melamed 则用工厂有污染权还是住户有环境权为例，说明法院可以决定将应配分分配给工厂或住户。[1]

如果要在法经济分析学圈中，我一个扮演金庸笔下的老顽童周伯通，那最佳人选非 Saul Levmore 教授莫属。无论是在圆桌午餐、研讨会还是课堂，他总是优游在各种立场间。他会先选一个和讲者（或通说）不同、相斥甚至最极端的立场，开始为那个不可能的立场辩护。当讲者终于态度软化、弃械投降，Levmore 教授又转而采取另一个立场，有时甚至是讲者原本的立场。讲者如我就急了："你刚刚不是才说服我采取 A 说，怎么现在又采 B 说来攻击 A 说？"Levmore 教授会促狭一笑，用无辜的表情说："我没有特定立场啊，我只是在探索不同理论的可能性而已！"有时，旁观者光是看着 Levmore 教授一直左右互搏，就受益匪浅。

2012 年芝大的法经济分析暑期夏令营时，我听了他五堂公共选择理论。我自认为对公共选择理论不算陌生，但仍被他的"异端邪说"搞得如痴如醉——直到他说刚刚教的内容，是他几年前的想法，现在他觉得那些想法都错了！所以又开始讲另一套互斥的论述，而可怜如我，还是觉得新的论述也颇有道理。以法学教育而言，我觉得没有任何方式，比这种震撼教育更能有效地告诉学生：法学问题没有唯一正确答案。

2016年我到芝加哥法学院客座时，Levmore教授和太太Julie Roin教授，请我和内人去看戏。这也是我们在美国的看（没有音乐的）剧初体验。戏不算成功，中场休息时，作为东道主的Levmore教授，非常理性地说："我们觉得这戏实在不怎么样，如果你们也不爱，我们就找个咖啡馆聊天算了。"你看，研究法经济分析的人，免受"沉没成本谬误"（sunk-cost fallacy）！在当晚道别之际，因为聊天非常愉快，我们都忘了本来是出来看戏的。

我客座最后一周的周四WIP工作坊，由Levmore教授主讲。他当时已经卸任院长几年，但冷不防对大家宣布，那是我最后一周在芝大客座。一时间，许多法经济分析大师的目光都投向满嘴三明治的我，还有人鼓掌。实在让我备感温馨。芝加哥大学给人的印象是，永远都在争辩学术观点，甚至到毫不留情的地步。但我知道，那只是芝大人有过于常人的热情；他们的温暖也是满溢出来的，让我毕生难忘。

第18讲 | 财产规则与补偿规则

18.1　Calabresi & Melamed 奠基

笔者近年来受到 Wesley Hohfeld 的分析法理学概念体系非常深远的影响。Hohfeld 的分析法理学概念体系就是终极的法教义学：以四组八个概念，描述了所有的私法关系。在一个 Hohfeld 法律关系中，一方有广义权利（ablement），另一方有广义义务（disablement）。广义权利包括四种类型：请求权（claim）、自由（privilege）、权力（power）、豁免（immunity）。相对应的广义义务包括四种类型：义务（duty）、无请求权（no-right）、负担（liability）、无能力（disability），如表18-1所示。无论是传统的法教义学，或者经济分析式的法教义学，都必须要使用清楚的概念，才能传达思想。Hohfeld 的分析法理学概念的进一步说明，请参见王涌：《私权的分析与建构——民法的分析法学基础》，北京大学出版社2020年版。

表 18-1　Hohfeld 的四类相伴的法律关系

		（第一组）	（第二组）	（第三组）	（第四组）
（一方）	ablements 广义权利	claim 请求权	privilege 自由	power 权力	immunity 豁免
（另一方）	disablements 广义义务	duty 义务	no-right 无请求权	liability 负担	disability 无能力

一物权人（例如所有权人）对"物上关系"中另一物权人（例如地上权人）的广义权利，会称为"物上广义权利"，不会简称为物权。物上关系是以有体物为"中介"（mediated by things）的法律关系。不是以有体物为中介的法律关系，例如著作权人与被授权人的关系、专利权人和被授权人的关系、信托受益人与信托受托人的关系、权利质，就不会是物上关系。

笔者日后会写一本书，专门论述如何以 Hohfeld 的分析法理学，重新建构私法体系，在此先打住。

所谓的"保护模式"（protection mechanism）则是区分拥有者运用与保护其应配分的不同方式。Calabresi & Melamed 提出三种类型：财产规则（property rules）、补偿规则（liability rules）、禁易规则（inalienability rules）。[2] 财产规则特征为对应配分之绝对保护——未经应配分拥有者同意，不得移转应配分。为贯彻财产规则，国家可能对侵害应配分者课予极高之惩罚，以至于少人敢侵犯应配分（例如刑法中的盗窃罪与侵占罪，或者民事惩罚性赔偿金）；或国家可以用直接强制的方式制止侵犯应配分者（例如警察逮捕财产犯罪的现行犯，所有权人请求返还所有物，并强制执行）。

补偿规则特征为侵害者无须经应配分拥有者同意，即可侵犯或移转应配分，但必须补偿应配分拥有者所受之损失（例如毁损物之损害赔偿、越界建筑偿金）。Lee Fennell 提出之补偿规则变体，称为 ESSMOs（entitlements subject to self-made options）。ESSMOs 和补偿规则的差异在于，后者之补偿金额是由第三方（通常是法院）决定，而前者的补偿金额则是由物权人自行、事

第18讲 | 财产规则与补偿规则

先决定。补偿金额够高的补偿规则,相当于财产规则。[3] 补偿金额低到零的补偿规则,相当于将应配分划归侵害方。

禁易规则的概念最复杂,狭义概念在探讨是否禁止自愿交易;广义的概念,会牵涉全部资源拥有、使用、移转方式之划定——全面禁止或部分限制。一般文献论及保护模式时,多半略去禁易规则,本讲从之。

详言之,Calabresi & Melamed 依应配分分配规则与保护模式之不同,整理出四种规则。以"工厂—洗衣店"的情境为例(参见表18-2),规则1是洗衣店(传统认知中的受害者[4])有应配分并受财产规则保护,因此洗衣店可以诉请工厂停止排放黑烟。规则2是洗衣店有应配分但只受补偿规则保护,因此工厂可以继续营运,但必须赔偿洗衣店之损失。规则3是工厂(传统认知中的加害者)有应配分并受财产规则保护,故除非洗衣店能说服工厂经营者,否则工厂可以自由排放黑烟。规则4是工厂有应配分但只受补偿规则保护,故洗衣店若补偿工厂损失,即可强制其停止排放黑烟。

> Guido Calabresi 法官在2021年于耶鲁法学院任教满60年后退休。2012年,Calabresi 法官获得美国法经济学会的科斯奖章(Coase Medal),是历来第二位得奖者(第一位是 Posner 法官,毫不意外)。在当时的得奖演说中,他说几十年来不是在当院长就是在当联邦上诉法院法官,没有时间好好写作;在不当全职法官后,他终于能好好写书。这本书在几年后出版:Guido Calabresi, *The Future of Law and Economics: Essays in Reform and Recollection*, Yale University Press, 2016。在演讲后,我对 Calabresi 法官说:"我在台湾大学法研所的指导教

授,在耶鲁法学院也修您的课!"师祖爷爷非常亲切,说:"So you are my intellectual grandson(你是我智识上的孙子)。"

2021年6月18日我在西班牙法经济学会年会线上报告,主旨发言人是Calabresi,他由新冠肺炎谈到法经济分析的局限。Calabresi提出许多发人深省的问题,例如:大多数人的道德直觉是反对疫苗由市场分配,因此各国都是由政府分配,但此种道德直觉究竟源自对救命疫苗(或人体器官)被"定价"并以市场机制分配不满,还是源自**在现在财富分配不均的社会中**,反对以市场机制分配救命疫苗。如果是后者,就可能引入其他方式(例如对富人收取较贵的费用),使价格机制仍可用来分配资源。Calabresi也提到,超过半个世纪前,他去汉堡演讲侵权法的经济分析,在座的比较法大师Zweigert评论道:"报告很有趣!但这不是法学研究!"Calabresi闻声回应:"或许当下不是,但将来会是。"Calabresi并以Coase 1937年《公司的本质》一文为例,当Coase提出运用市场机制有成本时,那也不是经济学。但经济学吸纳了Coase的洞见,变成更好的经济学。无论是法学或法经济学,吸纳了更多的考量点后,不会灭亡,而会变成更好的自己。而Calabresi呼吁法经济学者考量"道德外部性"(moral externality)的存在与效果。

表18-2　Calabresi & Melamed 规则1至规则4

应配分之分配规则/保护模式	财产规则	补偿规则
洗衣店	规则1	规则2
工厂	规则3	规则4

资料来源:作者取材自Calabresi & Melamed(1972)。

第 18 讲 财产规则与补偿规则

用 Hohfeld 的分析概念,财产规则是指,应配分的拥有者,在初生(primary)的请求权被侵害后,获得次生(secondary)的请求权;可能是所有物返还请求权,可能是惩罚性损害赔偿请求权。义务人是侵害应配分者。补偿规则是指,应配分的拥有者,在初生(primary)的请求权被侵害后,获得次生(secondary)的一般损害赔偿请求权。

理想中,请求权的内容是补偿应配分拥有者的经济价值;但现实中,因为法院缺乏可靠的信息获取管道,只会以市场价值作为衡量损失的标准。工厂可以自由排放黑烟,是文献上给规则 3 举的典型例子。然而,以 Hohfeld 的分析法理学概念而言,自由排放黑烟是 privilege(自由),不是 claim(请求权)。而规则 1 的典型例子,洗衣店要求工厂关门,却是请求权。因此,此种解说使得规则 1 和规则 3 并不对称。

18.2 百家争鸣

美国物权法经济分析学界之通说认为,物权法惯用财产规则,而以补偿规则为例外。物上请求权就是财产规则(规则 1)的展现。物权受到侵害者,可以不论侵害者之动机、目的、甚至损害多寡,要求其停止侵害。

补偿规则又可以分为买权规则(规则 2、4)与卖权规则(规则 5、6),参见表 18-3。在金融市场中,有买权(call option)者可以选择兑现其选择权,支付约定金额将物权从他人之手移转给自己;也可以选择按兵不动。而有卖权(put option)者,若行使

法经济分析：方法论20讲

其选择权，可以要求他人以约定价格购买自己的物权。买权型的补偿规则，有如 A 可以径行支付市价购买 B 地，B 同意与否在所不论。卖权型的补偿规则，是 Calabresi & Melamed 之后的文献发展出来，有如 C 可以将 C 地移转给 D，并向 D 索取 C 地市价，不管 D 有无意愿。[5] 买权型的补偿规则（规则 2）在物权法中不乏其例，但卖权型的补偿规则（规则 5、6）在发达国家的物权法中则难以找到适切实例。越界建筑时，诸如《德国民法典》第 912 条，被越界者要求越界者购买占用土地，是否是规则 6 的例子？Ayres 教授采肯定说。但正如同 Epstein 教授指出的，被越界者并非无端拥有一个强迫任意他人购买土地的请求权，而是在越界建筑后，才有针对特定人（即越界者）价购之请求权。

Richard Epstein 教授是北大陈若英教授的座师。在 Epstein 教授的自我认同中，他首先是古典自由主义者（libertarianism），然后才是法经济学者。他告诉我，1972 年他会被芝大聘用，主要的作用是和年轻气盛的 Posner 法官"打对台"。两人也果不其然有几十年的辩论。在芝加哥大学浓厚的法经济学气氛中，Epstein 教授也结合了法经济学的思维，还先后负责主编了芝大两个旗舰法经济学期刊 Journal of Legal Studies 和 Journal of Law and Economics。Epstein 教授有照相机记忆，上课不用带书，但哪个案件在哪一页，哪篇文章是哪一年出版，记得一清二楚。（你若愿意，他也可以把莫扎特钢琴协奏曲从头哼给你听。）他说，因为他一年只教一门法学院一年级课程，所以我应该是几十年来唯一上过他两门一年级课程的人（侵权法与合同法！没有上到物权法是毕生遗憾！）。Epstein 教授的苏格拉底式教学法，炉火纯青，上课非

| 第 18 讲 | 财产规则与补偿规则

常刺激,一堂课点上 30 个学生是常见的事。就案例书上的案件,确认原告、被告立场与争点后,他每问一个学生,就变化案例事实,然后问我们多数意见或少数意见是否仍然有理。他的教学方式让学生深刻体会到法律分析受到事实的影响;再铿锵有力的法律分析,都不一定能套用到所有案件事实。Epstein 教授对学生的提问方式非常亲切,幽默风趣;碰到学生哑口无言的时刻,总是要学生"边想边讲"(make it up as you go along)。

Epstein 教授是"一人法学院"(one-man law school;纽约大学法学院前院长 Richard Revesz 语),教过法学院所有必修和选修科目(包括罗马法),什么主题都可以与人辩论。古典自由主义在 1930 年代后就不是美国的主流思维,Epstein 教授喜欢的黄金年代(19 世纪)早已远去,但运用这些看似"过时"的想法,(在我有亲身参与的诸多演讲与辩论中)他似乎不曾输过任何辩论。我拿到博士学位找教职时,他帮我写推荐信。他告诉我,推荐信的主旨是说"这个年轻人正确指出我一整学期唯一犯的逻辑错误"。这样聪明绝顶的天才,会承认自己犯过一个逻辑错误,可见他对学生的爱护之情。

Epstein 教授讲话如同写作,不是"我手写我口",是"我口说我写";讲出来的句子文法正确,段落安排清楚,直接录音打字就是一篇文章。他说他脑子里已经写好几十篇文章,只是没时间坐下来写。有一次,他要请我吃晚饭,但时间尚早,他就邀请我到家中坐坐。他指着桌上的纽约时报,要我自己翻翻,等他一下。他一屁股坐在电脑前,就开始飞快地打字,完全没有停。30 分钟后,我体育版还没读完,他已经写完一篇可以交稿的法学论文。

而在物权法中,法院将应配分由原物权人,转给原非物权人——也就是采用真正与规则1、2对称的规则3、4——相当罕见;除了时效取得制度或许近似规则3外,其他物权法原则其实都是规则1与规则2之体现。因此,本书主张,在物权法,Calabresi & Melamed 及后进学者所提出的规则3到规则6,并不具备类似的重要性或实用性。

表18-3 财产规则、买权规则、卖权规则之架构

应配分分配规则/保护模式	财产规则	补偿规则	
		买权规则	卖权规则
原物权人	规则1	规则2	规则6
原非物权人	规则3	规则4	规则5

资料来源:本书制表。

介于典型的财产规则与典型的补偿规则间,有弹性规则与混合规则。弹性规则(pliability rule)之名颇具巧思,是property rule 的 p,加上 liability rule 的 liability 而成。Pliability 本又有"有弹性、可弯曲"之意。由 Abraham Bell & Gideon Parchomovsky 教授首倡的弹性规则,其实并未提出新的保护模式,但是把以往被归在典型财产或补偿规则中,但实则较不纯粹的规则,统整在弹性规则的麾下。弹性规则的定义是"应配分拥有者本来受到财产规则或补偿规则保障,但在特定条件下,或转换由另一种规则来保障应配分"。弹性规则是动态的,典型的财产规则、买权规则、卖权规则是静态的。[6]弹性规则的例子甚多,《德国民法典》第906条的气响侵入、《著作权法》第24条的合理使用,Bell & Parchomovsky 就认为其兼具"零阶弹性规则"(zero order pliability rule)及"同时弹性规则"(simultaneous pliability rule)之性质。因为土地使用

第18讲 财产规则与补偿规则

权与著作权一般而言受财产规则保障,但例外在侵入轻微与合理使用时,非应配分拥有者不但可以使用,还不用补偿(零阶弹性规则)。与此同时,严重侵入与完全拷贝者仍须受到财产规则之拘束,此为同时弹性规则。

Abraham Bell & Gideon Parchomovsky 在哈佛与耶鲁法学院念博士时,就开始合写物权法经济分析论文,直到今日。两人皆为以色列爱国志士,虽然都在美国的法学院有全职工作,但在以色列的法学院也有全职工作,所以授课时数是一般学者的两倍。Parchomovsky 教授在宾州大学任教,但全家住在以色列。他每周都坐飞机往返两地(单程就十几小时)。但是,两人的学术产量仍然惊人。

我之所以博士论文写征收补偿,后来成为物权法学者,可以说和他俩有很大的关系。我读 LL. M. 那年,我后来的博士指导教授把 Bell & Parchomovsky 一篇论文初稿发给我读。我读完大吃一惊:这不就是孙中山先生《民生主义》第二讲中地主自报地价,再由政府照价课税或照价收买的想法吗?由他们的论理出发,我才想到可以用数据做实证研究,并下定决心以征收补偿中的定价方式为博士论文主轴。

Bell 教授是正统犹太教徒,当守安息日。然而,学术会议经常在周五、周六举办,和他的信仰往往发生冲突。有一次我们一同参加芝加哥大学法学院的研讨会,主办单位安排了市中心的酒店,但会场在法学院,距离颇远。我们其他人搭乘学校安排的小巴,倒也无妨。但犹太戒律中,安息日中不能搭乘交通工具,但可以走路,所以他就背着非常重的背包（他的标配）步行几个小时来回会场。

我曾向他俩说：你们以色列学者创意十足，会 think outside the box，我真是远远不如。他们也谦虚地说：创意勃发也有坏处；我们的缺点就是常常不知道 box 在哪里……

混合规则是笔者独创。[7] 弹性规则的定义与类型并没有包括混合规则。混合规则可以看成是受限制的补偿规则；亦即补偿规则的适用有一定限度，限度之外回归财产规则。《民法典》第291条相邻地通行权的规定，就是典型的混合规则（参见本书第16讲）。相邻地所有权人虽然可以有偿通行邻地，但只能在必要范围内，通行对邻地损害最少之处。相邻地（袋地）所有权人不能选择多侵害多补偿，或者作不必要的通行。换言之，在通行必要与邻地损害最少的范围内，补偿规则适用；范围之外，财产规则适用。

Bebchuk 教授在一篇批判 Calabresi & Melamed 分析框架的论文中指出，多数使用此种分析框架的论者，都是采用事后分析。以典型的工厂与居民的财产规则、补偿规则分析设例中，事后分析假设工厂与居民都存在，污染是否存在对其成本与效益的金额也给定而不变。在此前提下，事后分析探究哪一方拥有权利、应适用财产规则还是补偿规则，最能增进效率。事前分析则是探讨时点更早的决定，何种较优。此处的更早决定，包括工厂是否设厂在附近有居民处的决策，工厂决定产量规模的决策，等等。*See* Lucian Arye Bebchuk, "Property Rights and Liability Rules: The Ex Ante View of the

第 18 讲 财产规则与补偿规则

Cathedral", 100 *Mich. L. Rev.* 601, 602-03（2001）. Bebchuk 教授此处的事后分析, 也有向前看。但是, 其事后分析, 在第 3 讲的主流定义下, 也是事前观点分析, 只不过是放松较少假设的事前观点分析。如果要用 Bebchuk 的界定方式, 则事后观点包括事后分析, 也就可能向前看。本书决定使用主流的定义方式。

18.3 Ian Ayres 集大成

Ian Ayres 教授一系列的论文与 2005 年出版的专著[8], 使其"选择权法理论"（optional law）颇有一统江湖之气概。然而, 选择权法理论难以套用到物权法研究。笔者的英文论文中, 已有完整论述。[9] 在此仅简述其研究发现：第一, 当交易成本低时, 财产规则比补偿规则更有效率, 因为前者较能利用当事人私人信息。第二, 物权法只需要一种财产规则（规则 1）与一种补偿规则（规则 2）, 文献上认为与规则 1、2 对称之规则 3、4, 实则并不对称, 概念上也没有实益, 再者规则 2 也比规则 3、4 更有效率。第三, 买权规则比卖权规则有效率, 因为前者可以利用两造的私人信息, 而后者只能利用原所有权人之私人信息。卖权规则在物权制度稳定的发达国家物权法, 没有容身之处。第四, 补偿规则要比财产规则有效率, 须具备以下条件：（1）高交易成本；（2）物权移转可增加配置效益；（3）物的事前投资并不重要；（4）法院少犯错。此外, 有时补偿规则乃唯一选项, 如无所有权之人对物为"事实上处分", 如毁损汽车或吃掉蛋糕。第五, 金融市场交易的选择权（financial options）, 选择权法理论家所提出之"法律作为选择权"（legal option），法律规定中可观察到的补偿规则，三者有许多根本不同，不宜比附援引。

Ian Ayres 教授并不知道，我会走向法实证研究，是受到他的启发。2002 年时，我还是公法组的研究生。通过 Amazon 买书是奢侈之举，但我买了 Ayres 教授刚出版的书 *Pervasive Prejudice?*。会对他产生兴趣，是因为在硕士班时写了两篇关于民法给付不能的文章，对于他写的缺省规定论文[10]佩服得不得了。往后二十年一直受他一系列文章启发。[11]我那时隐隐觉得，只要是大学者写的文章，就值得读。加上 *Pervasive Prejudice?* 又是公法主题，作为公法研究生岂能错过！但这本书让我非常受挫。我那时只有一些经济学的训练，却完全没有统计学的训练。而 *Pervasive Prejudice?* 中充满了各种统计数据，表格中的一堆 *** 我却不知道是什么意思（后来才知道是"统计上显著"的程度）。当时年轻无畏，因此开始旁听大学部统计学和研究所的计量经济学，从此踏上了不归路。[12]

除了学术著作之外，Ayres 教授还写了好几本雅俗共赏的书，比如 *Super Crunchers: Why Thinking-by-numbers is the New Way to be Smart*（2008）讨论实证研究的强大用处；*Why Not? How to Use Everyday Ingenuity to Solve Problems Big and Small*（2003）刺激读者作反直觉思考；*Carrots and Sticks: Unlock the Power of Incentives to Get Things Done*（2010）谈激励的重要性，还教人如何减肥（我自己试过，瘦了 4 公斤）。

| 第18讲 | 财产规则与补偿规则

18.4 激进市场：财产权是法定垄断？

18.4.1　Posner & Weyl 的主张

Eric Posner 和经济学家 Glen Weyl 在 2017 年横空出世的论文[13]，以及随后出版的专著《激进市场》[14]，主张物之所有权造成"独占"，并提出革命性的替代制度。如果 Posner & Weyl 的论点站得住脚，本讲的理论框架就倒了一半，因为 Posner & Weyl 主张物权的保护原则不应该是财产规则，而是补偿规则。对世排他，只在于其他人如果不付钱购买所有权则不得干涉；但任何人只要愿意按照所有权人公布的价目表付费，就可以强迫交易。

不过，Posner & Weyl 也不是真的这么前无古人，他们的观点奠基在一系列的文献上，但临门一脚踢得十分用力。以下，且让笔者话说从头，用不一样的方式，重述 Posner & Weyl 的问题意识；最后再扮演守门员的角色，挡下他们凌厉的进攻。

所有权给予所有权人独占力量，可以决定何时出卖、卖给谁。这到底产生何种无效率？如果物权都照科斯所说的界定清楚，后续的自愿交易，不就能最大化配置效益？答案是：即使财产的配置效益没有最大化，后续的自愿交易也不一定会发生。原因有二：

第一，交易双方可能看彼此不顺眼，所以宁可损失金钱，也不愿意和对方交易。或许我们可以称之为"汉贼不两立"理论，由 Ward Farnsworth 在 1999 年首先提出。[15] 笔者进行中的两篇英文的实证研究，检验 Farnsworth 所称之"互怨"（animosity）妨碍交易的效果有多强。

第二，资讯成本很高，交易成本为正时，最优配置不一定会达成。

资讯与交易成本为正的世界，在诺贝尔经济学奖得主 Roger Myerson 和其共同作者 Mark Satterthwaite 眼中，产生难以克服的交易障碍。两位学者提出的"不可能定理"（Myerson-Satterthwaite Impossibility Theorem）[16]宣称：如果一方拥有完整的权利，另一方没有权利，以下四个条件不会同时成立：

一、从事前来看，双方都不预期从交易中获得净损失（此条件简称为 ex ante individual rationality）；

二、第三方不对交易双方提供补贴；

三、双方都会诚实披露其保留价格——此条件简称为"贝氏激励相容"（Bayesian incentive compatible）；

四、事后来看、帕累托效率标准下的配置效益，也就是所有保留价格较高者都会从保留价格较低者处取得权利（此条件简称为 ex post efficiency）。

换言之，在现实世界中，有人有物之所有权，有人有钱、有意愿想取得物之所有权。但事后来看，增进资源配置的帕累托效率不总是会达成。有时候，能增进配置效益的交易，该发生而发生了；有时候却没有发生。根据 Myerson & Satterthwaite 的数学推导，双方的保留价格甚为接近时，会产生应交易而未交易的遗憾。

Posner & Weyl 的出发点，就是不留遗憾在人间，因此讨论了

第 18 讲 财产规则与补偿规则

几种替代现行私人所有权的方案。他们首先讨论了 Vickrey 共有，也就是所有资源都没有所有权人，但一直规律地被拍卖，有意使用者必须投标，价高者得。此种方案被摒弃，因为 Vickrey 共有制下，无人有投资激励。

Posner & Weyl 也探讨了 Cramton, Gibbons & Klemperer 的解决方案。Cramton, Gibbons & Klemperer 的经典论文，出发点是要解决合伙人如何拆伙才有效率。[17] Cramton, Gibbons & Klemperer 设计出一种竞价拍卖方式，使上述（1）～（4）的条件可以同时成立——化不可能为可能！——但条件是合伙人们必须具备相近的合伙份额。这个方案的困难是，无法轻易用在大多数资源。试想：原本只有某甲有资源的完整所有权，某乙有意愿使用此资源，要如何要求某甲给某乙一半的所有权再开始拍卖？即使有此种征收制度，也会对某甲的投资激励造成极大影响。因此，Cramton, Gibbons & Klemperer 的拍卖也不是理想的一般性解决方案。有兴趣进一步思考 Cramton, Gibbons & Klemperer 可以如何运用在法学问题者，可以参考笔者关于动产所有权善意取得的论著。[18]

Posner & Weyl 最后"情定"Harberger 税。[19] Harberger 税制下，物之所有权人必须登记其"愿受价格"（willingness to accept），并可以随时更新愿受价格；任何人都可以支付此公告价格而要求当时的所有权人交割所有权，所有权人也以此价格为税基，支付 Harberger 税。Posner & Weyl 认为理想的税率在 2.5% 左右，但若能依物之类型而异其税率则更佳。在 Harberger 税制下，物权的对世、排他效力大大被削弱。

18.4.2 批判

Posner & Weyl 把这个点子以 Harberger 命名,但其实此种机制的首倡者并非出身芝加哥经济系的 Harberger,而是来自华人世界。[20] 孙中山先生在 20 世纪初期,在《民生主义》第二讲中,就提出要地主"自报地价、照价课税、照价收买"的主张。笔者对孙中山遗教实施二十余年的实证研究显示,效果差得一塌糊涂。因为征收的概率低于土地税率,大多数地主都聪明地低报地价。[21] 如果现实世界的政治,能容许立法者随时因应交易频率而调整税率,或许有可能让所有权人诚实申报。但如果税率一旦定了,减税会大受欢迎、增税会引起民怨,而且无论如何很难调整,则殷鉴不远。

再者,就算政府能依据自然周转率制定土地税率,仍旧无法确保人民会诚实揭露其不动产经济价值。孙中山遗教在 1954 年到 1977 年间实施时,土地税率和征收率(非自愿周转率)都是由主管部门决定,人民作的决定是依据征收频率与土地税率的大小,决定诚实还是高报或低报经济价值。但在 Harberger 税下,税率由政府事先决定,但人民申报的价格,则会影响实际周转率(也就是,实际周转率是人民申报价格的函式)。

此时,决定申报多少经济价值,变成更复杂的决策,但这仍不表示人民就会当然诚实申报,而是会做更烧脑的策略计算——如果发现被他人照价收买的概率(由过去发生照价收买的频率推断)高于土地税率,理性的(或者有专家协助评估的)所有权人会高报其物的价值;反之,则低报。由于 Harberger 税要求时时更新申报价值,理性的所有权人就会随时观察市场风向,并调整自己的申报价值。本书并不认为全体所有权人都完全理性,更不认

第 18 讲 | 财产规则与补偿规则

为其有完整资讯（或愿意为了更完整的资讯而付出足够代价）。因此，进行烧脑计算者，最可能是受高等教育者，或者有专业人士协助的有钱人。知识或资力不足者，会因为没有足够资讯，或没有完全理性，就诚实申报吗？这当然是实证研究问题。前述实证研究显示，即使在资讯不足、教育不普及的年代，大多数人还是策略地低报，少数人则照政府公告地价申报——但 Harberger 税下，并没有公告地价，其行为不得而知。因此，现有证据下最可能的理论推断是：多数人不会诚实申报。

而就算多数平民百姓选择诚实申报，也没有时间、精力去时时因应市场变化而即时调整自己的申报价格。在 COVID-19 肆虐全球时，股市、房市却逆势上涨，让升斗小民看傻了眼。此种价格剧烈变动时，正是有资金、有专业的投资客狙击一般人的时候。如果平民百姓来不及更新申报价格，看准房市将一路上涨的投资客，就可以轻易大举收购。此种交易并不当然提升配置效益，因为卖家的报价已经过时。

如果 Harberger 税诱发出的申报价格并非真正的经济价值，则依此课税，不当然有效率（有些不该发生的交易会发生，因为所有权人低报；有些该发生的交易还是没发生，因为所有权人高报）。是否公平，也大可怀疑。

Harberger 税制最关键的缺陷，是隐然假设价格资讯已经被生产出来；立法者只要能诱使所有权人诚实披露价格资讯，就能启动市场交易机制。但是，取得价格此种资讯，往往需要成本。如果所有权人自费确认价格，却必须马上披露，不啻为人作嫁，激励何在？例如，Harberger 税制下，股神 Buffett 必须披露其所持有股票的愿受价格。Buffett 能先人一步看出其持股之公司是要走向基业长青,还是迈向诸神的黄昏。但他若不更新公示的愿受价格,就可能被晚一步研究出消息的其他股民买下他公示价格过低的股票。但他若更新公示的愿受价格,其实等于免费告诉其他股民他的研究结论。[22] Posner & Weyl 把投资效率与配置效率对举,实有误会。投资效率是配置效率的一环。因此,Harberger 税适合使用的范围,必须限缩。诸如期货、股票此种需要投资大量成本才能估计价格者,不适合使用 Harberger 税。

一般的动产似乎也不需要 Harberger 税。绝大多数吾人日常使用的动产,都是替代物,没有 Posner & Weyl 担心的独占问题。而且,动产数量何其多,要每个人开列清单都累死了,更何况要一一定价?不动产、少数动产没有完美的替代物——手工制造的 Fazioli 平台钢琴、莫奈的印象派名画、Stradivarius 古董小提琴——才可能适用 Harberger 税。

但即使以不动产(Posner & Weyl 的关注点)为例,Harberger 税都不一定如 Posner & Weyl 刻画的那么美好。纵令不动产所有权人对其房屋此等财货的投资不会因为 Harberger 税而减少太多,但不动产所有权人的投资客体不是只有不动产本身,还有不动产相关的社会规范。[23] 试想,如果任何人出价就可以让我明天搬家,昨日的邻居可能就人生不相见、动如参与商,那我何必守望相助?除非合同或法律能维系守望相助(恐怕很难),否则纵使 Harberger 税下所有权人的申报价值精确反映了"不再守望相助"的不动产价值,也只是揭露了血淋淋的事实:Harberger 税使邻里人情更为淡薄,从而降低不动产价值。

Posner & Weyl 批评物权是独占,因为不动产的价值往往受到周围不动产的影响[24];换言之,邻近不动产间彼此互补

第 18 讲 财产规则与补偿规则

(complementary)而有综效。因此,不动产开发特别容易受到钉子户影响,使得新的、更高价值的开发计划功败垂成。然而,如 Lee Fennell 教授所指出的,也正是因为不动产的互补特性,使 Harberger 税成为不好的政策选项。不动产的互补特性除了展现在空间层面,也展现在时间层面:如果旅客不喜欢天天换旅馆,则今日住在 A 屋、明天也住在 A 屋的高度互补性,应该毋庸赘言。但 Harberger 税并没有给不动产所有权人可以打包数年时间,确保居住地点不变的选项。任何时候有人愿意出价,不动产所有权人就要卷铺盖走人。所有权人可能已经披露了远高于市场行情的保留价格,缴了几年高额的 Harberger 税,但仍可能随时被投机客狙击而前功尽弃。Fennell 以父母希望小孩能在同一个房子中茁壮成长为例,身为父亲,我颇能认同。[25] Fennell 也正确地指出,Harberger 税并不是(如 Posner & Weyl 所宣称)使每个所有权人都只是降格为承租人,而是变为连承租人都不如。只要租赁双方愿意,大可约定二十年、三十年的租赁合同,或者设定居住权,承租人即可高枕无忧。但在 Posner & Weyl 的世界中,所有权人朝不保夕。

Fennell 又精彩地指出,不动产的空间互补性,使不动产的价值不仅仅取决于其本身,而同样受到周遭的影响。例如有人特爱在家中客厅观看上海夜景,他家的超级无敌夜景使他愿意支付高额 Harberger 税。但夜景的持续取决于景中建筑物是否晚上开灯、是否继续存在。但有上海夜景的诸多不动产所有权人,无从判断景中建筑物的所有权人是否也申报了远高于市场行情的愿受价格,也不知道潜在可能取得例如东方明珠电视塔者,是否计划保存其为人称道的外观。高报,还是不高报,使每位喜爱上海夜景的不动产所有权人成为现代 Hamlet。

最终，Harberger 税纵使有提升配置效益的优点，也必须考量其所制造的制度成本。本讲列出的效率判断步骤，指出配置效益并非立法者唯一应该追求的效率目标，达成更高配置效益所要付出的制度成本也同样重要。

物权是独占，多么慷慨激昂，但到底有多少现实世界中的无效率是由钉子户造成？[26] 如果无效率程度并不高，是否值得让以对世、排他为核心的物权体系，天翻地覆？显然，若无坚强的实证证据支持高额的无效率，本书的分析框架不应该立刻下架。

如果真的要开始实验 Harberger 税，或许也该从旧城改造、棚户区改造开始。想要早日启动改造的地区，可以自愿缴交 Harberger 税，从而披露每个人的愿受价格。[27] 而想购买不动产来重新开发的开发商或政府，必须把单元内的不动产全部一次买下。因为有 Harberger 税，而且价格是每个不动产权利人自己设定，所以无论是私人或政府都清楚知道旧城改造的总成本。如果旧城改造真的有效率，应该就有私人或政府有兴趣一次购买全部不动产！[28]

18.5 物权法与合同法的根本不同

物权法不是合同法。此陈述对法教义学者再合理不过；但对于许多本行不是物权法的法经济学者，这句话却有重大瑕疵。在后者看来，物权法、合同法、侵权法等部门法都要统合在 Calabresi & Melamed 首倡、许多人集思广益、Ian Ayres 集大成的财产规则与补偿规则框架下。部门法的划界方式，阻碍了此种框架的运用。

第18讲 财产规则与补偿规则

本讲第1节简单概览了财产规则与补偿规则的概念。因为相关文献实在太过庞大,虽然笔者曾写过英文论文批判相关文献,但仍选择简单带过。几位外国学者最近出版的几篇重量级文章,旧话重提,再度主张其实物权法的对世、排他没有用。而这些文章所犯的最严重错误,就是忽略了第三方的角色。只不过,此处并非第三方要付出高额信息成本,而是原本的交易双方,不知道第三方是否存在,以及何时出现。

话说从头,长期任教于哈佛大学法学院的法经济学双人组 Steve Shavell 和 Louis Kaplow,在 1996 年发表一篇重量级论文。[29] 该文主张是,在车祸或污染等涉及负外部性的情境,应该使用补偿规则;在保护所有权的情境,应该使用财产规则。支持后者的论据,一言以蔽之,如果所有权保护是以补偿规则为之,则两个人可能你争我夺,竞相支付对方补偿以取得所有权,但冤冤相报无时了。

只比笔者略长几岁、却教过笔者的 Oren Bar-Gill 教授,发文论证:Kaplow & Shavell 错了!若采用 Kaplow & Shavell 的正统理性人假设,当谈判永远都会成功,在保护所有权的情境,财产规则与补偿规则效果相同;并非如 Kaplow & Shavell 所主张的,财产效果较优。[30] Bar-Gill 和其共同作者 Nicola Perisco 教授话锋一转,指出若能松动传统理性人假设,改采有限理性(bounded rationality)假设——也就是行为法经济学的行为理论——则财产规则仍然较优,因为补偿规则要和财产规则一样好,必须要当事人都能往未来想好几步,但现实世界中的人无法每次都正确解答人生中的博弈。

Oren Bar-Gill 教授可能是我这个年龄段最聪明的法经济分析学者了。虽然他应该只大我几岁，当我在纽约大学念 LLM 那年，已经是他在纽约大学任教的第二年。我修了他开设的行为法经济学专题，读了他当时所有的文章，几乎导致反效果：这么绝顶聪明的人才能出人头地，那平凡如我辈该如何自处？

我向 Bar-Gill 教授学到即时回信的专业态度。他似乎永远都把学生、同事的电邮放在公事的第一位。除非他在睡觉，否则寄信给他，他总是秒回。有一次纽约受飓风侵袭而大停电，我正好寄信给 Bar-Gill 教授。他竟然也在一分钟内回复："停电中。笔电快没电了。复电后回复。"而在纽约恢复供电的一小时内，我就收到 Bar-Gill 教授完整的回信。我会写信给 Bar-Gill 教授，必然是有要事。但我眼中的要事，可能在日理万机的大学者看来，亦属一般。能立即收到回音，让我推进后续事宜顺利许多。不管我寄信时是外国来的 LLM 学生，还是相隔半个地球的同道，Bar-Gill 教授总是立刻回复。这绝对不是因为我对他特别重要，而是他以专业态度、将心比心。这件小事充分显示了他的谦和。即使他很年轻就回到母校哈佛大学法学院担任讲座教授，他始终对别人的研究保持赤子之心，并会客气地分享自己的深思熟虑后的想法。

在老师面前，我几乎总是受教的一方。唯有一次，我在哈佛广场巧遇他，他客气地请我吃午饭。我惊讶地发现，汉堡店的侍者不断把可乐加满（孔融说的"杯中酒不空"大抵不过如此），他也来者不拒、无限畅饮（他身材精瘦，完全不像我）。我问："理性如你，为何会难以拒绝不健康的可乐？"生平第一次，对我的问题，Bar-Gill 教授没有好答案……

第 18 讲 财产规则与补偿规则

笔者赞同 Bar-Gill & Perisco 的结论,但不同意其推论。他们的文章成功地用白话文(而非数学)拆解了理性人会怎么面对"复数侵害所有权者""反复出现的侵害所有权者""互相侵害所有权者",并且思前想后得出正确答案。喜爱头脑体操者不容错过。但是,即使采取 Kaplow & Shavell 的正统理性人假设,补偿规则仍然不会像 Bar-Gill & Perisco 所描述的那样运作。Bar-Gill & Perisco 的博弈能够推导出其结论,关键在于隐然假设了世界上只有已知的三个人在两个已知的时点互动,而且每个人在哪个时期出现也可以预知。因为如此,在 Bar-Gill & Perisco 的补偿规则世界中,时点 1 时,强盗 1 出现,威胁要取走所有权人之物。所有权人可以任强盗 1 取其财,并要求强盗 1 依补偿规则给予偿金。但因为所有权人非常可能是更能利用、珍视该物者,故所有权人还是可能会再向强盗 1 购回该物。当双方都清楚个中详情,交易就会简化为:所有权人给强盗 1 一笔钱打发之,以保住其物。但强盗 1 和所有权人都知道,时点 2 时,强盗 2 会出现,并威胁取走此物,无论此物届时在强盗 1 还是所有权人之手。预见强盗 2 的来临,在时点 1 强盗 1 和所有权人的交易就会预为之计(也就是,考虑到日后强盗 2 会来要钱,目前出价多少钱保护所有权,或接受多少钱而不取走系争物,才划算)。然而,现实世界中的关键问题是,无论是强盗 1 和所有权人都不知道,在之后什么时点,会有多少强盗出现。**即使两方都完全理性,也缺乏必要信息。**

再者,Bar-Gill & Perisco 显然也假设了零交易成本的世界。强盗的抢夺行为、当时占有者支付的赎金,都是交易成本,而且是财产规则下不会出现的交易成本。所以怎么能说两种原则一样有效率?

最后,Bar-Gill & Perisco 的世界中,配置效益的水准是静态的。完全理性的有限数目交易者,最终会通过完整的信息和交易,

法经济分析：方法论20讲

使最能利用者获得或保有所有权。但一项物品的价值几何，往往因为投资而上升。在财产规则下，投资的盈亏都由所有权人自行承担。在补偿规则下，投资越高、物之价值越高、越可能吸引强盗来敲门、所有权人须付出越高额的补偿才能遣走强盗。其结果自然是一开始就不愿意投资，甚至没有人愿意成为一开始的所有权人——当强盗才是无本生意。Bar-Gill & Perisco 的设定，虽然技术上符合了 Arruñada 界定的连续交易，但其实更像是两个单一交易。

除此之外，Bar-Gill 还与德语世界实证法经济学的第一把手 Christoph Engel 合作实验，企图以实证方式证明，物权的对世、排他效力一点也不重要。[31] 然而，Bar-Gill & Engel 实验最关键的缺陷是，实验中只有已知的两个人在一个已知的时点互动。实验室实验当然很难让人乱入，或者仿造现实世界有非常多的互动时刻。但正因为如此，此种实验无法看出有对世、排他的物权的效果。当世界上只有两组人在互相交易时，即使互动时点增加，只要所订之合同会被执行，就拘束了全部人（因为只有两个人）。此时，对世、排他与对人、排他合一。当世界上除了鲁滨孙之外，只有一个星期五。拘束了星期五，就拘束了全世界。但鲁滨孙和星期五的互动模式无法被外推到我们这个有数十亿人频繁互动的世界。

在学术圈中，要能做到研究取径与写作风格强烈，让人不看作者姓名就可以猜到是谁的研究，很不容易。但在此之上，还能让人对衣着品味一见难忘，可以说在法经济学界没有别人，只有波恩"共善"马普所所长 Christoph Engel。他从不打领带，总是穿着三件式西装，和色调搭配得宜的蝴蝶结。研讨会上，他总带着一只精巧的 R 牌旅行箱。白色络腮胡，

第18讲 财产规则与补偿规则

配上深色软呢帽,连我都为其风采倾倒。这样纵横学界数十年的大咖,第一次到亚洲演讲竟然是我邀请的,真让我觉得荣幸。他和我一样喜欢摄影,造访后回德国,他还刻了一片光碟,储存了他一路上捕捉的画面。

物权法不是合同法,因为有不确定数目的第三人,不知道何时会出现。**对世、排他在三人以上的世界才有意义**。而这是我们的世界。财产规则因此是物权法的常态与原则。

本讲参考文献

1. See Guido Calabresi and A. Douglas Melamed, "Property Rules, Liability Rules, and Inalienability: One View of the Cathedral", *Harv. L. Rev.* 85 (1972). 关于此分析架构如何套用来理解中国法律,参见凌斌:《法治的代价——法律经济学原理批判》,法律出版社 2012 年版,第 145—184 页。凌斌教授并提出自创之无为规则与规制规则,以补此分析架构之不足。
2. 这三个名词的译法,遵循简资修:《经济推理与法律》,元照出版公司 2014 年版,第 124 页。
3. See Ian Ayres and J. M. Balkin, "Legal Entitlements as Auctions: Property Rules, Liability Rules, and Beyond", *Yale L. J.* 106 (1996).
4. 传统认知中的受害者、原物所有人或更抽象的起始应配分拥有者,会归在规则 1、规则 2 这一栏,而非规则 3、规则 4。
5. 以前述工厂与洗衣店之例,规则 5 是工厂可以选择停止污染,并向洗衣店索取偿金，金额相当于"工厂停工使洗衣店免于污染而避免之损害"。建立规则 5 之原因是，工厂可能拥有最多信息，由其决定继续生产、污染或停工、受偿，可能较有效率。规则 6 则是洗衣店拥有禁制令，可以勒令工厂停工；但洗衣店也可以放弃禁制之权利，但要求工厂补偿其损失。See Ian Ayres, "Protecting Property with Puts", *Val. U. L. Rev.* 32（1998）。更多规则 1 到规则 5 的讨论，可以参考最新出版的法经济学教科书：J. Shahar Dillbary and William M. Landes, *Law and Economics: Theory, Cases, and Other Materials*, Aspen 2021, pp. 430-451.

6　See Abraham Bell and Gideon Parchomovsky, "Pliability Rules", *Mich. L. Rev.* 101（2002）.

7　See Yun-chien Chang, "Hybrid Rule: Hidden Entitlement Protection Rule in Access to Landlocked Land Doctrine", *Tulane L. Rev.* 88（2016）.

8　See Ayres, supra note 1.

9　See Yun-chien Chang, "Optional Law in Property: Theoretical Critiques", *NYU J. L. & Liberty* 9（2015）.

10　See Ian Ayres and Robert Gertner, "Filling Gaps In Incomplete Contracts: An Economic Theory of Default Rules", *Yale L. J.* 99（1989）.

11　他后来写的关于合同法上的"菜单选项"和"退出缺省规定的规制"，也是发人深省的大作。See Ian Ayres, "Menus Matter", *U. Chi. L. Rev.* 73（2006）; Ian Ayres, "Regulating Opt-Out: An Economic Theory of Altering Rules", *Yale L. J.* 121（2011）.

12　参见侯猛、贺欣、张永健：《法社会学与法经济学的对话》，载《法律与社会科学》2021 年第 2 期。

13　See Eric A. Posner and E. Glen Weyl, "Property Is Only Another Name for Monopoly", *J. Legal Analysis* 9（2017）.

14　See Eric A. Posner and E. Glen Weyl, *Radical Markets: Uprooting Capitalism and Democracy for a Just Society*, Princeton University Press 2018, pp. 30-79.

15　See Ward Farnsworth, "Do Parties to Nuisance Cases Bargain after

| 第18讲 | 财产规则与补偿规则

Judgment? A Glimpse inside the Cathedral", *U. Chi. L. Rev.* 66 (1999); Ward Farnsworth, "The Empirical Accuracy and Judicial Use of the Coase Theorem (Vel Non)", in Claude Menard & Elodie Bertrand, *The Elgar Companion to Ronald H. Coase*, Edward Elgar 2016, p. 346.

16 See Roger B. Myerson and Mark A. Satterthwaite, "Efficient Mechanisms for Bilateral Trading", *J. Econ. Theory* 29 (1983); Roger B. Myerson, "Perspectives on Mechanism Design in Economic Theory", *Am. Econ. Rev.* 98 (2008).

17 See Peter Cramton et al., "Dissolving a Partnership Efficiently", *Econometrica* 55 (1987).

18 张永健:《社科民法释义学》,新学林出版股份有限公司2020年版,第223—278页。

19 熟悉张五常《经济解释》的读者,应该会记得Harberger——在第一版译为夏保加,在第四版称哈伯格。

20 笔者的第一本英文专著,处理了历年所有的相关文献。See Yun-chien Chang, *Private Property and Takings Compensation: Theoretical Framework and Empirical Analysis*, Edward Elgar 2013, pp. 35-46.

21 See Yun-chien Chang, "Self-Assessment of Takings Compensation: An Empirical Study", *J. L. Econ. & Org.* 28 (2012) (此文也被 Posner & Weyl 的专著引用)。中文论述:张永健:《土地征收与管制之补偿——理论与实务》,元照出版公司2020年版,第48—59页。

22 See Juan Ramón Rallo, "Property Is Only Another Name for Decentralized Creation of Knowledge", *Eur. J. L. & Econ.* 47 (2019).

23 See Katrina Wyman, "In Defense of the Fee Simple", *Notre Dame L. Rev.* 93 (2017).

24 See Lee Anne Fennell, *The Unbounded Home: Property Values Beyond Property Lines*, Yale University Press 2009.

25 See Lee Anne Fennell, "Property Attachments", *U. Chi. L. Rev.* 87 (2019).

26 *See* Katrina Miriam Wyman, "Property in Radical Markets", *U. Chi. L. Rev.* 87 (2019) (提出此质疑，并指出 Posner & Weyl 所举之少数事例是错误分析的结果).

27 同样想解决聚合不动产权利问题，*see* Michael Heller and Rick Hills, "Land Assembly Districts", *Harv. L. Rev.* 121 (2007).

28 陈若英教授有一篇精彩论文，背后的核心理论与此相似。Ruoying Chen, "Invited Takings: Supermajority, Assembly Surplus, and Local Public Financing", *Iowa L. Rev.* 100 (2014).

29 *See* Louis Kaplow and Steven Shavell, "Property Rules Versus Liability Rules: An Economic Analysis", *Harv. L. Rev.* 109 (1996).

30 *See* Oren Bar-Gill and Nicola Persico, "Bounded Rationality and the Theory of Property", *Notre Dame L. Rev.* 94 (2019).

31 *See* Oren Bar-Gill & Christoph Engel, "Bargaining in the Absence of Property Rights: An Experiment", *J. L. & Econ.* 59 (2016).

Economic Analysis of Law

| 第 **19** 讲 |

代理人问题

|第 20 讲|
经济分析是新私法学的中坚力量

| 第 19 讲 |

代理人问题

19.1 本人—代理人关系在民商法无处不在

19.2 公司治理情境中的代理人问题

    19.2.1 公司章程：保护公司经营者还是股民？

    19.2.2 公司章程修改：为谁辛苦为谁忙？

    19.2.3 国企的双重代理人问题

代理人问题（principal-agent problem）是法经济分析最早提出的洞见之一，其核心问题就是本人（principal）和代理人的激励不同，信息也有落差。代理人可能只想为本人着想，但不知道或弄错本人真正想要或需要什么。更常见的情境是，代理人的激励是最大化自己的净收益，而非最大化本人的净收益。本人当然也心知肚明，所以通过合同或其他方式，尽量拉近两者的激励方案。许多公司采取员工入股分红的方案：当员工的收入部分来自公司股票收益时，员工有更强的激励要让公司股价上扬、生意兴隆。但是，员工对股价、生意的影响往往有限（但偷懒的好处是马上就可享受）。就算是首席执行官也只拥有公司**部分**的股票，所以代理人问题几乎不可能完全消除。

以下，本讲先描述一些处理代理人问题的法律规范，然后以笔者做过的三则实证公司法经济分析论文为例，说明实践中的代理人问题更复杂的面貌。

19.1 本人—代理人关系在民商法无处不在

民商法中的代理人，随处可见，从家庭法中的监护，到继承法中的遗嘱执行人、遗产管理人；从合同法中的委托、租赁，到物权法中的用益物权；信托法中的受托人和公司法中的经理人，更是不在话下。请注意，承租人和用益物权人虽然是为了自己使用某物，但租赁与用益物权都是天长地久有时尽，该物终究要返还给出租人、所有权人，承租人、用益物权人是否耗竭地利、吃干抹净，使返还后该物毫无价值，就是用益关系的代理人问题。

课予此种代理人"忠诚义务"（fiduciary duty），并使本人或第三人可以向不忠诚的代理人请求赔偿或负担其他法律责任的条文，俯拾皆是。例如《民法典》第34条、第35条规定监护人的责任和其忠诚义务的标准（最有利于被监护人）；《民法典》第1148条规定遗产管理人的责任标准；《民法典》第376条规定地役权人的利用方式；《农村土地承包法》第42条使承包方在经营方有重大违反忠诚义务时可以解除合同[1]；《民法典》第709条和第710条授权双方以自愿约定界定忠诚义务的表示方式与具体内容，第711条则是其法律效果；《民法典》第922条到第924条界定受托人的忠诚义务就是按照指示亲自办事，而且必须报告原委；《信托法》第25条到第33条更是明明白白规范了受托人的忠诚义务。

相较而言，承揽和买卖就比较没有代理人问题。假设发包人和买受人都能即时、准确发现标的物是否品质有瑕疵，则即便承揽人和出卖人拿次级品出来，也无法"忽悠"对方。承揽人的建造期间和出卖人的生产期间都很长，发包人和买受人未必能监管，但也无须监管——只要在**交付当下**能确认品质即可。若有隐藏瑕疵，或许可以视作信息不对称或信息不充分的问题，而非代理人问题。而本章所探讨有代理人问题者，是双方有长期关系，而且代理人作的每个决定都会影响本人的利益，所以本人在**每个时点**都担忧代理人是否会背信弃义。但是，员工是否偷懒、受托人是否作了最佳判断等等情形，往往难以由外部第三人（如法院）事后确知。法律能做到的通常是事后课予代理人责任；或者允许本人终止关系，使代理人后续无利可图——借此希望在事前激励代

| 第 19 讲 | 代理人问题

理人不要偷鸡摸狗。

而缔约双方如何能以"激励相容"(incentive-compatible)的合同内容,使双方互蒙其利,就考验缔约者的经济智慧。举例而言,如果一家大公司可以选择"购买打印机和碳粉"或"承租打印机并按照印量付费",应该选择哪一种?笔者服务的单位前几年由前者转为后者,使笔者因此亲身观察到两种不同合同的激励差异。

在前者,无论哪个单位或个人购买打印机的价格都差不多,打印机厂商无法差别取价。单位在第一批碳粉用完后,可能由他处购买原厂碳粉,甚至改用副牌碳粉。单位和打印机厂商通常签有保固修理合同,但打印机厂商作为代理人,在收到修理保养请求时,总是爱理不理、推三阻四。毕竟,保养费用已经收了,费用本身也没有太多利润,赶着来修理对厂商也没有额外好处。保不齐单位自己尝试修,修坏了,厂商还可以卖新的打印机。

在后者,打印机是厂商的财产,若永久损坏,就没有在次级市场上转卖转租打印机给其他消费者的机会。更重要的是,厂商的利润来自印量——单位打印越多,厂商收入越高。但打印机坏了,就无法打印,也就没有收入。因此,打印机厂商作为代理人的最佳策略就是竭尽所能、尽快修复。

对单位而言,本来印量越大,成本就越高,差别只是采购碳粉匣和支付服务费的差异(经评估后两个方案的总打印成本相差无几)。但是,打印服务在后者不太中断,可以减少单位产能耗损。这个良善的结果,正是因为双方找出了解决代理人问题的合同安排,使双方的最佳行动策略也同时对另一方有利。不过,从下一节的三个例子可以看出,代理人问题不总是能顺利解决。

19.2 公司治理情境中的代理人问题

笔者和林郁馨教授一系列三篇探讨上海、深圳、香港、台湾证券交易所的上市公司的实证法经济分析研究,就触及许多经典的代理人问题。这三篇文章当然无法囊括所有尝试控制代理人问题的法律规范;诸如:独立董事与各种独立的委员会、事后的股东诉讼、少数股东的董事提名权、禁止妨碍敌意并购(hostile takeover)的规范,等等,都是公司治理法制中降低代理人问题严重性的手段。[2]

19.2.1 公司章程:保护公司经营者还是股民?

随机抽样 2015 年时,上海、深圳、香港、台湾证券交易所的 498 个上市公司后,笔者和林郁馨教授的团队编码了其公司章程的内容,并与当时拘束上市公司的法律规范比较:上市公司章程,相较于法律规范,比较保护小股东的利益,还是控制股东(controlling shareholder)的利益?标准的经济分析理论预测,在公司 IPO 时,会以保护小股东为号召,所以章程内容会比较"平衡"。但顺利上市之后,会逐渐往控制股东的方向倾斜。但是,笔者和林郁馨教授的实证研究发现:四个交易所的上市公司,有往控制股东方向倾斜者,也有往小股东方向者,而且数量相差不多。[3] 为何行动中的公司治理,没有像标准理论所预测(以及美国的公司治理实况所显示)的那样,偏向控制股东?笔者和林郁馨教授猜测,一个可能原因是小股东(符合一定条件下)有提案到股东大会以修改章程之权,而小股东倾向于提出对小股东有利的

| 第 19 讲 | 代理人问题

方案。另一种可能原因是，控制股东也可能提案修改章程，保护小股东的利益。这是借由缩小（修改后）章程规定与小股东真正想要的章程规定的差距，促使小股东不要提出对其**更有利**的治理方案——因为另行提出章程的收益降低，但许多（固定）成本例如争取其他股东的委托书（proxy voting）一样高。

此外，Henry Hansmann 教授的授权理论[4]，解释了台湾证券交易所上市公司的超短章程，但无法说明为何上海、深圳、香港证交所上市公司的章程很长。

19.2.2　公司章程修改：为谁辛苦为谁忙？

2011 年底，在台湾证券交易所上市的公司，董、监事选举的投票方式由累积投票制作为缺省规定，改为强制规定。有 17 家上市公司，在修法当时采用多数决（全额连记法），因而被迫改为累积投票制。其他数百家上市公司则本来就采用累积投票制，因而未受影响。公司法文献常举累积投票制为有利于小股东的公司治理方式[5]，但关于投票规则对公司治理的实证研究却很少。[6]强制采用累积投票制，真的会让小股东更容易取得董、监事席位吗？就算大多数人都是"吃素的"，上市公司的控制人绝对也是"吃荤的"。笔者和林郁馨教授的实证研究发现，上述 17 家公司中，2012 年就刚好要改选董、监事者，或许有点措手不及，所以控制股东掌握的董、监事席次百分比（统计上显著地）降低。但 2013 年、2014 年才改选董、监事者，相对于其他上市公司，控制股东掌握的董、监事席次就没有减少。而控制股东保持其所欲董、监事席次的方式，不是增加持股（太贵了！）而是更用力地征求委托书（纪念品反正是公司出钱）。结果就是，即便制定了学界众望所归的好制度,也可以被受规制者轻易"翻墙"。[7]

19.2.3 国企的双重代理人问题

国有企业的代理人问题,比私有企业的代理人问题更严重。私有企业的董事会与经理人是代理人,股东是本人。国有企业的董事会与经理人是代理人,股东是国家(或代表国家的机关、官员);但国家相对于人民群众也只是代理人,真正享有福祉者是人民群众。因此,国有企业有"双重代理人问题"(the principal-agent-agent problem)。从一般的法经济分析理论推导,会容易得出相对于民企,国企的绩效更差、公司治理更差的结论。但真的是如此吗?相关文献众多,难以在此重述。使用从上海、深圳证交所随机抽样的297家上市公司为观察对象,我和林郁馨教授发现,中央国企相对于民企,无论是公司章程纸面上的规范是否比较保护小股东,或实际经营绩效,都不分轩轾,甚至更好;但地方国企相对于民企,确实在方方面面都表现较差。[8]后者结果正如理论所预测,但前者又是怎么回事?

中央国企的章程之所以比较保护小股东,我和林郁馨教授推测,或许是因为中央国企的首席执行官或其他高管,都是前途无量的干部,若中央有推动公司治理的政策,这些寻求晋升者就会全力配合、升级保护小股东的条款。也就是,寻求晋升者在释放"我很配合政策"的信号(signal)。另一个更大胆的猜测是,中央国企的章程比较保护小股东,恰恰是在刻意使小股东有能力协助监管单位监督中央国企。地方国企都在省界之内,但许多(我们数据中的3/4)中央国企不在北京,使位在中央的监管者鞭长莫及。为了降低监管机关对外地中央国企的高额监管成本,就以赋

| 第 19 讲 | 代理人问题

权小股东方式弥补。另外，我和林郁馨教授的回归模型发现，中央国企的经营绩效较好，并非源自较好的公司治理条款。可能的理由，或许是中央国企获得（同样也是国企的）银行的融资成本较低。

> 2013 年 2 月，Richard Revesz 教授卸任纽约大学法学院（我的美国母校）院长。在他 11 年的院长任内，只来过台北一次，就在我负笈美国的一个月前。Revesz 教授的夫人，Vicki Been 教授（同样任教于纽约大学法学院），也随其来台。在纽约大学校友会举办之欢迎会上，我碰到的第一个人就是 Been 教授（没有拼错；过去分词也可以当姓……）。因为与 Been 教授相谈甚欢，在 2005 年秋季学期，就选修了她的课 "Land Use Regulation"，就此踏入土地管制的领域。也因为她的建议，并适时提供最新的文献，我才能以征收补偿的理论架构与实证研究为题，作为法学博士论文的研究主题，由她指导。这就是缘分吧。
>
> 博士求学阶段并非一帆风顺，而人生中的逆境往往比顺境让人学到更多。"Land Use Regulation" 是四学分的大班课，按规定必须以常态分布打分。虽然我当时英语口语非常不灵，但仍然勇于发言，Been 教授也颇肯定我的分析与评论。寒假收到成绩单时，竟是 B−，仿佛五雷轰顶。NYU 博士班申请有规定的 GPA 门槛，四学分的课拿到 B− 让我申请上博士班的机会大减。我和教授约了时间讨论我的考卷，心中暗暗祈祷是改错，但事实是残酷的。

法经济分析：方法论20讲

"Land Use Regulation"的期末考是一整周的 take home 考试，我也花了整整一周的时间仔细撰写长篇的分析。在那一周的考试开始前，我做了一大锅咖喱，分成14个冷冻盒，效仿范仲淹的故事，一天吃两盒，希望能最大化写考卷的时间。结果，班上最高分的同学，花了不到两天的时间就交卷，篇幅比我短，但分数高出许多。原因是，美国法学院的大班考试，往往重在 spotting issues（发现争点）。考试要测验的是学生有没有发现争点，并简明扼要处理争点相关的法律议题的能力。因此，Been 教授都会准备一张表，上面列出了她所想到的所有争点。学生答卷时有碰触到争点就有分数；回答得好，分数自然更高。班上的 JD 同学（我是唯一的 LLM 学生）经过一年级的洗礼，自然都知道这层道理。但我在台湾受的法学教育，是要求针对重大争点做深入分析，所以我也在美国的考试中如法炮制（事实上，压根没有想到会有不同）。而只碰触少许争点的结果，当然就是拿到班上最低分。

另外，我在台湾当学生时的答卷练习，是以法官（甚至是学者）立场，对抽象问题的剖析，而且学说的比重颇高。在"Land Use Regulation"的期末考中，有一题要求学生以某市市长的律师身份，撰写法律意见书，剖析可能的法律争议，以及万一有争讼时如何应对。美国法学院的毕业生大多数成为律师，于是自然训练学生以律师角度撰写法律文书。法院判决是"有权解释"，因而是答题重心。学说见解固然在与有权解释对话，但在考试时不是重点。此种视角差异，也让我在答题时吃了苦头。

| 第19讲 | 代理人问题

再者,"Land Use Regulation"是物权法和行政法的交叉领域,又不是联邦法,而是各州不同的州法,甚至有州下的郡、市经授权而自行颁布的自治规定——因此涉及多层的纵向权力制约和监督议题,当然也还有传统的横向权力制约和监督议题。来美国前没有修过美国物权法,也对联邦制度下的垂直权力分立争议不熟的我,在这一点当然又吃了亏。

神奇的是,经过一学期的课程洗礼,再加上一周答卷时间,我竟然也能上手美国土地使用管制的基本问题。征收(physical takings)与管制式征收(regulatory takings)是"Land Use Regulation"的重头戏之一,也就顺理成章成为我申请博士班的核心议题领域;我学术生涯早期的几篇重要英文著作,也都是以征收补偿为主题。

经过LLM一年的苦读与苦思,我终于能在100多名申请者中脱颖而出,成为4名进入博士班的菜鸟之一。NYU法学博士班那时只要求修三门课:自选一门探讨应然问题的课、自选一门探讨实然问题的课、一门工作坊。能否在博士一年级后升为博士候选人,端视第一年结束时提出的博士论文一章,指导教授和JSD委员会是否满意。岂料,在二年级开学后不久,收到Been教授来信,直陈她不会同意我升为博士候选人,因为我缴交的那一章论文,还打磨(polish)得不够。没有按时升上候选人的博士生,除了被断绝学校的各种补助,当然更是不祥的预兆。NYU法学博士班并非难进易出,而是难进难出,花费七八年才拿到学位者比比皆是,没念几年就被明示、暗示"好聚好散"的例子也非前所未闻。这当然和学校的一项核心思维有关:在硕士班时参加Joseph Weiler教

法经济分析：方法论20讲

授的申请说明会时，他举了各种"不应该"来念 JSD 的理由。即使不接受法学博士班的训练与洗礼，NYU 的学生仍能在法律实务的世界中大展长才。因此，让不适合走学术路的人，早点断了念头反而是好事。

不过，对于从高中以后就一心只想当学者的我，外面的法律大千世界于我如浮云。如果我不适合学术这条路，我该何去何从？我没有时间沮丧，以砍掉重练的沉重心情，和暑假回台时搜集到的珍贵一手数据，将那一章重写为两章。Been 教授的当头棒喝，让我谦卑谦卑再谦卑，也更认识到自己的学术写作缺点。一个学期后，我顺利升为博士候选人。那两章也在几年后分别刊登在顶尖的同侪审查期刊 *JLEO*、*JELS*，那是我一直以来不敢高攀的期刊啊！

博士班的第二年中，我也在 Been 教授的联系下，顺利找到纽约市的关键数据。我的博士论文有两章在探讨纽约市的征收补偿体制是否给予被征收人市价补偿。但我要如何得知补偿数额呢？纽约市看似只是一个城市，但富可敌国（其 2022 会计年度的总预算是 987 亿美元）。官僚组织庞大又复杂，哪里有数据，并不容易探知。在教授的协助探询下，最后才在 Comptroller's Office 发现，有一个神秘的房间，储存了所有和纽约市政府协议价购完成征收的案件的文书。获得许可后，我泡在那个房间好几天，取得了珍贵的第一手数据。我至今唯一一篇 *JLS* 的文章，就是以这批数据的分析为核心。博士班二年级开始时，我无法顺利成为候选人；但在二年级结束之际，Been 教授有一天突然说："你应该可以准备毕业了。"这个逆转来得太突然，让我无法置信。但对她来说，博

第19讲 代理人问题

士生也好、博士候选人也好、博士也好,取决于我的论文是否已经达到一定高度。我可以花比同学更长的时间变成候选人,也可以花比别人短的时间拿到学位。说一切都是因为我的努力,并非事实。运气(能及时找到台湾与纽约的关键数据)和 Been 教授的指导与协助,也是非常非常重要的一环。

Been 教授在我求学时,一直具有多重身份。她是院长夫人,一些重要场合必须陪同出席。她是 Furman 中心主任,领导许多人,每季、每年都要提出各种奠基于实证研究的政策建言。她是非常投入的教师,总是即时、亲自、长时间回复学生的问题。她是一双子女的慈母,常常亲自下厨。作为她当时(以及到现在!)唯一一位法学博士指导学生,她的时间真的很难约。但每一次见面,她都给我足以思考几个月的意见。

记得我第一次收到她以追踪修订改回来的论文初稿,满篇红字,惨不忍睹。许多大段落直接删掉,写着 NOT HELPFUL。她一再又一再告诫我:要重视细节,但不要在论文中被细节所束缚。好的论文、好的学术报告,要有大格局、大方向,理论要想得细致、实证要做得扎实。下苦功是应该的,但苦工不是论文的重点;论文如何推进了我们对人类社会的理解,才是重点。当我以初生之犊的傻气,挑剔前人论点的小瑕疵时,她总是说:"Give credits when credits are due."要对别人的论述采取 charitable reading(可以理解为"合宪性解释"……)。这不是教我乡愿,而是教我优雅地站在前人的肩膀上——我不应该践踏前人,但也不应该躲在前人背后,而没有望得更远。唯有在大的理论框架上突破前人,才是她期许我做的研究,而不是鸡蛋里挑骨头。她挑出我写作中的许多形容词、副词,说那都是多余的。上乘的写作,不是说某某论点是错的;而是清楚有力地呈现自己的论点,让读者自然明白他人的论点是错的。谨遵她的教诲,我的论文不会去挑既有文献的小毛病,但不会随便放过与我论旨不同的文章。别人批评我的论文有误,若言之有物,我见善则拜;若无的放矢但无关宏旨,我就一笑置之。如今想来,那满篇红字的追踪修订,于我大有启示。

2019年春,我回到母校NYU客座一学期。Been教授邀请我合授一门都市政策Colloquium,主题是租赁。在NYU的Colloquium,受到Ronald Dworkin的启发,虽有一半时间是由邀来的学者发表论文,但却由主授老师负责报告(别人写的)论文!这门由Been教授几乎年年开设的都市政策Colloquium,是我在NYU四年每年都参与的课。能在毕业十年后,与自己的指导老师合开自己修过的课,意义非凡。以前听来访学者称赞Been教授:"你报告我的论文,比我自己报得更好!"觉得有为者亦如是,等到自己真的要上阵了,更加体会到这句称赞背后除了有数十年的积累,还要投入大量时间仔细阅读,并设身处地思索作者的初衷,还要让学生听得懂。真不容易!

也是在我访问的最后几周,有一天早上收到Been教授的信。她说:"如果你有空,下午希望你能到纽约市长官邸。市长将会举行正式记者会,宣布我接任纽约市副市长。"没想到,在市长亲自主持的记者会上,我才更了解Been教授过去的种种。在念法学院之前,她当过新闻记者,所以练就了好

第 19 讲 | 代理人问题

文笔。她想好了才下笔,但下笔后就不太需要改。她幼时家中经济情况普通,母亲又不擅长厨艺,所以她从小学开始就负责做饭给弟妹吃。没想到升大学时,州内的罐头公司提供 Cooking Scholarship(并不是拿到奖学金后要负责煮饭,而是在厨艺比赛中获胜者可以获得奖学金!)。有着长年实战经验的 Been 教授拿到奖学金,完成大学学业。她到 NYU 法学院读 JD 时,受惠于纽约市的社会住宅(affordable housing)政策,才能住在离学校不远之处,这使她觉得,给阮囊羞涩者居住在纽约市的机会,对在生活中力争上游者多么重要。她的学术研究不少都关注到征收对弱势族群的影响,社会住宅政策的影响,等等。作为纽约市副市长,她说将在两年半的任期中,尽全力提升纽约市的居住正义。

等我在记者会中回过神来,我才发现,除了记者,亲朋中有受邀到场的只有 Been 教授的先生(Revesz 院长)、儿子(女儿不在城里),和我。一日为师,终生为母。除了和我分享她人生重要的一刻,我相信,她或许也想着给我上一课,让我未来的学术旅程,有更多可以咀嚼玩味之处。

本讲参考文献

1 关于三权分置的进一步分析,参见张永健:《农村耕地的产权结构——成员权、三权分置的反思》,载《南大法学》2020 年第 1 期。

2 读者可参见张巍深入浅出的两本专著,必能有许多启发:张巍:《资本的规则》，中国法制出版社2017年版，第1页以下；张巍：《资本的规则II》，中国法制出版社2019年版，第1页以下。

3 *See* Yu-Hsin Lin and Yun-chien Chang, "An Empirical Study of Corporate Default Rules and Menus", *J. Empirical Legal Stud.* 15 (2018).

4 Henry Hansmann, "Corporation and Contract", *Am. L. & Econ. Rev.* 8 (2006).

5 *See, e.g.*, Bernard S. Black and Reinier Kraakman, "A Self-Enforcing Model of Corporate Law", *Harv. L. Rev.* 109 (1996).

6 *But see* Stephen J. Choi et al., "Does Majority Voting Improve Board Accountability?", *U. Chi. L. Rev.* 83 (2016).

7 *See* Yu-Hsin Lin and Yun-chien Chang, "Does Mandating Cumulative Voting Weaken Controlling Shareholders? A Difference-in-Differences Approach", *Int'l Rev. L. & Econ.* 52 (2017).

8 *See* Lauren Yu-Hsin Lin and Yun-chien Chang, "Do State-Owned Enterprises Have Worse Corporate Governance? An Empirical Study of Corporate Practices in China", *Eur. Bus. Org. L. Rev.*, 23 (2022).

Economic Analysis of Law

第 **20** 讲
经济分析是新私法学的中坚力量

方法论附录
社科法学的方法坐标

第 20 讲

经济分析是新私法学的中坚力量

20.1 新私法学的三个核心特征

20.2 旧私法学是什么?

20.3 怎么写作新私法学

  20.3.1 重视概念,但也要反省既有概念

  20.3.2 尊重既有部门法分界,也要跨部门

20.4 临别赠言:经济分析并非万能,但没有更好的替代方法

本书介绍了法经济分析的方法，也指出法教义学的缺陷。但读者可以将第 11 讲作为本书的核心：法经济教义学才是中文法学未来之所系。无独有偶，太平洋的彼端，法经济学的发源地美国，也正展开一场轰轰烈烈的法学运动——"新私法学"（New Private Law）。本书最后介绍"新私法学"的主张，鼓励各位读者一起走这条康庄大道。

新私法学是笔者长年的合作者、哈佛大学法学院讲座教授 Henry Smith 等人发起的学派。先是 2012 年 *Harvard Law Review* 刊登了新私法学的专号[1]，而后 2020 年由牛津大学出版社发行了教战手册（handbook）[2]确立了开宗立派的决心，也说明了学派的方向与立场。[3]

> 与我合作最多的美国学者，也是影响我物权法思想最大的学者，是哈佛大学法学院讲座教授 Henry Smith。和不少其他物权法经济分析的重要学者一样，Smith 教授也没有经济学背景。他是语言学博士，学士和硕士主修德文，也能阅读一些北欧语言！或许这显示了，掌握经济学的洞见并不困难；所以还在法经济分析门外的读者，不要被数学或图表吓走了！而 Smith 教授没有忘记语言学的训练，在一系列文章中，他使用语言学的"外延"（extension）、"内涵"（intension）、"模组"（modularity）等概念，加上经济分析，为私法研究带来崭新视角。

我和 Smith 教授至今合写了四篇文章；这缘分说来奇妙。我和他首次见面是在我儿出生未满月之时。抛下了月子中的贤妻、襁褓中的稚子，我奔赴普林斯顿大学参加一年一度的美国法经济学年会。五天来回，我开会的时间比在途期间还短。但就在会议第二天早上，我在旅馆一楼大厅，遇见了正在退房的他。我们素昧平生，我只敢怯生生地表明自己是粉丝一枚，但他谦和有礼，完全不像是名满天下的大拿。我向他请教，他的理论预设情境都是普通法，能够延伸到大陆法吗？从旅馆走向会场的 15 分钟里，我们反复讨论，也互相谦让（我说他应该写，他说应该我写）。最后，还是大师开了金口："不如我们来合作吧！"我当然是既紧张又兴奋。回家后，花了一整个暑假读文献、想论点，一边带孩子、一边烧脑，终于有了好的论点，我们才开始撰写草稿、互相修改。

我强力推荐学写英文法学论文者，读 Smith 教授文章的导论第一段——总是有引人入胜的魅力。至少我总是像中邪一样舍不得停下来。英语不是我的母语，我当然写不出那样漂亮的破题。但即使以中文下笔，我都欠缺这样的文字魅力。从大师身上，我实在学到很多！

20.1 新私法学的三个核心特征

新私法学有三个核心特征：第一，并用内在观点（internal approach）和外在观点（external approach）。第二，认真看待私法学中的既有概念与部门分野。第三，扩展私法学的范畴到周边部

第 20 讲 经济分析是新私法学的中坚力量

门,如:公司法、知识产权法、劳动法等。

简言之,内在观点是参与者观点;外在观点是观察者观点。对内在的参与者而言,其追问都给定(given)了一个法律世界(且通常是自身所处的法律世界);就此来说,讲究概念体系的法教义学,是不折不扣的内在参与者观点。而法学结合社会科学而成的各种社科法学,则经常被认为是外在观点。以上扼要说明内在观点与外在观点的不同,以便读者理解新私法学的第一项核心主张。

笔者命名倡议的"社科民法释义学"和"法经济教义学",就是尝试结合内在观点与外在观点的取径,以试图厘清这些社会科学式的论理在法学论证中应有何种地位。[4]

20.2 旧私法学是什么?

Lionel Smith 教授解释,新私法学的特点,与"旧私法学"(Old Private Law)和"超旧私法学"(Really Old Private Law)对比更能彰显。[5] "旧私法学"描述 20 世纪后半叶风行一时的**特定美国法经济学流派**(纯粹的外在观点,没有结合现行法解释);"超旧私法学"则是 19 世纪的美国法教义学,其风格如同当下的大陆法系法教义学;新私法学的核心特征则如前所述。

Lionel Smith 的观察颇值得玩味,但可能有点过度简化。据 Daniel Kelly 的分析,第一代的法经济分析学者,以法律制度作为出发点,运用经济学洞见以解释、证立、倡议改革法律。第二代的法经济学者,比较关注经济理论,而往往忽略了法律制度、法原则（doctrine）。到了第三代的法经济分析学者，包括新私法学的健将，则又重拾对法律本身的重视。[6] 以新私法学的视角，第一代与第三代的法经济分析学者取径相似，而与第二代法经济学不同。因此，美国的法经济学/法经济分析，**并非都是**忽略法律制度的旧私法学。

20.3 怎么写作新私法学

本讲虽然读起来像中文世界中的新私法学宣言，但其实在私法领域中紧密结合法教义学和社会科学的创作，已经存在三十年。最有代表性的莫过于苏永钦教授。笔者的前引著作，也是新私法学典范下的尝试。本书前面19讲的方法论，铺垫了中文世界中的缺环，因而联结了法教义学与经济分析。本节再进一步推进两个新私法学的可行方向。

20.3.1 重视概念，但也要反省既有概念

特别讲究概念，或可谓法学异于社会科学之处。建构概念体系更是法教义学者的当行本色。职是之故，对这些教义学的产品（概念）进行反思或批判之举，往往就容易被视作是脱离了法教义学；也因此形成了许多无谓的对立。

雷磊澄清对于教义学的常见误解时，区分"教义学方法"及"教义学知识"，并提醒论者不应将径自只将法教义学与后者等同而产生不当窄化。[7] 本书第11讲即试图展示经济分析如何融入于教义学方法。而对教义学知识的部分，吾人或可思考的是：难道私

| 第 20 讲 | 经济分析是新私法学的中坚力量

法学只能依托于特定一套概念体系吗?显然不是。德国民法概念体系虽然已经有百年以上的发展历史,但笔者认为已经到了"缝缝补补太多年"的地步,应该重新检讨,甚至砍掉重练。

以 Wesley Hohfeld 的分析法理学(analytical jurisprudence)方法,笔者已经尝试重新检讨两岸所继受的德国民法基本概念:债[8]、物[9]、买卖[10]、信托[11]、损害赔偿[12]、占有[13]。笔者也用此方法反省两岸自创的私法概念,如:成员权[14]。

唯有用更精确的概念,过滤不必要的概念杂质,才能使法律关系更清晰,并使法律议题的各种面向讨论不流于各说各话。使用精准的法律概念,也会使运用行为理论预测受规制者的行为,不会失焦。

20.3.2 尊重既有部门法分界,也要跨部门

新私法学虽然强调要尊重既有的部门法类型(categories),但也提倡一些跨部门的探讨,例如:fiduciary law(忠实法)就可以跨越委任、信托、继承等传统部门分界;organization law(组织法)的研究对象自然包括公司、财团法人、公益信托、社会团体、合伙、共有。

而在既有两串文献的基础上,笔者写作了一系列以独立财产和资产分割为视角的论文,以展示此分析框架跨部门的启示。独立财产和资产分割的理论框架[15],可以用以探讨继承法中的遗产[16]、公司与其他法人的资产与股东的有限责任[17]、公寓大厦中的公共基金[18]、灵骨塔的归属[19]等课题。

中文世界的私法学,仍太过于固守传统的部门分野。就连学

法经济分析：方法论20讲

者的研究领域组合，也都少见打破陈规者。研究合同的学者也作侵权法。教授亲属法者，被期待要教继承法。公司法学者的次要研究领域仍多在商法之列，连跨足合同法者都不多见。若能有更多从事创新"领域排列组合"的学者，比如同时研究亲属法与信托法，便可促进部门间的洞见交流——可能在亲属法内已经被研究透彻的想法，在信托学者间尚属新鲜，而兼治两者的学者，就可利用亲属法学的洞见，推进信托法的新思维。

近代法学研究被细分为许多部门法。部门法如何区分，各法域（或法系）的做法不同，比如美国就没有"经济法"此种部门。部门形成后，仿若语言学所谈的"模组"（module），部门/模组内的沟通、交流非常热烈，但部门/模组间的沟通、交流就非常稀少。好处是专业分工，坏处是部门/模组内发展出的洞见，很少会传递到别的部门/模组。法经济分析对美国法学的冲击之一，是进一步打破（或鼓励跨越）部门法的界限，用一以贯之的理论视角（经济效率）分析任何法律问题。美国法学研究的多元，有一部分就来自于部门间的热烈交流（而这和经济分析的风行没有必然关系）。美国法学中，部门法的区分本来就不如大陆法明显，再加上许多学者的研究领域是（对大陆法系学者而言）遥远的部门法的组合，所以部门间的智慧经常来回传递。知名的物权法学者 Thomas Merrill 同时也是行政法的权威。这些例子不胜枚举。有趣的是，大陆法系把侵权法与合同法合称为债法，精研两者的大陆法系学者不少，但在美国同时专攻两者的学者数目，或许远少于大陆法系学者的想象。

第20讲　经济分析是新私法学的中坚力量

如上所述，Thomas Merrill 教授在物权法领域中是翘楚，但研究美国行政法者也不可能错过他对 Chevron 案的看法。由于长期横跨公法与私法，他的物权法研究常常有公法视角，对于（规制）征收的研究即为适例。我硕士班时专攻公法，在纽约大学的博士论文写征收补偿，逐渐把物权法纳入研究范畴。有好一阵子，我把 Merrill 教授视为模范，希望自己可以成为公法、私法一肩挑的学者。进入学界之后，深深觉得要能跟进一个领域的最新发展都困难无比，要能在两个（至少相关文献）联结不多的领域成为领航者，真是难如上青天。

Merrill 教授和 Smith 教授都从西北大学法学院发迹，从2000年开始合写了一连串的重要文章，后来又出了入门教科书和案例书。他们的法经济分析著作，完全没有数学，而且文章风格洗练。据 Smith 教授说，Merrill 教授写出来的第一稿就清晰好读、有说服力，不需要修订。

在我博士毕业前后，我在当时新成立的同侪审查期刊上，读到了 Merrill 教授比较"添附"和"无主物先占"的经济分析。Thomas W. Merrill, "Accession and Original Ownership", *J. Legal Analysis* 1 (2009). 这在大陆法系物权法课堂上充其量是不会花太多时间讲解的技术性条文，在他的视角下成为两种决定资源归属的典范，各有利弊，可以开展一篇长文，并且可以拓展到其他领域如知识产权。某程度而言，读到这篇文章让我决心成为物权法学者，因为物权法并非只是处理无聊的技术条文，而是人类经济生活的根本大法。同样的素材，大师处理就是不同凡响。

2019年我在纽约大学法学院客座时,邀请Merrill教授报告新作。那篇论文比较短期租赁(rental)与长期租赁(lease)、动产租赁与不动产租赁(商用、住用)的不同经济特征,言近旨远又浅显易懂,学民法经济分析的人都应该看!Thomas W. Merrill, "The Economics of Leasing", *J. Legal Analysis* 12 (2020)。我和Merrill教授已经商定了要从世界各国的租赁规范比较出发,写一篇上述文章的续集。但我的哥大客座行程因疫情一再拖延,只好请读者拭目以待了。

20.4 临别赠言:经济分析并非万能,但没有更好的替代方法

本书并未主张效率是唯一能够证成并说明民法体系内在价值与制度规定的上位原则,也不排除可以诉诸其他价值或理论来说明民法的制度规定,并作为其内在原则之规范性基础。就理论层面而言,不同体系建构方式的优劣评断标准,除了一致性之外,即在于其说明的广泛性与证成的一贯性。本书每一讲的论证,都在显示:法经济分析提供自我融贯、一以贯之的论理;从抽象原则与价值一路推导出具体法律解释的一套方法;以行为理论为基础,能够有效被证伪,而非公说公有理、婆说婆有理。

经济分析的优势即在于其能够从抽象到具体的层面,一以贯之地说明、分析、批判大部分民商法规定或相关制度。与经济分析相竞逐之理论体系,至少也必须具有相等的广泛性与一贯性,方足以匹敌。若不采用经济分析,而采取其他替代理论,而后者难以具体明确地一贯操作,会增加新一代法律人学习成本、降低

第20讲 经济分析是新私法学的中坚力量

法律可预见性,也增加操作错误得到负面结果的风险。然而,如果一贯的理论总是得到错误的结果,一贯还有任何好处吗?在此,本书论证经济分析的效率价值是民法的一种重要价值,所以一贯使用经济分析,不会总是得到错误结果。

驰名两岸的民法泰山北斗王泽鉴教授,在其物权法教科书中,主张"私法上两个基准原则是自由和效率"[20]。并在"物权法的解释适用"一节中,特别介绍法经济分析方法。[21] 王教授在多年前就为经济学者熊秉元教授的专著撰写推荐序,并向法律学子喊话:"二十一世纪的法律人……必须是法律经济人"[22]。这句话和1897年美国知名法学家、联邦最高法院大法官 Oliver Wendell Holmes, Jr. 的经典名言互相辉映:"For the rational study of the law the blackletter man may be the man of the present, but the man of the future is the man of statistics and the master of economics."。阅读至此,看到名人锦句固然可喜,读者应该已经不需要依靠百年前的权威,才能明白经济分析的威力吧!

▽
▽

本讲参考文献

1. See Symposium, "The New Private Law", *Harv. L. Rev.* 125 (2012).
2. See generally Andrew S. Gold et al., eds., *The Oxford Handbook of the New Private Law*, Oxford University Press 2020.
3. 另参见熊丙万:《实用主义能走多远——美国财产法学引领的私法新思维》,载《清华法学》2018年第1期。
4. 就此来说,这虽仍是以内在参与者的方式加以思维,但已认知到外在观察者的观点与内在参与者的观点皆不可或缺。而这正是新私法的特点。

5　See Lionel Smith,"Civil and Common Law", in Andrew S. Gold et al.,*The Oxford Handbook of the New Private Law*, Oxford University Press 2020, p. 237.

6　See Daniel B. Kelly,"Law and Economics", in Andrew S. Gold et al.,*The Oxford Handbook of the New Private Law*, Oxford University Press 2020, p. 85.

7　雷磊:《法教义学:关于十组问题的思考》,载《社会科学研究》2021年第2期。

8　张永健:《债的概念——解构与重构》,载《中外法学》2023年第1期。

9　张永健:《物权的关系本质——基于德国民法概念体系的检讨》,载《中外法学》2020年第3期;张永健:《物权的架构与风格——以不动产与动产抵押为例》,载《月旦法学杂志》2015年第241期。

10　张永健、吴从周:《逝者的公寓大厦——灵骨塔的契约与物权安排问题》,载《台大法学论丛》2019年第4期。

11　张永健:《霍菲尔德分析法学对占有、信托概念的新界定》,载《经贸法律评论》2021年第6期。

12　张永健:《损害赔偿(之债)作为公因式?大民法典理论下的反思》,载苏永钦教授七秩祝寿论文集编辑委员会:《法学的想象(第一卷):大民法典——苏永钦教授七秩华诞祝寿论文集》,元照出版公司2022年版,第265—282页;张永健:《损害赔偿之债——5800笔判决的实证社科法学研究》,载苏永钦教授七秩祝寿论文集编辑委员会:《法学的想象(第四卷):社科法学——苏永钦教授七秩华诞祝寿论文集》,元照出版公司2022年版,第673—687页。

13　张永健,同注11;张永健:《占有规范之法理分析》,载《台大法学论丛》2013年特刊。

14　张永健:《农村耕地的产权结构——成员权、三权分置的反思》,载《南大法学》2020年第1期。

15　张永健:《财产独立与资产分割之理论架构》,载《月旦民商法杂志》

| 第20讲 | 经济分析是新私法学的中坚力量

    2015年第50期。
16 张永健、黄诗淳:《"遗产"的概念定性与债权人保护——理论检讨与修法建议》,载《台北大学法学论丛》2019年第110期。
17 张永健:《资产分割理论下的法人与非法人组织——〈民法总则〉欠缺的视角》,载《中外法学》2018年第1期。
18 张永健:《大家的钱是谁的钱?——公寓大厦组织型态与公共基金所有权归属之立法论》,载《月旦法学杂志》2017年第269期。
19 张永健、吴从周,同注10。
20 王泽鉴:《民法物权》(第2版),自刊2010年版,第14页。
21 王泽鉴,同注20,第24—25页。
22 王泽鉴:《推荐序——熊秉元与法律经济学》,载熊秉元:《熊秉元漫步法律》,时报文化出版企业股份有限公司2003年版,第11页。

方法论附录:
社科法学的方法坐标

本书第 1 讲触及社科法学的方法坐标,但没有展开。读者阅读至此,对于何谓法经济分析应该已经有深入认识,可以进一步思考社科法学的方法论。

附表 1 社会学科的研究范式

		分析方法	
		应然分析	实然分析
研究主题	法	法教义学……(1)	法实证研究、非实证的法的实然分析……(2)
	其他社会领域	福利经济学、Rawls 的正义论……(3)	经济学、社会学、政治学、人类学……(4)

附表 1 的简化版出现在第 1 讲。附表 1 第 2 格中列举了两种类型,即法实证研究和非实证的法的实然分析。这两者有何区别?采用法实证研究取径的文章,提出实然的假说,并以资料检验假说;或者单纯以数字描述事实。相对地,采用实然而不实证的研究取径(例如法经济分析),套用既有的基础理论,应用到新的或更具体的情境;或提出新实然理论。

举例而言,耶鲁的 Ian Ayres 在合同法中提出知名的"多数的缺省规定"（majoritarian default rule）理论。[1] 在实然面，此理论描述、预测了大多数国家合同法的大多数缺省规定，都是多数交易双方所要的交易条件；并且以立法者有意节省交易成本，解释此种立法倾向。当合同法预设任意规定不存在，交易双方必须自订约款，会增加交易成本——这是实然命题，但行内专家应该会同意此命题符合直观而成立。所以 Ayres 的文章既没有举出许多国家的合同法条款作为佐证，也没有尝试量度交易双方在不同合同法规范下花费的交易成本是否确有不同。因此，他的文章是实然但不是实证的。而如果接受以节省交易成本或效率作为应然面的价值依据，则多数的缺省规定理论也可以从实然理论升华为应然理论，从而主张：若无特殊理由，合同法的缺省规定应该选择多数交易双方所要的交易条件。

本书作者则将"多数的缺省规定"理论应用到继承法的问题：何种合同可以继承？依照此理论，如无特殊理由，则在多数交易者都偏好不继承的合同（例如劳务合同），应该解释为不继承；而在多数交易者会偏好继承的合同（例如借贷合同[2]），应解释为要继承。[3] 解释该不该继承，是应然理论；多数交易者有何偏好，是由实然理论推断。

当然附表1只是（韦伯意义上的）理想类型（ideal types），并不意味着这四类研究范式井水不犯河水。法教义学的应然论述，如同本书第二章所指出的，往往必须奠基在实然分析之上。所谓"实然不能导出应然"在法学领域中是一句严重误导的命题：实然当然不能直接导出应然，但这不表示应然和实然就没有关联，以目的论证或者结果论证作出的应然论据，大前提或小前提都必然是实然的目的与手段关联，且都必须以实证研究检验，因此实然虽然不能导出应然，但应然必须奠基在实然上。

| 方法论附录 | 社科法学的方法坐标

附表1的实然分析研究"人的行为",但应然分析却是研究"规范"(norm)而非"人的行为"。[4]固然,实然分析发现某些行为造成好或不好的结果后,可以进一步提出应然主张:某某行为(不)应该做!但附表1中的应然分析(从法教义学到福利经济学、正义论),却不会仅仅提出此种单纯的行为诫命(prescription)。福利经济学的核心研究关怀之一是提出"社会福利函数"(social welfare function)。在福利经济学下,社会决策由个别人的愿付价格(willingness to pay)加总后决定,但如果只是单纯加总,则有钱人因为资本雄厚,即使偏好不强烈,也能够比穷人拿出更高的愿付价格。社会福利函数的重大争论,就是应否、如何降低富人愿付价格的权重、调高穷人愿付价格的权重。在此意义下,福利经济学的研究成果——"社会福利函数"——必须以某种规范来实现,而且很可能是法律规范。法教义学的研究对象,如法律人周知,是法律规范。换言之,附表1的左栏与右栏,除了分析方法的差异,也有分析客体为人的行为与规范的差异。[5]

当然,法教义学和正义论、福利经济学既然分属附表1左栏的两格,就不会完全相同。除了附表1所言的研究主题差异外,伴随研究主题差别而来的,可能还有研究对象是否具有"规范性"(normativity)的差别。再者,法教义学研究者通常以"内部观点"研究法律规范,而其他社会领域的研究者通常以"外部观点"对待法律规范(第20讲)。这些差异,涉及法理学的重大争论,笔者尚无能力完整处理。

法经济分析：方法论20讲

附表2　法学研究的范式类型

		分析方法			
		应然分析	实然分析		
			不应用资料	应用资料	
研究主题：法	不可一般化	(Ⅰ)法教义学*	(Ⅱ)非实证的实然法学	(Ⅲ)实证法学	合称：法实证研究
	可一般化	(Ⅳ)规范社科法学	(Ⅴ)非实证的实然社科法学	(Ⅵ)实证社科法学	
		合称：社科法学，或"法+X"			

说明：社科法学是(Ⅳ)、(Ⅴ)、(Ⅵ)三格合称；法实证研究是(Ⅲ)、(Ⅵ)两格合称。＊雷磊指出，精确而言，此处应以"规范法学"来对应社科法学。[6]

结合附表1，"社科法学"（又称"法+X"）指的是研究主题为法，并结合了可一般化的社会科学方法者。"法+X"在法学研究上的贡献，主要是进行实然分析。

以"法+X"为研究方法，使得社科法学成为一门交叉学科，并与纯粹的法学或者社会科学（诸如经济学、政治学、社会学等）相区别。换言之，当代主流的社科法学的具体研究，可以纯粹是实然分析，但也可以结合实然与应然分析。

沿着附表1的思路，附表2以研究主题和分析方法为标杆，划分法学研究的各种方法类型。在主题为法的研究中，有些研究可以一般化（generalizable），有些则否。在分析方法维度，区分应然分析和实然分析，其中实然分析又细分为"不应用资料"和"应用资料"。如此，得到6种主要类型的法学研究范式，即对法律进行应然分析的法教义学、不应用资料进行实然分析的"非实

| 方法论附录 | 社科法学的方法坐标

证的实然法学"、应用资料进行实然分析的"实证法学",和进行应然分析的"应然社科法学"、不应用资料进行实然分析的"非实证的实然社科法学",以及应用资料进行实然分析的"实证社科法学"。

"可一般化"是社会科学顶级理论的标志,表示理论可以外推适用到不同的时空环境。可一般化的理论往往由特定时空下获得的资料萃取而出——学者由杂然纷呈的现象中,抽离出关键的决定因素,提炼出理论,宣称在少数前提要件下,理论可以放诸四海皆准。不能一般化的论述,可能是没有形成理论,或者理论的前提要件太多、太具体,以致除了研究对象之外,很难想象能适用到其他时空环境。

附表2的第I格是法教义学。法教义学"方法"可以跨越国界,但法教义学"知识"或"产品"则必然是以各法律体系为分野[7]。某国的某法根据法教义学该作如何解释,无法照搬到其他国家。法教义学产品没有一般性,应该毋庸置疑。附表2上排的法学次领域,关心的都是写作者所属法律体系面对的问题。这可以解释为何绝大多数使用资料从事实然分析方法的中文法学论述,都属于第III格。例如若实证研究发现在刑事诉讼中只有不到30%的被告请律师[8],自然对于如何改善刑事诉讼中的被告辩护权有重大意义。但若没有与社科理论结合,则此发现甚至无法预测,当事人在行政诉讼和民事诉讼中会不会聘请律师。[9]这完全不带有贬义。学者研究自己所属法律体系的问题,提出能改善本土法规范的建议,自然是天经地义。但无论该研究的发现为何,都无法直接据以理解其他法律体系的实践。笔者以中文写作的法经济分析论述,多属于第II格。植根于具有一般性的经济理论,笔者加入本土法律体系、社会环境、文化等大量局限条件,以推论某种法律解释会造成何种行为影响。笔者的研究发现不应该直接被移植到另一个法律体系。

附表2下排的次领域，则在研究设计、论述风格上有更大的野心。先以相对于第Ⅲ格的第Ⅵ格为例：社会科学的核心是可被证伪的理论，而一个又一个的实证研究则反复检验理论。不断被资料支持的理论越来越被肯定与相信；资料不支持的理论则必须限缩理论宣称的范畴，或者彻底被扬弃。社会科学理论在其设定的前提条件局限下，可以跨越法律体系而普遍适用。例如经济学的需求定律（价格上升则需求量下降）在大陆法系与英美法系国家都成立。结合了具有一般性的社会科学的法学研究，会将其研究的法学问题扣紧于特定社会科学理论，并以特定法律体系下的资料作为实证研究的素材。因此，实证研究的结果，除了对研究对象所处的特定法律体系有所裨益，也借由勾连实证研究结果于支持或否定理论，让研究发现有一般性的意义。以笔者的定锚效应（anchoring effect）研究为例，数据是源自不当得利诉讼，但挂钩到行为法经济学非常知名的定锚效应理论。研究发现不但可以启发研究对象的司法政策制定者与法官个人，也会吸引世界各地的研究者。各国的定锚效应研究，共同刻画了定锚效应在何种情境、条件下会产生，效应多强大。

非实证的实然法律分析（第Ⅱ、Ⅴ格）会套用既有的社会科学理论于法律分析；更上乘的研究者，甚至会创造新的社会科学理论，并立刻应用于法律分析。如上述，第Ⅱ格的分析取径，可能会分析本国特色问题，并且在建构理论时，纳入许多条件——这使理论的潜在应用范围很窄，可能就限于本国法；但这些条件若符合本国制度环境，则分析结果更为贴合现实。

| 方法论附录 | 社科法学的方法坐标

社会科学希望有普适性，一个理论若只能解释、说明、预测仅仅一个国家，就成为"特设"（ad hoc）理论。在社会科学范式下写作的研究者，不会希望自己的论述只是特设理论。因此，第Ⅴ格的分析取径下，在建构理论时，纳入较少条件，或者设定之条件在许多不同法律体系中都成立。准此，则论文中可以从宏观角度分析法律问题的大方向，虽然其理论分析的结论可能无法直接套到所有的法域——因为个别法域的特殊条件，可能使理论分析的内容必须调整。美国的法经济分析论文，大多是此种分析取径。其宏观分析有许多洞见，但在法律规范不完全相同的国度，研究者无法照搬前述洞见，而必须在套用宏观理论时，加入更多条件，或改变理论的前提条件，再据以调整分析，以得出适合特定法域的结论。去社科理论先进国家学习方法，不是为了照搬第Ⅴ格既有研究的结论，而是为了学到从第Ⅴ格转化为第Ⅱ格的心法。

单纯只有应然分析，又使用可一般性的社会科学理论的法学论述，笔者比较不熟悉。以 Marx 反对异化与剥削的论据，作为反对私有财产权的论述，或许是一个例子。

同样地，附表2的分类只是划分出理想型，并不表示每一格泾渭分明。当代美国法学没有要求学术写作必须采用法教义学框架，因此第Ⅳ格加上第Ⅴ或Ⅵ格，是美国法经济分析文献常见的风格。例如前述 Ayres 理论的应然面向，并没有局限于只对美国普通法有用，而是任何有合同法的国家都必须严肃对待的课题。此种取径的分析对象往往是某种抽离特定法律体系的法律问题。例如，法经济分析理论会探究：当某甲遗失了动产，被某乙拾获，由某甲还是某乙在何种情境下成为动产所有权人较有效率？同样地，只要论述者接受效率是重要价值此前提，或者主张立法者应

法经济分析：方法论20讲

该依据效率制定法律，就可以从实然的效率发现，接轨到应然主张。从定锚效应的实证研究结果，也可以跨越法律体系而主张：不应该让检察官具体求刑，或者不应该让民事原告明确主张求偿金额。

笔者的英文文章，有 IV + V，有 IV + VI，也有 IV + V + VI。

笔者的中文论述，也融合多种研究取径理想型，而且是不同融合方式：有 I + V（法经济分析释义学[10]），也有 I + VI（以实证社科法学成果为基础，提出特定法律的应然解释），也有 I + III（不与社会科学理论挂钩，但以法律实施的结果，作为法律解释的应然基础）。这些论述都以法教义学的论述框架，容纳实然分析的研究发现，最后提出应然论据。

为何笔者以英文下笔的实证研究论文都属于第 VI 格而不是第 III 格？因为若要投稿于美国的学术期刊，期刊编辑为了英文读者的兴趣着想，自然会问："叟，不远千里而来，亦将有以利吾国乎？"（《孟子·告子上》）以英文下笔为文，但着眼仅为某国特殊问题，大多数英文期刊读者自然兴趣缺缺；但若联结到普适的社会科学理论，关于某国的实证发现就对其他国家有启示。

与本附录有相同关怀的，是苏永钦教授的"法与社会研究的未来版图"[11]。笔者同意苏永钦教授说的"社科之法"应该由社会科学家担纲，而两种"社科法学"由法律人做主角。两种社科法学依照与"法教义学"结合的紧密程度不同而区分，但两者均属于法学的版图。

| 方法论附录 | 社科法学的方法坐标

附表 3　实然分析的社科法学的主要类型与例子

社科法学	实然分析的类型	
	应用资料 （实证社科法学）	不应用资料 （非实证的实然社科法学）
法经济学	实证法经济学	数理模型的法经济学、非数理模型的法经济学理论
法社会学	"法与社会"研究	法的社会学分析
法认知心理学	行为法经济学、法与认知科学	[此种研究多是应用左栏的实证研究成果于法学问题上，与上述非数理模型的法经济学理论的取径接近]
法政治学	司法政治	公共选择学派的形式理论
法人类学	定性或定量法人类学	[不运用实证资料的法人类学研究（此类研究很罕见）]

为进一步阐释附表 2 的内容，附表 3 再进一步地划分"非实证的实然社科法学"（V）和"实证社科法学"（VI）。本书使用者为"非数理模型的法经济学理论"。数理模型的法经济学（economic model of law）是法经济学发展早期的主流。许多位法经济学的拓荒者来自经济学界，如 Gary Becker、William Landes、Steven Shavell、Louis Kaplow、Kathy Spier、Mitch Polinsky、Daniel Rubinfeld 等人，都以数学模型，配合特定假设，推导出严谨的结论。建构数理模型并非笔者所长，也不是现在法经济学的主流，短期内恐怕也不会在中文世界风行。本书理论则或取材自数理模型，或取材自非数理模型，以白话方式应用到中国法，有时会得出与英文法经济分析文献不同的结论——经济分析是条件式的论述，中国的制度背景条件与美国不同，同样的理

论自然可能推导出不同的结论。这就是上述的从第 V 格到第 II 格的转化。

▽
▽

本讲参考文献

1. *See* Ian Ayres & Robert Gertner, "Majoritarian V. Minoritarian Defaults", *Stan. L. Rev.* 51 (1999).
2. 事后来看,欠钱的人当然不希望子孙要还钱。但从事前来看,如果借方不同意父债子还,就必须:增加利率、提供担保,或根本借不到钱。所以多数借贷交易双方都会偏好可继承的借贷合同。
3. 参见张永健:《继承标的之一般理论——〈民法典〉第 1122 条的法经济分析》,载《中外法商评论》2021 年第 1 期。
4. 对此视角,笔者感谢苏永钦教授的启发。
5. 笔者对社会学、人类学仅有粗浅理解:社会学、人类学"主要"仍是一门实然科学。虽然社会学研究社会结构、社会网络、社会规范,但终究会回到这些社会建构秩序对人的行为的影响,因此仍在附表 1 右栏。笔者在此等于预设了社会科学都采取了"方法论上的个人主义"(methodological individualism)。James S. Coleman, *Foundations of Social Theory*, Harvard University Press 1990, p. 5. 这当然不是全貌,但这不是法学者如我可以处理的大问题。前引 Coleman 的社会学理论著作,是法研所暑假时,经熊秉元教授推荐阅读。很精彩的书,但读之前、读之后,我都问熊秉元教授,为何推荐一个有志于做法经济分析的年轻人读这本书。他说:"这是好书,为何不读?"过了 20 年,突然想到这本书发我深省之处。
6. 雷磊:《法教义学:关于十组问题的思考》,载《社会科学研究》2021 年

方法论附录 | 社科法学的方法坐标

第 2 期。

7 关于法释义学方法与知识的区分，雷磊：《法教义学：关于十组问题的思考》，载《社会科学研究》2021 年第 2 期。

8 王禄生：《论刑事诉讼的象征性立法及其后果——基于 303 万裁判文书的自然语义挖掘》，载《清华法学》2018 年第 6 期。

9 行政诉讼的实证研究，何海波：《困顿的行政诉讼》，载《华东政法大学学报》2012 年第 2 期。

10 例如张永健：《社科民法释义学》，新学林出版公司 2020 年版，第 1 页以下。

11 苏永钦：《法学为体，社科为用——大陆法系国家需要的社科法学》，载《中国法律评论》2021 年第 4 期。

12 关于法社会学的两种类型该如何命名，并非笔者专长。法社会学的中文文献众多，例如刘思达：《美国"法律与社会运动"的兴起与批判——兼议中国社科法学的未来走向》，载《交大法学》2016 年第 1 期；贺欣：《街头的研究者：法律与社会科学笔记》，北京大学出版社 2021 年版，第 3—7 页。

后 记

写一本谈论经济分析方法的书，在青年的我意料之中，但我原本以为会是头发灰白（或没有头发可供灰白）时才会下笔。

我不知道别人的学术生涯有多少误打误撞，但现在回首过去12年写的十余本书、百余篇论文，你问我："有多少文论的题目是博士毕业时有想到的？"说真的，很少！我博士论文的主题是土地征收补偿的经济分析与实证研究，所以写征收的文论是意料之中。但在征收之外，要把经济分析倚天剑和实证研究屠龙刀用在什么问题上，30岁的我，没有答案。跌跌撞撞几年后，能有稳定创作，是因为年轻时下过工夫学社科方法。出道时，我顶多称得上蹲过马步而已，在许多内、外家功夫上只是花拳绣腿。所幸，在学术路上，不但先遇名师，又能有东、西方的不少大师、前辈愿意倾囊相授或与我同行。这本书会写软性的小故事，穿插在刚性的论述之间，不只是调和读者阅读的感受，更重要的是，让我自己做一面镜子，反射前辈高手的言行举止，让还没有机会亲炙大师风采的读者，能有具体仿效方式。

但是，认为我是援笔立就、倚马可待的快手，是天大误会！学术发表，尤其是华山顶峰的学术发表，要花费非常、非常多年思考理论、搜集数据、修改文论、寻求同侪评论、反复修改。文

法经济分析：方法论20讲

章没有成熟，拿不出手；就算投稿了也只会被秒拒。就像养孩子，父母再迫不及待看到孩子顶天立地，但没有二十年他就是不会成年。每当收到期刊纸质本或 PDF 出清档时，我都会稍稍回想：这篇文章是在我儿子几岁时，我着力最深？文章大体成形到真正出刊，间隔三到五年是再寻常不过的事。每一篇文章都像顶级牛肉，需要熟成，而且还有不同熟成周期，所以任何一个时间点上，我总有 20—30 篇论文正在进行。这些论文又像我太太花园中的植物，需要浇水的频率不同。有些需要天天花一点时间整理，有些需要久久一次但高强度的照拂。每次照顾一篇论文，我就另存一个文档。文件夹中没有百来个版本，文章通常出不了我的硬盘。

教我微观经济学、博弈论的古慧雯教授曾告诉我："文章最可怕的不是发不出来，而是发出来。"刚进入学界的我，自然满头问号：大家都说 publish or perish[1]，publish 有什么好怕的？古慧雯教授继续向孽徒解释："文章发不出来顶多就是没人读。但如果发出来了，才知道自己其实错了，则不但误导视听，也可能被世世代代的学者批评。"就像论语中孔子与门徒对话的场景，我只能点头称是，唯唯诺诺。过了些年，三不五时会从 Google Scholar 的推送中，看到世界各地我不认识的学者，在有时我很陌生的主题上，引用我的论著。此时，我已经不再是只会天真计算自己 impact factor 的毛头小孩；中年的我强烈感受到文章发表后被人阅读的可怕。为学，能不慎乎？

青年时候，我的想象是，我会浸淫在社科法学的世界中，逐渐积累经验，并在临退休前，留下一本谈方法的集大成之作。但进入学界后，发现"昔日戏言'老年'事，今朝都到眼前来"。经济分析依然未被多数法教义学者接纳，连效率作为一种价值的地位都不可得。我发现自己必须反复回答同样的方法论质疑，一

后 记

次又一次。我暗忖，不如把具体问题的分析搁到一边去，先来处理方法论问题。谁料到，这开启了一连串的社科法学方法论的思考与写作，汇集在读者眼前的这本书上。有些议题，我可以自豪地说，我比美国学界走得还远，因为美国的同行不用面对法教义学者铺天盖地的质疑，所以他们不用思索我必须反复斟酌的方法论难点。

虽然我才40岁出头，但离中学时误打误撞接触熊秉元教授写的法经济分析书籍，也已四分之一个世纪。熊秉元教授对我、对数个世代有志于法经济分析者的启发与贡献，非三言两语能道尽。从本科到研究所，我上了七次熊秉元教授的法经济学课程。他对法经济分析方法的洞见，例如：总是询问现实可行的替代方案为何；强调价值是烘托出来的；要做 A－A' 两种方案的优劣比较；追根究底法学者视为理所当然的概念或做法，背后有何功能考量；重视事前观点[2]；"凡存在不一定合理，但存在一定有原因"；反复引述 Posner 法官"对正义的追求，不能无视于它的代价"名言；要用浅白文字解说道理，"真佛只说家常话"……不胜枚举。而他所说的"社科法学可以说是教义法学的基础，而教义法学可以说是社科法学的简写或速记"一语[3]，更是智慧之言。我有幸在年轻时领略这些巨人积累的智慧。盼本书也有"薪火相传"之效，让年轻读者能少走一些冤枉路，且未来能比我走得更远。我自信，这本书是绝佳的踏脚石，让读者"不畏浮云遮望眼"。

2022 年于太座生日那天

法经济分析：方法论20讲

本讲参考文献

1 "不发表，等于零。"贺欣：《街头的研究者：法律与社会科学笔记》，北京大学出版社2021年版，第237页。
2 熊秉元：《罪与罚之外：经济学家对法学的20个提问》（第2版），天下文化出版公司2019年版，第184—187页。
3 熊秉元：《正义的效益——一场法学与经济学的思辨之旅》，商周出版社2015年版，第206—207页。读者也务必参见熊秉元：《法学的经济思维》，华艺学术出版社2013年版，第1—343页；熊秉元：《法律经济学开讲》，时报出版社2007年版，第1—268页；熊秉元：《熊秉元漫步法律》，时报出版社2003年版，第1—266页；熊秉元：《天平的机械原理——法律及制度经济学论文集（二）》，元照出版公司2002年版，第1—213页；熊秉元：《约法哪三章——法律及制度经济学论文集（一）》，元照出版公司2002年版，第1—269页。熊秉元教授另外还有超过十本谈经济学的书，也不时论述到法经济学的相关内容。